プリント形式のリアル過去問で本番の臨場感！

奈良県

帝塚山中学校

2025年春受験用

解答集

本書は，実物をなるべくそのままに，プリント形式で年度ごとに収録しています。
問題用紙を教科別に分けて使うことができるので，本番さながらの演習ができます。

■ 収録内容

・解答集（この冊子です）

書籍ＩＤ番号，この問題集の使い方，最新年度実物データ，リアル過去問の活用，解答例と解説，ご使用にあたってのお願い・ご注意，お問い合わせ

・2024（令和６）年度 ～ 2021（令和３）年度　学力検査問題

○は収録あり

	年度	'24	'23	'22	'21		
■ 問題(1次A･1次B)		○	○	○	○		
■ 解答用紙		○	○	○	○		
■ 配点							

算数に解説があります

注)国語問題文非掲載:2024年度1次Bの一と二

問題文の非掲載につきまして

著作権上の都合により，本書に収録している過去入試問題の本文の一部を掲載しておりません。ご不便をおかけし，誠に申し訳ございません。

本文の一部を掲載できなかったことによる国語の演習不足を補うため，論説文および小説文の演習問題のダウンロード付録があります。弊社ウェブサイトから書籍ＩＤ番号を入力してご利用ください。

なお，問題の量，形式，難易度などの傾向が，実際の入試問題と一致しない場合があります。

教英出版

■　書籍ＩＤ番号

入試に役立つダウンロード付録や学校情報などを随時更新して掲載しています。
教英出版ウェブサイトの「ご購入者様のページ」画面で，書籍ＩＤ番号を入力してご利用ください。

書籍ＩＤ番号　105426

（有効期限：2025年9月30日まで）

【入試に役立つダウンロード付録】
「要点のまとめ(国語／算数)」
「課題作文演習」ほか

■　この問題集の使い方

年度ごとにプリント形式で収録しています。針を外して教科ごとに分けて使用します。①片側，②中央のどちらかでとじてありますので，下図を参考に，問題用紙と解答用紙に分けて準備をしましょう（解答用紙がない場合もあります）。

針を外すときは，けがをしないように十分注意してください。また，針を外すと紛失しやすくなりますので気をつけましょう。

① 片側でとじてあるもの

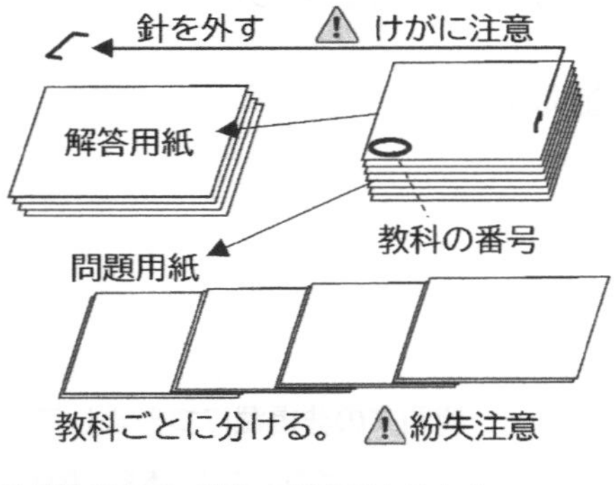

② 中央でとじてあるもの

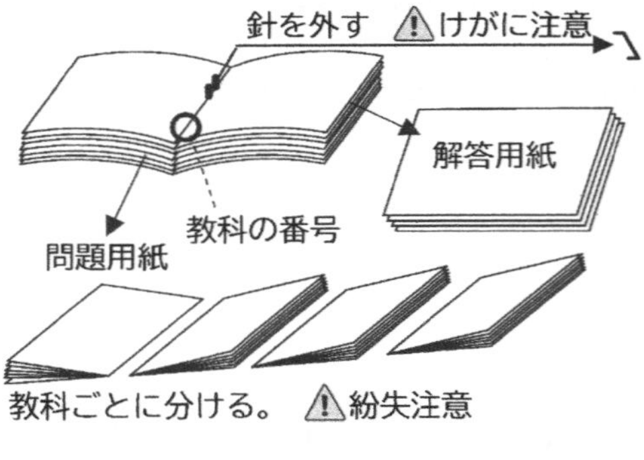

※教科数が上図と異なる場合があります。
解答用紙がない場合や，問題と一体になっている場合があります。
教科の番号は，教科ごとに分けるときの参考にしてください。

■　最新年度　実物データ

実物をなるべくそのままに編集していますが，収録の都合上，実際の試験問題とは異なる場合があります。実物のサイズ，様式は右表で確認してください。

問題用紙	Ｂ４片面プリント(理・社は両面)
解答用紙	Ｂ４片面プリント

リアル過去問の活用

～リアル過去問なら入試本番で力を発揮することができる～

本番を体験しよう！

問題用紙の形式（縦向き／横向き），問題の配置や余白など，実物に近い紙面構成なので本番の臨場感が味わえます。まずはパラパラとめくって眺めてみてください。「これが志望校の入試問題なんだ！」と思えば入試に向けて気持ちが高まることでしょう。

入試を知ろう！

同じ教科の過去数年分の問題紙面を並べて，見比べてみましょう。

① 問題の量

毎年同じ大問数か，年によって違うのか，また全体の問題量はどのくらいか知っておきましょう。どのくらいのスピードで解けば時間内に終わるのか，大問ひとつにかけられる時間を計算してみましょう。

② 出題分野

よく出題されている分野とそうでない分野を見つけましょう。同じような問題が過去にも出題されていることに気がつくはずです。

③ 出題順序

得意な分野が毎年同じ大問番号で出題されていると分かれば，本番で取りこぼさないように先回りして解答することができるでしょう。

④ 解答方法

記述式か選択式か（マークシートか），見ておきましょう。記述式なら，単位まで書く必要があるかどうか，文字数はどのくらいかなど，細かいところまでチェックしておきましょう。計算過程を書く必要があるかどうかも重要です。

⑤ 問題の難易度

必ず正解したい基本問題，条件や指示の読み間違いといったケアレスミスに気をつけたい問題，後回しにしたほうがいい問題などをチェックしておきましょう。

問題を解こう！

志望校の入試傾向をつかんだら，問題を何度も解いていきましょう。ほかにも問題文の独特な言いまわしや，その学校独自の答え方を発見できることもあるでしょう。オリンピックや環境問題など，話題になった出来事を毎年出題する学校だと分かれば，日頃のニュースの見かたも変わってきます。

こうして志望校の入試傾向を知り対策を立てることこそが，過去問を解く最大の理由なのです。

実力を知ろう！

過去問を解くにあたって，得点はそれほど重要ではありません。大切なのは，志望校の過去問演習を通して，苦手な教科，苦手な分野を知ることです。苦手な教科，分野が分かったら，教科書や参考書に戻って重点的に学習する時間をつくりましょう。今の自分の実力を知れば，入試本番までの勉強の道すじが見えてきます。

試験に慣れよう！

入試では時間配分も重要です。本番で時間が足りなくなってあわてないように，リアル過去問で実戦演習をして，時間配分や出題パターンに慣れておきましょう。教科ごとに気持ちを切り替える練習もしておきましょう。

心を整えよう！

入試は誰でも緊張するものです。入試前日になったら，演習をやり尽くしたリアル過去問の表紙を眺めてみましょう。問題の内容を見る必要はもうありません。どんな形式だったかな？受験番号や氏名はどこに書くのかな？…ほんの少し見ておくだけでも，志望校の入試に向けて心の準備が整うことでしょう。

そして入試本番では，見慣れた問題紙面が緊張した心を落ち着かせてくれるはずです。

※まれに入試形式を変更する学校もありますが，条件はほかの受験生も同じです。心を整えてあせらずに問題に取りかかりましょう。

帝塚山中学校【1次A】【1次B】

《1次A　国語》

一　1．衣食住　2．専門家　3．a．ウ　b．エ　c．イ　4．自分の個性～ると感じる　5．エ
6．エ→イ→ア→ウ　7．ア　8．ア　9．ウ　10．自分たちが増えるためにたがいの能力を生かしあう人間は、自分の力だけで自分を増やす人間以前の生き物とは違うということ。　11．不利　12．(1)協力関係　(2)人間には他～る共感能力　13．(1)X．誰かが仕事を辞めたらどうなるか　Y．安く品質の高い衣服　Z．安全で快適な生活　(2)ア．B　イ．A　ウ．A　エ．B

二　1．ウ　2．ショウタかって　3．イ　4．A．イ　B．エ　5．リョウタはびっ　6．ア
7．ぼくのおじい　8．ウ　9．イ　10．エ　11．エ　12．ウ　13．ア　14．リョウタはタヅさんにウソをついたことを心苦しく思っていたが、レイがリョウタの心苦しさをいっしょに分け持ってくれたから。
15．ア．B　イ．A　ウ．B　エ．A

三　1．評価　2．街灯　3．万病　4．無根　5．照会　6．経由　7．差　8．本領
9．署名　10．注視　11．はぐく　12．き　13．さかて　14．りょっか　15．ろとう

《1次A　算数》

1　(1)4　(2)2　(3)$\frac{2}{9}$　(4)150　(5)200　(6)17　(7)1辺の長さ…240　レンガの個数…300　(8)15432
(9)20　(10)5.7

2　(1)10　(2)10　(3)2

3　(1)5　(2)2025　(3)316

4　(1)226.08　(2)75.36　(3)62.8

5　(1)180　(2)3：7　(3)100

6　(1)ア．28　イ．3　ウ．5　エ．10　(2)(2，7，9，10)，(2，8，9，10)

《1次A　理科》

1　問1．エ　問2．イ　問3．ウ　問4．①イ　②ク　③サ　④シ

2　問1．二酸化炭素　問2．イ　問3．67　問4．持続可能
問5．(1)A地点…ウ　B地点…エ　(2)3　(3)ア

3　問1．C　問2．R　問3．ア　問4．エ　問5．エ　問6．ア．1.6　イ．1　ウ．600

4　問1．C　問2．B　問3．ウ　問4．②　問5．ア　問6．イ　問7．金属A…エ　金属C…ア
問8．32分48秒

《１次Ａ　社会》

1　問１．⑴エ　⑵ウ　問２．イ．鹿児島県　ウ．宮崎県　問３．イ　問４．エ　問５．北海道
問６．アメリカ合衆国　問７．⑴ア　⑵エ　⑶東シナ海　問８．⑴ウ　⑵京浜

2　問１．長崎　問２．エ　問３．モンゴル　問４．ア　問５．北条時宗　問６．ウ　問７．邪馬台国
問８．⑴足利義満　⑵エ　問９．勘合　問10．イ　問11．２番目…Ｂ　３番目…Ｄ

3　問１．ウ　問２．行基　問３．⑴イ　⑵唐招提　問４．松平定信　問５．ウ　問６．囲(い)米
問７．ウ　問８．幸徳秋水　問９．エ　問10．エ　問11．大逆事件

4　問１．イ　問２．ウ　問３．安全保障理事会　問４．再審　問５．⑴イ　⑵エ　問６．ア
問７．こども家庭　問８．イ　問９．⑴ロシア　⑵３　問10．エ

《１次Ｂ　国語》

一　１．イ　２．エ　３．イ　４．ア　５．エ　６．Ａ．生産　Ｂ．消費　Ｃ．輸入　７．⑴ウ　⑵オ
⑶ア　⑷イ　８．あ．戦地食料　い．ヨーロッパでの好天　う．重要な輸出品目　え．途上国への食料支援
お．緩やかな輸入条件　９．ウ　10．ウ　11．エ　12．2018　13．ア　14．台所に
15．一番肝心な

二　１．孤独の　２．ウ　３．ａ．手　ｂ．耳　ｃ．腹　４．エ　５．あぶら　６．ア
７．ひとり～らない　８．晩秋　９．エ　10．ア　11．ア　12．ウ　13．あ．せめて　い．まるで
う．やはり　14．ウ　15．ア　16．治療は　17．家に帰りたいという初恵の願いをかなえるために、強い薬を使った治療をすすめようとする娘の美佐子に反対すること。　18．一長一短　19．いい夫

三　１．辺境　２．祭典　３．悲鳴　４．勤勉　５．炭鉱　６．精製　７．暗雲　８．君臨
９．賛辞〔別解〕讃辞　10．郵便　11．ばいりん　12．すじみち　13．みき　14．つと
15．さっぷうけい

《１次Ｂ　算数》

1　⑴$5\frac{5}{12}$　⑵$\frac{1}{3}$　⑶128　⑷56　⑸24　⑹Ｃ，Ｂ，Ａ，Ｄ　⑺５　⑻14.25　⑼142　⑽７

2　⑴863.5　⑵1648.5

3　⑴３　⑵908　⑶251

4　⑴$2\frac{2}{3}$　⑵６

5　⑴12　⑵９　⑶12　⑷396

6　⑴１分40秒後　⑵10　⑶５分50秒後　水面の高さ…$23\frac{1}{3}$

帝塚山中学校【1次A】

1 (1) 与式$=\frac{35}{2}\div\frac{5}{2}-\frac{69}{5}\div\frac{23}{5}=\frac{35}{2}\times\frac{2}{5}-\frac{69}{5}\times\frac{5}{23}=7-3=\mathbf{4}$

(2) 与式$=\frac{11\times13\times57\times68}{17\times19\times22\times39}=\mathbf{2}$

(3) 与式より，$\frac{3}{2}\times(1\frac{1}{3}-\square)\div\frac{1}{4}=\frac{20}{3}$　$\frac{3}{2}\times4\times(1\frac{1}{3}-\square)=\frac{20}{3}$　$1\frac{1}{3}-\square=\frac{20}{3}\times\frac{1}{6}$

$\square=1\frac{1}{3}-\frac{10}{9}=1\frac{3}{9}-1\frac{1}{9}=\mathbf{\frac{2}{9}}$

(4) **【解き方】食塩水の問題と同様にてんびん図で考える。**

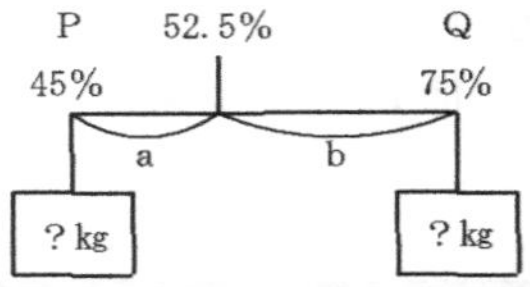

200 kgに使用される古紙が105 kgのとき，古紙の割合は，$\frac{105}{200}\times100=52.5$(%)だから，右のようなてんびん図がかける。a：b＝(52.5－45)：(75－52.5)＝1：3だから，PとQの重さの比はこの逆比の3：1である。よって，Pの重さは，$200\times\frac{3}{3+1}=$**150**(kg)

(5) **【解き方】列車の長さをxmとすると，ホームを走ったときの条件から，列車は12秒で160＋x(m)走り，トンネルを通ったときの条件から，列車は2分40秒で5000－x(m)走るとわかる。この2つを合計して考える。**

列車は，(160＋x)＋(5000－x)＝5160(m)を12秒＋2分40秒＝(12＋2×60＋40)秒＝172秒で走るから，その速さは，秒速$\frac{5160}{172}$m＝秒速30mである。よって，12秒で30×12＝360(m)走るから，列車の長さは，360－160＝**200**(m)

(6) **【解き方】つるかめ算を利用する。**

20回の合計点数は83×20＝1660(点)だった。20回すべて100点だった場合，合計点数は，100×20－1660＝340(点)高くなる。□回目までは毎回80点だったと考えて，100点1回を80点1回におきかえると，合計点数は100－80＝20(点)低くなるから，□＝340÷20＝**17**(回目)

(7) **【解き方】立方体の1辺の長さは，24と40と48の最小公倍数になる。**

24と40と48の最小公倍数は，右の筆算より2×2×2×3×5×2＝240だから，立方体の1辺の長さは**240**㎝である。レンガは，縦に240÷24＝10(個)，横に240÷40＝6(個)，真上に240÷48＝5(個)並ぶから，使った個数は全部で，10×6×5＝**300**(個)

```
2) 24 40 48
2) 12 20 24
2)  6 10 12
3)  3  5  6
    1  5  2
```

(8) **【解き方】万の位が1の数が何個あるか数える。**

万の位が1のとき，大きい位から数を決めると，千の位は2，3，4，5の4通り，百の位は3通り，十の位は2通り，一の位は1通りの決め方がある。したがって，万の位が1の数は4×3×2×1＝24(通り)できるから，求める数は，そのうち最も大きい数の**15432**である。

(9) アの角の大きさを○で表すと，二等辺三角形の2つの角が等しいことと三角形の外角の性質から，右のように作図できる。

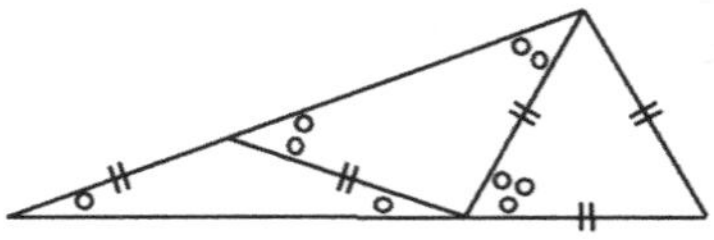

一番右には正三角形があるから，○×3＝60°より，○＝60°÷3＝**20°**

(10) **【解き方】アとイの面積が等しいのだから，それぞれに右図の☆の部分を加えた面積も等しい。**

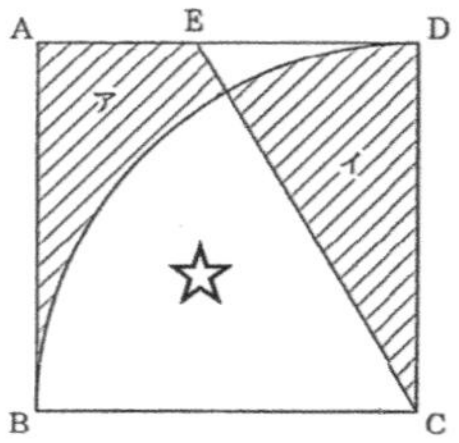

台形ABCEの面積は，おうぎ形CDBの面積と等しく，

$10\times10\times3.14\times\frac{1}{4}=25\times3.14$(㎠)

よって，AE＋BC＝(25×3.14)×2÷10＝5×3.14＝15.7(㎝)だから，

AE＝15.7－10＝**5.7**(㎝)

2 (1) BからAに移した200gの食塩水の濃度は5％だから，含まれる食塩の量は，$200\times\frac{5}{100}=$**10**(g)

(2) **【解き方】Aの容器の中の食塩の量を，最後から逆に考えていく。**

最後にAの中に残った食塩の量は，$(500-300+200)\times\frac{7.5}{100}=30$(g)である。したがって，Bから200gの食塩水を移される前のAの中の食塩は，$30-10=20$(g)である。最初に，AからBに300gの食塩水を移したことで，Aの中にあった食塩は，$\frac{500-300}{500}=\frac{2}{5}$になったから，最初にAに入っていた食塩は，$20\div\frac{2}{5}=50$(g)である。

よって，最初にAに入っていた食塩水の濃度は，$\frac{50}{500}\times100=$**10**(％)

(3) **【解き方】2つの容器の中の食塩の量の合計を考える。**

最後にBの中に残った食塩の量は，$(500+300-200)\times\frac{5}{100}=30$(g)である。したがって，2つの容器の中の食塩の量の合計は$30+30=60$(g)のまま変化していないので，最初にBの中にあった食塩は，$60-50=10$(g)である。

よって，最初にBに入っていた食塩水の濃度は，$\frac{10}{500}\times100=$**2**(％)

3 (1) **【解き方】奇数段目は正方形が並び，奇数段目の正方形の個数は上から順に，1個，2個，3個，……となっている。**

mを奇数とすると，m段目の正方形の個数は，mが1から数えて何番目の奇数であるかの値《あたい》と等しい。したがって，m段目の正方形の個数は$(m+1)\div2$(個)と表せるから，9段目の正方形の個数は，$(9+1)\div2=$**5**(個)

(2) **【解き方】偶数段目は正三角形が並ぶ。2段目，4段目，6段目，……の正方形の個数は順に，3個，5個，7個，……となっている。**

nを偶数とすると，n段目の正三角形の個数は$n+1$(個)である。したがって，2024段目の正三角形の個数は，$2024+1=$**2025**(個)

(3) **【解き方】奇数段目，偶数段目それぞれで，必要な棒の本数の増え方の規則性を考える。aからbまで等間《とうかん》隔《かく》で並ぶx個の数の和は，$\frac{(a+b)\times x}{2}$で求められることを利用する。**

まず奇数段目について考える。1段目に必要な棒は4本である。3段目，5段目，7段目，……で追加される棒の本数は順に，5本，7本，9本，……となっていて，2本ずつ増えている。3段目は2個目の奇数段，19段目は10個目の奇数段だから，19段目で追加される棒は，$5+2\times(10-2)=21$(本)である。したがって，奇数段目で追加される棒の合計は，$4+\frac{(5+21)\times9}{2}=121$(本)

次に偶数段目について考える。2段目，4段目，6段目，……で追加される棒の本数は順に，6本，9本，12本，……となっていて，3本ずつ増えている。20段目は10個目の偶数段だから，20段目で追加される棒は，$6+3\times(10-1)=33$(本)である。したがって，偶数段目で追加される棒の合計は，$\frac{(6+33)\times10}{2}=195$(本)

よって，求める本数は，$121+195=$**316**(本)

4 (1) **【解き方】CDを軸に1回転すると図Iの立体が，ABを軸に1回転すると図IIの立体ができる。図IIの円すい部分は，図Iのへこんでいる部分にぴったりあてはまる。**

図IIをさかさにして図Iにのせると考える。したがって，求める体積は，底面の半径がBC＝3cmで高さがAB＋DC＝6＋2＝8(cm)の円柱の体積だから，

$3\times3\times3.14\times8=72\times3.14=$**226.08**(cm³)

図I

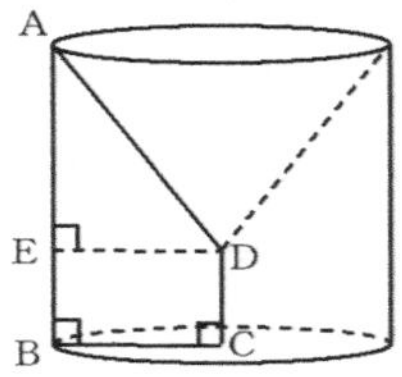

図II

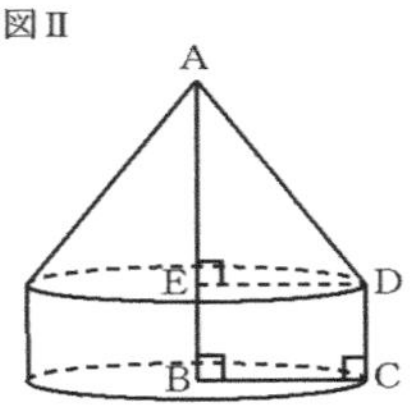

(2) **【解き方】どちらの立体も，辺ADを回転させてできる面，辺BCを回転させてできる面，それぞれの面積は等しい。柱体の側面積は，(底面の円周)×(高さ)で求められることを利用する。**

図Ⅰで辺ＡＢを回転させてできる面の面積は，（３×２×3.14）×６＝36×3.14(㎠)

図Ⅱで辺ＣＤを回転させてできる面の面積は，（３×２×3.14）×２＝12×3.14(㎠)

よって，求める表面積の差は，36×3.14－12×3.14＝24×3.14＝**75.36**(㎠)

(3)　【解き方】右図のように記号をおく。できる立体は，三角形ＡＥＤを回転させてできる円すい(㋐とする)から，三角形ＧＨＤを回転させてできる円すい(㋑とする)を除き，長方形ＣＤＨＩを回転させてできる円柱(㋒とする)を加えた立体である。

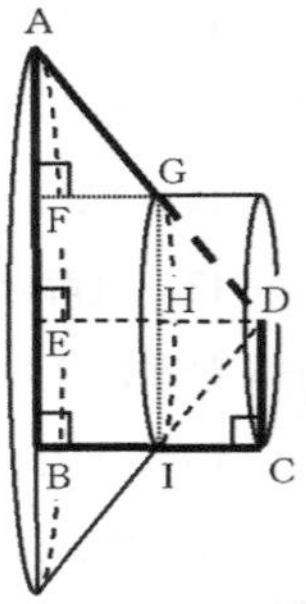

三角形ＡＥＤと三角形ＧＨＤは同じ形で，ＧＨ＝ＩＨ＝ＣＤ＝２cmだから，対応する辺の比はＡＥ：ＧＨ＝４：２＝２：１である。したがって，㋐と㋑は同じ形で，その体積比は，（２×２×２）：（１×１×１）＝８：１である。

㋐の体積は，４×４×3.14×３÷３＝16×3.14(㎤)だから，㋐から㋑を除いた立体の体積は，

$16\times3.14\times\dfrac{8-1}{8}=14\times3.14$(㎤)　　㋒の体積は，$2\times2\times3.14\times\dfrac{3}{2}=6\times3.14$(㎤)

よって，求める体積は，14×3.14＋６×3.14＝20×3.14＝**62.8**(㎤)

5　**【解き方】グラフが折れているところで，右図のようなことが起こったとわかる。**

図２

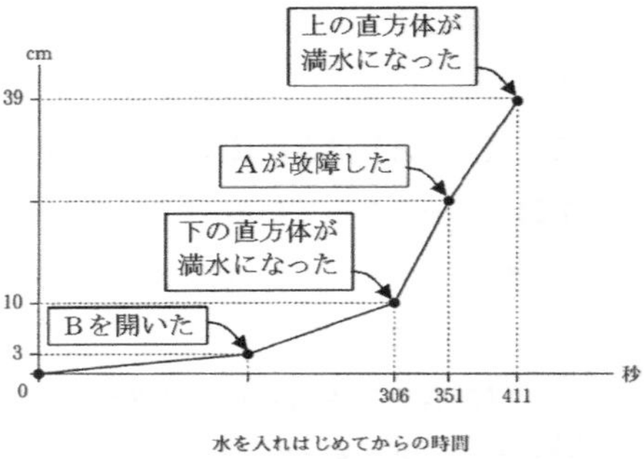

(1)　$\dfrac{600\times3}{10}$＝**180(秒後)**

(2)　【解き方】下の直方体に水を入れていた時間は，Ａが306秒，Ｂが306－180＝126(秒)である。

下の直方体に入れた水の量は，Ａが10×306＝3060(㎤)だから，Ｂは600×10－3060＝2940(㎤)である。したがって，Ｂは毎秒$\dfrac{2940}{126}$㎤＝毎秒$\dfrac{70}{3}$㎤の割合で給水できるから，ＡとＢの給水量の比は，$10:\dfrac{70}{3}$＝**３：７**

(3)　【解き方】上の直方体の容積を求める。

給水管Ａを開いてから306秒後から351秒後までの351－306＝45(秒間)で入った水は，$\left(10+\dfrac{70}{3}\right)\times45=1500$(㎤)，351秒後から411秒後までの411－351＝60(秒間)で入った水は，$\dfrac{70}{3}\times60=1400$(㎤)である。

よって，上の直方体の容積は，1500＋1400＝2900(㎤)だから，底面積は，$\dfrac{2900}{29}$＝**100**(㎠)

6　(1)　１から10までの和は55だから，55÷２＝27余り１より，取り出した４枚のカードの数の和は**28**以上である。150を素因数分解すると，150＝２×３×５×５となる。１から10のうち５を素因数に含むのは５と10だけだから，積が150になる３つの数は，**５**と**10**，それと**３**である。しかし，３＋５＋10＝18で，取り出したもう１つの数が９だとしても和が28以上にならない。よって，３つの数の積は150ではない。

(2)　【解き方】(1)のように140から149までの数を１つ１つ素因数分解して調べていく。素因数の中に11以上の数を含む数は，１から10までの数で作ることはできない。

140から149までの数を１つ１つ調べると右表のようになる。３つの数の積となる可能性があるのは，140，144，147である。それぞれについて，１から10までの数のうちの３つの数の積で表していく。

140の場合，必ず７を含み，さらに５か10を含む。

３つの数の積	素因数分解	11以上の素因数を含まない
140	２×２×５×７	○
141	３×47	×
142	２×71	×
143	11×13	×
144	２×２×２×２×３×３	○
145	５×29	×
146	２×73	×
147	３×７×７	○
148	２×２×37	×
149	149	×

したがって，４×５×７か２×７×10となる。

４×５×７だと，４つの数の和が28以上にならない。２×７×10だと，残りの数が９ならば４つの数の和が28になる。よって，取り出した４つの数として，（２，７，９，10）が考えられる。

144の場合，９を１つ含むか，３と６を１つずつ含む。したがって，２×８×９か３×６×８となる。

２×８×９だと，残りの数が10ならば４つの数の和が29になる。よって，取り出した４つの数として，（２，８，９，10）が考えられる。３×６×８だと，４つの数の和が28以上にならない。

147の場合，７を２つ含まなければならないので，条件に合わない。

以上より，取り出した４つの数として考えられるのは，（2，7，9，10）と（2，8，9，10）である。

1 (1) 与式$=7\frac{3}{4}-24\times\frac{5}{4}\times\frac{1}{5}+3\frac{2}{3}=7\frac{9}{12}-6+3\frac{8}{12}=4\frac{17}{12}=$**$5\frac{5}{12}$**

(2) 与式より，$(\frac{3}{4}-\frac{2}{4})\times\square=\frac{7}{12}-\frac{1}{2}$　$\frac{1}{4}\times\square=\frac{1}{12}$　$\square=\frac{1}{12}\times4=$**$\frac{1}{3}$**

(3) 1000以下の7の倍数は，$1000\div7=142$余り6より142個あり，1000は7の倍数ではない。100以下の7の倍数は，$100\div7=14$余り2より14個あり，100は7の倍数ではない。よって，求める個数は，$142-14=$**128**(個)

(4) **【解き方】右のような面積図で考える。**

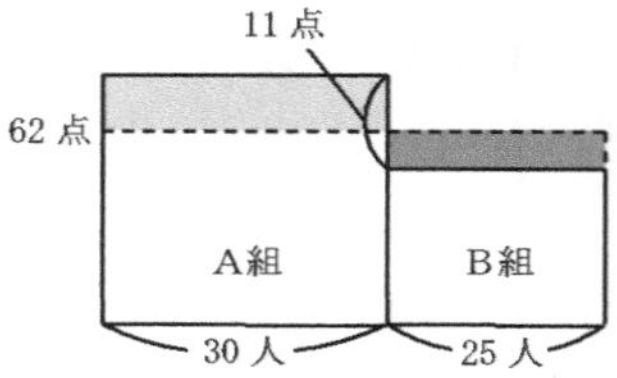

色をつけた2つの長方形の面積が等しく，横の長さの比が$30:25=6:5$だから，縦の長さの比は$5:6$である。したがって，全体の平均点とB組の平均点の差は，$11\times\frac{6}{5+6}=6$(点)だから，B組の平均点は，$62-6=$**56**(点)

(5) **【解き方】仕事全体の量を10と15の最小公倍数の㉚とする。**

1日の仕事量は，Aさんが㉚$\div10=$③，Bさんが㉚$\div15=$②である。Aさんが4日間仕事した後の残りは，㉚$-$③$\times4=$⑱で，これを2人ですると，$\frac{⑱}{③+②}=\frac{18}{5}$(日)で終わる。

よって，Bさんがした仕事は，②$\times\frac{18}{5}=\textcircled{\frac{36}{5}}$だから，全体の，$\textcircled{\frac{36}{5}}\div$㉚$\times100=$**24**(%)である。

(6) Aがとったのは全体の$\frac{1}{5}$である。Bがとったのは全体の$(1-\frac{1}{5})\times\frac{1}{3}=\frac{4}{5}\times\frac{1}{3}=\frac{4}{15}$である。Cがとったのは全体の$\frac{4}{5}\times(1-\frac{1}{3})\times\frac{2}{3}=\frac{4}{5}\times\frac{2}{3}\times\frac{2}{3}=\frac{16}{45}$である。Dがとったのは全体の$\frac{4}{5}\times\frac{2}{3}\times(1-\frac{2}{3})=\frac{8}{45}$である。

通分すると，Aは$\frac{9}{45}$，Bは$\frac{12}{45}$，Cは$\frac{16}{45}$，Dは$\frac{8}{45}$だから，多い順に，**C，B，A，D**となる。

(7) **【解き方】時速4kmで行くよりも時速5kmで行ったときの方が，$12+3=15$(分)早く着く。**

時速4kmでかかる時間と時速5kmでかかる時間の比は，速さの比である$4:5$の逆比の$5:4$である。この比の数の$5-4=1$が15分にあたるから，時速5kmだと$15\times\frac{4}{1}=60$(分)，つまり1時間かかる。よって，求める道のりは，$5\times1=$**5**(km)

(8) **【解き方】右図のように記号をおく。三角形ABCはAB=10(cm)の直角二等辺三角形であり，その面積は対角線の長さが10cmの正方形の面積の半分である。**

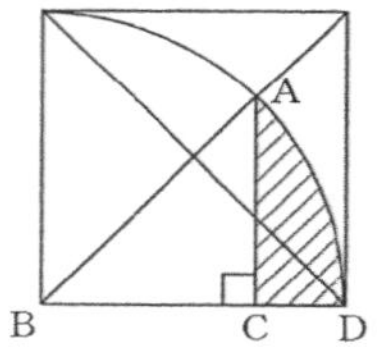

おうぎ形BDAの面積は，$10\times10\times3.14\times\frac{45}{360}=\frac{25}{2}\times3.14=39.25$(cm²)

三角形ABCの面積は，$10\times10\div2\div2=25$(cm²)

よって，斜線部分の面積は，$39.25-25=$**14.25**(cm²)

(9) **【解き方】右図の四角形ABCDの内角の和から求める。**

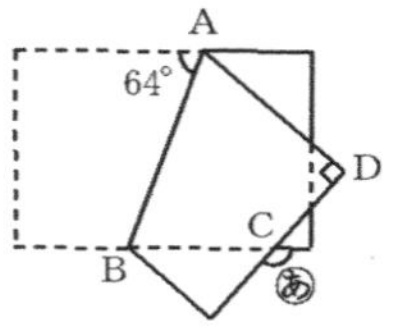

折り返したとき重なるから，角BAD=64°

平行線の錯角は等しいから，角ABC=64°

よって，角あ=角BCD$=360°-90°-64°\times2=$**142°**

(10) **【解き方】向かい合う2つの三角形の面積の和について考える。**

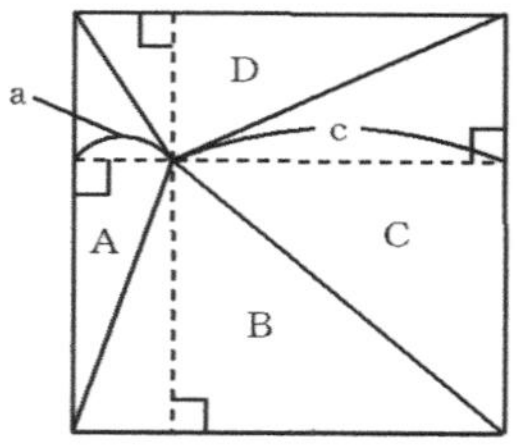

右図のように記号をおき，正方形の1辺の長さを$x$cmとする。

三角形A，Cの面積の和は，$x\times a\div2+x\times c\div2=\frac{x\times(a+c)}{2}=\frac{x\times x}{2}$(cm²)

同様に三角形B，Dの面積の和も$\frac{x\times x}{2}$cm²になる。よって，三角形B，Dの面積の和は，三角形A，Cの面積の和と等しく，$5+13=18$(cm²)になるから，三角形Dの面積は，$18-11=$**7**(cm²)

2 (1)　**【解き方】右図の㋐～㋒のおうぎ形の面積の和を求める。**

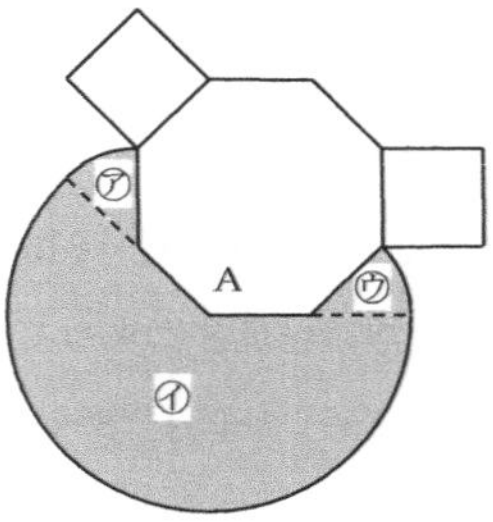

正八角形の１つの内角は，180°×(８－２)÷８＝135°，１つの外角は180°－135°＝45°である。㋑は半径 20m，中心角 360°－135°＝225°，㋐と㋒は半径 20－10＝10(m)，中心角 45°である。よって，求める面積は，

$20\times20\times3.14\times\frac{225}{360}+(10\times10\times3.14\times\frac{45}{360})\times2=275\times3.14=\mathbf{863.5}$(㎡)

(2)　**【解き方】右図の㋕～㋙のおうぎ形の面積の和を求める。**

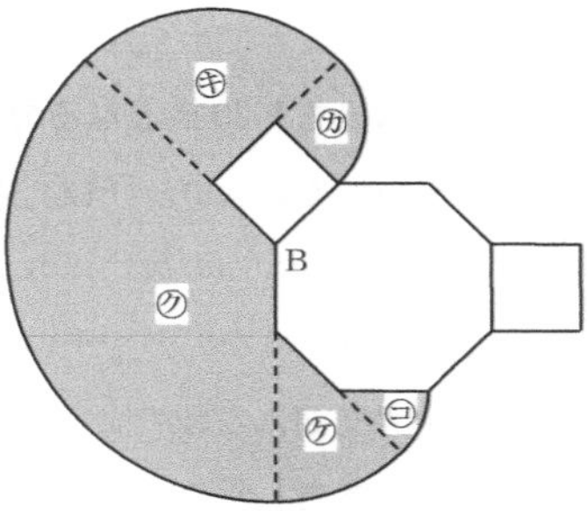

㋗は半径 30m，中心角 360°－135°－90°＝135°，

㋖は半径 30－10＝20(m)，中心角 90°，㋘は半径 20m，中心角 45°，

㋕は半径 20－10＝10(m)，中心角 90°，㋙は半径 10m，中心角 45°である。

よって，求める面積は，

$30\times30\times3.14\times\frac{135}{360}+20\times20\times3.14\times\frac{90+45}{360}+10\times10\times3.14\times\frac{90+45}{360}=$

$(900+400+100)\times\frac{3}{8}\times3.14=525\times3.14=\mathbf{1648.5}$(㎡)

3 (1)　**【解き方】１段目の数は 12 から始まる連続する４の倍数になっている。**

１段目でｎ番目の数は，(ｎ＋２)×４と表せる。したがって，100 番目は(100＋２)×４＝408 だから，408÷９＝45 余り３より，Ａ＝**3**

(2)　**【解き方】４の倍数のうち９で割ると商が 100 になるものを考える。**

９×100＝900 が４の倍数だから，２段目が 100 になるような１段目の数として，900，904，908 が考えられる。912 は，912÷９＝101 余り３より，２段目が 101 になる。よって，Ｂの右どなりが 912 だから，Ｂ＝**908**

(3)　**【解き方】３段目の数の規則性を考える。**

６番目以降をしばらく調べていくと，以下の表のようになる。

	１番目	２番目	３番目	４番目	５番目	６番目	７番目	８番目	９番目	10 番目	11 番目	12 番目	…
１段目	12	16	20	24	28	32	36	40	44	48	52	56	…
２段目	1	1	2	2	3	3	4	4	4	5	5	6	…
３段目	3	7	2	6	1	5	0	4	8	3	7	2	…

３段目の数は，３，７，２，６，１，５，０，４，８の９個の数を１つの周期としており，１周期の和は，３＋７＋２＋６＋１＋５＋０＋４＋８＝36 である。1000÷36＝27 余り 28 より，Ｃ番目は，27 周期のあとに和が 28 になるところである。３＋７＋２＋６＋１＋５＋０＋４＝28 より，28 周期目の８つ目まで足すと 1000 になるので，Ｃ＝９×27＋８＝**251**(番目)

4 (1)　切断面は図Ⅰの太線のようになる。

図Ⅰ

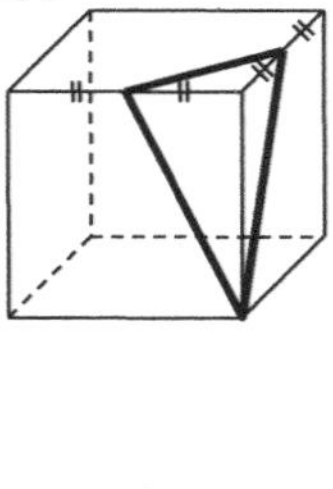

図Ⅱ

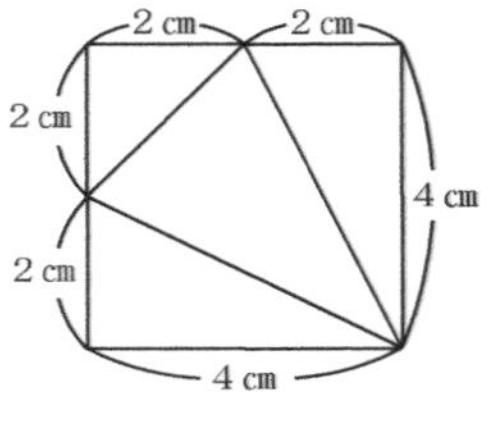

よって，小さい方の立体(三角すい)の体積は，

$(2\times2\div2)\times4\div3=\frac{8}{3}=\mathbf{2\frac{2}{3}}$(㎤)

(2)　**【解き方】(1)で体積を求めた三角すいは中学受験でよく出題される三角すいであり，展開図は図Ⅱのように１辺が４㎝の正方形になる。**

図Ⅱの真ん中の三角形の面積を求めればよいので，４×４－２×２÷２－(２×４÷２)×２＝**6**(㎠)

5 (1)　６で 10 点，２と５で１点ずつだから，「265」は，10＋１×２＝**12**(点)

(2)　**【解き方】０から９までの整数を１つずつ書いて，使われていない数を消していけばよい。**

「210」が０点だから，０，１，２は使われていない。「543」が１点だから，３，４，５のうち１個だけが使われ

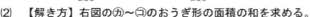

ている。「876」が 10 点だから，６，７，８のうち１個だけが使われている。したがって，残った９は必ず使われている。

(3)　【解き方】「876」が 10 点となったが，どの数によって 10 点になったかで場合分けをして数える。

「876」が８によって 10 点だった場合，「543」が１点で９が必ず使われているのだから，考えられる３けたの数は，「859」「895」「894」「839」の４通りある。

同様に，「876」が７によって 10 点だった場合，「876」が６によって 10 点だった場合も３けたの数は４通りずつ考えられる。よって，全部で，４×３＝12(通り)

(4)　【解き方】30 点となるのは先生が考えた数を当てたときである。「954」の１点は９によるものだから，４，５は使われていない。「612」の１点は６によるものだから，６が使われていて７，８は使われていない。

使われている３つの数は，３，６，９である。「876」が 10 点だから，６は一の位である。「954」が１点だから，９は百の位ではないので十の位である。よって，先生が考えた数は「**396**」である。

6　Ａの中の空間に右図のように記号をおく。

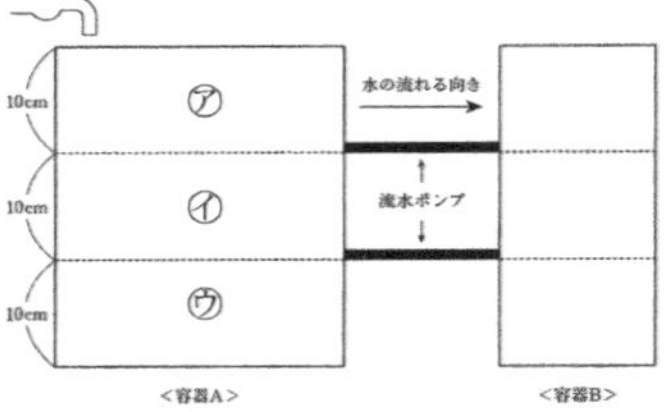

(1)　【解き方】㋒に水がたまっている間，Ａの水面は，毎秒$\frac{3}{30}$cm＝毎秒$\frac{1}{10}$cmの割合で上がっていく。

$10 \div \frac{1}{10} = 100$(秒後)，つまり，**１分 40 秒後**である。

(2)　【解き方】㋒と㋑では，１秒ごとに給水される水の量の比が３：(３－１)＝３：２だから，満水になるのにかかる時間の比はこの逆比の２：３である。

㋑が満水になるのに $100 \times \frac{3}{2} = 150$(秒)かかる。この間，Ｂの水面の高さは毎秒$\frac{1}{15}$cmの割合で上がっていくから，150 秒間で $150 \times \frac{1}{15} = 10$(cm)上がる。よって，求める水面の高さは **10** cmである。

(3)　【解き方】２つ目の流水ポンプが作動するのは，水を入れ始めてから，100＋150＝250(秒後)である。このときのＡとＢの水面の高さの差を求め，この後１秒ごとに水面の高さの差が縮まっていく割合を調べる。

250 秒後に，Ａの水面の高さは 20 cm，Ｂの水面の高さは 10 cmだから，その差は 20－10＝10(cm)である。

㋐に水がたまっている間，Ａの水面は，毎秒$\frac{3-2}{30}$cm＝毎秒$\frac{1}{30}$cmの割合で上がる。この間，Ｂの水面は，毎秒$\frac{2}{15}$cmの割合で上がっていく。したがって，１秒ごとに$\frac{2}{15} - \frac{1}{30} = \frac{1}{10}$(cm)の割合で差が縮まっていくから，$10 \div \frac{1}{10} =$ 100(秒後)に水面の高さが同じになる。

よって，水面の高さが同じになるのは，250＋100＝350(秒後)，つまり**５分 50 秒後**であり，このとき㋐はまだ満水になっていないから条件に合う。水面の高さは，$20 + \frac{1}{30} \times 100 = 23\frac{1}{3}$(cm)になっている。

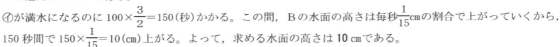

帝塚山中学校【1次A】【1次B】

《1次A　国語》

一　1．エ　2．ウ→イ→エ→ア　3．a．集団の意思決定が絶対　b．集団と個の二重の意思決定システム　4．集団ごと滅びてしまわないため　5．ウ　6．(1)イ　(2)そして、絶　7．A．エ　B．オ　C．ア　D．ウ　8．エ　9．落としどころを見つける　10．ウ　11．ウソを完全に否定し排除するのではなく、有益なウソか悪意のウソかを見極め、うまく使えるようになること。　12．あまのじゃく　13．ウ，オ

二　1．a．単調な映像　b．いやな記憶がわきあがってくるのを、防いでくれる　c．心がおちつく　2．ソラの顔のホクロをヒマワリの種にたとえた俳句を作ったこと。　3．エ　4．a．オ　b．ア　c．エ　d．ウ　5．力量不足　6．(1)独楽　(2)イ　7．ウ　8．ア　9．大地のパワーのおおもと　10．エ　11．イ　12．C．噴水　D．花火　13．問答無用　14．ハセオとの友情を大切に育てていきながら、自分もヒマワリのようにたくましく生きていこうとすること。　15．ウ

三　1．付加　2．初版　3．盟約　4．首府　5．訓辞　6．至福　7．索引　8．司書　9．復唱　10．帯　11．とろう　12．そらに　13．そ　14．い　15．こんどう

《1次A　算数》

1　(1)$\frac{1}{3}$　(2)1.5　(3)240　(4)450　(5)200　(6)4：3　(7)108　(8)16　(9)300　(10)50

2　(1)Q．125　R．75　(2)3

3　(1)①B　②81.64　(2)①F　②43.96

4　(1)310　(2)730　(3)5

5　(1)5　(2)26，40　(3)106，40

6　(ア)100　(イ)2700　(ウ)新　(エ)210

《1次A　理科》

1　問1．E→D→C→B→A→F　問2．エ　問3．ウ　問4．地しん　問5．C
問6．(1)P．A　Q．D　(2)あ

2　問1．ア，ウ，オ，キ，ク　問2．エ　問3．イ　問4．イ，エ　問5．手ごたえ…ア　理由…ア
問6．手ごたえ…イ　理由…エ

3　問1．心臓の動き…はく動　血管の動き…脈はく　問2．エ　問3．H　問4．b　問5．b
問6．(1)ウ　(2)ウ

4　問1．ウ　問2．ア，ウ，オ　問3．A．25　B．10　C．0.5　D．5　E．6.6　問4．ウ
問5．7.8　問6．オ

《１次Ａ　社会》

1　問１．Ａ．イ　Ｂ．ウ　Ｃ．オ　Ｄ．エ　Ｅ．カ　Ｆ．ア　問２．１．ぶどう　２．琵琶　３．日光
４．りんご　５．金魚　６．和紙　問３．④

2　問１．エ　問２．伊藤博文　問３．ウ　問４．中臣鎌足（下線部は藤原でもよい）　問５．⑴藤原不比等
⑵イ　問６．ウ　問７．足尾銅山　問８．ア　問９．イ　問10．日韓基本　問11．日中平和友好

3　問１．イ　問２．太政大臣　問３．ア　問４．壇ノ浦　問５．イ　問６．町衆　問７．イ
問８．エ　問９．イ　問10．ア　問11．出島　問12．イ　問13．参勤交代

4　問１．⑴イ　⑵ア　問２．ウ　問３．⑴国会　⑵エ　問４．排他的経済水域　問５．⑴ウ　⑵公衆衛生
問６．⑴あ．エ　い．イ　⑵司法／立法　問７．［記号／国名］［ウ／ドイツ］［エ／イタリア］

《１次Ｂ　国語》

一　１．エ　２．エ　３．ア，オ　４．Ⅰ．ウ　Ⅱ．イ　Ⅲ．オ　Ⅳ．ア　５．性格を批判する道具
６．ウ　７．あ．イ　い．エ　う．ア　８．１．おとしめたり、傷つけたり　２．あいまいな性質
３．思い通りに意味づけ　９．⑴Ｂ．ウ　Ｃ．カ　⑵Ｂ　10．なはずだ。　11．ア．Ｂ　イ．Ｂ　ウ．Ａ
エ．Ｂ　オ．Ａ

二　１．大輝のお母さんが心の病気になってしまったこと。　２．イ　３．ａ．確かな根拠　ｂ．攻撃　ｃ．偏見
４．イ　５．ア　６．Ａ．風　Ｂ．足　７．エ　８．Ⅰ．イ　Ⅱ．ウ　Ⅲ．ア　Ⅳ．オ　Ⅴ．エ
９．ｄ．会社の先輩　ｅ．心の病気　ｆ．辞めるしかなくなった　10．イ　11．Ｘ．ア　Ｙ．ウ　12．ア
13．学校へ行かないことを理解してくれない　14．学校ではどうしたって学べないことが外の世界にはたくさんあるので、雪乃にはそれを学んでほしいと考えたから。

三　１．歴然　２．定規　３．刻　４．庁舎　５．厚　６．臓器　７．陸橋　８．印象
９．門戸　10．夢　11．うわやく　12．やかた　13．かっせん　14．しなん　15．そな

《１次Ｂ　算数》

1　⑴ $1\frac{1}{2}$　⑵ $\frac{5}{11}$　⑶25　⑷224　⑸1560　⑹30　⑺60　⑻22.5　⑼①12　②94.2

2　⑴420　⑵63000　⑶20

3　⑴10　⑵ $\frac{1}{3}$　⑶ $8\frac{1}{3}$

4　⑴５　⑵10，38，６　⑶10，22，12

5　⑴97　⑵15　⑶902

6　⑴15　⑵30　⑶1087.5

2023 算数解説 ▶ 帝塚山中学校【１次Ａ】

令和５年度

1 ⑴　与式＝$(\frac{9}{12}+\frac{6}{12}-\frac{5}{12})\times\frac{1}{2}-\frac{1}{12}=\frac{10}{12}\times\frac{1}{2}-\frac{1}{12}=\frac{5}{12}-\frac{1}{12}=\frac{4}{12}=\mathbf{\frac{1}{3}}$

⑵　与式より，0.9＋1.5－0.6÷□＝２　　2.4－0.6÷□＝２　　0.6÷□＝2.4－２　　□＝0.6÷0.4＝**1.5**

⑶　**【解き方】食塩水の問題は，うでの長さを濃度《のうど》，おもりを食塩水の重さとしたてんびん図で考えて，うでの長さの比とおもりの重さの比がたがいに逆比になることを利用する。**

右のようなてんびん図がかける。８％と10％の食塩水の量の比は，ａ：ｂ＝(9.2－８)：(10－9.2)＝３：２の逆比の２：３となる。

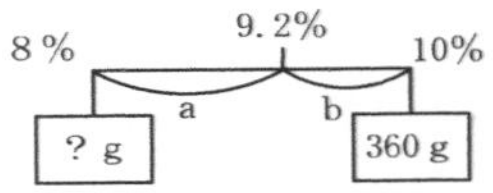

よって，加えた８％の食塩水の量は，$360\times\frac{2}{3}=$**240**(ｇ)

⑷　**【解き方】(３けたの整数の個数)－(３けたの整数の内，３または４の倍数の個数)で求める。**

３けたの整数は100～999までの999－100＋１＝900(個)ある。

１～99までの整数の内，３の倍数は99÷３＝33(個)，４の倍数は99÷４＝24余り３より24個，３と４の最小公倍数である12の倍数は99÷12＝８余り３より８個ある。

１～999までの整数の内，３の倍数は999÷３＝333(個)，４の倍数は999÷４＝249余り３より249個，12の倍数は999÷12＝83余り３より83個ある。

よって，３けた(100～999)の整数の内，３の倍数は333－33＝300(個)，４の倍数は249－24＝225(個)，12の倍数は83－８＝75(個)あるから，３または４の倍数は300＋225－75＝450(個)ある。

したがって，求める個数は，900－450＝**450**(個)

⑸　ペン３×８＝24(本)の値段はノート２×８＝16(冊)の値段よりも300×８＝2400(円)高いので，

ノート５＋16＝21(冊)の値段は，5550－2400＝3150(円)

よって，ノート１冊の値段は3150÷21＝150(円)だから，ペン３本の値段は，150×２＋300＝600(円)

したがって，ペン１本の値段は，600÷３＝**200**(円)

⑹　**【解き方】円柱の側面積は，(底面の周の長さ)×(高さ)で求められる。**

円柱の体積は，(底面積)×(高さ)で求められるから，円柱ＡとＢの体積が等しく，高さの比が16：９のとき，底面積の比はこの逆比の９：16となる。９：16＝(３×３)：(４×４)だから，円柱ＡとＢの底面の半径の長さの比は３：４，底面の周の長さの比も３：４になるとわかる。

よって，側面積の比は，(３×16)：(４×９)＝**４：３**

⑺　生徒36人にミカンを２個ずつ，リンゴを１個ずつ配ると，ミカンとリンゴは全部で168－(36×２＋36)＝60(個)残る。残ったミカンとリンゴの個数の比が３：２になるので，残ったミカンの個数は，$60\times\frac{3}{3+2}=36$(個)

よって，はじめにあったミカンの個数は，36×２＋36＝**108**(個)

⑻　初めの１本を打ったあと，残りの61－１＝60(本)のくいが等間隔《とうかんかく》で並ぶから，61本のくいを打つときのくいとくいの間隔は，360÷60＝６(ｍ)である。同様にして，46本のくいを打つときのくいとくいの間隔は，360÷(46－１)＝８(ｍ)である。６と８の最小公倍数である24ｍごとに正しい場所に打ってあるくいが現れるので，初めの１本を除いた360÷24＝15(本)は正しい場所に打ってある。よって，求める本数は，１＋15＝**16**(本)

⑼　**【解き方】斜線部分について，太線で囲まれた部分を右のように移動させてから面積を求める。**

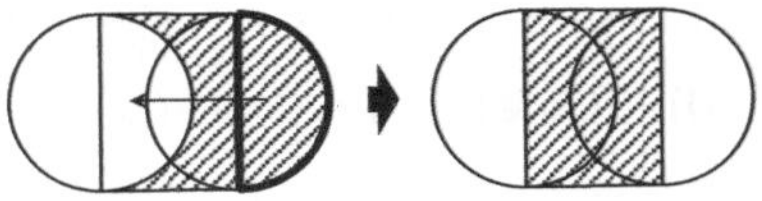

たてが10×２＝20(cm)，横が15 cmの長方形になるので，

求める面積は，20×15＝**300**(㎠)

(10)　**【解き方】折って重なる角の大きさは等しいので，右のように作図できる。**

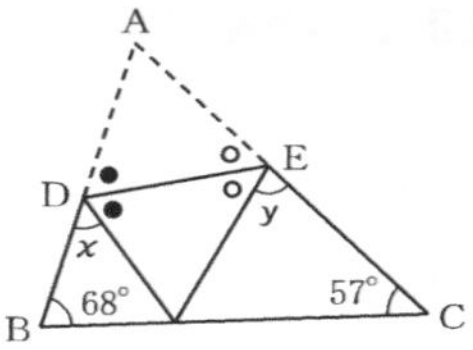

三角形ＡＢＣの内角の和より，角ＢＡＣ＝180°－68°－57°＝55°

三角形ＡＤＥの内角の和より，●＋○＝180°－55°＝125°

よって，●●＋○○＝125°×２＝250°

(●●＋x)＋(○○＋y)＝180°＋180°＝360°だから，x＋y＝360°－250°＝110°

x：y＝５：６だから，x＝110°×$\frac{5}{5+6}$＝**50°**

2　(1)　出発から16分後，Ｐは100×16＝1600(m)進んだ。②より，16分後にＱははじめてＰを後ろから追い抜いたので，このときＱはＰより大きな正方形１周分多く進んだことになるから，1600＋100×４＝2000(m)進んだ。

よって，Ｑの速さは，毎分(2000÷16)m＝毎分**125m**

①より，Ｐが２周するのは出発から(100×４×２)÷100＝８(分後)で，このときＲは３周していたから，50×４×３＝600(m)進んだ。よって，Ｒの速さは，毎分(600÷８)m＝毎分**75m**

(2)　**【解き方】ＱがＧＡ上，ＡＥ上にあるときにＲと出会う。ＱがＧ，Ｅ上にあるときにＲがどの位置にいるのかに注目する。**

Ｑが初めてＧにつくのは，出発から(100×３＋50)÷125＝2.8(分後)で，このときＲは75×2.8＝210(m)進むから，210÷50＝４余り10より，ＲはＡからＧに向かって10m進んだ位置にいる。よって，ここからＱがＧＡ上を移動するまでに，ＱとＲは出会う。

Ｑが２回目にＧにつくのは，出発から2.8＋100×４÷125＝６(分後)で，このときＲは75×６＝450(m)進むから，450÷50＝９より，Ｒは２周してＧの位置にいる。よって，このときＱとＲは出会う。

Ｑが３回目にＧにつくのは，出発から６＋100×４÷125＝9.2(分後)で，このときＲは75×9.2＝690(m)進むから，690÷50＝13余り40より，Ｒは３周してＧからＦに向かって40m進んだ位置にいる。ここから，ＱがＧからＥまでの50×２＝100(m)を進む間に，Ｒは100×$\frac{75}{125}$＝60(m)進むから，ＲはＥの位置にいることがわかる。

よって，このときＱとＲは出会う。

Ｑが４回目にＧにつくのは出発から9.2＋100×４÷125＝12.4(分後)となるから，ＱとＲは全部で**３**回出会う。

3　(1)　**【解き方】●が動いた後にできる線は，右図の太線のようになる。**

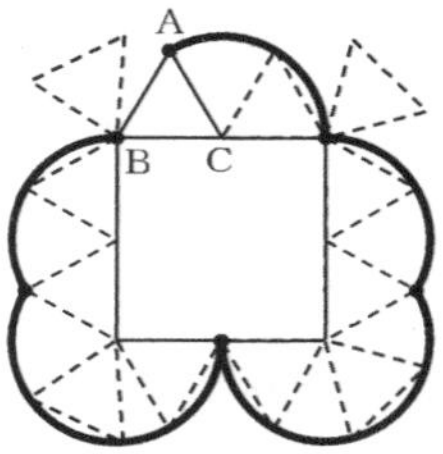

●はＢと重なる。

求める長さは，半径が６cmで中心角が60°×２＝120°のおうぎ形の曲線部分の長さの３倍と，半径が６cmで中心角が360°－90°－60°＝210°のおうぎ形の曲線部分の長さの２倍を足せばよいので，

６×２×3.14×$\frac{120°}{360°}$×３＋６×２×3.14×$\frac{210°}{360°}$×２＝(12＋14)×3.14＝**81.64**(cm)

(2)　**【解き方】●が動いた後にできる線は，右図の太線のようになる。**

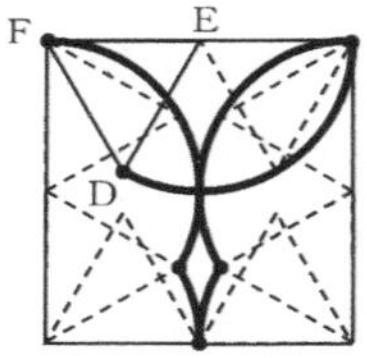

●はＦと重なる。

求める長さは，半径が６cmで中心角が120°のおうぎ形の曲線部分の長さの３倍と，半径が６cmで中心角が90°－60°＝30°のおうぎ形の曲線部分の長さの２倍を足せばよいので，６×２×3.14×$\frac{120°}{360°}$×３＋６×２×3.14×$\frac{30°}{360°}$×２＝(12＋２)×3.14＝**43.96**(cm)

4　(1)　底面積は，４×15＝60(㎠)

側面積は，(底面の周の長さ)×(高さ)で求められるので，{(４＋15)×２}×５＝190(㎠)

よって，表面積は，60×２＋190＝**310**(㎠)

⑵　**【解き方】⑴で求めた表面積に，切断面の面積を足せばよい。**

四角形ＡＲＦＢに平行な平面で切断したときの切断面の面積は，四角形ＡＥＦＢの面積に等しく，５×15＝75(㎠)

四角形ＡＢＣＤに平行な平面で切断したときの切断面の面積は，四角形ＡＢＣＤの面積に等しく，４×15＝60(㎠)

四角形ＡＲＦＢに平行な平面で２回切断したときの切断面は２×２＝４(つ)でき，四角形ＡＢＣＤに平行な平面で１回切断したときの切断面は１×２＝２(つ)できるから，求める表面積の和は，310＋75×４＋60×２＝**730**(㎠)

⑶　**【解き方】⑵をふまえ，切断面の面積の和が950－310＝640(㎠)となるようなxとyの組み合わせを考える。**

四角形ＡＢＣＤに平行な平面で１回切断するごとに，切断面の面積は60×２＝120(㎠)増える。

四角形ＢＦＧＣに平行な平面で１回切断するごとに，切断面の面積は(５×４)×２＝40(㎠)増える。

640÷40＝16より，x＝０，y＝16のときは切断面の面積の和が640㎠となる。120÷40＝３より，x＝０，y＝16から，xが１大きくなるとyが３小さくなる。xとyはどちらも１以上の整数なので，(x，y)の組み合わせは，

(１，13)(２，10)(３，７)(４，４)(５，１)の**５**通りある。

5　**【解き方】水そうを正面から見て，図ｉのように作図する(太線は仕切り板)と，グラフから図ⅱのことがわかる。**

図ｉ

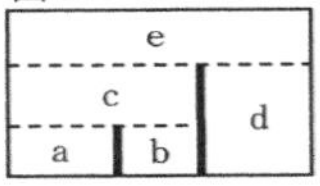

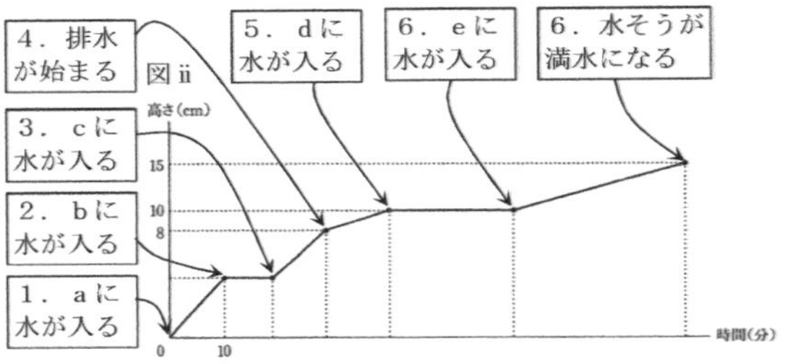

⑴　図ⅱの１～２までの10分間で，水は90×10＝900(㎤)入るから，ａの容積は900㎤である。

ａの底面積は20×９＝180(㎠)だから，求める高さは，

900÷180＝**５**(cm)

⑵　図ⅱの４までに入った水の量は，底面積がａとｂの底面積の和である20×(９＋６)＝300(㎠)で，高さが８cmの直方体の体積に等しく，300×８＝2400(㎤)

よって，求める時間は，2400÷90＝$26\frac{2}{3}$(分後)，つまり，26分($\frac{2}{3}$×60)秒後＝**26**分**40**秒後である。

⑶　図ⅱの４～６までは，毎分(90－30)㎤＝毎分60㎤で水が増える。

水そうの容積は20×(９＋６＋９)×15＝7200(㎤)だから，図ⅱの４～６までに水は7200－2400＝4800(㎤)増える。

よって，求める時間は，26分40秒後から4800÷60＝80(分後)の，**106**分**40**秒後である。

6　旧プランで2.7ギガ使用した場合，2.5ギガ以降で2.7－2.5＝0.2(ギガ)使用したから，通信料金は，

2400＋150×(0.2÷0.1)＝**2700**(円)

新プランで３ギガ使用した場合の通信料金は，旧プランで３ギガ使用した場合の通信料金に等しく，

2400＋150×{(３－2.5)÷0.1}＝3150(円)

新プランについて，２ギガまでの0.1ギガあたりの通信料金を100とすると，２ギガ以降は，0.1ギガあたりの通信料金が100×(１＋$\frac{15}{100}$)＝115となる。３ギガ使用した場合，２ギガ以降で３－２＝１(ギガ)使用したから，

通信料金は100×(２÷0.1)＋115×(１÷0.1)＝2000＋1150＝3150と表せ，これが3150円にあたる。

よって，新プランの２ギガまでの0.1ギガあたりの通信料金は**100**円である。

また，新プランでは２ギガの通信料金が2000円で，２ギガ以降は0.1ギガあたりの通信料金が115円になる。

メイさんは，普段《ふだん》の月の通信量が2.7ギガで，８月と９月は2.7×$\frac{13}{9}$＝3.9(ギガ)になる。

2.7ギガのときの通信料金は，旧プランが2700円，新プランが2000＋115×{(2.7－２)÷0.1}＝2805(円)で，

旧プランの方が2805－2700＝105(円)安い。

3.9ギガのときの通信料金は，旧プランが 2400＋150×{(3.9−2.5)÷0.1}＝4500(円)，新プランが 2000＋115×{(3.9−２)÷0.1}＝4185(円)で，新プランの方が 4500−4185＝315(円)安い。

６か月間のうち，８月と９月は２か月間，残りは６－２＝４(か月間)あるから，旧プランと新プランを比べると，**新**プランの方が 315×２－105×４＝**210**(円)安い。

2023 算数解説 ▶ 帝塚山中学校【１次Ｂ】
令和５年度

1 (1) 与式より，$\square\times(\frac{4}{3}-\frac{2}{9})\div\frac{1}{4}=\frac{20}{3}$　$\square\times(\frac{12}{9}-\frac{2}{9})=\frac{20}{3}\times\frac{1}{4}$　$\square\times\frac{10}{9}=\frac{5}{3}$　$\square=\frac{5}{3}\times\frac{9}{10}=\frac{3}{2}=\mathbf{1\frac{1}{2}}$

(2) 与式$=\frac{1}{2}\times\{(\frac{1}{1}-\frac{1}{3})+(\frac{1}{3}-\frac{1}{5})+(\frac{1}{5}-\frac{1}{7})+(\frac{1}{7}-\frac{1}{9})+(\frac{1}{9}-\frac{1}{11})\}=\frac{1}{2}\times(1-\frac{1}{11})=\frac{1}{2}\times\frac{10}{11}=\mathbf{\frac{5}{11}}$

(3) １辺が 37 cmの正方形のタイルを並べると，203÷37＝５余り 18 より，５枚並べることができ，縦 37 cmで横 18 cmの長方形が残る。ここに１辺が 18 cmの正方形のタイルを並べると，37÷18＝２余り１より，２枚並べることができ，縦１cm，横 18 cmの長方形が残る。ここに１辺が１cmの正方形のタイルを並べると，18÷１＝18(枚)並べることができ，すべてが埋め尽くされる。よって，求める枚数は，５＋２＋18＝**25**(枚)

(4) **【解き方】本全体のページ数を，７と６の最小公倍数である㊷として考える。**

１日目㊷×$\frac{3}{7}$＝⑱読み，２日目は 58 ページ読み，３日目は⑱×$\frac{5}{6}$＝⑮より 10 ページ少なく読んで，３日目で全てのページを読み終えたので，㊷－⑱－⑮＝⑨は 58－10＝48(ページ)にあたる。

よって，本のページ数は，$48\times\frac{㊷}{⑨}$＝**224**(ページ)

(5) **【解き方】16 と 12 の最小公倍数は 48 だから，昨日の博物館と美術館の入場者数をそれぞれ㊽，[48]とする。**

今日の博物館の入場者数は㊽×$\frac{1}{16}$＝③減り，今日の美術館の入場者数は[48]×$\frac{1}{12}$＝[4]増え，全体で 40 人減ったから，③は[4]より 40 人多い。48÷３＝16 より，㊽は[4]×16＝[64]より 40×16＝640(人)多い。

㊽と[48]の和は 4000 人だから，[64]＋[48]＝[112]は 4000－640＝3360(人)にあたる。

今日の美術館の入場者数は[48]＋[4]＝[52]なので，3360×$\frac{[52]}{[112]}$＝**1560**(人)

(6) **【解き方】列車ＡとＢがすれ違い始めてから終わるまでに，列車ＡとＢは合わせて，列車ＡとＢの長さの和だけ進む(図ｉ参照)。**

列車ＡがＢに追いついてから完全に追い越すまでに，ＡはＢより，列車ＡとＢの長さの和だけ多く進む(図ii参照)。

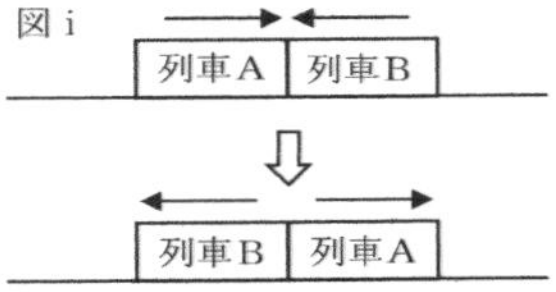

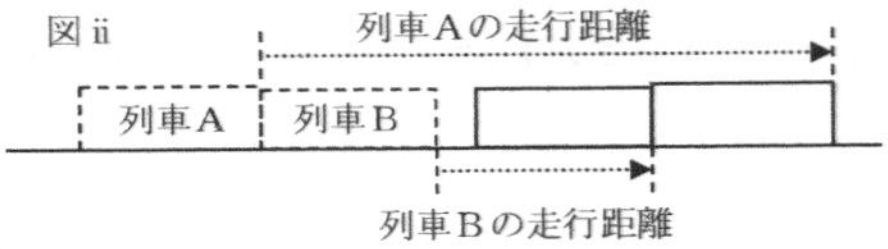

図ｉより，列車ＡとＢは５秒＝$\frac{5}{60\times60}$時間で，合わせて $(63+45)\times\frac{5}{60\times60}$＝0.15(km)進むから，列車ＡとＢの長さの和は 0.15 kmである。列車ＡとＢの速さの差は時速(63－45)km＝時速 18 kmだから，図iiより，求める時間は，0.15÷18＝$\frac{1}{120}$(時間)，つまり，$\frac{1}{120}\times60\times60$＝**30**(秒)

(7) 一の位の数の選び方は，１，３，５の３通りある。十の位の数の選び方は，１～６のうち一の位で選んだ数を除く５通りある。百の位の数の選び方は，１～６のうち一と十の位で選んだ数を除く４通りある。

よって，奇数は全部で３×５×４＝**60**(個)できる。

(8) 折って重なる辺の長さは等しいから，ＣＤ＝ＣＤ′

また，ＣＤ＝ＣＢだから，三角形ＣＢＤ′はＣＢ＝ＣＤ′の二等辺三角形である。

角ＢＣＤ＝45°だから，角ＣＤ′Ｂ＝(180°－45°)÷２＝67.5°

よって，角x＝180°－90°－67.5°＝**22.5°**

(9)① 四角形ＡＢＣＤは台形なので，面積は，(ＡＤ＋ＢＣ)×ＣＤ÷２＝(２＋６)×３÷２＝**12**(cm²)

② **【解き方】ＡからＢＣに対して垂直な線をひき，ＢＣと交わる点をＨとすると，できる立体は右のようになる。**

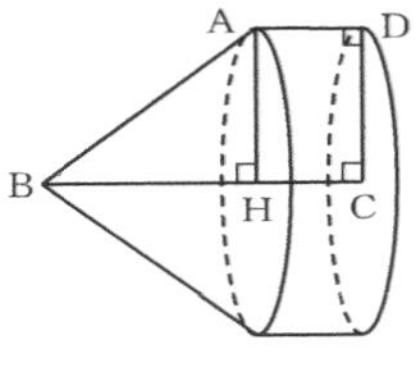

求める体積は，底面の半径がＣＤ＝３cm，高さがＡＤ＝２cmの円柱の体積と，底面の半径がＨＡ＝３cm，高さがＢＨ＝６－２＝４(cm)の円すいの体積の和だから，

$3\times3\times3.14\times2+3\times3\times3.14\times4\times\frac{1}{3}=(18+12)\times3.14=\mathbf{94.2}$(㎤)

2 (1)　1日あたり14個売れるから，$14\times30=\mathbf{420}$(個)

(2)　1個あたりの利益は$500\times\frac{3}{10}=150$(円)だから，$150\times420=\mathbf{63000}$(円)

(3)　(2)のときの定価は$500+150=650$(円)だから，定価を700円にすると，1個あたりの利益は$700-500=200$(円)になり，販売個数は$420\times(1-\frac{10}{100})=378$(個)になるから，1か月間の利益は，$200\times378=75600$(円)

よって，求める割合は，$\frac{75600-63000}{63000}\times100=\mathbf{20}$(%)

3 (1)　**【解き方】(正方形ＰＱＲＳの面積)－(三角形ＡＱＤ，ＤＲＧ，ＧＳＪ，ＪＰＡの面積の和)で求める。**

正方形ＰＱＲＳの面積は，$4\times4=16$(㎠)

三角形ＡＱＤ，ＤＲＧ，ＧＳＪ，ＪＰＡは合同で，面積はともに，$1\times3\div2=\frac{3}{2}$(㎠)

よって，求める面積は，$16-\frac{3}{2}\times4=\mathbf{10}$(㎠)

(2)　ＣＧをひくと，ＣＧ＝4㎝で，ＣＧとＱＲは平行である。

三角形ＴＤＦと三角形ＴＧＣは同じ形の三角形で，ＤＦ：ＧＣ＝2：4＝1：2だから，三角形ＴＤＦは，底辺をＤＦ＝2㎝とすると，高さがＣＱ$\times\frac{1}{1+2}=\frac{1}{3}$(㎝)となる。よって，三角形ＴＤＦの面積は，$2\times\frac{1}{3}\div2=\mathbf{\frac{1}{3}}$(㎠)

(3)　**【解き方】右のように作図すると，図形の対称性から，**

(四角形ＡＤＧＪの面積)－(三角形ＤＴＸの面積)×4で求められる。

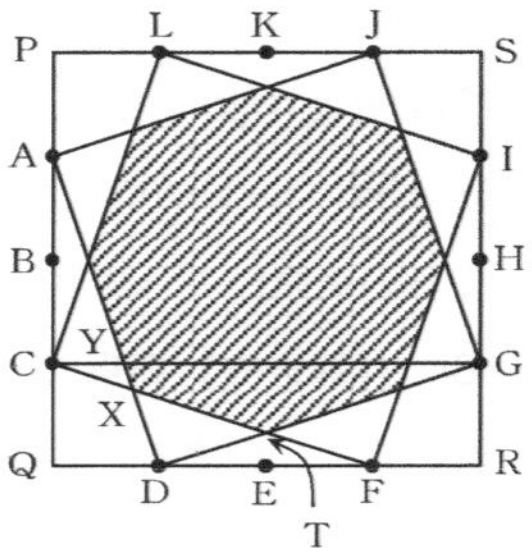

三角形ＡＱＤと三角形ＡＣＹは同じ形の三角形だから，ＱＤ：ＣＹ＝ＡＱ：ＡＣ＝3：2より，ＣＹ＝ＱＤ$\times\frac{2}{3}=\frac{2}{3}$(㎝)

三角形ＸＣＹと三角形ＸＦＤは同じ形の三角形で，ＣＹ：ＦＤ＝$\frac{2}{3}$：2＝1：3だから，三角形ＸＦＤは，底辺をＤＦ＝2㎝とすると，高さがＣＱ$\times\frac{3}{1+3}=\frac{3}{4}$(㎝)となる。よって，三角形ＸＦＤの面積は$2\times\frac{3}{4}\div2=\frac{3}{4}$(㎠)だから，三角形ＤＴＸの面積は，$\frac{3}{4}-\frac{1}{3}=\frac{5}{12}$(㎠)　　求める面積は，$10-\frac{5}{12}\times4=\frac{25}{3}=\mathbf{8\frac{1}{3}}$(㎠)

4 (1)　**【解き方】速さの比は，同じ道のりを進むのにかかる時間の比の逆比に等しいことを利用する。**

兄は午前10時10分－午前10時＝10分で池を1周するから，$10-(6+1)=3$より，池を1周するまでに，兄は$6+(10-7)=9$(分)走って，1分歩く。

弟は$10+8=18$(分)で池を1周するから，$18-(4+3)\times2=4$より，池を1周するまでに，弟は$4+4+4=12$(分)走って，$3+3=6$(分)歩く。

よって，兄と弟の走る速さの比は1.5：1＝3：2だから，同じ道のりを進むのにかかる時間の比は2：3である。

したがって，弟が12分走った道のりを兄が走ると，$12\times\frac{2}{3}=8$(分)かかる。

これより，兄が9分走って1分歩いた道のりと，兄が8分走って6分歩いた道のりは同じ(池1周分)なので，兄が$9-8=1$(分)走った道のりと，$6-1=5$(分)歩いた道のりは等しい。

したがって，兄の走る速さと歩く速さの比は5：1だから，兄の走る速さは歩く速さの**5**倍である。

(2)　**【解き方】兄の走る速さ，弟の走る速さ，歩く速さの比は，5：(5÷1.5)：1＝15：10：3だから，兄が1分間走った道のりを15，弟が1分間走った道のりを10，1分間歩いた道のりを3として考える。**

兄が9分走って1分歩くと池を1周するので，池1周の長さは，$15\times9+3=138$

弟がスタート地点を2回目に通過するのは，全部で$138\times2=276$進んだときである。

弟は$4+3=7$(分)ごとに，$10\times4+3\times3=49$進むから，$276\div49=5$余り31より，午前10時から$7\times5=35$(分後)の午前10時35分には，$49\times5=245$進むので，あと31だけ進めばよい。

ここから，弟は４分走るので，求める時間は，午前10時35分から31÷10＝3.1(分後)，つまり，

３分(0.1×60)秒後＝３分６秒後の，午前**10**時**38**分**６**秒である。

⑶　**【解き方】⑵をふまえる。兄が初めて弟を追い抜《ぬ》くのは，兄が弟よりも138(池１周分)だけ多く進んだときである。**

７分ごとに，兄は弟よりも15×６＋３－(10×４＋３×３)＝44だけ多く進む。138÷44＝３余り６より，

午前10時から７×３＝21(分後)の午前10時21分には，兄は弟よりも44×３＝132だけ多く進むから，あと138－132＝６だけ多く進めばよい。ここから，４分間は兄と弟が走るので，１分間で兄は弟よりも15－10＝５多く進む。よって，求める時間は，午前10時21分から６÷５＝1.2(分後)，つまり，１分(0.2×60)秒後＝

１分12秒後の，午前**10**時**22**分**12**秒である。

5　**【解き方】１桁《けた》の偶数《ぐうすう》は，２から８までの８÷２＝４(個)ある。**

２から98までの偶数は98÷２＝49(個)あるから，２桁の偶数は49－４＝45(個)ある。

２から998までの偶数は998÷２＝499(個)あるから，３桁の偶数は499－49＝450(個)ある。

⑴　50個の偶数の内訳《うちわけ》は，１桁の偶数が４個，２桁の偶数が45個，３桁の偶数が50－(４＋45)＝１(個)だから，

[50]に含まれる数の個数は，１×４＋２×45＋３×１＝**97**(個)

⑵　[50]に含まれる数は，２から２×50＝100までの偶数なので，数字２は，２，12，20，22，24，26，28，32，42，52，62，72，82，92の**15**個ある。

⑶　**【解き方】それぞれの数字が何回ずつ現れるかを考える。**

[100]に含まれる数は，２から２×100＝200までの偶数である。

数字１は，十の位で10，12，14，16，18，110，112，114，116，118の10回，百の位で100～198までの(198－100)÷２＋１＝50(回)だから，全部で10＋50＝60(回)現れる。

数字２は，一の位で２，12，…，192の20回，十の位で20，22，24，26，28，120，122，124，126，128の10回，百の位で200の１回だから，全部で20＋10＋１＝31(回)現れる。

以下，同様に考える。

数字３と数字５と数字７と数字９は，それぞれ十の位で10回ずつ現れる。

数字４，６，８は，それぞれ一の位で20回，十の位で10回の，合計20＋10＝30(回)ずつ現れる。

したがって，求める数は，１×60＋２×31＋(３＋５＋７＋９)×10＋(４＋６＋８)×30＝**902**

6　⑴　水があと$1200\times(1-\frac{37.5}{100})=750$(L)増えると，満水になる。

よって，給水管を開いた状態で，排水管を１本開くと１分で750÷25＝30(L)の水が増え，排水管を２本開くと１分で750÷50＝15(L)の水が増えるから，排水管１本からは，毎分(30－15)L＝毎分**15**Lの水が出る。

⑵　**【解き方】Aが満水になってからも，管は閉めていないことに注意する。**

AとBはそれぞれ，毎分15Lの割合で水が増える。

Aが満水になってから，130－50＝80(分)でAの水がすべてBに移される。

Aはタンクが1200Lで満水の状態からさらに80分で15×80＝1200(L)の水が増えるのだから，80分で1200＋1200＝2400(L)の水が移される。よって，求める割合は，毎分(2400÷80)L＝毎分**30**L

⑶　**【解き方】Aが満水になってからAから減る水の割合と，Bから増える水の割合を考える。**

Aが満水になった50分後，Bには15×50＝750(L)の水が入っているので，このときのAとBに入っている水の量の差は，1200－750＝450(L)

ここから，Ａからは毎分(30－15)Ｌ＝毎分 15Ｌの割合で水が減り，Ｂからは毎分(15＋30)Ｌ＝毎分 45Ｌの割合で水が増えるのだから，ＡとＢの水の量が等しくなるのは，Ａが満水になってから，450÷(15＋45)＝7.5(分後)である。したがって，求める水の量は，1200－15×7.5＝**1087.5**(Ｌ)

帝塚山中学校【１次Ａ】【１次Ｂ】

《１次Ａ　国語》

一　1．イ　2．エ　3．イ　4．ウ　5．ア　6．お笑いタレントは修行を積まなくてもすぐプロになれるため素人との差が小さく、その芸をすぐにまねしやすかったから。　7．あ．エ　い．ウ　う．イ　え．オ　お．ア　8．ウ　9．エ，オ　10．予定調和の世界　11．「キャラ」の演じ方　12．楽しく時間をすごす　13．3　14．ア．Ｂ　イ．Ａ　ウ．Ｂ　エ．Ｂ　オ．Ａ

二　1．Ⅰ．エ　Ⅱ．ウ　Ⅲ．ア　2．エ　3．イ　4．ア　5．俊介が風し～にうつした　6．ウ　7．ウ　8．ア　9．エ　10．イ　11．Ａ．サッカー　Ｂ．入塾テスト　Ｃ．ペンダコ　12．日本で一番難しい中学校に挑んで合格できれば、妹の難聴の原因を作った自分を許すことができるということ。　13．エ　14．(1)イ　(2)エ　15．ア．Ａ　イ．Ａ　ウ．Ｂ　エ．Ｂ　オ．Ａ

三　1．列席　2．博覧会　3．挙兵　4．停留　5．飼料　6．防犯　7．識別　8．簡易　9．円熟　10．雨垂　11．わたげ　12．ようさん　13．むら　14．かおく　15．さかむ

《１次Ａ　算数》

1　(1)13　(2)$\frac{7}{30}$　(3)2710　(4)9.5　(5)67　(6)720　(7)15　(8)32　(9)41　(10)864

2　(1)６：５　(2)４：９　(3)54：157

3　①４　②4.5　③24　④12

4　(1)91.4　(2)2355　(3)3037.96

5　(1)62　(2)1141　(3)27，71

6　(1)0.9　(2)３：２　(3)0.4

《１次Ａ　理科》

1　問１．オリオン　問２．エ　問３．イ　問４．15　問５．ウ　問６．イ

2　問１．(1)気こう　(2)蒸散　(3)ア，エ　問２．ウ→エ→ア→オ→イ→カ　問３．エ　問４．エ
問５．(1) a → b → c　(2)①イ　②キ

3　問１．ア　問２．ウ　問３．(1)４　(2)1.09　問４．ウ　問５．(1)ウ　(2)1.002　(3)$\frac{501}{502}$

4　問１．ア．二酸化炭素　イ．重い　問２．エ　問３．0.45　問４．炭酸カルシウム…3.0　気体…1.35
問５．80　問６．1.8

《１次Ａ　社会》

1　問１．Ａ．カ　Ｂ．キ　Ｃ．オ　Ｄ．エ　Ｅ．ア　問２．１．富士　２．キャベツ　３．季節　４．信濃　５．原子力　問３．イ　問４．エ　問５．鉄鉱石

2　問１．ウ　問２．大王　問３．ア　問４．エ　問５．(1)執権　(2)イ　問６．(1)尊氏　(2)書院造　(3)狂言　問７．(1)吉宗　(2)ア　(3)平賀源内　問８．エ

3　問１．サンフランシスコ　問２．ア　問３．エ　問４．イ　問５．エ　問６．イ　問７．壬申の乱　問８．ア　問９．イ　問10．ウ　問11．朱印状　問12．２番目…【い】　４番目…【え】

4　問１．(1)ミャンマー　(2)ア　問２．(1)エ　(2)ウ　問３．イ　問４．イ　問５．イ　問６．イ　問７．(1)内閣　(2)ア，エ　問８．(1)累進課税　(2)イ

《１次Ｂ　国語》

一　１．エ　２．本来、自然と向き合い、自然観、人間観を生み出すものだから。　３．ア．論文　イ．楽譜　ウ．コミュニケーター　エ．演奏　オ．分野を同じくしている専門家　４．エ　５．ア　６．イ　７．ウ　８．言葉を大切にし、専門的内容を理解させるというより本質を語り、聞く側の人と人間としての共通基盤をもつ　９．ウ　10．ａ．生産　ｂ．消費　11．い　12．ア．Ａ　イ．Ｂ　ウ．Ａ　エ．Ｂ　オ．Ｂ

二　１．ウ　２．ウ　３．０よりひいた数字で始まる日は、ついていないことが多い　４．イ　５．エ　６．ア　７．ウ　８．エ　９．ａ．エ　ｂ．イ　ｃ．ア　ｄ．ウ　10．(1)ぜんぜん悪いことだと思っていない　(2)ただなんとなく　(3)ウ　11．ア　12．ア．きのう絵くんのお父さんに会った　イ．少し大きめの数字　13．ウ　14．ウ　15．エ　16．ア．Ａ　イ．Ｂ　ウ．Ｂ　エ．Ｂ　オ．Ａ

三　１．階級　２．宿願　３．降格　４．券売　５．朝晩　６．源泉　７．禁物　８．豊富　９．航海　10．残暑　11．おさな　12．しる　13．けわ　14．あ　15．ざっこく

《１次Ｂ　算数》

1　(1)３　(2)商…57.77　余り…0.005　(3)252　(4)432　(5)63　(6)4.4　(7)16　(8)13　(9)6.88　(10)36　(11)24

2　(1)21　(2)129

3　(1)55　(2)630　(3)64

4　(1)３，Ｂ　(2)９，Ｄ　(3)$2\frac{1}{4}$

5　(1)ＢＦ：ＦＥ＝５：３　ＡＦ：ＦＧ＝19：５　(2)$\frac{15}{152}$

6　(1)43，45　(2)218，45　(3)277，５

7　(1)28　(2)26　(3)$9\frac{11}{17}$，$57\frac{1}{3}$

←解答例は前のページにありますので，そちらをご覧ください。

1 (1) 与式$=27-7\times(30\times\frac{4}{25}\times\frac{5}{12})=27-7\times2=27-14=13$

(2) 与式より，$\frac{63}{10}\times\frac{5}{36}-15\times(\square-\frac{1}{5})=\frac{3}{8}$　$\frac{7}{8}-15\times(\square-\frac{1}{5})=\frac{3}{8}$　$15\times(\square-\frac{1}{5})=\frac{7}{8}-\frac{3}{8}$

$15\times(\square-\frac{1}{5})=\frac{1}{2}$　$\square-\frac{1}{5}=\frac{1}{2}\times\frac{1}{15}$　$\square=\frac{1}{30}+\frac{1}{5}=\frac{7}{30}$

(3) **【解き方】弟が本を買った後の２人の所持金の合計は，5000－750＝4250(円)である。**

比の数の和の，13＋12＝25 が 4250 円にあたるから，弟が本を買った後の姉の所持金は，$4250\times\frac{13}{25}=2210$(円)である。よって，姉の初めの所持金は，2210＋500＝2710(円)

(4) **【解き方】ＡとＢの走る速さの比が 200：180＝10：９だから，同じ時間に進む道のりの比も 10：９になる。**

出発してから出会うまでに２人が進んだ道のりの比は 10：９で，比の数の差の，10－９＝１が 500mにあたる。よって，池の周りの長さは，比の数の和の 10＋９＝19 にあたるから，その長さは，$500\times\frac{19}{1}=9500$(m)＝9.5(km)

(5) **【解き方】１脚に座る人数を１人減らしたことで，座席が３×(６－１)＋１＝16(席)増えた。**

４人掛けのときに４人ずつ座っているいすの数は 16÷１＝16(脚)だから，生徒数は，４×16＋３＝67(人)

(6) **【解き方】右のように作図する。**

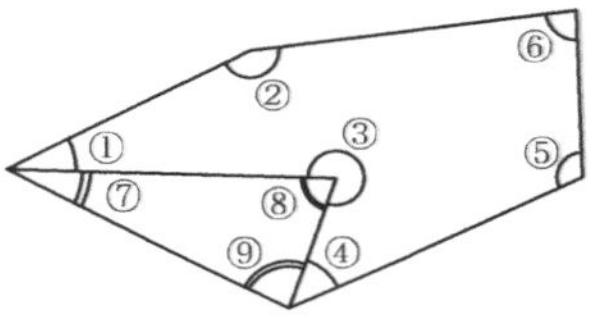

①＋②＋④＋⑤＋⑥＋⑦＋⑨＝180°×(５－２)＝540°

③＋⑧＝360°，⑦＋⑧＋⑨＝180°だから，

①から⑥までの角の和は，540°＋360°－180°＝720°

(7) **【解き方】18.75％の食塩水は，150＋250＝400(ｇ)できた。食塩について考える。**

25％の食塩水 150ｇの中には 150×0.25＝37.5(ｇ)，18.75％の食塩水 400ｇの中には 400×0.1875＝75(ｇ)の食塩がふくまれるから，250ｇの食塩水の中には 75－37.5＝37.5(ｇ)の食塩がふくまれていたことになる。

その濃度《のうど》は，37.5÷250×100＝15(％)

(8) **【解き方】２進数の 00000 から 11111 までが十進数の０からいくつまでかを数える。**

２進数の 11111 を十進数に直すと，16×１＋８×１＋４×１＋２×１＋１＝31 になるから，100000 から 111111 までは，全部で 31＋１＝32(個)

(9) **【解き方】余りの数を□として考えると，クラスの人数は，(502－□)と(297－□)と(215－□)の公約数になる。これらの数の差は，502－297＝205，502－215＝287，297－215＝82 と変わらない。**

502－□と 297－□と 215－□を割り切れる数は，205 と 287 と 82 を割り切ることができる数である。つまり，求める数は，205，287，82 の公約数になる。205＝５×41，287＝７×41，82＝２×41 だから，３つの数の公約数は１と 41 で，１では余らないから，このクラスの人数は 41 人である。

(10) **【解き方】同時に点灯するのは，15 と 25 の公倍数の秒数である。**

８時から 17 時までは，９時間＝(3600×９)秒＝32400 秒ある。15 と 25 の公倍数は，最小公倍数 75 の倍数である。青が点灯している回数は８時ちょうどを除いて，32400÷25＝1296(回)ある。赤と青が同時に点灯している回数は，８時ちょうどを除いて 32400÷75＝432(回)ある。よって，青だけが点灯している回数は，1296－432＝864(回)

2 (1) **【解き方】Ａの底面の１辺の長さを基準として考える。**

Ａの底面の１辺の長さとＢの底面の１辺の長さの比は，２：３で，Ａの底面の１辺の長さとＣの底面の半径の長さの比が４：５だから，Ｂの底面の１辺の長さとＣの底面の半径の長さの比は，$\frac{3}{2}:\frac{5}{4}=6:5$

(2)　(２×２)：(３×３)＝４：９

(3)　**【解き方】Ａの底面の１辺の長さを４として考える。**

Ｂの底面の１辺の長さは６で高さは $6\times\frac{1}{2}=3$ だから，体積は，６×６×３＝108 になる。

Ｃの底面の半径は５で高さは４だから，体積は，５×５×3.14×４＝314 になる。

よって，体積の比は，108：314＝54：157

3　家→Ａは 0.3÷５＝$\frac{3}{50}$(時間)＝3.6(分)，家→Ｂは２÷15＝$\frac{2}{15}$(時間)＝８(分)，Ａ→Ｂは２÷30＝$\frac{1}{15}$(時間)＝４(分)，Ｂ→Ｃは６÷50＝$\frac{3}{25}$(時間)＝7.2(分)，Ａ→Ｄは５÷30＝$\frac{1}{6}$(時間)＝10(分)，Ｃ→博物館は 0.6÷５＝$\frac{3}{25}$(時間)＝7.2(分)，Ｄ→博物館は 0.4÷５＝$\frac{2}{25}$(時間)＝4.8(分)だから，ルート１は 3.6＋４＋7.2＋7.2＝22(分)，ルート２は８＋7.2＋7.2＝22.4(分)，ルート３は 3.6＋10＋4.8＝18.4(分)になる。

よって，かかる時間が一番長いルートと一番短いルートの差は，22.4－18.4＝①4(分)

ルート１とルート２の違いは，家からＢまでの時間である。ルート２の家からＢまでは８分，ルート１のＡからＢまでは４分だから，ルート１の家からＡまでを８－４＝４(分)＝$\frac{1}{15}$(時間)で歩けば，Ｂに同時に着くことができる。よって，こうたはＡまでを，毎時$(0.3\div\frac{1}{15})$km＝毎時②4.5 kmで歩けばよい。

速さの比が５：３ならば，同じ道のりを歩くのにかかる時間の比は３：５になる。ルート３の徒歩の部分にかかる時間は，$(3.6+4.8)\times\frac{5}{3}$＝14(分)になるから，家から博物館までは，14＋10＝③24(分)かかる。

バスの運休に気づくまでにかかった時間が 0.3÷３＝0.1(時間)＝６(分)で，ルート２の毎時 20 kmの自転車での部分にかかる時間は，$8\times\frac{15}{20}$＝６(分)だから，バスの運休に気づいてからの徒歩にかかった時間は，18 秒＝0.3 分より，24 分－６分－６分－7.2 分－0.3 分＝4.5 分＝$\frac{3}{40}$時間である。

バスの運休に気づいてからの徒歩の部分は，300＋600＝900(m)＝$\frac{9}{10}$(km)だから，徒歩の速さは，

毎時$(\frac{9}{10}\div\frac{3}{40})$km＝毎時④12 km

4　(1)　**【解き方】正方形の１辺の長さは，おうぎ形の周囲の長さに等しい。**

おうぎ形の周囲の長さは，$30\times2+30\times2\times3.14\times\frac{60°}{360°}$＝91.4(cm)だから，正方形の１辺の長さも 91.4 cmである。

(2)　**【解き方】おうぎ形は，右図の太線で囲まれた部分を動く。**

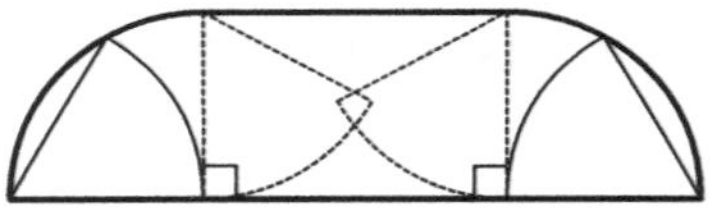

半径が 30 cmで中心角が 90°のおうぎ形の面積２つ分(半円)と，

縦が 30 cmで横が $30\times2\times3.14\times\frac{60°}{360°}$＝31.4(cm)の長方形の面積を足して，

30×30×3.14÷２＋30×31.4＝2355(cm²)

(3)　**【解き方】頂点Ｐが動いてできる線だけで囲まれた図形は，右図の色をつけた部分になる。**

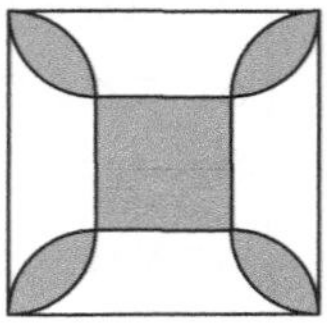

中央の正方形の１辺の長さは，おうぎ形の曲線部分の長さに等しく 31.4 cmである。

四隅《よすみ》の図形の１つ分の面積は，半径が 30 cmで中心角が 90°のおうぎ形２つ分(半円)の面積から，１辺の長さが 30 cmの正方形の面積を引いて，30×30×3.14÷２－30×30＝513(cm²)だから，求める面積は，31.4×31.4＋513×４＝3037.96(cm²)

5　(1)　**【解き方】５番目の最後に並べたボールの数を調べる。**

２番目に６個，３番目に 12 個のボールが並ぶから，４番目は６×３＝18(個)になる。５番目は６×４＝24(個)が並ぶから，５番目までに１＋６＋12＋18＋24＝61(個)が並ぶ。よって，６番目の最初に並べるボールに書かれた数は，62 である。

(2)　**【解き方】(1)をふまえると，ｎ番目には６×(ｎ－１)個が並ぶ。**

20 番目には，６×(20－１)＝114(個)が並ぶ。ａからｂまで等間隔《とうかんかく》に並ぶｋ個の数の和は(ａ＋ｂ)×ｋ÷２で求

められるから，６から 114 までの等間隔に並ぶ 19 個の数の和は，（６＋114）×19÷２＝1140 になる。よって，１番目の１個を加えて，１＋1140＝1141(個)が並ぶから，20 番目の最後に並べるボールの数は 1141 である。

⑶　【解き方】2022 のボールは 20 番目の最後のボールの 2022－1141＝881(個)あとに並ぶ。20 番目に 114 個が並ぶので，これ以降は１周ごとに約 130 個が並ぶと考えて，881÷130＝６余り 101 より，20＋６＝26(番目)あたりに 2022 があるのではないかとあたりをつける。⑴，⑵をふまえる。

26 番目には６×(26－１)＝150(個)が並ぶから，26 番目の最後のボールは，１＋(６＋150)×25÷２＝1951

2022 は 1951 の 2022－1951＝71(個)あとだから，27 番目にふくまれる。

よって，2022 のボールは 27 番目の 71 個目である。

6　⑴　図３のグラフより，0.9ｍとわかる。

⑵　【解き方】Ｂの底面の深さ 0.9ｍまでの部分に水を入れるのにかかる時間を３とすると，(Ａ＋Ｂ)の底面の深さ 1.5－0.9＝0.6(ｍ)までの部分に水を入れるのにかかった時間は８－３＝５になる。

Ｂの底面の深さ 0.6ｍまでの部分に水を入れるのにかかる時間は，$3\times\frac{0.6}{0.9}=2$ になる。同じ深さまで入れるのにかかる時間の比は，(Ｂの底面)：(Ａ＋Ｂの底面)＝２：５だから，部分Ｂの底面積と部分Ａと部分Ｂの底面積の和の比も２：５になる。よって，部分Ａと部分Ｂの底面積の比は，(５－２)：２＝３：２

⑶　【解き方】毎分 30 ㎥と毎分 45 ㎥の割合で，同じ部分に水を入れるときにかかる時間の比は，$\frac{1}{30}:\frac{1}{45}=3:2$ になる。

部分Ａの底面を上げたときと下げたときの間の部分に水を入れるのにかかる時間の比は３：２で，比の数の差の３－２＝１が，水を止めてから水を入れ始めるまでの時間１分にあたるから，毎分 45 ㎥の割合で水を入れた時間は，$1\times\frac{2}{1}=2$(分)になる。部分Ａの底面積は，$15\times25\times\frac{3}{5}=225$(㎡)で，毎分 45 ㎥の割合で入れた水の体積は，45×２＝90(㎥)だから，求める高さは，90÷225＝0.4(ｍ)

1 ⑴　与式より，$\frac{4}{5}-(\frac{3}{4}-\frac{2}{4})\times\square=\frac{2}{5}\div 8$　$\frac{4}{5}-\frac{1}{4}\times\square=\frac{1}{20}$　$\frac{1}{4}\times\square=\frac{4}{5}-\frac{1}{20}$　$\frac{1}{4}\times\square=\frac{3}{4}$　$\square=3$

⑵　余りを求めるときに，小数点をもとの位置で考えることに注意する。57.77×3.5＝202.195より，
商は57.77，余りは0.005

⑶　**【解き方】昨年の男子と女子の合計の８％は，400×0.08＝32(人)である。**
昨年の男子の８％と昨年の女子の８％の和が32人で，昨年の男子の12％と昨年の女子の８％の差が13人だから，昨年の男子の８＋12＝20(％)は，32＋13＝45(人)になる。昨年の男子の人数は，45÷0.20＝225(人)だから，今年の男子の人数は，225×(１＋0.12)＝252(人)

⑷　**【解き方】本全部のページ数を１とする。実際のページ数である６ページを⑥のように表す。**
最後に残ったページ数は$\frac{3}{8}$だから，($\frac{3}{8}$＋⑥)÷(１－$\frac{2}{5}$)＝$\frac{5}{8}$＋⑩が１日目を読み終えたときの残りである。
したがって，１－$\frac{1}{3}$－$\frac{5}{8}$＝$\frac{1}{24}$が，⑩＋⑧＝⑱＝18ページにあたるから，実際のページ数は，18÷$\frac{1}{24}$＝432(ページ)

⑸　**【解き方】４人が同数で当選し，１人が１票差で落選する場合を考える。**
(314＋１)÷５＝63(票)

⑹　**【解き方】食塩の量に着目する。**
２％の食塩水300ｇの中には300×0.02＝６(ｇ)，８％の食塩水200ｇの中には200×0.08＝16(ｇ)の食塩水がふくまれているから，この２つの食塩水を混ぜ合わせると，食塩を６＋16＝22(ｇ)ふくんだ300＋200＝500(ｇ)の食塩水ができる。その濃度は，$\frac{22}{500}\times100=4.4$(％)

⑺　**【解き方】100円玉３枚と10円玉１枚・50円玉２枚の交換《こうかん》をする。**
100円玉が52枚あると，100×52＝5200(円)になり，実際より5200－2920＝2280(円)多くなる。そこで，100円玉３枚を10円玉１枚・50円玉２枚と交換すると，金額は100×３－110＝190(円)少なくなるから，100円玉は，2280÷190×３＝36(枚)交換したことになる。よって，100円玉は52－36＝16(枚)

⑻　**【解き方】分数から１を引いてから逆数にすることをくり返す。**
$\frac{68}{41}-1=\frac{27}{41}$，$\frac{41}{27}-1=\frac{14}{27}$，$\frac{27}{14}-1=\frac{13}{14}$，$\frac{14}{13}-1=\frac{1}{13}$　よって，□＝13

⑼　**【解き方】右図の斜線部分の面積を求めて８倍すればよい。**
右図の斜線部分の面積は，１辺の長さが２cmの正方形の面積から，半径が２cmで中心角が90°のおうぎ形の面積を引いて，$2\times2-2\times2\times3.14\times\frac{90°}{360°}=0.86$(cm²)
よって，求める面積は，0.86×８＝6.88(cm²)

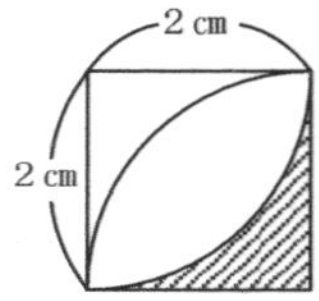

⑽　**【解き方】角Ａの大きさを①として，二等辺三角形の性質や三角形の外角の性質を考える。**
三角形ＡＢＤは，ＡＤ＝ＢＤの二等辺三角形だから，角ＡＢＤ＝角Ａ＝①より，
角ＢＤＣ＝角Ａ＋角ＡＢＤ＝①＋①＝②
三角形ＢＣＤは，ＢＤ＝ＢＣの二等辺三角形だから，角ＢＣＤ＝角ＢＤＣ＝②
三角形ＡＢＣは，ＡＢ＝ＡＣの二等辺三角形だから，角ＡＢＣ＝角ＡＣＢ＝②になるので，内角の和について，
①＋②＋②＝⑤が180°にあたる。よって，角Ａ＝①＝180°×$\frac{\text{①}}{\text{⑤}}$＝36°

⑾　**【解き方】点Ａを頂点とする二等辺三角形は，ＡＢＨ，ＡＣＧ，ＡＤＦの３通りできる。**
１つの点を頂点とする二等辺三角形が３個でき，点は８個あるから，二等辺三角形は３×８＝24(個)できる。

2　(1)　**【解き方】右のように作図する。**

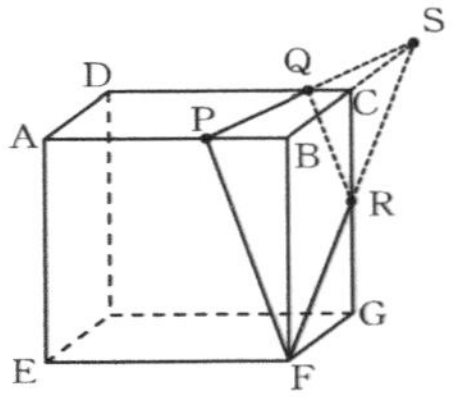

立体Ｓ－ＰＦＢは三角すいであり，ＰＦＢとＱＲＣは平行だから，立体Ｓ－ＱＲＣと立体Ｓ－ＰＦＢは同じ形の三角すいといえる。対応する辺の長さの比は，ＢＦ：ＣＲ＝６：３＝２：１になるので，ＣはＢＳの真ん中の点になるから，ＣＳ＝ＢＣ＝６㎝，ＢＳ＝６＋６＝12(㎝)である。

２つの三角すいの体積の比は(２×２×２)：(１×１×１)＝８：１になるから，三角すいＳ－ＰＦＢと角すい台ＱＲＣ－ＰＦＢの体積の比は，８：(８－１)＝８：７になる。

よって，底面を三角形ＰＦＢ，高さをＢＳとする三角柱の体積は，(６－４)×６÷２×12＝72(㎤)だから，三角すいＳ－ＰＦＢの体積は，$72\times\frac{1}{3}=24$(㎤)であり，求める体積は，$24\times\frac{7}{8}=21$(㎤)

(2)　**【解き方】切断面はどちらの立体にもあるから，表面積の差は，立方体の表面積を比べればよい。**

１辺の長さが６㎝の立方体の表面積は，６×６×６＝216(㎠)である。

三角形ＰＦＢの面積は２×６÷２＝６(㎠)，三角形ＱＲＣの面積は１×３÷２＝1.5(㎠)，台形ＰＢＣＱの面積は(１＋２)×６÷２＝９(㎠)，台形ＢＦＲＣの面積は(３＋６)×６÷２＝27(㎠)だから，頂点Ｂを含む方の立体の表面積のうち断面積を除く部分の和は，６＋1.5＋９＋27＝43.5(㎠)になる。頂点Ｄを含む方の立体の表面積のうち断面積を除く部分の和は，216－43.5＝172.5(㎠)だから，その差は，172.5－43.5＝129(㎠)

3　(1)　**【解き方】１＋２＋３＋…＋ｎ＝ｎ×(ｎ＋１)÷２で求める。**

10×(10＋１)÷２＝55(個)

(2)　**【解き方】(1)と同様に求める。**

35×(35＋１)÷２＝630(個)

(3)　**【解き方】63×64÷２＝2016だから，上から63段目までで2016個の石を使う。**

上から64段目までで，2016＋64＝2080(個)だから，初めて2022個以上になるのは上から64段目である。

4　(1)　**【解き方】右のように，長方形を折り返して拡大した平面上で考える。**

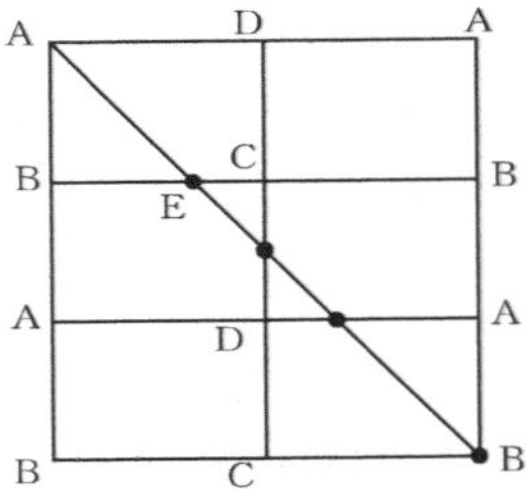

右図より，Ｅ，ＣＤ上，ＤＡ上で３回折り返してＢに達する。

(2)　**【解き方】(1)のとき，縦に４㎝進むごとに玉はＢＣ，ＡＤで折り返し，横に６㎝進むごとにＡＢ，ＣＤで折り返している。そして，横の長さが４㎝と６㎝の最小公倍数の12㎝になったとき，玉は頂点に達している。**

(1)をふまえると，(2)では横の長さが５㎝と６㎝の最小公倍数の30㎝になったとき，玉は頂点に達する。このとき，長方形は，横に30÷６＝５(枚)，縦に30÷５＝６(枚)ならぶから，右下の頂点はＤである。また，玉はＡＢ，ＣＤの辺で５－１＝４(回)折り返し，ＢＣ，ＡＤの辺で６－１＝５(回)折り返すから，全部で４＋５＝９(回)折り返す。

(3)　**【解き方】(2)をふまえる。ＡＢ，ＣＤで２回折り返し，全部で９回折り返したから，ＢＣ，ＡＤで９－２＝７(回)折り返したことになる。**

(2)と同じように考えると，縦に７＋１＝８(枚)，横に２＋１＝３(枚)の長方形が作図できる。このとき，玉が通った辺を斜辺とする直角三角形は，底辺が６×３＝18(㎝)，高さが４×８＝32(㎝)の直角三角形になる。この三角形と三角形ＡＢＧは，同じ形の直角三角形になる。対応する辺の長さの比は，32：４＝８：１だから，底辺の長さの比も４：１になるので，ＢＧ＝$18\times\frac{1}{8}=\frac{9}{4}=2\frac{1}{4}$(㎝)

5　(1)　**【解き方】底辺の長さが等しい三角形の面積の比は高さの比に等しいことを利用して解く。三角形ＡＢＣの面積を12とすると，三角形ＡＢＦの面積は５であり，ＤＣ：ＤＦ＝12：５である。**

三角形ＡＢＣと三角形ＡＢＥの面積の比は，ＡＣ：ＡＥ＝３：２だから，三角形ＡＢＥの面積は，$12\times\frac{2}{3}=8$
ＢＦ：ＢＥは，三角形ＡＢＦと三角形ＡＢＥの面積の比に等しく，５：８だから，ＢＦ：ＦＥ＝５：(８－５)＝５：３である。また，三角形ＡＢＣと三角形ＡＣＦの面積の比はＢＥ：ＦＥ＝８：３だから，三角形ＡＣＦの面積は，$12\times\frac{3}{8}=\frac{9}{2}$になる。したがって，三角形ＦＢＣの面積は，三角形ＡＢＣの面積から，三角形ＡＢＦと三角形ＡＣＦの面積を引いて，$12-5-\frac{9}{2}=\frac{5}{2}$である。ＡＧ：ＦＧは，三角形ＡＢＣと三角形ＦＢＣの面積の比に等しく $12:\frac{5}{2}=24:5$だから，ＡＦ：ＦＧ＝(24－５)：５＝19：５

(2)　**【解き方】(1)をふまえる。**

(1)より，三角形ＡＣＦの面積は$\frac{9}{2}$で，三角形ＡＣＦと三角形ＣＧＦの面積の比は，ＡＦ：ＦＧ＝19：５だから，三角形ＣＧＦの面積は，$\frac{9}{2}\times\frac{5}{19}=\frac{45}{38}$になる。したがって，三角形ＣＧＦの面積は，三角形ＡＢＣの面積の，$\frac{45}{38}\div12=\frac{15}{152}$(倍)である。

6　(1)　**【解き方】水そうの容積は70×30×60＝126000(㎤)だから，蛇口Ａから126000÷２＝63000(㎤)の水を入れるのにかかる時間を求める。**

63000÷24＝2625(秒)は，2625÷60＝43余り45より，43分45秒後である。

(2)　**【解き方】水そう内に水が半分入ると，１分あたり24－21＝３(㎤)の割合で水は増えていく。**

水そう内に水が半分入ってから，水そう内に水が全体の$\frac{3}{4}$だけ入るまでに，$126000\times(\frac{3}{4}-\frac{1}{2})\div3=10500$(秒)かかる。10500秒は10500÷60＝175(分)だから，求める時間は，43分45秒＋175分＝218分45秒後

(3)　**【解き方】水そう内の$\frac{3}{4}$に水が入ってから，満水まであと10㎝になるまでは，１分あたり３＋18＝21(㎤)の割合で水が入り，その後は１分あたり21－14＝７(㎤)の割合で水は入っていく。**

水そう内に水が全体の$\frac{3}{4}$から$\frac{60-10}{60}=\frac{5}{6}$まで水が入るまでに，$126000\times(\frac{5}{6}-\frac{3}{4})\div21=500$(秒)かかり，その後，満水になるまでに，$126000\times(1-\frac{5}{6})\div7=3000$秒かかる。500秒＋3000秒＝3500秒は，3500÷60＝58余り20より，58分20秒だから，求める時間は，218分45秒＋58分20秒＝277分５秒後

7　(1)　**【解き方】上りの速さは，(静水時の速さ)－(流速)，下りの速さは，(静水時の速さ)＋(流速)である。上りの速さと下りの速さの比は，上りと下りにかかる時間の逆比に等しく３：４である。**

{(静水時の速さ)－４}：{(静水時の速さ)＋４}＝３：４だから，比の数の差の４－３＝１が，時速(４＋４)㎞＝時速８㎞にあたる。(静水時の速さ)－４＝時速(８×３)㎞＝時速24㎞より，
(静水時の速さ)＝時速(24＋４)㎞＝時速28㎞

(2)　**【解き方】ルート②の流速が時速８㎞になっていることに注意する。**

上りは，時速(28－４)㎞＝時速24㎞で12＋４＝16(㎞)を上り，時速(28－８)㎞＝時速20㎞で12㎞を上るから，上りにかかる時間は，$16\div24+12\div20=\frac{19}{15}$(時間)である。

下りは，時速(28＋４)㎞＝時速32㎞で16㎞を下り，時速(28＋８)㎞＝時速36㎞で12㎞を下るから，下りにかかる時間は，$16\div32+12\div36=\frac{5}{6}$(時間)である。その差は，$\frac{19}{15}-\frac{5}{6}=\frac{26}{60}$(時間)＝$(\frac{26}{60}\times60)$分＝26分

(3)　**【解き方】「五郎丸」がＢ地点に着く時間と，Ｃ地点に着く時間を求める。**

「五郎丸」は，Ｂ地点までを$12\div32=\frac{3}{8}$(時間)で進み，Ｃ地点までを$\frac{3}{8}+12\div36=\frac{17}{24}$(時間)で進む。

「太郎丸」が，Ｃ地点までを$\frac{17}{24}$時間で上るときの上りの速さは，時速$(4\div\frac{17}{24})$㎞＝時速$\frac{96}{17}$㎞だから，このときの静水時の速さは，時速$(\frac{96}{17}+4)$㎞＝時速$9\frac{11}{17}$㎞

「太郎丸」が，Ｂ地点までを$\frac{3}{8}$時間で上るときの上りの速さは，時速$(20\div\frac{3}{8})$㎞＝時速$\frac{160}{3}$㎞だから，このときの静水時の速さは，時速$(\frac{160}{3}+4)$㎞＝時速$57\frac{1}{3}$㎞

よって，静水時の速さの範囲が，時速$9\frac{11}{17}$㎞より速く，時速$57\frac{1}{3}$㎞より遅ければよい。

《1次A　国語》

一　1．イ　2．A．ウ　B．エ　C．ア　D．イ　E．カ　F．オ　3．ア　4．首　5．具体　6．Ⅰ．イ　Ⅱ．エ　Ⅲ．ア　7．ア．複数の人格　イ．不可分　8．自我を否定して、複数の人格だけで生きていくこと。　9．相手の個性との間に調和を見出し、コミュニケーションを成立させることで、うれしい気持ちになりたいため。　10．(1)対人関係が広い人。　(2)自分との関係が深い人。　11．イ　12．ア．A　イ．B　ウ．A　エ．B　オ．B

二　1．ウ　2．エ　3．ア　4．エ　5．A．若い　B．苦労　6．(1)ロッククライミングをしているときに落下事故に遭ったから。　(2)ア　7．ウ　8．(1)質問の矢が飛んできた　(2)ア　9．スケートの　10．ウ　11．エ　12．イ　13．これから、どういう方向に進んでいったらいいのか　14．ア．あなたがいちばんたいせつにしているもの　イ．きみ自身　ウ．解き放ってやる　15．俺が生きてハートで右腕を感じている限り、右腕もまた俺とともにあり、生きつづけるから。

三　1．翌日　2．政党　3．青果　4．裁量　5．創　6．祖父　7．油田　8．車窓　9．銭湯　10．宗派　11．いちがん　12．しりぞ　13．ただ　14．と　15．とうと〔別解〕たっと

《1次A　算数》

1　(1)0.2　(2)$\frac{5}{96}$　(3)160　(4)19　(5)31.4　(6)45　(7)17　(8)1.4　(9)150

2　(1)610　(2)673　(3)26

3　(1)1925　(2)①(ア)　②45，97

4　(1)40　(2)4　(3)25

5　(1)648000　(2)250　(3)2592

6　(1)60　(2)119

《1次A　理科》

1　問1．イ　問2．15　問3．南東　問4．12，04　問5．い　問6．エ　問7．エ　問8．イ

2　問1．ウ　問2．A．ア，ウ，ケ　B．カ　C．エ　D．イ，オ　問3．①イ　②ウ　問4．①イ　②ウ

3　問1．ウ　問2．ウ　問3．オ　問4．銅と酸素を完全に結びつけるため。　問5．0.25　問6．4：1　問7．30　問8．6

4　問1．ばねA…24　ばねB…25　問2．29／上　問3．19／上　問4．21，66　問5．1：1　問6．10：9

《1次A　社会》

1　問1．A．キ　B．イ　C．ク　D．オ　E．ウ　　問2．1．かき〔別解〕柿　2．法隆寺　3．にんにく　4．促成　5．輪中　　問3．b　　問4．ヒートアイランド　　問5．b

2　問1．エ　　問2．稲荷山　　問3．ア　　問4．ア　　問5．藤原清衡　　問6．平泉　　問7．雪舟　　問8．ウ　　問9．阿倍仲麻呂　　問10．エ　　問11．間宮林蔵　　問12．イ

3　問1．エ　　問2．庄屋／名主／肝煎／組頭　などから1つ　　問3．ア　　問4．廃藩置県　　問5．⑴与謝野晶子　⑵イ　　問6．ア　　問7．墾田永年私財法　　問8．イ　　問9．水野忠邦　　問10．ア　　問11．イ　　問12．イ

4　問1．【A】国会　【B】裁判所　【C】内閣　　問2．三権分立　　問3．A　　問4．ウ　　問5．ユニバーサルデザイン　　問6．①イ，カ　②イ　③ウ，エ　④オ　　問7．カ

《1次B　国語》

一　1．Ⅰ．エ　Ⅱ．ウ　Ⅲ．イ　　2．目的を決めて、それに向かってまっすぐ進むような生き方　　3．試験に受かること。／ものが売れること。　　4．ア　　5．ウ　　6．ア　　7．あ．電車　い．予定どおり〔別解〕計画どおり　う．おもしろさ　　8．ウ　　9．驚きや発見に満ちた瞬間を味わうこと　　10．ウ

11．あ．好きなことを我慢してがんばりなさい　い．時間に追われ、与えられた仕事や予定をこなすことで精一杯

12．エ　　13．周囲の変化や他者の姿に目をつぶって耳をふさぐ　　14．エ

15．ア．A　イ．A　ウ．A　エ．B　オ．B

二　1．まえみ　　2．ウ　　3．ウ　　4．新潟が好きだということ。　　5．イ　　6．エ

7．X．幕　Y．種　　8．イ　　9．ア　　10．⑴言っちゃっ　⑵失言　⑶周囲からデリカシーのない人間だと見なされ、誰も話してくれなくなり、学校に行けなくなってしまった。　　11．イ　　12．ア　　13．イ

14．エ　　15．ア　　16．エ　　17．ア．B　イ．A　ウ．B　エ．A　オ．A

三　1．遺産　　2．委任　　3．恩賞　　4．愛護　　5．承服　　6．劇団　　7．延　　8．模型　　9．補給　　10．操縦　　11．けいてき　　12．はちく　　13．ふる　　14．こうごう　　15．ふっきゅう

《1次B　算数》

1　⑴20210　　⑵$\frac{17}{10}$　　⑶39　　⑷130　　⑸ア．16　イ．40　　⑹ア．2600　イ．1400　ウ．800　　⑺ア．180　イ．540　　⑻73

2　⑴10　　⑵2198

3　⑴40　　⑵8　　⑶18

4　⑴160　　⑵5　　⑶10　　⑷$\frac{4}{3}$

5　⑴6　　⑵エ　　⑶オ

6　⑴5：3　　⑵10.8　　⑶4.5

帝塚山中学校【１次Ａ】

←解答例は前のページにありますので，そちらをご覧ください。

1 (1) 与式＝$4\times(0.75-0.65)\div2=4\times0.1\div2=0.4\div2=0.2$

(2) 与式＝$\frac{1}{2}\times(\frac{1}{6}-\frac{1}{8})+\frac{1}{2}\times(\frac{1}{8}-\frac{1}{10})+\frac{1}{2}\times(\frac{1}{10}-\frac{1}{12})+\frac{1}{2}\times(\frac{1}{12}-\frac{1}{14})+\frac{1}{2}\times(\frac{1}{14}-\frac{1}{16})=$
$\frac{1}{2}\times(\frac{1}{6}-\frac{1}{8}+\frac{1}{8}-\frac{1}{10}+\frac{1}{10}-\frac{1}{12}+\frac{1}{12}-\frac{1}{14}+\frac{1}{14}-\frac{1}{16})=\frac{1}{2}\times(\frac{1}{6}-\frac{1}{16})=\frac{1}{2}\times(\frac{8}{48}-\frac{3}{48})=\frac{1}{2}\times\frac{5}{48}=\frac{5}{96}$

(3) 1000÷11＝90余り10より，１～1000までに11で割り切れる数は90個ある。
1000÷13＝76余り12より，１～1000までに13で割り切れる数は76個ある。
11と13の最小公倍数は143で，1000÷143＝６余り142より，１～1000までに143で割り切れる数は６個あるから，11または13で割り切れる数は，90＋76－６＝160(個)

(4) 10円玉３枚で表すことができる金額は，０円，10円，20円，30円の４通りある。50円玉２枚と100円玉１枚で表すことができる金額は，０円，50円，100円，150円，200円の５通りある。４×５＝20(通り)の中には，10円玉も50円玉も100円玉も使わない０円の１通りがふくまれているから，支払い方は全部で，20－１＝19(通り)ある。

(5) 右図のように，円の半径をｒcmとする。直角をはさむ２辺がｒcmの直角二等辺三角形の面積は，ｒ×ｒ×$\frac{1}{2}$(cm²)であり，この面積は，20÷４＝５(cm²)に等しい。
したがって，ｒ×ｒ×$\frac{1}{2}$＝５より，ｒ×ｒ＝５×２＝10だから，
求める面積は，10×3.14＝31.4(cm²)

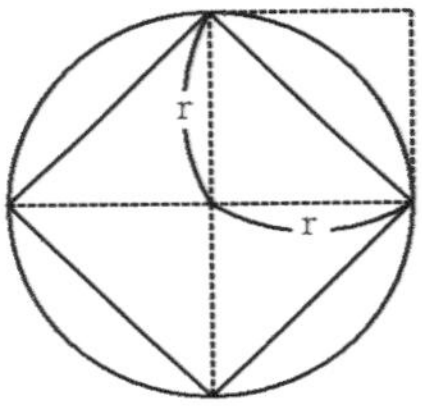

(6) 57は99より，99－57＝42小さい数だから，同じ数を引いても差は変わらず42である。
つまり，$\frac{2}{9}$の分母と分子の数の差の，９－２＝７が42にあたるから，同じ数を引いた後の分母は，$42\times\frac{9}{7}=$54になる。よって，引いた数は99－54＝45である。

(7) 人数は，176－６＝170と，136と49＋２＝51の公約数である。170＝２×５×17，136＝２×２×２×17，51＝３×17より，170と136と51の最大公約数は17で，公約数は１と17になる。人数は余りの６より多いから，考えられる人数は17人である。

(8) 姉は出発してから２＋15＝17(分後)に妹に会った。17分＝$\frac{17}{60}$時間を時速３kmで進むと$3\times\frac{17}{60}=\frac{17}{20}$(km)になる。
往復の道のりは，600×２＝1200(m)，つまり1.2km＝$\frac{6}{5}$kmだから，妹が15分＝$\frac{15}{60}$時間＝$\frac{1}{4}$時間で進んだ道のりは，$\frac{6}{5}-\frac{17}{20}=\frac{24}{20}-\frac{17}{20}=\frac{7}{20}$(km)である。よって，妹の速さは，時速$(\frac{7}{20}\div\frac{1}{4})$km＝時速$\frac{7}{5}$km＝時速1.4km

(9) 三角形ＥＢＣは正三角形だから，角ＥＣＢ＝60°である。三角形ＥＣＤは，ＥＣ＝ＤＣの二等辺三角形で，角ＥＣＤ＝90°－60°＝30°だから，角ＤＥＣ＝(180°－30°)÷２＝75°である。角ＡＥＢも同様に75°である。
よって，角ア＝360°－75°×２－60°＝150°

2 (1) **【解き方】前２つの数の和が次の数になっている。この数列をフィボナッチ数列と呼ぶ。**
13番目が89＋144＝233，14番目が144＋233＝377だから，15番目は，233＋377＝610

(2) **【解き方】周期を考える。**
それぞれの調べると，1《奇》，1《奇》，2《偶》，3《奇》，5《奇》，8《偶》，13《奇》，…となるので，(奇数，奇数，偶数)の３つの数を１つの周期として並んでいることがわかる。2021÷３＝673余り２だから，初めから2021番目は673回の周期が終わった後の周期の２番目の奇数の数である。よって，偶数は673個ある。

⑶　**【解き方】102 番目から 101 番目，100 番目とさかのぼっていく。01 や 02 のようになって，引けなくなったときは，百の位から１借りて，101 や 102 として考える。**

101 番目の数の下二けたの数字は，77－76＝01 である。100 番目の数の下二けたの数字は，76－01＝75 である。

よって，99 番目の数の下二けたの数字は，01－75＝101－75＝26

3　⑴　**【解き方】40 秒後のＰの位置を見つける。**

ＡＢ間は秒速１cmで移動するから，20÷１＝20(秒)かかる。ＢＣ間は秒速２cmで移動するから，30÷２＝15(秒)かかる。ＣＤ間は秒速３cmで移動するから，40－20－15＝５(秒間)で３×５＝15(cm)移動する。よって，出発してから 40 秒後の三角形ＡＰＦは，底辺がＡＦ＝80＋30＝110(cm)，高さが 20＋15＝35(cm)の三角形になるから，その面積は，110×35÷２＝1925(㎠)

⑵①　**【解き方】面積が変わらない区間に注目する。**

ＢＣ間，ＤＥ間を移動しているときは，底辺ＡＦからの距離が変わらないために面積も変わらない。したがって，グラフの中に面積が変わらない箇所《かしょ》(グラフが横軸に平行になっている箇所)が２つある(ア)が正しい。

②　**【解き方】高さが 2750×２÷110＝50(cm)になるときを求める。**

高さが 50 cmになるのは，ＣＤ間とＥＦ間の２回ある。

点ＰがＣＤ間にあるとき，ＰＣ＋ＡＢ＝50 cmだから，ＰＣ＝50－20＝30(cm)

したがって，ＰＣ＝30 cmとなるのに 30÷３＝10(秒)かかるから，全部で，20＋15＋10＝45(秒)

点ＰがＥＦ間にあるとき，ＰＦ＝50 cmだから，ＰＥ＝90＋20－50＝60(cm)である。ＣＤ間は 90÷３＝30(秒)，ＤＥ間は 80÷(３＋１)＝20(秒)かかるから，ＰＥ間は，60÷(４＋１)＝12(秒)かかる。

よって，もう一つの答えは，20＋15＋30＋20＋12＝97(秒)

4　⑴　**【解き方】クラスの人数を１とする。**

めがねをかけている男子は，１×0.75×0.4＝0.3，スマートフォンを持っている男子は，$1\times0.35\times\frac{3}{3+4}=$ 0.15 で，0.3－0.15＝0.15 が６人にあたる。よって，クラスの人数は，６÷0.15＝40(人)

⑵　**【解き方】スマートフォンを持っている女子の人数→スマートフォンを持っている女子のうちめがねをかけている人の人数の順に求めていく。**

スマートフォンを持っている女子は，$40\times0.35\times\frac{4}{3+4}=8$(人)で，めがねをかけている人はその半数の８÷２＝４(人)である。

⑶　**【解き方】スマートフォンを持ち，めがねをかけている人の男女比は男１：女２だから，スマートフォンを持ち，めがねをかけている男子の人数を求めることができる。**

⑵でスマートフォンを持ち，めがねをかけている女子の人数が４人とわかったから，スマートフォンを持ち，めがねをかけている男子の人数は４÷２＝２(人)である。スマートフォンを持っている男子は，40×0.15＝６(人)だから，男子でスマートフォンを持っているが，めがねをかけていない人は，６－２＝４(人)である。

男子の人数は，$40\times\frac{2}{2+3}=16$(人)だから，その割合は，４÷16×100＝25(％)

5　⑴　**【解き方】生産されたプラスチックの量から，排出されたプラスチックごみの量，再利用されなかったプラスチックごみの量，埋め立てられたプラスチックごみの量の順に求めていく。**

生産されたプラスチックが 1000 万トンで，排出されたプラスチックごみの量は，1000×0.90＝900(万トン)

再利用されなかったプラスチックごみの量は，900×(１－0.85)＝135(万トン)

埋め立てられたプラスチックごみの量は，135×0.48＝64.8(万トン)

(2)　**【解き方】プールの容積を㎤で表すことができれば，そのまま重さを求めることができる。**

１トン＝1000 kgで，１kg＝1000 gだから，１トン＝1000000 gであり，体積にすると1000000 ㎤になる。

縦25m＝2500 cm，横10m＝1000 cm，高さ１m＝100 cmの直方体をしたプラスチックの体積は，

2500×1000×100＝250000000(㎤)だから，250000000÷1000000＝250(トン)になる。

(3)　648000÷250＝2592(杯分)

6　(1)　**【解き方】容器を高さが100 cmの直方体と高さがアcmの直方体の２つに分けて考える。蛇口Ａからは１分間に20×60＝1200(㎤)の水が給水される。**

容器の容積は1200×140＝168000(㎤)である。高さが100 cmの直方体の部分の体積は，60×20×100＝120000(㎤)だから，高さがアcmの直方体の部分の体積は，168000－120000＝48000(㎤)になる。高さがアcmの直方体の底面積は，40×20＝800(㎠)だから，ア＝48000÷800＝60(cm)

(2)　**【解き方】蛇口Ｂと蛇口Ｃで排水した水の量を求めれば，次に蛇口Ｂと蛇口Ｃの両方を使って排水した時間を求めることができる。蛇口Ｂからは１分間に10×60＝600(㎤)，蛇口Ｃからは１分間に５×60＝300(㎤)の水が排水される。**

蛇口Ａから給水した水の量は，1200×200＝240000(㎤)で，容器の容積が168000(㎤)だから，排水された水の量の合計は，240000－168000＝72000(㎤)である。蛇口Ｂだけを使って排水していた３分間で排水した水の量は，600×３＝1800(㎤)だから，蛇口Ｂと蛇口Ｃの両方を使って排水した時間は，(72000－1800)÷(600＋300)＝78(分)である。蛇口Ｂを使っていた時間は78＋３＝81(分)だから，蛇口Ｂを開けたのは蛇口Ａを開けてから，200－81＝119(分後)である。

1 (1) 与式＝2021×（４＋３＋２＋１）＝2021×10＝20210

(2) 与式$=\frac{7}{10}\times(\frac{5}{8}-\frac{1}{4}+\frac{7}{4})\times\frac{8}{7}=\frac{7}{10}\times(\frac{5}{8}-\frac{2}{8}+\frac{14}{8})\times\frac{8}{7}=\frac{7}{10}\times\frac{17}{8}\times\frac{8}{7}=\frac{17}{10}$

(3) 求める長さは，195と234の最大公約数になる。195＝３×５×13，234＝２×３×３×13より，できるだけ大きな正方形に切り分けると正方形の１辺の長さは，３×13＝39(cm)

(4) 91÷0.70＝130(席)

(5) 24と36と48の最小公倍数144を，ペンキを塗る量として考える。父親は１分で144÷24＝６，母親は１分で144÷36＝４，子どもは１分で144÷48＝３のペンキを塗ることができる。父親と子どもの二人がペンキを塗ると１分間で６＋３＝９のペンキを塗ることができるから，ア＝144÷９＝16(分)

父親と母親と子どもの塗った時間の比は，１：３：（３×２）＝１：３：６だから，塗ったペンキの量の比は，（１×６）：（３×４）：（６×３）＝６：12：18＝１：２：３になる。

よって，父親は$144\times\frac{1}{1+2+3}$＝24のペンキを塗ったから，かかる時間は24÷６＝４(分)である。

父親がかかった時間と３人がかかった時間の比は，１：（１＋３＋６）＝１：10だから，

求める時間は，イ＝４×10＝40(分)

(6) ＡさんとＢさんにＣさんが所持金と同じ金額を渡す前の３人の金額は，ＡさんとＢさんが1600÷２＝800(円)，Ｃさんが1600＋800×２＝3200(円)である。ＡさんとＣさんにＢさんが所持金と同じ金額を渡す前の３人の金額は，Ａさんが800÷２＝400(円)，Ｃさんが3200÷２＝1600(円)，Ｂさんは800＋400＋1600＝2800(円)である。ＢさんとＣさんにＡさんが所持金と同じ金額を渡す前の３人の金額は，Ｂさんが2800÷２＝1400(円)，Ｃさんが1600÷２＝800(円)，Ａさんが400＋1400＋800＝2600(円)

(7) 右のように作図する。三角形の対頂角は等しく，また，三角形の内角の和は180°に決まっているので，角う＋角お＝角か＋角きになる。

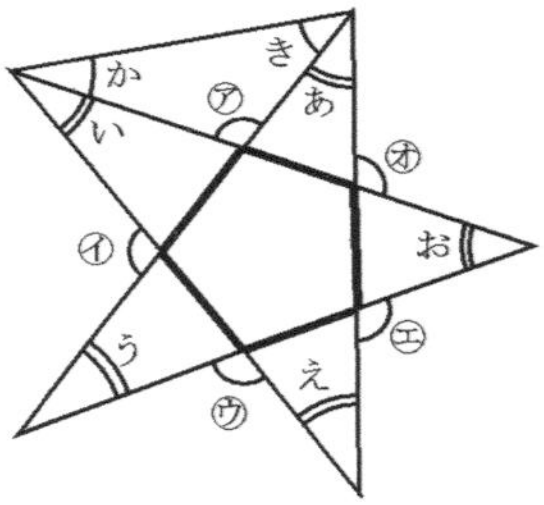

したがって，角あ＋角い＋角う＋角え＋角お＝角あ＋角い＋角え＋角か＋角きとなるので，求めるアは，三角形の内角の和に等しく180°である。

対頂角は等しいので，角㋐＋角㋑＋角㋒＋角㋓＋角㋔は，右図の太線の五角形の内角の和に等しい，n角形の内角の和は，180°×（n－２）で求められるから，

求めるイは，五角形の内角の和に等しく，180°×（５－２）＝540°

(8) 50円玉は最大で700÷50＝14(枚)まで使える。そこで，50円玉の枚数を決めてから，700円以内の100円玉の使う枚数を考える。このとき，700円に不足する分はすべて10円玉で支払うものと考える。また，500円玉を使う場合と使わない場合に分ける。

500円玉を使わない場合，50円玉を１枚も使わないと，100円玉の支払い方は，０～７枚までの８通り。

50円玉を１枚，または２枚使うと，100円玉の支払い方は，０～６枚までの７通り。

50円玉を３枚，または４枚使うと，100円玉の支払い方は，０～５枚までの６通り。

このように考えていくと，500円玉を使わない支払い方は，８＋（７＋６＋５＋４＋３＋２＋１）×２＝64(通り)

500円玉を１枚使うと，200円の支払い方は，

50円玉を使わないと，100円玉での支払い方は，０～２枚までの３通り。

50円玉を１枚，または２枚使うと，100円玉の支払い方は，０～１枚の２通り。

50円玉を３枚または４枚使うと，100円玉の支払い方は０枚の１通り。

したがって，500円玉を１枚使った支払い方は，３＋(２＋１)×２＝９(通り)。

よって，全部で64＋９＝73(通り)の支払い方がある。

2 (1)　**【解き方】Ｃを通る虫は，平面上の最短経路を通ったものと考えると，円すいを展開したときの側面のおうぎ形がどのような図形になったかに注目する。**

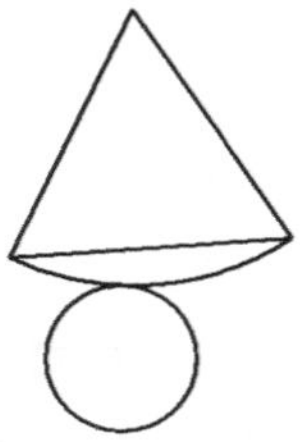

１匹が頂点Ｂに着いたのと同時に，もう１匹は点Ａに戻ってきたので，２匹の経路の長さは等しい。つまり，右図の側面のおうぎ形の中にできる三角形は正三角形になる。

側面のおうぎ形の中心角は60°になるから，曲線部分の長さは，$60\times2\times3.14\times\frac{60°}{360°}=$ 62.8(cm)である。これは，底面の円周に等しいので，底面の直径は62.8÷3.14＝20(cm)だから，

半径は，20÷２＝10(cm)

(2)　底面積が10×10×3.14＝314(cm²)，側面積が62.8×60÷２＝1884(cm²)だから，

表面積は，314＋1884＝2198(cm²)

3 (1)　**【解き方】表を作って考える。**

右表のようになるので，５段目は40枚である。

段	1	2	3	4	5	…
前の段から増えた枚数		5	8	11	14	…
枚数	2	7	15	26	40	…

(2)　**【解き方】表の「前の段から増えた枚数」に注目すると，３ずつ増加量が増えていることがわかる。**

６段目では14＋３＝17(枚)増えるから，40＋17＝57(枚)，７段目では17＋３＝20(枚)増えるから，57＋20＝77(枚)，８段目では，20＋３＝23(枚)増えるから，77＋23＝100(枚)必要になる。

(3)　**【解き方】「前の段から増えた枚数」は３ずつ増える数だから，５から３を何回足せば53になるかを調べる。**

53は５に３を(53－５)÷３＝16(回)足した数だから，段の数は，２＋16＝18(段)

4 (1)　**【解き方】16kmの道のりを１時間40分で下ることから，分速を求める。**

16km＝16000mを，１時間40分＝100分で下るから，川の流れの平均の速さは，分速(16000÷100)m＝分速160m

(2)　**【解き方】歩いた時間を出せば，休憩した時間が求められる。**

山道にかかった時間が４÷２＝２(時間)，その他の道にかかった時間が(９－４)÷３＝$\frac{5}{3}$(時間)＝$1\frac{2}{3}$(時間)，

$\frac{2}{3}$時間＝($\frac{2}{3}$×60)分＝40分だから，歩いた時間の合計は，２時間＋１時間40分＝３時間40分

２班は，午前９時に出発し，12時45分に到着したから，かかった時間は，３時間45分

よって，休憩した時間は，３時間45分－３時間40分＝５分

(3)　**【解き方】３班の情報から，Ｃ駅からＢ駅までの電車に乗っていた時間がわかる。**

３班が，Ｃ駅からＢ駅まで電車に乗っていた時間は，50－10－８－７－15＝10(分間)＝$\frac{1}{6}$(時間)だから，Ｃ駅からＢ駅までは，60×$\frac{1}{6}$＝10(km)

(4)　**【解き方】１班は12時45分－30分＝12時15分にＢ町の舟着き場に到着した。**

１班は，12時15分－11時＝１時間15分＝75分でＡ町からＢ町まで下った。速さは，かかった時間に反比例するから，かかった時間が75÷100＝$\frac{3}{4}$(倍)になったので，川の流れの速さは逆数の$\frac{4}{3}$倍になったとわかる。

5 (1)　**【解き方】Ｏ型の得点は必ず偶数になるから，Ｏ型の人数から考えていくと，７になる組み合わせは右表のようになる。**

A	3	5	7	4	6	5	7	6
B	7	4	1	5	2	3	0	1
O	0	0	0	1	1	2	2	3
AB	0	1	2	0	1	0	1	0

第２班は，（Ａ，Ｂ，Ｏ，ＡＢ）＝（３，７，０，０）（５，４，０，１）（４，５，１，０）（６，１，３，０）のいずれかである。ある班にはどの血液型の生徒もいるので，ある班は（６，２，１，１）である。これはＡ型の人数が最も多いパターンだから，第３班ではない。よって，これが第１班であり，Ａ型の人数は６人である。

(2)　第１班のＡ型の人数が６人に決まったから，第２班は（６，１，３，０）のエである。

(3)　第１班も第２班も，ＡＢ型が最も人数が少ない血液型だから，第３班が最も少ない血液型がＡＢ型ではない。この条件に合う組み合わせは，（５，４，０，１）（７，１，０，２）の２通りあるが，Ａ型の人数が６人より少ないので，（５，４，０，１）のオが第３班である。

６　(1)　**【解き方】水位がＡの高さをこえる前とＡの高さをこえたあとを比べ，１秒ごとに上がった水位の高さの比を計算する。水が入った部分の底面積の比は，その比の逆比と等しい。**

水位がＡの高さをこえる前，水位は30秒で９cm上がったから，１秒で$\frac{9}{30}=\frac{3}{10}$(cm)上がった。

水位がＡの高さをこえたあと，水位は96－46＝50(秒)で18－12＝６(cm)上がったから，１秒で$\frac{6}{50}=\frac{3}{25}$(cm)上がった。

これらの比は$\frac{3}{10}:\frac{3}{25}=5:2$だから，水が入った部分の底面積の比は２：５である（この比の２は，Ｃの底面積からＡの底面積を引いた面積にあたる）。よって，容器Ｃと直方体Ａの底面積の比は，５：（５－２）＝５：３

(2)　**【解き方】30秒後から46秒後までの46－30＝16(秒間)に，水位は12－９＝３(cm)上がった。これについてつるかめ算を使って，水位がＡの高さになったのが何秒後かを求める。**

(1)より，水位がＡの高さになる前後で，水位が上がる速さは毎秒$\frac{3}{10}$cmから毎秒$\frac{3}{25}$cmになった。

毎秒$\frac{3}{25}$cmが16秒間続くと，水位は$\frac{3}{25}\times16=\frac{48}{25}$(cm)上がり，３cmには$3-\frac{48}{25}=\frac{27}{25}$(cm)足りない。

１秒間を毎秒$\frac{3}{25}$cmから毎秒$\frac{3}{10}$cmに置きかえると，上がる水位は，$\frac{3}{10}-\frac{3}{25}=\frac{9}{50}$(cm)増えるから，毎秒$\frac{3}{10}$cmは$\frac{27}{25}\div\frac{9}{50}=$６(秒間)だった。したがって，水を入れてから30＋６＝36(秒後)に，水位がＡの高さと同じになったのだから，Ａの高さは，$\frac{3}{10}\times36=10.8$(cm)

(3)　**【解き方】容器が満水になるまでにかかる時間の変化から，ＡとＢの体積の比を求める。体積の比を底面積の比で割れば，高さの比を求められる。**

図２よりＣの高さは18cmだから，Ｃが空の場合，満水になるのにかかる時間は，(1)より，$18\div\frac{3}{25}=150$(秒間)である。これより，Ａの体積は150－96＝54(秒間)に入る水の体積と等しい。

また，Ｂの体積は，96－83.5＝12.5(秒間)に入る水の体積と等しい。

したがって，ＡとＢの体積の比は，54：12.5＝108：25だから，これを底面積の比で割ることで，高さの比は，$\frac{108}{9}:\frac{25}{5}=12:5$とわかる。よって，Ｂの高さは，$10.8\times\frac{5}{12}=4.5$(cm)

■ ご使用にあたってのお願い・ご注意

（1）問題文等の非掲載

著作権上の都合により，問題文や図表などの一部を掲載できない場合があります。

誠に申し訳ございませんが，ご了承くださいますようお願いいたします。

（2）過去問における時事性

過去問題集は，学習指導要領の改訂や社会状況の変化，新たな発見などにより，現在とは異なる表記や解説になっている場合があります。過去問の特性上，出題当時のままで出版していますので，あらかじめご了承ください。

（3）配点

学校等から配点が公表されている場合は，記載しています。公表されていない場合は，記載していません。

独自の予想配点は，出題者の意図と異なる場合があり，お客様が学習するうえで誤った判断をしてしまう恐れがあるため記載していません。

（4）無断複製等の禁止

購入された個人のお客様が，ご家庭でご自身またはご家族の学習のためにコピーをすることは可能ですが，それ以外の目的でコピー，スキャン，転載（ブログ，ＳＮＳなどでの公開を含みます）などをすることは法律により禁止されています。学校や学習塾などで，児童生徒のためにコピーをして使用することも法律により禁止されています。

ご不明な点や，違法な疑いのある行為を確認された場合は，弊社までご連絡ください。

（5）けがに注意

この問題集は針を外して使用します。針を外すときは，けがをしないように注意してください。また，表紙カバーや問題用紙の端で手指を傷つけないように十分注意してください。

（6）正誤

制作には万全を期しておりますが，万が一誤りなどがございましたら，弊社までご連絡ください。

なお，誤りが判明した場合は，弊社ウェブサイトの「ご購入者様のページ」に掲載しておりますので，そちらもご確認ください。

■ お問い合わせ

解答例，解説，印刷，製本など，問題集発行におけるすべての責任は弊社にあります。

ご不明な点がございましたら，弊社ウェブサイトの「お問い合わせ」フォームよりご連絡ください。迅速に対応いたしますが，営業日の都合で回答に数日を要する場合があります。

ご入力いただいたメールアドレス宛に自動返信メールをお送りしています。自動返信メールが届かない場合は，「よくある質問」の「メールの問い合わせに対し返信がありません。」の項目をご確認ください。

また弊社営業日（平日）は，午前９時から午後５時まで，電話でのお問い合わせも受け付けています。

2025 春

株式会社教英出版

〒422-8054　静岡県静岡市駿河区南安倍３丁目 12-28

TEL　054-288-2131　　FAX　054-288-2133

URL　https://kyoei-syuppan.net/

MAIL siteform@kyoei-syuppan.net

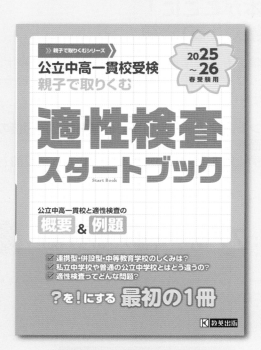

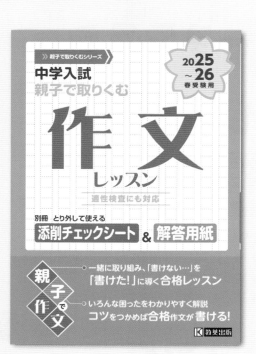

神奈川県

①[県立] 相模原中等教育学校
　　　　平塚中等教育学校
②[市立]南高等学校附属中学校
③[市立]横浜サイエンスフロンティア高等学校附属中学校
④[市立]川崎高等学校附属中学校
✿⑤聖光学院中学校
✿⑥浅野中学校
⑦洗足学園中学校
⑧法政大学第二中学校
⑨逗子開成中学校(1次)
⑩逗子開成中学校(2·3次)
⑪神奈川大学附属中学校(第1回)
⑫神奈川大学附属中学校(第2·3回)
⑬栄光学園中学校
⑭フェリス女学院中学校

新潟県

①[県立] 村上中等教育学校
　　　　柏崎翔洋中等教育学校
　　　　燕中等教育学校
　　　　津南中等教育学校
　　　　直江津中等教育学校
　　　　佐渡中等教育学校
②[市立]高志中等教育学校
③新潟第一中学校
④新潟明訓中学校

石川県

①[県立]金沢錦丘中学校
②星稜中学校

福井県

①[県立]高志中学校

山梨県

①山梨英和中学校
②山梨学院中学校
③駿台甲府中学校

長野県

①[県立] 屋代高等学校附属中学校
　　　　諏訪清陵高等学校附属中学校
②[市立]長野中学校

岐阜県

①岐阜東中学校
②鶯谷中学校
③岐阜聖徳学園大学附属中学校

静岡県

①[国立] 静岡大学教育学部附属中学校
　　　　(静岡·島田·浜松)
② [県立]清水南高等学校中等部
　 [県立]浜松西高等学校中等部
　 [市立]沼津高等学校中等部
③不二聖心女子学院中学校
④日本大学三島中学校
⑤加藤学園暁秀中学校
⑥星陵中学校
⑦東海大学付属静岡翔洋高等学校中等部
⑧静岡サレジオ中学校
⑨静岡英和女学院中学校
⑩静岡雙葉中学校
⑪静岡聖光学院中学校
⑫静岡学園中学校
⑬静岡大成中学校
⑭城南静岡中学校
⑮静岡北中学校
⑯ 常葉大学附属常葉中学校
　 常葉大学附属橘中学校
　 常葉大学附属菊川中学校
⑰藤枝明誠中学校
⑱浜松開誠館中学校
⑲静岡県西遠女子学園中学校
⑳浜松日体中学校
㉑浜松学芸中学校

愛知県

①[国立]愛知教育大学附属名古屋中学校
②愛知淑徳中学校
③ 名古屋経済大学市邨中学校
　 名古屋経済大学高蔵中学校
④金城学院中学校
⑤椙山女学園中学校
⑥東海中学校
⑦南山中学校男子部
⑧南山中学校女子部
⑨聖霊中学校
⑩滝中学校
⑪名古屋中学校
⑫大成中学校
⑬愛知中学校
⑭星城中学校
⑮名古屋葵大学中学校
　(名古屋女子大学中学校)
⑯愛知工業大学名電中学校
⑰海陽中等教育学校(特別給費生)
⑱海陽中等教育学校(I·II)
⑲中部大学春日丘中学校
新刊⑳名古屋国際中学校

三重県

①[国立]三重大学教育学部附属中学校
②暁中学校
③海星中学校
④四日市メリノール学院中学校
⑤高田中学校
⑥セントヨゼフ女子学園中学校
⑦三重中学校
⑧皇學館中学校
⑨鈴鹿中等教育学校
⑩津田学園中学校

滋賀県

①[国立]滋賀大学教育学部附属中学校
②[県立] 河瀬中学校
　　　　守山中学校
　　　　水口東中学校

京都府

①[国立]京都教育大学附属桃山中学校
②[府立]洛北高等学校附属中学校
③[府立]園部高等学校附属中学校
④[府立]福知山高等学校附属中学校
⑤[府立]南陽高等学校附属中学校
⑥[市立]西京高等学校附属中学校
⑦同志社中学校
⑧洛星中学校
⑨洛南高等学校附属中学校
⑩立命館中学校
⑪同志社国際中学校
⑫同志社女子中学校(前期日程)
⑬同志社女子中学校(後期日程)

大阪府

①[国立]大阪教育大学附属天王寺中学校
②[国立]大阪教育大学附属平野中学校
③[国立]大阪教育大学附属池田中学校

④[府立]富田林中学校
⑤[府立]咲くやこの花中学校
⑥[府立]水都国際中学校
⑦清風中学校
⑧高槻中学校（A日程）
⑨高槻中学校（B日程）
⑩明星中学校
⑪大阪女学院中学校
⑫大谷中学校
⑬四天王寺中学校
⑭帝塚山学院中学校
⑮大阪国際中学校
⑯大阪桐蔭中学校
⑰開明中学校
⑱関西大学第一中学校
⑲近畿大学附属中学校
⑳金蘭千里中学校
㉑金光八尾中学校
㉒清風南海中学校
㉓帝塚山学院泉ヶ丘中学校
㉔同志社香里中学校
㉕初芝立命館中学校
㉖関西大学中等部
㉗大阪星光学院中学校

兵庫県

①[国立]神戸大学附属中等教育学校
②[県立]兵庫県立大学附属中学校
③雲雀丘学園中学校
④関西学院中学部
⑤神戸女学院中学部
⑥甲陽学院中学校
⑦甲南中学校
⑧甲南女子中学校
⑨灘中学校
⑩親和中学校
⑪神戸海星女子学院中学校
⑫滝川中学校
⑬啓明学院中学校
⑭三田学園中学校
⑮淳心学院中学校
⑯仁川学院中学校
⑰六甲学院中学校
⑱須磨学園中学校(第1回入試)
⑲須磨学園中学校(第2回入試)
⑳須磨学園中学校(第3回入試)
㉑白陵中学校
㉒夙川中学校

奈良県

①[国立]奈良女子大学附属中等教育学校
②[国立]奈良教育大学附属中学校
③[県立]
国際中学校
青翔中学校
④[市立]一条高等学校附属中学校
⑤帝塚山中学校
⑥東大寺学園中学校
⑦奈良学園中学校
⑧西大和学園中学校

和歌山県

①[県立]
古佐田丘中学校
向陽中学校
桐蔭中学校
日高高等学校附属中学校
田辺中学校
②智辯学園和歌山中学校
③近畿大学附属和歌山中学校
④開智中学校

岡山県

①[県立]岡山操山中学校
②[県立]倉敷天城中学校
③[県立]岡山大安寺中等教育学校
④[県立]津山中学校
⑤岡山中学校
⑥清心中学校
⑦岡山白陵中学校
⑧金光学園中学校
⑨就実中学校
⑩岡山理科大学附属中学校
⑪山陽学園中学校

広島県

①[国立]広島大学附属中学校
②[国立]広島大学附属福山中学校
③[県立]広島中学校
④[県立]三次中学校
⑤[県立]広島叡智学園中学校
⑥[市立]広島中等教育学校
⑦[市立]福山中学校
⑧広島学院中学校
⑨広島女学院中学校
⑩修道中学校
⑪崇徳中学校
⑫比治山女子中学校
⑬福山暁の星女子中学校
⑭安田女子中学校
⑮広島なぎさ中学校
⑯広島城北中学校
⑰近畿大学附属広島中学校福山校
⑱盈進中学校
⑲如水館中学校
⑳ノートルダム清心中学校
㉑銀河学院中学校
㉒近畿大学附属広島中学校東広島校
㉓AICJ中学校
㉔広島国際学院中学校
㉕広島修道大学ひろしま協創中学校

山口県

①[県立]
下関中等教育学校
高森みどり中学校
②野田学園中学校

徳島県

①[県立]
富岡東中学校
川島中学校
城ノ内中等教育学校
②徳島文理中学校

香川県

①大手前丸亀中学校
②香川誠陵中学校

愛媛県

①[県立]
今治東中等教育学校
松山西中等教育学校
②愛光中学校
③済美平成中等教育学校
④新田青雲中等教育学校

高知県

①[県立]
安芸中学校
高知国際中学校
中村中学校

福岡県

① [国立] 福岡教育大学附属中学校（福岡・小倉・久留米）
② [県立]
- 育徳館中学校
- 門司学園中学校
- 宗像中学校
- 嘉穂高等学校附属中学校
- 輝翔館中等教育学校

③西南学院中学校
④上智福岡中学校
⑤福岡女学院中学校
⑥福岡雙葉中学校
⑦照曜館中学校
⑧筑紫女学園中学校
⑨敬愛中学校
⑩久留米大学附設中学校
⑪飯塚日新館中学校
⑫明治学園中学校
⑬小倉日新館中学校
⑭久留米信愛中学校
⑮中村学園女子中学校
⑯福岡大学附属大濠中学校
⑰筑陽学園中学校
⑱九州国際大学付属中学校
⑲博多女子中学校
⑳東福岡自彊館中学校
㉑八女学院中学校

佐賀県

① [県立]
- 香楠中学校
- 致遠館中学校
- 唐津東中学校
- 武雄青陵中学校

②弘学館中学校
③東明館中学校
④佐賀清和中学校
⑤成穎中学校
⑥早稲田佐賀中学校

長崎県

① [県立]
- 長崎東中学校
- 佐世保北中学校
- 諫早高等学校附属中学校

②青雲中学校
③長崎南山中学校
④長崎日本大学中学校
⑤海星中学校

熊本県

① [県立]
- 玉名高等学校附属中学校
- 宇土中学校
- 八代中学校

②真和中学校
③九州学院中学校
④ルーテル学院中学校
⑤熊本信愛女学院中学校
⑥熊本マリスト学園中学校
⑦熊本学園大学付属中学校

大分県

① [県立] 大分豊府中学校
②岩田中学校

宮崎県

① [県立] 五ヶ瀬中等教育学校
② [県立]
- 宮崎西高等学校附属中学校
- 都城泉ヶ丘高等学校附属中学校

③宮崎日本大学中学校
④日向学院中学校
⑤宮崎第一中学校

鹿児島県

① [県立] 楠隼中学校
② [市立] 鹿児島玉龍中学校
③鹿児島修学館中学校
④ラ・サール中学校
⑤志學館中等部

沖縄県

① [県立]
- 与勝緑が丘中学校
- 開邦中学校
- 球陽中学校
- 名護高等学校附属桜中学校

もっと過去問シリーズ

北海道

北嶺中学校
7年分（算数・理科・社会）

静岡県

静岡大学教育学部附属中学校
（静岡・島田・浜松）
10年分（算数）

愛知県

愛知淑徳中学校
7年分（算数・理科・社会）
東海中学校
7年分（算数・理科・社会）
南山中学校男子部
7年分（算数・理科・社会）
南山中学校女子部
7年分（算数・理科・社会）
滝中学校
7年分（算数・理科・社会）
名古屋中学校
7年分（算数・理科・社会）

岡山県

岡山白陵中学校
7年分（算数・理科）

広島県

広島大学附属中学校
7年分（算数・理科・社会）
広島大学附属福山中学校
7年分（算数・理科・社会）
広島学院中学校
7年分（算数・理科・社会）
広島女学院中学校
7年分（算数・理科・社会）
修道中学校
7年分（算数・理科・社会）
ノートルダム清心中学校
7年分（算数・理科・社会）

愛媛県

愛光中学校
7年分（算数・理科・社会）

福岡県

福岡教育大学附属中学校
（福岡・小倉・久留米）
7年分（算数・理科・社会）
西南学院中学校
7年分（算数・理科・社会）
久留米大学附設中学校
7年分（算数・理科・社会）
福岡大学附属大濠中学校
7年分（算数・理科・社会）

佐賀県

早稲田佐賀中学校
7年分（算数・理科・社会）

長崎県

青雲中学校
7年分（算数・理科・社会）

鹿児島県

ラ・サール中学校
7年分（算数・理科・社会）

※もっと過去問シリーズは
国語の収録はありません。

教英出版
〒422-8054
静岡県静岡市駿河区南安倍3丁目12-28
TEL 054-288-2131
FAX 054-288-2133
詳しくは教英出版で検索
教英出版 検索
URL https://kyoei-syuppan.net/

令和６年度　帝塚山中学校
１次Ｂ入学試験問題・算　数　解答用紙

受験番号

※150点満点
（配点非公表）

ここにシールを貼ってください

241220

1

(1)		(2)		(3)	個
(4)	点	(5)	%		
(6)	，　　　，　　　，			(7)	km
(8)	cm^2	(9)	度	(10)	cm^2

2

(1)	m^2	(2)	m^2

3

(1)		(2)		(3)	番目

4

(1)	cm^3	(2)	cm^2

5

(1)	点	(2)		(3)	通り	(4)	

6

(1)	分　　　秒後	(2)	cm
(3)	分　　　秒後	水面の高さ	cm

令和６年度　帝塚山中学校
１次Ｂ入学試験問題・国　語　解答用紙

受験番号

※150点満点
（配点非公表）

ここにシールを貼ってください

241210

一

1

2

3

4

5

6 A B C

7 (1) (2) (3) (4)

8 あ い う え お

9

10

11

12 年

13

14

15

二

1

2

3 a b c

4

5

6

7 〜 と感じる自分。

8

9

10

11

12

一（続き）

13 あ い う

14

15

16

17

18 一 一

19

三

1 ヘンキョウ

2 サイテン

3 ヒメイ

4 キンベン

5 タンコウ

6 セイセイ

7 アンウン

8 クンリン

9 サンジ

10 ユウビン

11

12

13

14 め

15

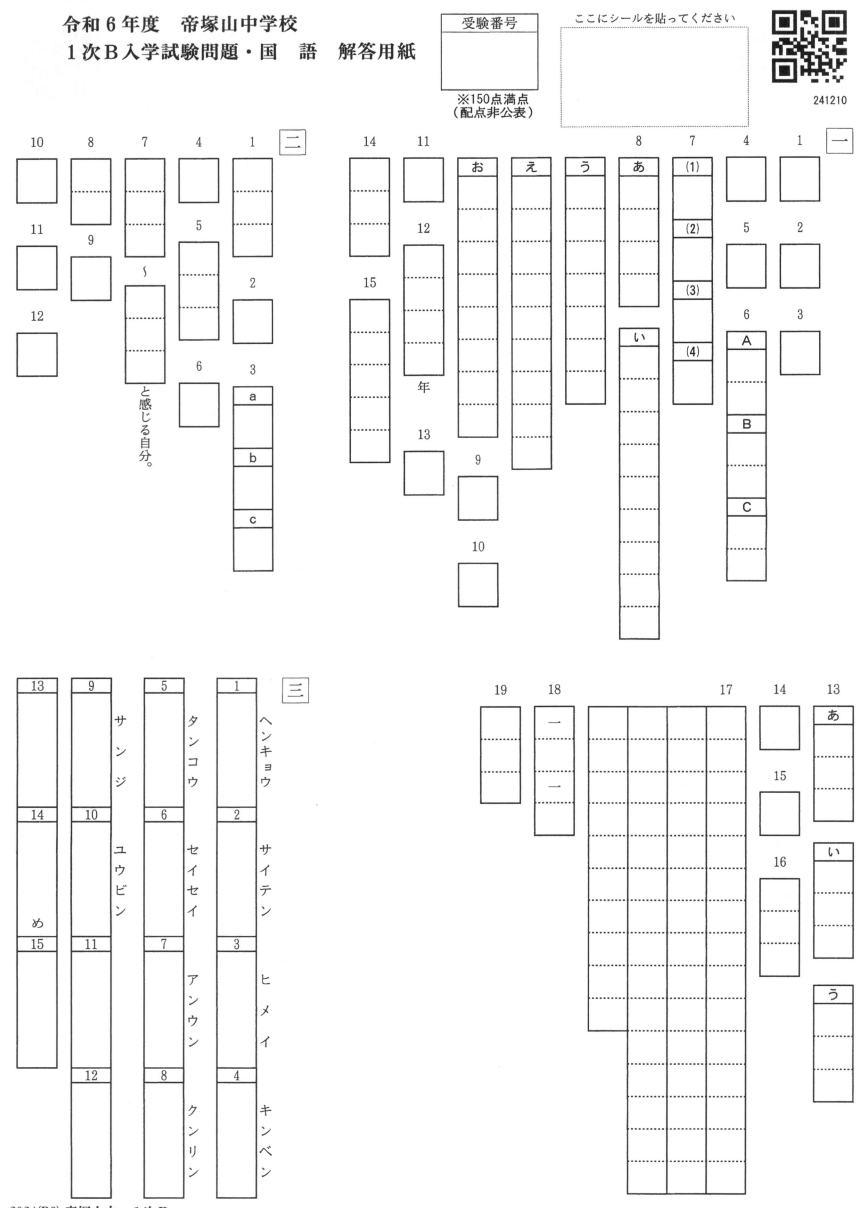

①

国語科（高）

青雲高等学校

（60分）

国高令3

（注意）解答はすべて解答用紙に記入せよ。

一　次の文章を読んで、後の問いに答えよ。

危機管理というのは、「最も明るい見通し」から「最悪の事態」まで何種類かの未来について、それに対応するシナリオを用意しておくことである。どれかのシナリオが「当たる」とそれ以外のシナリオは「外れる」。そのための準備はすべて無駄になる。そういう「無駄」が嫌だという人は危機管理に向かない。※1リスクヘッジというのは「丁と半の両方に張っておく」ことだからである。

「それじゃ儲《もう》からないじゃないか」と口を尖《とが》らせる人間がいるだろうが、その通りである。危機管理は「儲ける」ためにすることではない。生き延びるためにすることである。※2エコノミストはこれを[1]「スラック（余裕、ゆとり）」と呼ぶ。スラックのあるシステムはそうでないシステムよりも危機耐性が強い。

例えば、感染症用の医療機器や病床は感染症が流行するとき以外は使い道がない。「病床の[a]カドウ率を上げろ。医療資源を無駄なく使え」とうるさく言い立てると（実際にそうしたわけだが）、感染症用の資材も病床も削減される。そして、いざ※3パンデミックになると、ばたばたと人が死ぬ。

そういう[2]危機管理の基本がわかっていない人が日本では政策決定を行っている。先の戦争指導部はそうだった。「わが軍の作戦がすべて成功して、敵の作戦がすべて失敗すれば、※4皇軍大勝利」という「希望的観測」だけで綴《つづ》られた作戦を起案する参謀が重用され、「作戦が失敗した場合、被害を最小化するためにはどうしたらいいのか」というタイプの思考をする人間は嫌われた。

私自身がそうだからよくわかる。私は心配性なので、「最悪の事態」を想定することが習慣化している。大学在職中も「これがダメだったらどうしますか？」ということをつい口に出して[b]フキョウを買ったことが何度もある。私はただ「余力のあるうちにプランB、プランCも考えておきましょう」という前向きの提案をしているつもりだったのだけれど、「プランAがダメだったら」という仮定そのものが何か不吉なもののように扱われるのである。

「君のような敗北主義者が敗北を呼び込むのだ」と怒鳴られたことがあるし、もう少し穏やかに「人はこれから[c]シダイに状況が悪くなるという話をすると気がめいってきて、頭が働かなくなるのだ」と説明されたこともある。

たしかにその通りで、「最悪の事態にどう対応するか？」という問いを前にすると、日本人は思考能力が一気に低下する。これは国民性と言ってよい。「プランAが失敗したら」という仮定そのものを一種の「呪い」のようにみなして、忌避するのである。

□「※5言霊の幸はふ国」においては、言葉には現実変成力があるとみなされている。祝言を発すれば吉事が起こり、不吉な言葉を発すれば凶事が起こると信じられている。それゆえ、日本では「プランAがダメだったら」という仮定は「凶事を招く」不吉なふるまいとして排斥される。そんな国で危機管理ができるはずがない。

それを嘆いてもしようがない。[3]そういう国民性なのである。経済が低迷してきたら、五輪だ、万博だ、カジノだ、リニアだ、クールジャパンだとものに憑《つ》かれたようにわめき散らしていたのは、あれは主観的には「祝言」をなしていたのである。未来を祝福して、吉事が到来するように必死に祈っていたのである。別にビジネスライクな計算に基づいていたわけではない。あれは「祈り」なのである。「言霊の力」で現実を変成しようとしていたのである。

勘違いしてほしくないが、私は「それが悪い」と言っているのではない。日本人というのは「そういう生き物だ」という事実を指摘しているだけである。それを改めろと言っているわけではない。日本社会における危機管理を論じる場合には、「日本人には危機管理ができない心性が標準装備されている」という事実を[d]カンジョウに入れる必要があると言っているのである。

「日本人はふつうに危機管理ができる」と思い込んでいるからリスク計算を間違える。「日本人は危機管理ができない」ということを※6与件として危機管理については考える必要がある。別にそれほど難しいことではない。文字が読めない子どもにだって文字は教えられる。それに驚いたり、怒ったりしていたら、文字は教えられない。知らないことを前提にしているから、教えられる。それと同じである。

今回の新型コロナウイルスによるパンデミックでも、日本人は「感染は日本では広がらないだろう」という疫学的に無根拠なことを信じ、広言していたが、それを「嘘《うそ》をついた」というべきではない。[4]あれは「言霊」だったのである。「感染は広がらないだろう」と言えば、その通りのことが起きると信じて、善意で言い続けていたのである。

「東京五輪は予定通り開催される」も同じである。「開催されないかもしれない（その場合にはどう対応するか早めに対応策を講じた方がいい）」ということを考えた人は組織委内にもいたはずである。でも、黙っていた。口にしたとたんに「不吉なことを言うな」と一喝されることがわかっていたからである。「予定通り開催される」という祈りを、「開催しない」という決定が下るまで唱え続けるのが「日本流」なのである。

同じように、感染拡大に備えて人工呼吸器や検査セットや病床の確保をしないできたのは、別に首相や知事の「不作為」や「怠慢」ではない（少なくとも主観的には）。彼らは「何も準備しない」という呪術的なふるまいによって、「準備しなければならないような事態の到来を防ぐ」ことができると信じていたのである。「何の備えもする必要がなかった未来」を「※7予祝」によって[e]ショウライしようとしていたのである。

そうやって見直すと、[5]今回のパンデミックにおける日本の失敗が同一のパターンを飽きずに繰り返していることがわかる。そろそろそのことに気づいてもいいのではないか。気づかなければ、同じことがこれからも繰り返されるし、いずれはそれがわが国の命とりになる。

（二〇二〇年五月二日付長崎新聞　内田樹「新型コロナと文明」による）

〔注〕※1「リスクヘッジ」――起こりうる危険を予測し回避すること。
※2「エコノミスト」――経済学者のこと。
※3「パンデミック」――感染症が世界的規模で大流行すること。
※4「皇軍」――天皇が統率する軍隊の意で、旧日本軍のこと。
※5「言霊の幸はふ国」――ことばの霊力が幸福をもたらす国。日本のこと。出典は『万葉集』。
※6「与件」――推理・研究などの前提として与えられた、議論の余地のない事実。
※7「予祝」――あらかじめ祝うこと。前祝い。

問一　傍線部**a**~**e**のカタカナを楷書の漢字に直せ。

a　カドウ　**b**　フキョウ　**c**　シダイ　**d**　カンジョウ　**e**　ショウライ

問二　傍線部**1**『スラック(余裕、ゆとり)』とあるが、「パンデミック」の例では何にあたるか。本文中の語句を用いて一〇字以内で答えよ。なお、句読点は不要である。

問三　傍線部**2**「危機管理の基本」とあるが、その説明として適当でないものを次の**ア**~**オ**から一つ選び、記号で答えよ。

ア　危機管理というものは、科学的知見に基づいて未来を予測し、それに対応する策を用意しておくことだ。

イ　危機管理というものは、最良から最悪までを予想し、無駄を覚悟で複数の対応策を用意しておくことだ。

ウ　危機管理というものは、ビジネスライクな計算に基づいて、経済最優先の対応策を用意しておくことだ。

エ　危機管理というものは、たとえ最悪の事態が起きたとしても、生き延びられる策を用意しておくことだ。

オ　危機管理というものは、いつかくる未来の危機に備えて、一見無駄に見える余裕を用意しておくことだ。

問四　傍線部**3**「そういう国民性」とあるが、それはどういう国民性か。一〇〇字以内で説明せよ。句読点も一字と数える。

問五　傍線部**4**「あれは『言霊』だったのである」とあるが、「言霊」と同じ様に、筆者が皮肉をこめて用いている端的な表現を、傍線部**4**より後の文中から一〇字以内で抜き出して答えよ。

問六　傍線部**5**「今回のパンデミックにおける日本の失敗が同一のパターンを飽きずに繰り返している」とあるが、どういうことか。最も適当なものを次の**ア**~**オ**から一つ選び、記号で答えよ。

ア　今回の新型コロナウイルスによるパンデミックでは、日本人は自らの危機管理ができない心性を自覚しないまま対処してしまい失敗しているが、この失敗は、先の戦争で政策決定の際に科学的・客観的な判断よりも情緒的な判断を優先したことに対する深い反省を行わなかったために起きたということ。

イ　今回の新型コロナウイルスによるパンデミックでは、日本人は多数の楽観的な意見に合わせて不吉な少数意見を排斥するという「日本流」の悪癖により失敗しているが、この失敗は、日本人が言葉の力で現実を変えようとする性質を過去の教訓に学んで改めなかったことにより繰り返されたということ。

ウ　今回の新型コロナウイルスによるパンデミックでは、日本人は不吉な未来を言葉にすれば悪い事態を招き寄せると思い込み、最悪の事態には備えずに失敗したが、この日本人に特有の心の傾きを考慮に入れないまま政策決定を下すという過ちを日本人は先の戦争以来何度も繰り返してきたということ。

エ　先の戦争では、希望的観測に基づく作戦を重視し、最悪の事態を想定しなかったことが敗戦につながったが、今回の新型コロナウイルスによるパンデミックでも、日本人は疫学的に有効な具体的対策は何ひとつ実行せず、必然的に感染を拡大させたという二度目の失敗を無自覚に繰り返したということ。

オ　東京五輪では、最悪の事態に備える危機管理を怠ったのは、政策決定者の心理の深層に千年を超えて流れ続ける日本人の伝統的な心性が残っていたためであり、今回の新型コロナウイルスによるパンデミックでも、事態はきっと良い方向に収束するだろうと言い続けてきたのもやむをえないということ。

二　次の文章は、井上靖『額田女王《ぬかたのおおきみ》』の一節である。額田は幼い時から神の声を聞く女として育てられてきた。成人後に、大海人皇子《おおあまのみこ》に愛されたが、その後大海人の兄である中大兄皇子《なかのおおえのみこ》からも愛された。中大兄が天智《てんじ》天皇として即位する際に中大兄の愛から身を遠ざける決意をする。天智天皇が即位し、新しい世が始まった。そんなある日、大海人の館《やかた》より、額田と大海人との間に生まれた娘である十市皇女《とおちのひめみこ》が来るので、ぜひ額田にも来てほしいと伝える使者が来る。十市皇女は額田が産んだ娘であったが、産んですぐに大海人の側近の女官に引き取られた。それ以来一緒に暮らしたことはなく、額田が母として接したこともない。久しぶりに娘に会いたい気持ちをもって、額田は大海人の館へ出向いてゆく。そこで額田は大海人に、大切な話があると言われる。これに続く次の文章を読んで、後の問いに答えよ。

〈人物関係図〉

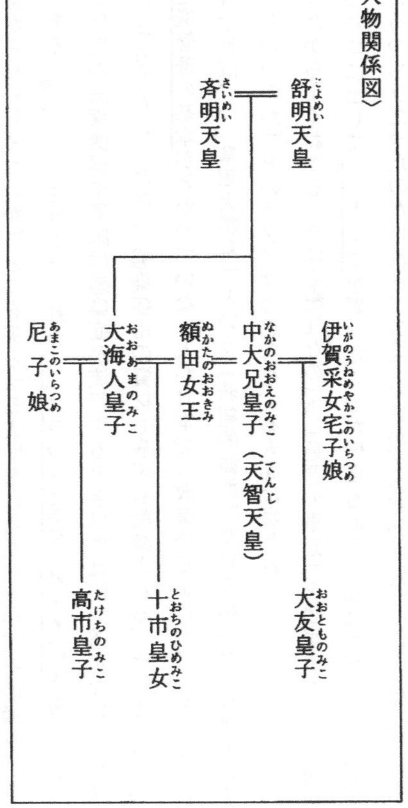

「十市皇女を大友皇子《おおとものみこ》の許《もと》に差し出すことは、いかが考えるか」

こんどは、真顔で言った。

「大友皇子さまでございますか」

額田はそう言ったまま、あとは口を噤《つぐ》んでいた。すぐには、いいとも悪いとも言えなかった。

大友皇子は中大兄皇子と伊賀采女宅子娘《いがのうねめやかこのいらつめ》との間にもうけられた皇子であり、中大兄皇子が天智天皇になられた現在は、天皇の第一皇子にほかならない。筋骨逞《たくま》しい二十一歳の皇子である。母の宅子娘が高貴の出《で》でないので、第一皇子であるとは言え、その将来には X自ら限定されたものがあった。天下の政《まつりごと》を摂《と》る立場には無縁であると見なければならなかった。

現在天智天皇の後継者の位置にあるのが大海人皇子であることは、Y衆目《しゅうもく》の等しく見るところであった。正式に立太子の儀は執り行われてはいなかったが、大海人皇子自身もそう信じていたし、朝臣《あそん》武臣のすべての者がそう信じていた。天智天皇のほかの皇子たちは、川島皇子にしても、志貴皇子《しきのみこ》にしても、まだ

③

少年の域を出ていなかった。併《しか》し、そうした皇子たちの母方の身分や、年齢の問題を別にしても、大海人皇子が天智天皇の後継者の地位にあることは、中大兄皇子を援《たす》けて、長く苦しかった時代を切り抜けて来た経歴とその功績から考えて、極めて当然なことであった。

額田は、長い間言葉を出さなかった。額田が黙っている間、大海人皇子も黙っていた。いかにも額田に対して、充分考える時間を与えてやるから、存分に考えるがよかろう、そういう態度をとっているように見えた。

1額田はひとりの思いの中にはいっていた。大海人皇子の口から出た大友皇子という名の皇子は、いまや十市皇女の運命であった。大友皇子が多幸な運命を持つなら、十市皇女も亦《また》多幸であると見てよかった。反対に不幸な運命を持つなら、十市皇女も亦不幸であった。

額田の瞼《まぶた》の上に、ふいに※1有間皇子《ありまのみこ》の若く美しい面差しが浮かんで来た。有間皇子の悲運が、有間皇子ひとりのものだとは言いきれなかった。

額田はひとりの思いにはいっていた。同じ部屋に大海人皇子が居ることも忘れてしまったかのように、いつまでも黙って坐り続けていた。

額田は勿論《もちろん》これまで大友皇子の将来がいかなるものであるか考えたことはなかった。大友皇子は二十一歳の年齢には見えなかった。堂々たる体軀《たいく》を持ち、どこから見てももう立派に成人した大人であった。母の宅子娘が伊賀の采女であるので伊賀皇子《いがのみこ》とも称《よ》ばれているが、母方の身分の低さなどは初めからこの皇子には無関係だった。伊賀という名前を冠せられても、伊賀という地名などはこの皇子に対していかなる役割をもしていなかった。眉は秀《ひい》で、眼は鋭かった。それに母親似ではなくて、その多くのものを父天智天皇より受け継いでいた。二、三年前まではまだ何と言っても少年の稚《おさな》さを持っていたが、それが去年あたりからすっかり払い落とされている。最近朝臣たちも何となくこの皇子には一目おくようになっていた。聡明《そうめい》とか、英邁《えいまい》とか、そういうこの皇子に対する讃辞《さんじ》は、額田の耳にもはいっている。確かに聡明でもあり、英邁でもあるに違いなかった。

また実際に、額田は去年の暮、大友皇子が朝臣たちと、人の道について論じているのを、傍《そば》で聞いていたことがあった。人倫の道というものを天の訓《おし》えというものの関係において説き、その論旨は明快で、誰もそれに口を差し挟むことはできなかった。みんな口を噤んで聞いていた。こうした問題について論じると、まさに独壇場の感があった。いかにしてそうした学識を自分のものとしているか、誰もが不思議に思うことであった。

額田は、併し、この大友皇子が己が血を分けた十市皇女の運命として考えると、その運命は得体の知れぬ海のようなものとして感じられた。平穏な運命であるか、荒れ狂い逆巻く狂瀾《きょうらん》の運命であるか見当が付かなかった。

額田は顔を上げると、大海人皇子の眼をゆっくりと見入り、

「たいへん聡明な皇子さまと承っておりますが」

「いかにも」

「十市皇女がお仕合わせになりますことならば――」

「天智天皇の御子と、この大海人の姫との組み合わせである。それが仕合わせにならぬということがあろうか」

大海人皇子は言った。そう信じきっている言い方であった。

額田はまた顔を伏せて自分ひとりの思いに戻った。確かにこれ以上の組み合わせは望めない筈《はず》であった。それにしても、この大友皇子に十市皇女を配そうという考えは、一体どこから出たものであろうか。大海人皇子は、自分の考えとして持ち出して来てはいるが、それをそのまま鵜呑《うの》みにするわけにも行かなかった。天智天皇が持ち出された話であるかも知れないのである。大海人皇子が十市皇女の父であるように、天智天皇は大友皇子の父なのである。

併し、額田はそれが誰の考えであるにしても、この縁組みそのものには暗い影があろうとは思われなかった。取引きの臭いもなかった。片方が得をし、片方が損をするというようなものでもなかった。寧《むし》ろ天智天皇にとっても、大海人皇子にとっても、お互いの提携を強める意味で望ましいことに違いなかった。それなのに、額田は自分がこの話に飛びついて行く気持にならぬのを不思議に思った。なぜであろうか。やはりそこには、有間皇子の悲劇が大きく坐っていると考えないわけには行かなかった。

併し、大友皇子と有間皇子は、その境遇はまるで違っていた。有間皇子は聡明怜悧《れいり》だという噂がたつと、狂人の真似《まね》までして自分の身を守らねばならぬ立場にあった。しかもそうまでしても自分の身に振りかかる火の粉を消すことはできなかったのである。大友皇子はいくら人から聡明だと言われても、誰に遠慮することも要らなかった。

額田は顔を上げた。戸外に明るい声が聞こえたからである。

――騙《だま》されちゃった。あんな寒いところに連れて行かれて！

――何も騙したわけじゃない。陽が陰ったから寒くなっただけのことだ。

――可哀そうに、こんなに手が冷え込んでしまったじゃないの。紫色になってしまった。

――どれ。

すると、明るい悲鳴が聞こえ、あとは庭から縁側に駈《か》け上がる乱れた跫音《あしおと》がしたと思うと、部屋の中に先きに十市皇女が飛び込み、続いて高市皇子《たけちのみこ》が飛び込んで来た。二人は内部に大海人皇子と額田の二人が居ることに気付くと、はっとしたように、その場に棒立ちになった。

「向こうへ行こう」

高市皇子が言うと、

「ええ」

と十市皇女は頷《うなず》いて、二人はすぐ部屋から出て行った。

「十市皇女のお気持をお聞きになって、その上でお決めになったらいかがでしょう」

額田は言った。

「まだ、自分の考えは持っていないであろう」

「それにしても、一応お聞きになってみることが」

「うむ」

大海人皇子はちょっと考えていたが、やがて立ち上がって部屋から出て行った。かなり長い間、額田は部屋にひとりにされていた。大海人皇子は十市皇女を連れて来るために部屋から出て行ったと思われたが、そうではなかった。大海人皇子はひとりで帰って来た。

「十市皇女は大友皇子以外の人のところならどこへでも行くと言っている」

そう言って、2大海人皇子は大きく笑った。

「つまり、大友皇子のところだけは気がすすまないということだ。いやに嫌われたものだ」

また大海人皇子は笑った。いかにもおかしくて、おかしくて堪まらぬといった笑い方だった。額田も、そういう十市皇女に驚いたが、併し、十市皇女の気持が判らぬではなかった。

大友皇子の鋭い眼光や、冴えた顔や、どこか荒々しく思われる体のこなしなど、年端《としは》もゆかぬ少女を怖がらせこそすれ、決して魅力とはなっていないに違いなかった。

「だが、いくら気がすすまぬといっても――」

大海人皇子は言った。

「他に十市皇女の相手としてふさわしいものがあるか。五、六年待てば、いま年端のゆかぬ皇子たちも若者に育つだろうが、それまで待っているわけにも行かぬだろう」

そう言われてみれば、それに違いなかった。十市皇女の配偶者の選定は限られた範囲で行われるしか仕方なかった。そうなると、Zさしずめ大友皇子ということになった。

「それとも、ひよこのような稚い十市皇女の気持を尊重するか。――どちらにするかは額田に任せてもいい」

そう言われると、額田としても困ることだった。十市皇女の気持を重んずれば、大友皇子の話は打ち切ってしまわなければならなかったが、それも軽率なことに思われた。他の皇子が成人するのを待って、その妃《きさき》となる道もあったが、それにしても差し当たって相手として考えられるのは志貴皇子や川島皇子である。志貴皇子は十四歳、川島皇子は更に二つか三つ年齢は下である。それぞれの母の出生を考えても、大友皇子よりいいとは言えなかった。それに何と言っても、大友皇子の場合、聡明であるということと、天智天皇の第一皇子であるということが、他に替え難い魅力であった。

「額田に任せてもいいと言ったのは、十市皇女の考えでもある。自分の気持は大友皇子には向かないが、併し、どうしても大友皇子の許《もと》に行けということであるなら行くしかないだろう。それは母親である額田に任せることにする」

「そうおっしゃったのでございますか」

「そう。そう言った」

3額田はふいに体が小刻みに震えるのを覚えた。十市皇女の口からそのような言葉が出るとは夢にも思ってみなかったことであった。十市皇女は本当にそう言ったのであろうか。皇女は母である自分に、併し、母として何一つ資格を持っていない自分に、己が運命を託そうとしたのであろうか。

額田の周囲を重苦しい時間が流れた。額田は今こそ自分は母でなければならぬと思った。が、母というものが、こうした場合持たねばならぬ心が判らなかった。娘の気持を大切にすべきか、あるいはそうした娘の気持など※2斟酌《しんしゃく》することなく、母親自身が考えて、これが一番いいと思うことを押しつけるべきか。

やがて額田は二つのうちの一つを選んだ。

「わたくしは大友皇子さまと御一緒になるべきだと思います」

額田は言った。顔は青白んでいた。十市皇女の運命を大友皇子に託したのである。すると、

「大海人もそう思っている。天皇も同じお考えである」

大海人皇子は言った。この大海人の言葉に依《よ》って、すでにこの話が天智天皇の許に持ち出されていることを知った。

その日、額田は館に帰ると、自分は何か大きな間違いを仕出かしたのではないかという思いに襲われた。4ひどく不安であった。その不安な思いは夜まで続き、そしてその翌日も、翌翌日も続いた。

（井上靖『額田女王』新潮文庫刊）

〔注〕※1「有間皇子」――天皇の皇子として生まれたが、中大兄皇子への謀反《むほん》を計画したと疑惑を持たれ十九歳の若さで処刑された人物。

※2「斟酌する」――心情をくみ取ること。

問一　二重傍線部X「自ら」、Y「衆目《しゅうもく》の等しく見るところ」、Z「さしずめ」の語句の本文中の意味として最も適当なものを次のア～オからそれぞれ一つずつ選び、記号で答えよ。

X　自ら
- ア　確実に
- イ　自分で
- ウ　自然に
- エ　身一つで
- オ　単純に

Y　衆目《しゅうもく》の等しく見るところ
- ア　世間の多くの人が同じように考えているところ
- イ　地位のある貴族たち皆が噂しているところ
- ウ　大勢の若い衆から等しく人気があるところ
- エ　多くの人の視点から平等に見たところ
- オ　周知の事実としてすでに決まっているところ

Z　さしずめ
- ア　どうしようもなく
- イ　残念ながら
- ウ　言うまでもなく
- エ　結局のところ
- オ　とりあえずは

問二　傍線部１「額田はひとりの思いの中にはいっていた」とあるが、それはどのような思いか。最も適当なものを次のア〜オから一つ選び、記号で答えよ。

ア　十市皇女には長年結婚を望んでいる相手がいることを額田は知っており、本人の意思を無視して無理矢理自分の都合の良い人物と結婚させようとする大海人に疑問を感じている。

イ　娘と大友皇子との結婚は大友皇子の運命に彼女の運命も委ねるということになるが、聡明で大人びた彼とまだ幼稚な十市皇女とでは不釣り合いなのではないかと戸惑っている。

ウ　大友皇子は高貴で立派な人物であり多くの皇女たちが結婚相手として望んでいるため、周囲からの嫉妬により有間皇子のように策略に陥《おとしい》れられるのではないかと危惧《きぐ》している。

エ　大友皇子の妻として十市皇女が上手く立ち回ることができないことで皇子が政治的に不利な立場になり、結果として有間皇子と同じ運命をたどるのではないかと心配している。

オ　大友皇子はしばらくの間政治の実権を握ることはないと思われる立場の人物であり、有間皇子と同じ運命をたどる恐れもある相手に娘の運命を託すことに不安を覚えている。

問三　傍線部２「大海人皇子は大きく笑った」とあるが、それはなぜか。その理由として最も適当なものを次のア〜オから一つ選び、記号で答えよ。

ア　逆らう者などいない権力者である自分からの結婚の薦めであるのに、はっきりと断る娘の態度があまりに潔く痛快だったから。

イ　信念を簡単には曲げようとしない娘の態度が、母親の額田が少女であった頃の様子を思い出させ懐かしく微笑ましかったから。

ウ　断れない話だと頭では理解していても、高市皇子との結婚以外は受け入れたがらない娘があまりに切なくいじらしかったから。

エ　皇子の中でも群を抜いて聡明な大友皇子との結婚ですら、父親からの薦めであるなら受け入れないという娘の頑固さにあきれ果てたから。

オ　保身のために利用することは許さないと、天皇の後継者である自分にも率直な意見を言う娘の成長が頼もしく嬉しかったから。

問四　傍線部３「額田はふいに体が小刻みに震えるのを覚えた」とあるが、それはなぜか。その理由として最も適当なものを次のア〜オから一つ選び、記号で答えよ。

ア　中大兄皇子に惹かれながらも大海人皇子と結婚した自分と、他に思いを寄せながら大友皇子との結婚を迫られる十市皇女が重なるのに、大海人皇子の圧力に屈しつつあるような頼りない自分にすべての運命を委ねられてしまったから。

イ　幼い娘の意志を尊重するか両親の考えを優先させるかでも決めかねていたのに、大海人皇子の意思を尊重するという選択肢もあることに気づき混乱している中で、政治と無関係な自分にすべての運命を委ねられてしまったから。

ウ　この結婚は両人の愛情の有無が問題なのではなく、今後の天智天皇や大海人皇子、大友皇子たちの権力闘争にも大きく関わることなのに、その判断を政治のこともよく理解していない自分にすべての運命を委ねられてしまったから。

エ　娘である十市皇女の将来の幸せについて「母親」として深く考えたつもりであったが、生まれてから一度も手元で育てていない自分の意見が重要視され父親の大海人皇子の決定さえも関係なくすべての運命を委ねられてしまったから。

オ　大友皇子と十市皇女の結婚が決まれば、次の天皇の座を巡って父である大海人皇子と夫である大友皇子が決別し大きな戦となる可能性がある危うい政略結婚なのに、自分にすべての運命を委ねられてしまったから。

問五　傍線部４「ひどく不安であった」とあるが、それはなぜか。その理由を六〇字以内で具体的に説明せよ。

問六　文章の内容として、適当なものを次のア〜オから一つ選び、記号で答えよ。

ア　十市皇女は自分の結婚相手として本心では高市皇子と結ばれたいと思っていたが、天皇である父の薦めなのであれば大友皇子との結婚もいたしかたがないことだと父への説得をあきらめた。

イ　大友皇子は母方の身分の低さを気にさせないほど聡明さと逞しさを兼ね備えた立派な青年であり、朝臣たちからも一目置かれるほど多くの人からその将来を嘱望《しょくぼう》されている青年だった。

ウ　額田は、幼い娘には皇后としての威厳が保てまいと、娘と次の天皇に即位するであろう大友皇子との結婚に対して不安な気持ちの方が大きかったが、大海人皇子の気迫に押されて承諾をした。

エ　十市皇女の母親として娘の心に添わない結婚はさせたくないという思いと、一国の皇后となることが確実なので皇女の将来は明るいものとなるという思いとの間で額田は悩んだ。

オ　大海人皇子は十市皇女の結婚相手としてふさわしいものは大友皇子の他にはいないと考えている一方で、娘の恋心を知ってしまったため決断することができず額田にその判断を託した。

三 次の古文を読んで、後の問いに答えよ。

※1武蔵国《むさしのくに》住人都筑《つづき》の平太経家《へいたつねいへ》は高名の馬乗馬飼《うまのりうまかひ》なりけり。平家の※2郎等なりければ《だったので》、※3鎌倉右大将めしとりて《召し捕らえて》※4景時《かげとき》にあづけられにけり。その時、※5陸奥《みちのく》より勢大きにして1たけき悪馬をたてまつりたりけるを《献上したのを》、いかにも乗るものなかりけり。aきこえある馬乗どもに面々にのせられけれども、一人もたまる《乗りこなす》ものなかりけり。※6幕下思ひわづらはれて、「さるにてもこの馬に乗るものなくてやまむこと、口惜しきことなり。いかがすべき」と景時にいひあはせ給ひければ、「※7東八ヶ国にいまは心にくきもの候《さうら》はず。但《ただ》※8召人《めしうど》経家ぞ候《さうら》ふ」と申しければ、「さらばめせ」《と申し上げると、「それならここに召し連れよ」》とて則《すなは》ち召しいだされぬ。※9白水干《すいかん》に葛《くず》の袴《はかま》をぞきたりける。幕下「かかる悪馬あり。つかうまつりてんや《乗りこなせようか》」とのたまはせければ《おっしゃったので》、経家かしこまりて、「馬はかならず人に乗らるべき器にて候へば、いかに猛きも、人にしたがはぬことや候ふべき」と申しければ、幕下入興《じゅきょう》せられけり《お喜びになった》。「さらばつかうまつれ」《「ならば試してみよ」》とて則ち《早速》馬を引き出されぬ。まことに大きにたかくしてあたりをはらひてはねまはりけり。経家水干の袖くくりて、袴のそば高くはさみて、烏帽子《えぼし》かけして庭におり立ちたるけしき、まづbゆゆしくぞア見えける。cかねて存知したりけるにや、※10轡《くつわ》をぞもたせたりける《持参していた》。その轡をはげて《かませて》、※11さし縄《なは》とらせたりける《手に取ったが》を、すこしもイ事ともせずはねはしりけるを、さし縄にすがりてたぐりよりて乗りてけり。やがてまりあがりて《すぐにおどり上がって》出でけるを、すこしウはしらせてうちとどめて、のどのどと《ぽくぽくと》歩ませて幕下の前にむけてたてたりけり。見るもの目をおどろかさずといふことなし。よく乗らせて、「今はさやうにこそあらめ」《「もうそのくらいでよかろう」》とのたまはせける時、エおりぬ。大きに感じ給ひて2勘当《かんだう》ゆるされて※12厩《うまやの》別当になされにけり。

（『古今著聞集』）

〔注〕※1「武蔵国」――旧国名。現在の東京都・埼玉県・神奈川県の一部を含む。※2「郎等」――家来。※3「鎌倉右大将」――源頼朝。
※4「景時」――梶原景時。頼朝の臣下。※5「陸奥」――現在の東北地方に当たる地域。※6「幕下」――源頼朝。
※7「東八ヶ国」――現在の関東地方に当たる地域にあった八つの国。※8「召人」――捕らえられた人。
※9「白水干に葛の袴」――白色の普段着に葛布でできた袴。※10「轡」――馬の口にかませる金具。
※11「さし縄」――馬の口に付けて引いたりつないだりする縄。※12「厩別当」――厩を管理する役職。

問一 傍線部a「きこえ」b「ゆゆしく」c「かねて」のここでの意味として最も適当なものを次のア～オからそれぞれ一つずつ選び、記号で答えよ。

a きこえ
ア 心得
イ 評判
ウ 記憶
エ 自信
オ 聴覚

b ゆゆしく
ア 不吉に
イ 大げさに
ウ 神聖に
エ 慎重に
オ 立派に

c かねて
ア 張り切って
イ 兼任して
ウ あらかじめ
エ 我慢できなくて
オ いつもの通り

問二 二重傍線部ア～エの中で、主語が他と異なるものを一つ選び、記号で答えよ。

問三 傍線部1「たけき悪馬」とあるが、その馬の様子を具体的に表している一文を探して、その最初の四字を抜き出して答えよ。

問四 傍線部2「勘当ゆるされて厩別当になされにけり」とあるが、それはなぜか。その理由を五〇字以内でわかりやすく説明せよ。

問五 本文の内容と合っているものを次のア～オから一つ選び、記号で答えよ。
ア 経家は平家の一員でありながら頼朝に協力して平家を討った。
イ 頼朝は陸奥から献上された馬に自分が乗ることができないことを残念がった。
ウ 景時は経家を源氏の臣下で最も優れた馬の乗り手であるとして頼朝に推薦した。
エ 経家は頼朝に呼ばれて恐縮しながらも言葉には自信の程をにじませた。
オ 陸奥から献上された馬はその暴れ馬ぶりを存分に発揮して見る者全員を感心させた。

問六 本文からうかがわれる経家の馬についての考え方として最も適当なものを次のア～オから一つ選び、記号で答えよ。
ア 馬は馬具の善し悪しで人に従うかどうかが大きく違ってくるので、ふだんからきちんと準備しておくべきだ。
イ 馬は人の技量を見抜くので、自信のない人間には馬を制御することなどできるはずがない。
ウ 馬は本来、人に乗られるようにできているのだからどんな馬でも乗りこなすことができる。
エ 馬は興奮しているときに無理に乗ろうとすると激しく抵抗するので、落ち着いているときに乗ればよい。
オ 馬は意味もなく暴れることはしないので、馬の気持ちを十分に理解してやろうと努めることが大事だ。

数　学　科（高）

（注意）円周率はπ，その他の無理数は，たとえば$\sqrt{12}$は$2\sqrt{3}$とせよ。
解答はすべて解答用紙に記入せよ。

(70分)

1 次の問いに答えよ。

(1) $8a^6b^3\times(-ab^2c)\div(-2a^2c)^3$ を計算せよ。

(2) $\left(\dfrac{1}{\sqrt{3}}+\sqrt{\dfrac{8}{3}}-\sqrt{6}\right)^2$ を計算せよ。

(3) $x=-\dfrac{3}{4}$，$y=\dfrac{1}{3}$ のとき，$(3x+y)^2-(x-y)(9x-y)$ の値を求めよ。

(4) 連立方程式 $\begin{cases}\dfrac{3(x+1)}{4}-\dfrac{4(y-2)}{3}=\dfrac{23}{6}\\ -0.2x+0.25y=0.1\end{cases}$ を解け。

(5) $(x^2-2x-3)^2+13(x^2-2x-3)-90$ を因数分解せよ。

(6) $\sqrt{96-8n}$ が自然数となるような自然数nの個数を求めよ。

(7) 右の図のような1辺の長さが6cmの立方体があり，辺AB上にAP：PB=2：1となる点Pをとる。
3点P，F，Hを通る平面で，この立方体を切断したとき，頂点Eを含む方の立体の体積を求めよ。

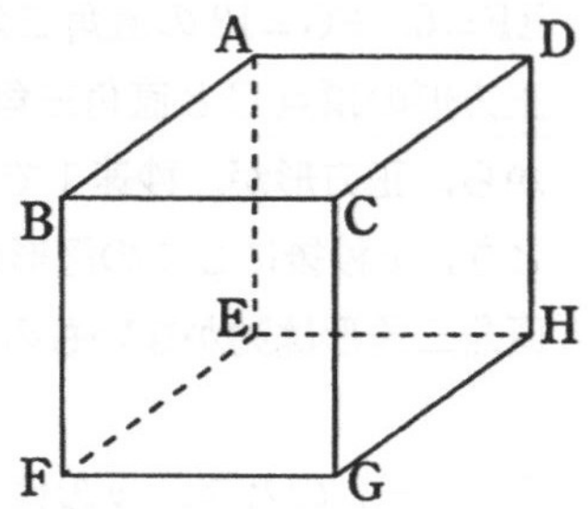

(8) 右の図において，四角形ABCDは台形である。
AD∥EF∥BC，AD$=a$，BC$=b$，
AE：EB=1：3のとき
線分EFの長さをa，bを用いて表せ。

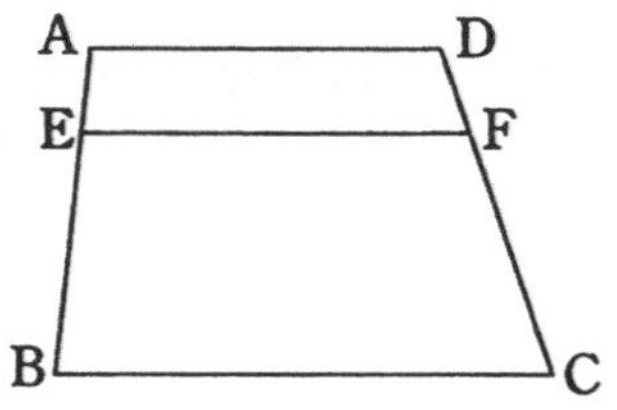

(9) 右の図において，2つの円の中心は同じである。
2点A，Bは大きい円の周上にあり，線分ABは小さい円と接している。
線分ABの長さが16cmのとき，影を付けた部分の面積を求めよ。

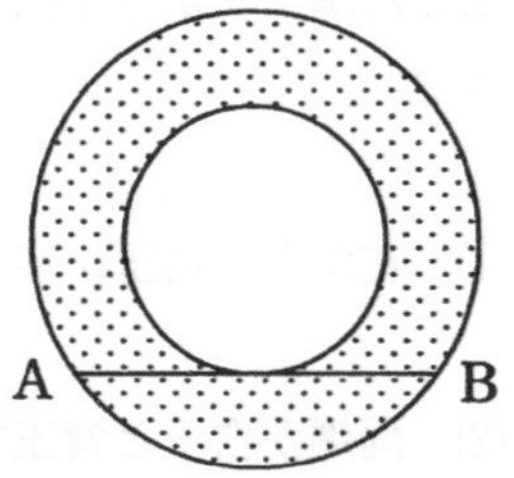

(10) 右の図において，点Aを通る円Oの接線を作図したい。
作図の手順を3つの段階に分けて，説明せよ。

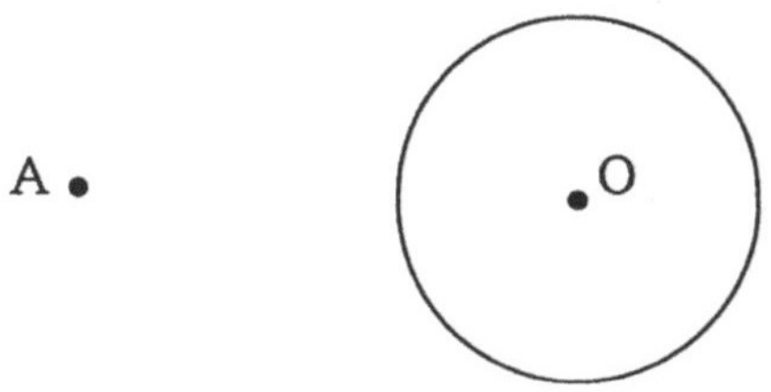

2 右の図のように，直線 ℓ 上に１辺が４の正方形 ABCD と EF=6，FG=12 の直角三角形 EFG がある。
正方形の頂点Ｃと直角三角形の頂点Ｅが重なっている状態から，正方形が，秒速１で直線 ℓ にそって矢印の方向に動くとき，x 秒後に２つの図形が重なった部分の面積を y とする。直角三角形は動かないものとして，次の問いに答えよ。

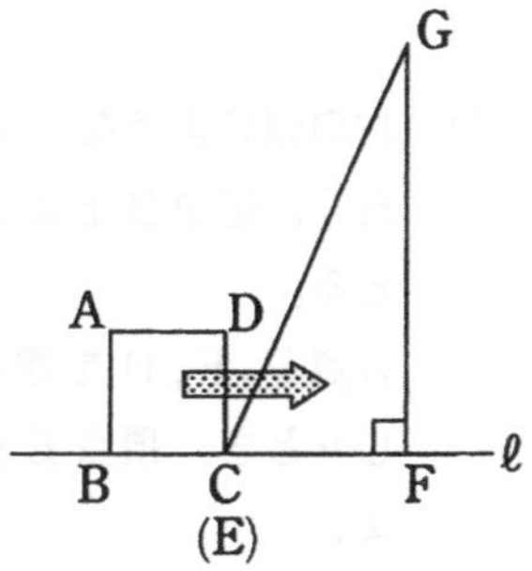

(1)　$x=2$ のとき，y の値を求めよ。

(2)　$0 \leqq x \leqq 4$ における x，y の関係のグラフをかけ。

(3)　$y=15$ となるような x の値を求めよ。

3 白玉２個，赤玉１個，青玉２個が入った袋から，玉を１個ずつ続けて３回取り出し，取り出した順に左から１列に並べるとき，次の確率を求めよ。ただし，取り出した玉は元に戻さない。

(1)　左から，白玉，赤玉，青玉の順に並ぶ確率。

(2)　両端が白玉と青玉である確率。

(3)　白玉と赤玉が隣り合う確率。

4 課題研究の授業で，島さんの班では，円周率の近似値を求めることにした。

島さん：そもそも，円周率とは，（　①　）の長さに対する円周の長さの比の値のことだから，（円周率）＝ $\dfrac{(\text{円周})}{(\text{①})}$ で求めることができるね。
谷さん：でも，実際に測らずに，円周の長さを求めるのはどうすればいいのだろう。
岸さん：たしか，小学生のときには，円の面積を求めるときに小さい三角形に分けてから考えたので，同じようにして小さい三角形を集めて円に近い図形を作ればいいと思うよ。
谷さん：そして，その図形の周の長さを考えていくんだね。
それならば，正百角形を作る？
島さん：でも，それは書くことも難しいからもっと簡単な図形から考えていこうよ。
岸さん：半径の長さが１の円に内接する正多角形を考えると計算がしやすくなるよ。
島さん：それでは、分担して考えてから一つの表にまとめてみよう。
谷さん：正六角形は任せてください。

正多角形	正三角形	正方形	正六角形	正八角形	正十角形	正十二角形
一辺の長さ	(ア)	(イ)	1	(ウ)	(あ)	(エ)
$\dfrac{(\text{周の長さ})}{2}$	(a)	(b)	3	(c)	(d)	(e)

谷さん：実際に計算してみると，3.14 の値に近づいていくのがわかるね。
岸さん：今回は円に内接している正多角形を用いたので，次は円に外接している正多角形でも調べてみよう。

このとき，次の問いに答えよ。

(1)　（　①　）に適切な語句を入れよ。

(2)　（ア），（イ）の値を求めよ。

(3)　（ウ），（エ）について，一辺の長さを２乗した値を求めよ。

(4)　（あ）について，三角形の相似を用いて２次方程式を作り，（あ）の値を求めよ。
考え方も詳しく書くこと。三角形の相似については，証明せずに用いてよい。

(5)　(c)，(e) の値は，電卓を用い近似値を求めると，それぞれ，3.06，3.11 になった。
$\sqrt{2}=1.41$，$\sqrt{3}=1.73$，$\sqrt{5}=2.24$ を用いて，(a)，(b)，(d) の値を求めよ。

①

英　語　科（高）

英高令３

（注意）解答はすべて解答用紙に記入せよ。

（リスニングテストに関する注意）

・**リスニングテストの放送は，試験開始から約 10 分後に始めます。**

・リスニングの放送時間は約 12 分です。

・放送を聞きながら，メモを取ってもかまいません。

(60分)

1 次のリスニング問題 (A), (B), (C)にそれぞれ答えよ。

(A) これから放送される(1)～(5)のそれぞれの対話について，**最後の発言に続く応答**として最も適当なものを，**放送される選択肢 A～C** の中から１つ選び，記号で答えよ。**会話はそれぞれ一度だけ読まれる。**

★教英出版編集部注
問題音声は教英出版ウェブサイトで。
リスニングＩＤ番号は解答集の表紙を参照。

(1) A
B
C

(2) A
B
C

(3) A
B
C

(4) A
B
C

(5) A
B
C

(B) これから放送される(6)～(10)のそれぞれの対話について，**放送される質問の答え**として最も適当なものを**ア～エ**の中から１つ選び，記号で答えよ。**会話はそれぞれ一度だけ読まれる。**

(6) ア They are both busy.
イ Bob will be at school.
ウ Ted doesn't like the movie.
エ Ted has to visit his grandmother.

(7) ア At the dry cleaner's.
イ At school.
ウ In his room.
エ Lost in space.

(8) ア Talk to his parents.
イ Go home.
ウ Go to basketball practice.
エ Go to his room.

(9) ア Meet his wife.
イ Go to an anniversary party.
ウ Look for his wife.
エ Go shopping.

(10) ア Call back later.
イ Wait for Ms. Howard.
ウ Leave a message.
エ Be absent from class.

(C) これから放送される比較的長い会話を聞き，**問題用紙に与えられている質問**(11)～(15)**に対する答え**として最も適当なものをそれぞれ**ア～エ**の中から１つ選び，記号で答えよ。**英文は２度読まれる。**

(11) **Where does Peter Daniels work?**
ア He works at a police station.
イ He works at a restaurant.
ウ He works at a shopping mall.
エ He works at a theater.

(12) **Where did Jason Smith notice that his bag was missing?**
ア At the shopping mall.
イ At the movie theater.
ウ On the train.
エ On the bus.

(13) **Which of the following things was NOT in Jason Smith's bag?**
ア A cellphone.
イ A towel.
ウ A book.
エ A wallet.

(14) **Which of the following sentences is NOT true?**
ア Peter Daniels is speaking to Jason Smith on the telephone.
イ Jason Smith has lost something.
ウ Jason Smith's bag is red.
エ Jason Smith took the bus home after leaving the mall.

(15) **What will Jason Smith do after this phone call?**
ア He will go to the shopping mall.
イ He will go to the police station.
ウ He will go to see a movie.
エ He will go to a restaurant.

2 次の対話について，あとの問いに答えよ。

遥 ：今年はおくんちも中止かあ，つまんないなあ。
アンリ ：仕方ないんじゃない？人を集めるわけにはいかないもの。
遥 ：そう言ってもさあ，おくんちがない秋なんて考えられないよ。
アンリ ：あなた，「おくんち命」だもんね。
遥 ：もちろん，ただのお祭りじゃないんだから。(A)この祭りは350年以上の歴史があるのよ（is / three / old)。出し物だってどれも伝統的で由緒正しいものばかりなんだから。
智加 ：私は毎年「庭見世（にわみせ）」が楽しみなの。
アンリ ：庭見世って何のことだっけ。
智加 ：その年におくんちで使う衣装とか道具とかのお披露目よ。本番の何日か前に公開されるの。①きれいな衣装（costumes）とかお花とか見れて楽しいよ。
アンリ ：ああ，なんかニュースでやってるの見たことがある。たしか夜にやるんだよね。
遥 ：前夜祭みたいなものよね。これが終わると，いよいよおくんちって感じになるの。
アンリ ：でも，私にとって(B)おくんちの醍醐味《だいごみ》はやっぱり食べ物ね（most / food）。
遥 ：それには賛成。(C)屋台がずらーっと並ぶよね（there / a / food stands）。食べたいものだらけなんだよなあ。
智加 ：(D)私は断然焼きそば（yaki-soba / best / all）。
遥 ：分かるー。家で作ったやつより，屋台の焼きそばの方がおいしく感じるよね。
智加 ：そうそう。(E)焼いているところが見えるからね（see / the shop staff）。あれが余計に食欲をそそるのよ。それとあの音ね。ジュージューって音大好き。
遥 ：それもあるけど，あの雰囲気よ。夜に屋外で食べるのがいいんだよねえ。
アンリ ：分かる。でも②私は焼きそば(yaki-soba)より，焼き鳥(yaki-tori)かなあ。焼き鳥って串に刺さってるじゃない。だから（　ア　）。
遥 ：確かにね。片手で食べられるものね。
智加 ：そうかなあ。逆に食べにくくない？ 歩きながら串からお肉を外すのって難しいのよね。
アンリ ：焼きそばを歩きながら食べる方がよっぽど難しいと思うけどな。

問１ 下線部①と②の内容を英語で表しなさい。
問２ 下線部(A)～(E)を英語に直しなさい。ただし，(　)内に与えられた語を**全て，与えられた順番通りに**用いること。
問３ 空所（　ア　）に入れるのに適当な内容を自由に考え，**英語で**答えなさい。

3 次の英文を読んで，あとの問いに答えよ。

What happens if you don't get enough (A)? Randy Gardner, a high school student in the United States, wanted to find out. He designed an *experiment on the effects of sleeplessness for a school science project. With Dr. William C. Dement from Stanford University and two friends watching him carefully, Gardner stayed awake for 264 hours and 12 minutes. That's eleven days and nights without sleep!

What effect did sleeplessness have on Gardner? After 24 hours without sleep, Gardner started having trouble reading and watching television. The words and pictures were too (1) blurry. By the third day, he was having trouble doing things with his hands. By the fourth day, Gardner was (2) hallucinating. For example, when he saw a street sign, he thought it was a person. He also imagined he was a famous football player. Over the next few days, Gardner's speech became so (3) slurred that people couldn't understand him. He also had trouble remembering things. By the eleventh day, Gardner couldn't pass a counting test. In the middle of the test he simply stopped counting. He couldn't remember what he was doing.

When Gardner finally went to bed, he slept for 14 hours and 45 minutes. The second night he slept for twelve hours, the third night he slept for ten and one-half hours, and by the fourth night, he had returned to his normal sleep schedule.

(4) Even though Gardner recovered quickly, scientists believe that going without sleep can be dangerous.

(5)

Eventually, the rats died.

Has anyone stayed awake (B) than Randy Gardner? Yes! According to *The Guinness Book of World Records*, Maureen Weston from the United Kingdom holds the record for staying awake the longest. She went 449 hours without sleep in 1977. That's 18 days and 17 hours!

During your lifetime, you will likely spend 25 years or more sleeping. But why? What is the purpose of sleep? Surprisingly, scientists don't know for sure. Scientists *used to think we "turned our brains off" when we went to sleep. Sleep researchers now know, (C), that our brains are very active when we sleep. Some scientists think we sleep in order to *replenish brain cells. (6) Other scientists think [to grow / helps / and / sleep / the body / that] *relieve stress. *Whatever the reason, (7) we know that [important / enough / is / get / to / it / sleep].

〔出典：Linda Lee and Erik Gundersen, *Select Readings* second edition, Oxford University Press〕

【注】 experiment：実験　　used to～：以前は～していた
replenish brain cells：脳細胞に活気を与える　　relieve～：～を和らげる
Whatever the reason：理由はどうであれ

問１ 空所(A)，(B)に入る適当な１語を英語でそれぞれ答えよ。

問２ 下線部(1)～(3)の単語の意味に最も近いものを**ア～オ**から１つずつ選び，記号で答えよ。

ア deep in sleep
イ difficult to hear
ウ long and boring
エ not looking clear
オ seeing things that aren't really there

問３ 下線部(4)を日本語に直せ。ただし，Gardner は英語のままでよい。

問４ 空所(5)には以下の**ア～エ**が入る。正しい順番に並べ替え，記号で答えよ。

ア After a few weeks without sleep, the rats started losing *fur.　　*fur：毛
イ Tests on white rats have shown how serious sleeplessness can be.
ウ And even though the rats ate more food than usual, they lost weight.
エ They say that people should not repeat Randy's experiment.

問５ 空所(C)に入る最も適当な語（句）を，**ア～エ**から１つ選び，記号で答えよ。

ア sadly　　イ for example　　ウ however　　エ I think

問６ 下線部(6)，(7)の[ ]内の語（句）をそれぞれ正しい順番に並べ替え，文を完成させよ。ただし，解答欄には並べ替えた語句のみ記入すること。

4 次の英文を読んで，あとの問いに答えよ。

On a September day in 1991, two Germans were climbing the mountains between Austria and Italy. High up on a mountain pass, they found the body of a man lying on the ice. At that height (3,200 meters), (1) the ice is usually permanent. But 1991 had been an especially warm year. The mountain ice had melted more than usual and so the body had come to the *surface.

It was lying face downward. The bones were in perfect condition, but there was a large *wound in the head. There was still skin on the bones and the *remains of some clothes. The hands were still holding the wooden handle of an *ax. On the feet there were very simple *leather and cloth boots. Near the body there was a pair of gloves made of tree bark and a holder for arrows.

Who was this man? How and when had he died? Everybody had (A) answer to these questions. The mountain climbers who had found the body said it seemed thousands of years old. But others thought that it might be from this century. Perhaps it was the body of a soldier who died in World War I. In fact, several World War I soldiers had already been (B) in that area of the mountains. On the other hand, a Swiss woman believed it might be her father. He had died in those mountains 20 years before and his body had never been found.

When Italian and Austrian scientists heard about the (C), they *rushed to the mountaintop. (2) The body couldn't be the Swiss woman's father, they said. The boots, the gloves, and the ax were clearly much older. For the same reason, they said it couldn't be a World War I soldier. It had to be at least several centuries old, they said, maybe even five centuries. It could have been one of the soldiers in the army of Frederick, *Duke of Austria.

Before they could be sure about this (D), however, the scientists needed more data. They needed to bring the body down the mountain so that they could study it in their *laboratories. The question was, (E) It was lying almost exactly on the border between Italy and Austria. Naturally, both countries wanted the frozen man for their laboratories and their museums. For two days, the body lay there in the mountains while *diplomats argued. Finally, they decided that it lay on Austrian ground. By that time the body was partly unfrozen and somewhat damaged.

When the Austrian scientists *examined the body more closely, they (3) changed their minds. They did not know yet how he had died, but they did know when: about 4,700 years ago. This was a very important discovery, they said. It would teach them a great deal about this very distant period of European history. From the clothes and tools they could learn about how men lived in those times.

〔出典：Beatrice S. Mikulecky and Linda Jeffries, *More Reading Power*, Pearson Education 〕

【注】 surface：表面　wound：傷　remain：遺物　ax：斧　leather：皮革
rush to～：～に急いでいく　Duke of Austria：オーストリア公（貴族）
laboratory：研究所　diplomat：外交官　examine～：～を調べる

問１ 下線部(1)の意味に最も近いものを**ア～エ**から１つ選び，記号で答えよ。

ア the ice is disappearing at a constant pace
イ you see the ice only in winter
ウ the place is normally covered with ice all year round
エ the air is often cold like ice

問２ 空所(A)～(E)に入る語（句）として最も適当なものを**ア～エ**から１つずつ選び，記号で答えよ。

(A) ア a different　イ the right　ウ the wrong　エ no
(B) ア feeling sad　イ loved and respected　ウ found　エ asleep
(C) ア war　イ discovery　ウ plan　エ soldiers
(D) ア victory　イ success　ウ guess　エ dream
(E) ア whom did it belong to?　イ how should they take it to the laboratories?
　ウ what kind of study should they do?　エ why was it in the mountain?

問３ 下線部(2)の根拠を日本語で説明せよ。

問４ 下線部(3)の内容を具体的に説明するとき，以下の空所（ ① ），（ ② ）に入る日本語をそれぞれ答えよ。

「（ ① ）から（ ② ）に変わったということ。」

問５ 本文の内容と一致するものを**ア～ク**から**２つ**選び，記号で答えよ。

ア This passage is about a soldier who died in World War I.
イ The body was found by some Austrian scientists.
ウ The body was in good condition because the air was very dry.
エ When the body was first found, no one had any idea about where it came from.
オ When the scientists looked carefully at the body, they said it might be five centuries old.
カ The body lay on the mountain for two days because the Swiss woman didn't want anyone to touch it.
キ After examining the body, the scientists said the frozen man had died in a war.
ク We can learn about how people lived in the distant past from their clothes and tools.

リスニング

問題 A これから放送される(1)～(5)のそれぞれの対話について，**最後の発言に続く応答**として最も適当なものを，**放送される選択肢 ABC** 3つの中から1つを選び，記号で答えなさい。**会話はそれぞれ一度だけ読まれます。**

★教英出版編集部注
問題音声は教英出版ウェブサイトで。
リスニングＩＤ番号は解答集の表紙を参照。

(1) (玄関チャイム音)

X: Yes. Hello.
Y: It's ABC Pizza. I have the pizza that you ordered.
X: I didn't order any pizza. Whose house are you looking for?
Y: Mr. Bolton's. Isn't that you?
X: No. He lives next door in the red and yellow house.

A. Oh, sorry, sir. I'll give you his pizza.
B. Oh, sorry, sir. I'll take it to him next door.
C. Oh, sorry, sir. I'll bring you a new one.

(2) (ギター演奏の音)

X: Wow, I didn't know you could play the guitar so well.
Y: Thanks. I play in a band with some friends.
X: That's great. Hey, maybe you guys will be famous someday!

A. Yes. The guitar is a famous instrument.
B. Yes. I'm a big fan of the guitar.
C. No. We're not very good. We just play for fun.

(3) X: Welcome to Nando's restaurant. I'm sorry but all our tables are full. Would you mind waiting?
Y: How long do you think it will take?
X: About 10 minutes.

A. That's all right. I'll take it.
B. That's all right. I'll have a salad.
C. That's all right. I'm not in a hurry.

(4) X: Mr. Dalton, could you check my essay, please?
Y: Sure, Taro. But I can't check it now. I have a class to teach from now.
X: Oh, OK. When should I come back?

A. I can see you at lunchtime.
B. I'm free now.
C. Here you are. I've finished checking it.

(5) X: Shall I help you make dinner, Dad?
Y: Sure. Could you cook the potatoes for me?
X: OK. How should I cook them?

A. You need five.
B. Eat them with dinner, please.
C. Boil them in that pan, please.

問題 B: これから放送される(6)～(10)のそれぞれの対話について，放送される質問の答えとして最も適当なものを**ア～エ**の中から1つ選び，記号で答えなさい。**会話はそれぞれ一度だけ読まれます。**

(6) (電話の呼出音)

X: Hello?
Y: Hi, Ted, it's Bob. Would you like to see the new Marvel movie on Sunday?
X: I'd love to, but I have to visit my grandmother on Sunday. How about Saturday?
Y: OK. That's fine with me. See you on Saturday after school.

Question: Why can't they go to see the movie on Sunday?

(7) X: Dad, have you seen my school uniform? I need it for school tomorrow.
Y: Isn't it in your room?
X: No it's not. I can't find it anywhere.
Y: Oh, I remember. It was really dirty, so I took it to the dry cleaner's yesterday. It should be ready this evening.

Question: Where is the boy's uniform?

(8) X: Adam, can you come here, please? I need to talk to you.
Y: What's up, Dad? I have to go to basketball practice now. Can it wait?
X: Oh. I wanted to talk to you about your mother and I. But we can talk when you get back.
Y: OK. I'll be back at about seven.

Question: What will Adam do next?

(9) X: I'm going shopping for a present for my wife today. If you're free, do you want to come?
Y: Sure. Sounds fun. Is it her birthday?
X: No. It's our anniversary. I have no idea what to get her.
Y: Well, let's look around town. Maybe you'll see something you like.

Question: What are they going to do?

(10) X: World English Academy. How can I help you?
Y: Hi. Can I speak to Ms. Howard, please? This is Takuya, a ninth grade student.
X: I'm sorry, Takuya, but she's in a class right now. Can you call her back again later?
Y: OK. No problem.

Question: What will Takuya do?

問題 C これから放送される比較的長い会話を聞き，問題用紙に与えられている質問(11)〜(15)の答えとして最も適当なものを，それぞれ**ア〜エ**の中から１つ選び，記号で答えなさい。**英文は２度読まれます。**

(Lost Property – Phoning a Police Station.)
(電話の呼出音)
Officer : Hello, this is the Rivertown Central Police Station. Officer Peter Daniels speaking. How can I help you?
Jason : Hello, officer Daniels. My name is Jason Smith, and I'm phoning because I have lost something.
Officer : Sure, Mr. Smith. Let me help you. Can you tell me what you have lost?
Jason : Well, I lost my bag. I went to the shopping mall today. I had lunch with a friend at a cafe. After my friend left, I went to see a movie at the theater. I then went to a bookstore before taking a bus home. I noticed my bag was missing when I was on the bus.
Officer : Actually, we have a few bags here at the station. Maybe one of them is yours. Could you tell me about your bag?
Jason : Yes, it is a blue, medium sized backpack.
Officer : OK. Can you tell me what is in the bag?
Jason : It had a towel, a book, and my cellphone in it.
Officer : I see. We have a blue bag here at the station. It has a towel, a book, and a cellphone in it. What color is your towel and cellphone?
Jason : My cellphone is white, and my towel is red and black.
Officer : Did you leave your wallet in the bag?
Jason : No. Thankfully, I had it in my pocket.
Officer : I think we have your bag here. Could you come down to the station to check?
Jason : I will come right now. Thank you, officer Daniels.
Officer : You are very welcome. See you soon.

①

理科（高）

理高令３

（注意）解答はすべて解答用紙に記入せよ。

(50分)

1

次の（１）～(10)の問いについて，それぞれの選択肢の中から適当なものを１つずつ選んで，記号で答えよ。

（１）金属板A・B・C について，［実験１］と［実験２］を行った。これらの実験から，金属板A・B・Cをイオン化傾向の大きいものから順に並べたものはどれか。

［実験１］　A・B・Cを希硫酸に浸すと，BとCは気体を発生しながら反応したが，Aは変化が見られなかった。

［実験２］　Cのイオンを含む水溶液にAとBの金属板を入れると，Bの表面が変化し，灰色の固体が現れた。しかし，Aには変化が見られなかった。

ア　A ＞ B ＞ C　　**イ**　A ＞ C ＞ B　　**ウ**　B ＞ A ＞ C
エ　B ＞ C ＞ A　　**オ**　C ＞ A ＞ B　　**カ**　C ＞ B ＞ A

（２）動滑車Pと天井に取り付けた定滑車Qを通したロープを手でたぐりよせ，［操作１］と［操作２］を行った。［操作１］のAさんの仕事率は，［操作２］のBさんの仕事率の何倍か。なお，AさんとBさんは，どちらも，10秒間でロープを１mたぐりよせるものとする。また，滑車はなめらかに動き，滑車やロープの重さは考えなくてよい。

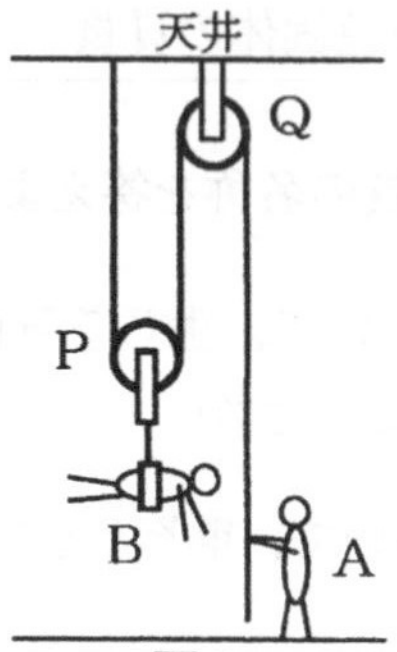

図１

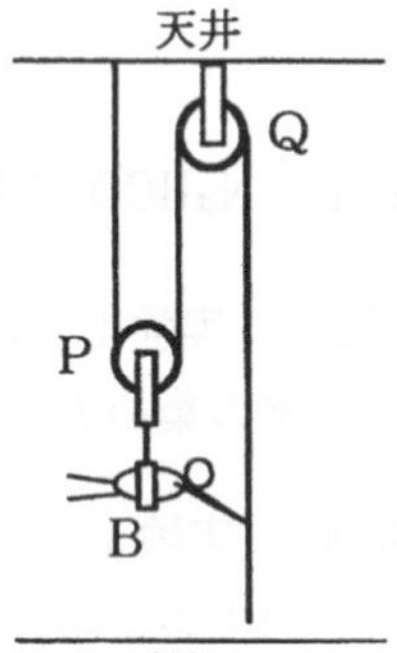

図２

［操作１］　図１のように，Aさんが，Bさんを５m持ち上げた。

［操作２］　図２のように，Bさんは，自分自身を５m持ち上げた。

ア　0.5倍　　**イ**　１倍　　**ウ**　1.5倍　　**エ**　２倍　　**オ**　３倍

（３）右図はある物質の溶解度曲線である。40℃においてこの物質の飽和溶液の質量パーセント濃度は何%か。

ア　25%　　**イ**　30%　　**ウ**　33%
エ　40%　　**オ**　50%

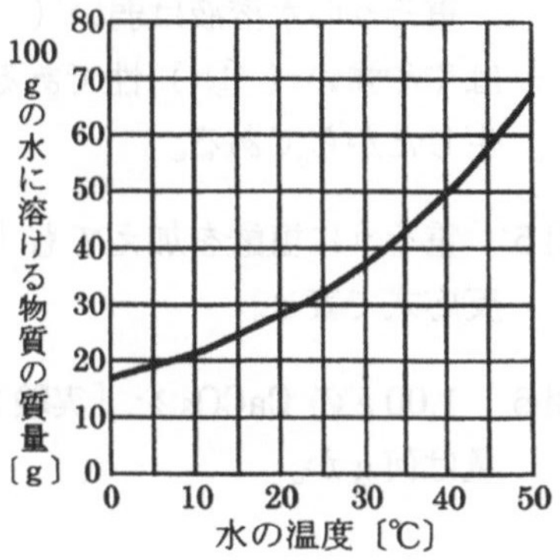

（４）ヒトの血管の特徴について述べた文のうち正しいものはどれか。

ア　動脈，毛細血管，静脈の順に細くなっていく。
イ　肺から心臓に流れる血液が通る血管を肺動脈という。
ウ　動脈と静脈の間はつながっているところと，途切れているところがある。
エ　肝臓と小腸をつなぐ血管では，小腸から肝臓に血液が流れている。
オ　動脈には逆流を防ぐ弁がついている。

（５）次の文の①～④に入る語の組み合わせとして正しいものはどれか。

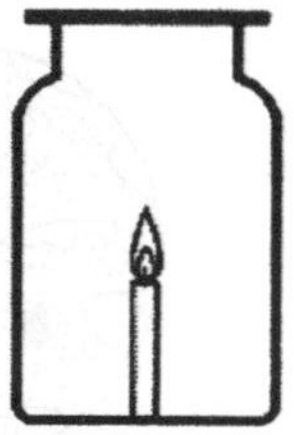

右図のように，ろうそくをビンの中で燃焼させた。火が消えた後，ビンの内側が水滴でくもった。次に，ビンに溶液（　①　）を入れると白くにごった。

水滴ができたことから，ろうそくには（　②　）が含まれていることがわかる。また，溶液（①）が白くにごったことから，ろうそくには（　③　）が含まれていることがわかる。しかし，これらのことからはろうそくには（　④　）が含まれているかは確認できない。

	①	②	③	④
ア	水酸化ナトリウム水溶液	炭素	酸素	水素
イ	水酸化ナトリウム水溶液	水素	炭素	酸素
ウ	水酸化ナトリウム水溶液	酸素	水素	炭素
エ	石灰水	炭素	酸素	水素
オ	石灰水	水素	炭素	酸素
カ	石灰水	酸素	水素	炭素

（６）ばねばかりに一辺の長さが４cmの立方体の物体を糸でつるし，右図のように物体の下面が水面に接した状態から８cm沈めるとき，水面から物体の下面までの距離とばねばかりの値の関係を表すグラフとして最も適切なものはどれか。

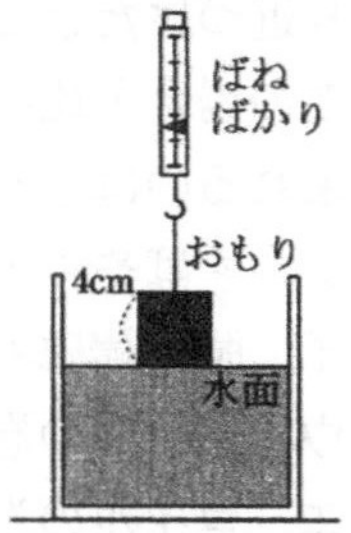

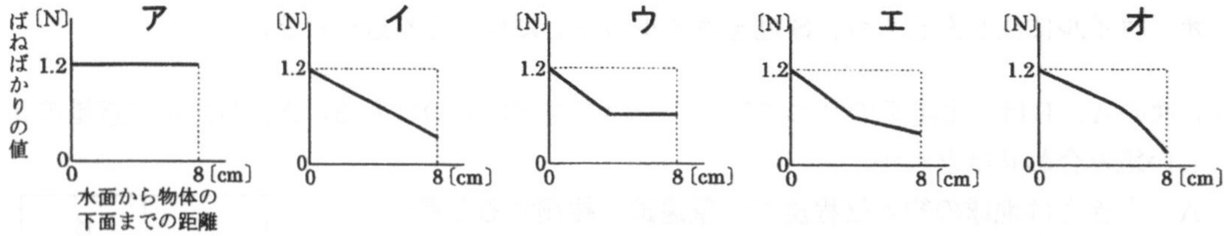

（７）消化器官とそこに分泌される消化液に含まれる消化酵素の組み合わせとして正しいものはどれか。

ア　口　－　リパーゼ　　**イ**　胃　－　アミラーゼ
ウ　小腸　－　トリプシン　　**エ**　大腸　－　ペプシン

(8) 図1のA，Bはでき方が異なる2種類の火成岩を等しい倍率のルーペで観察してスケッチしたもので，図2は火成岩を鉱物の組成により3つのグループP，Q，Rに分けたときの鉱物含有率を表している。花こう岩と安山岩のスケッチと，P，Q，Rのグループを正しく組み合わせているのはどれか。

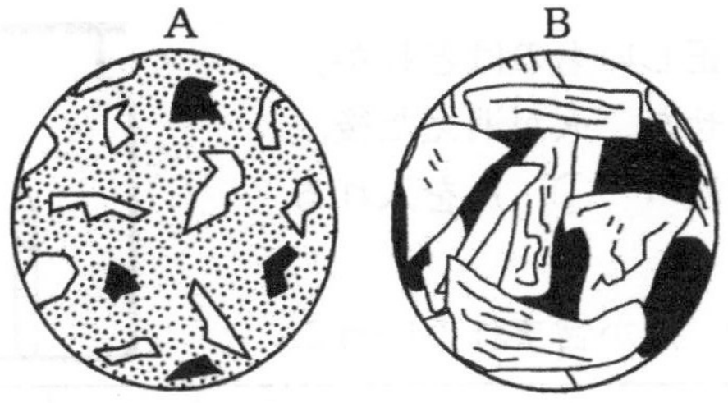

図1

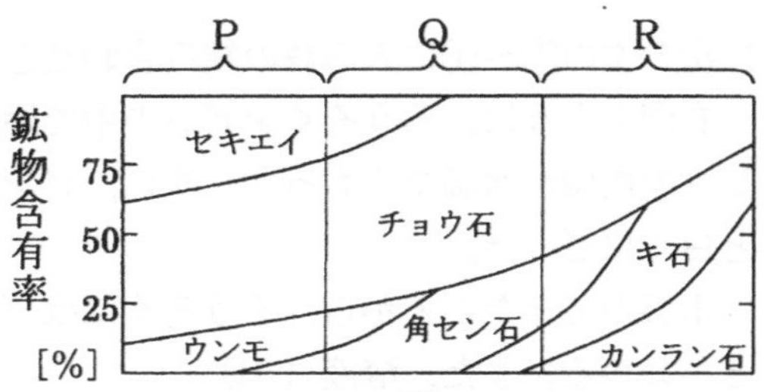

図2

ア　花こう岩はA-P，安山岩はB-Q
イ　花こう岩はB-P，安山岩はA-Q
ウ　花こう岩はA-Q，安山岩はB-R
エ　花こう岩はB-Q，安山岩はA-R
オ　花こう岩はA-R，安山岩はB-P
カ　花こう岩はB-R，安山岩はA-P

(9) 右図のように，コイルに検流計をつなぎ，棒磁石のN極を真上からコイルの中心にゆっくり近づけたところ，検流計の針が右に振れた。この場合と比べて検流計の針がより大きく右に振れるのはどれか。

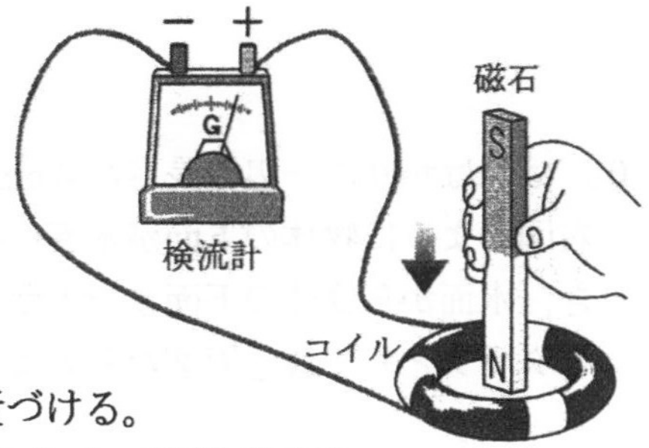

ア　すばやくS極をコイルの中心から遠ざける。
イ　強い棒磁石のS極をコイルの中心にゆっくり近づける。
ウ　コイルの巻き数を増やし，N極をコイルの中心からゆっくり遠ざける。
エ　コイルの巻き数を増やし，強い棒磁石のN極をコイルの中心に入れたままにする。
オ　コイルに鉄しんを入れ，S極をコイルの中心にゆっくり近づける。

(10) 次のA，Bは，太陽系の2つの惑星について述べたものである。A，Bが示す惑星の正しい組み合わせはどれか。

A　大きさは地球の約4倍程度で，望遠鏡で観測すると青く見える。ガスでできた木星型惑星であり，薄い環をもっている。太陽系の惑星の中でいちばん最後に発見された。この惑星の衛星の中で最も大きいトリトンには，クレーターや噴煙を上げる火山が見つかっている。

B　厚い二酸化炭素の大気で覆われ，温室効果により表面温度は480℃にもなる。地表面は岩石で覆われている。地球からは明るく見え，望遠鏡で観察すると月のように満ち欠けして見える。

	A	B
ア	土星	火星
イ	土星	金星
ウ	天王星	水星
エ	天王星	火星
オ	海王星	金星
カ	海王星	水星

2　化学式が $NaHCO_3$ で表わされる物質は重そうとして市販されており，ケーキやまんじゅうなどをふくらませるために用いられている。また，化学式が $CaCO_3$ で表わされる物質は，大理石の主成分である。重そうと $CaCO_3$ を用いて次の実験をおこなった。これらについて，後の問いに答えよ。

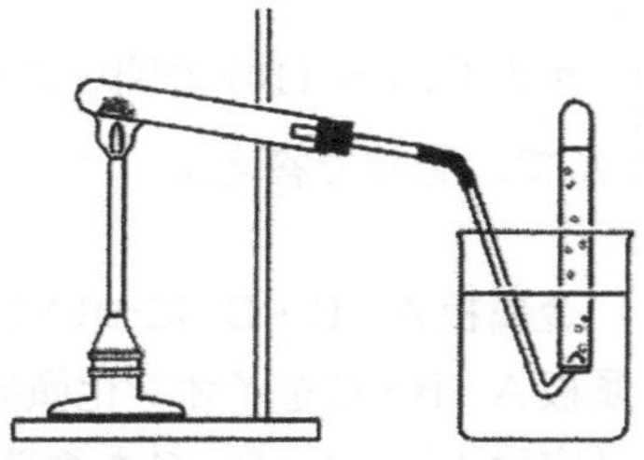

［実験1］　右図の装置を用いて重そうを加熱し，生じる気体を集めた。

［実験2］　重そうを水に溶かして加熱したら，やがて気泡が生じてきた。加熱を続けると，大きな気泡を生じて水溶液の量が減ってきた。さらに加熱を続けると，水溶液がなくなり，白い固体が残った。

［実験3］　$CaCO_3$ を強く加熱すると分解反応が起こり，［実験1］と同じ気体が発生して白色固体が残った。$CaCO_3$ の最初の質量，加熱時間を変えて数回の実験を行い，室温に戻した後の白色固体の質量を測定したら下表のようになった。

最初の質量　〔g〕	2.00	5.00	2.50
加熱時間　〔分〕	10	60	120
白色固体の質量　〔g〕	1.60	2.80	1.40

問1　$NaHCO_3$ の物質の名称を答えよ。

問2　［実験1］において，生じる気体は何か，物質の名称を答えよ。また，ここで用いた気体の集め方を何というか。

問3　［実験1］において，重そうを加熱した試験管の口をやや下に向けている理由を30字以内で答えよ。

問4　［実験2］で残った白い固体に少量の水を加えて，フェノールフタレイン溶液を加えると赤色になった。しかし，重そうを水に溶かした溶液にフェノールフタレイン溶液を加えると，淡い赤色にしかならなかった。これらのことから，次のように結論付けることができた。文中の空欄（　①　）・（　②　）に適する語を答えよ。

重そうの水溶液は弱い（　①　）性であったが，加熱することによって生じた白い固体はやや強い（　①　）性である。これは，重そうが加熱により化学変化して，（　②　）が生じたからである。

問5　重そうに塩酸を加えても［実験1］と同じ気体が得られた。重そうと塩酸の反応を化学反応式で表せ。

問6　1.00gの $CaCO_3$ を［実験3］と同じ条件で120分間強く加熱した。発生した気体の質量は何gか。

3 次の文章を読んで，後の問いに答えよ。

内陸部の盆地では，冬の朝方に霧が発生することが多い。通常，地表付近の空気より上空の空気の温度が（ A ）いが，前夜の天気が（ B ）で無風の場合，地表の熱が上空に逃げてしまうため，翌朝には上空より地表付近の空気の温度が（ C ）くなってしまうことがある。これを放射冷却現象といい，この現象が起きて地表付近の空気の温度が（ D ）点より（ E ）くなると水滴ができ始める。この水滴が空気中に浮かんでいるのが霧である。

雲は上昇気流が発生したときにできる。何らかの原因で地表付近の空気塊が上昇し始めると，地表付近よりも上空の方の気圧が低いので，空気塊の（ F ）が急激に増加する。気体の（F）が急激に増加するとその空気の温度が下がる現象を断熱膨張という。上昇中の空気塊は断熱膨張によって温度が下がり，（D）点に達すると水滴ができ始める。これが雲である。水蒸気で飽和していない空気は100m上昇するごとに温度が1℃ずつ下がり，飽和した空気は100m上昇するごとに0.5℃ずつ下がることが知られている。

問1 文章中の空欄（ A ）～（ F ）に適する語を，次の選択肢の中からそれぞれ1つずつ選んで，記号で答えよ。

（A）（C）（E）…｛ ア 高　イ 低 ｝
（ B ）………………｛ ア 晴れ　イ 曇り　ウ 雨　エ 雷 ｝
（ D ）………………｛ ア 氷　イ 融　ウ 露　エ 沸 ｝
（ F ）………………｛ ア 熱量　イ 圧力　ウ 密度　エ 体積 ｝

問2 下線部について，上昇気流の生じ方として**誤っているもの**を，次のア～エの中から1つ選んで，記号で答えよ。

ア 暖かい空気が冷たい空気の上に乗り上げて上昇していく。
イ 高気圧の中心に集まった空気が上昇していく。
ウ 太陽の熱で地面が暖められ，その地面から暖められた空気が上昇していく。
エ 台風の目の周りに集まった空気が上昇していく。

問3 下図は中国地方，四国地方の南北方向の断面を，西側から眺めた図である。図中の太い矢印はある日の空気塊の移動の経路を示しており，松江では気温18℃，（ D ）点12℃であった。中国山地，四国山地の山頂の標高はそれぞれ1200m，1900mで，図中の4都市の標高はいずれも海抜0mとする。これについて次の（1）～（7）に答えよ。

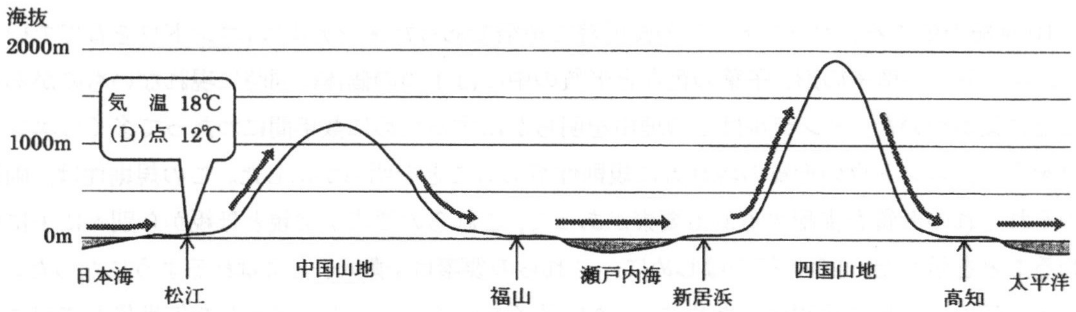

（1） 中国山地の松江側で雲ができ始める標高は何mか。
（2） （1）の標高から降水が始まった。中国山地の山頂では気温は何℃になるか。
（3） 中国山地の山頂で雲は消えた。福山では気温は何℃になるか。
（4） 四国山地の新居浜側で雲ができ始める標高は1000mであった。雲ができ始める標高が中国山地の山頂と等しい1200mではなく1000mとなった理由を30字以内で答えよ。
（5） 高知での気温は，新居浜での気温より何℃変化したか。上昇した場合は＋を，低下した場合は－をつけて答えよ。
（6） このように山を越えた空気の温度が変化する現象を何というか。
（7） （6）で答えた現象が起こることで，風下側の地域で発生しやすい自然災害はどれか。最も適切なものを，次のア～エの中から1つ選んで，記号で答えよ。

ア 液状化現象　イ 地滑り　ウ 山火事　エ 冷害

4 次の文章を読んで，後の問いに答えよ。

19 世紀の中ごろ，オーストリアの修道院で司祭であったメンデルは，$_1$エンドウを育てていると，エンドウの種子の形，子葉の色など形質の中には1つの個体に同時に現れないものがあることに気がついた。メンデルはこの理由を明らかにするために数年間にわたって多くのエンドウを育て，エンドウの形質の現れ方に規則性があることを明らかにした。この規則性は，両親のそれぞれの形質を支配するある要素があって，これらの要素が父親と母親から別々に子に伝わることを示した。20 世紀のはじめに，これらの要素は$_2$遺伝子とよばれるようになった。

メンデルの実験を再現するために，$_3$丸い種子をつくるエンドウどうしを何世代も交配させて丸い種子しかつくらないエンドウをつくり出した。同様に，しわのある種子をつくるエンドウどうしを何世代も交配させてしわのある種子しかつくらないエンドウをつくり出した。これらのエンドウを用いて，次の［実験1］と［実験2］を行った。ただし，エンドウの種子を，丸い形にする遺伝子としわのある形にする遺伝子を，それぞれ記号Aとaで表すこととする。

［実験1］

丸い種子としわのある種子をつくるエンドウを親（一代目）として交配させると，次の世代（二代目）はすべて丸い形の種子であった。

［実験2］

［実験1］の二代目のエンドウを自家受粉させると，次の世代（三代目）には種子の形が丸いものとしわのあるものが現れた。

問1　下線部1に関して，エンドウとタンポポのからだのつくりで共通していることとして最も適当なものを，次のア～オの中から1つ選んで，記号で答えよ。

ア　複数の小さな花が集まって1つの花をつくっている。
イ　花弁が1枚1枚離れている。
ウ　子葉が2枚ある。
エ　葉脈は平行脈である。
オ　胚珠がむき出しになっている。

問2　下線部2について，次の文X・Yが正しいか，誤っているかの組み合わせとして最も適当なものを，下のア～エの中から1つ選んで，記号で答えよ。

X　遺伝子の本体はDNAとよばれる物質である。
Y　子がもつ遺伝子の組み合わせは，両親それぞれがもつ遺伝子とすべて一致する。

	X	Y
ア	正	正
イ	正	誤
ウ	誤	正
エ	誤	誤

問3　下線部3について，世代を重ねても同じ形質しか現れないことを，その形質について何というか。

問4　［実験1］に関して，二代目の遺伝子の組み合わせを，Aとaを用いて答えよ。

問5　［実験2］に関して，次の（1），（2）の問いに答えよ。

（1）　三代目の種子の遺伝子の組み合わせとその比を最も簡単な整数で答えよ。なお，遺伝子の組み合わせにはAとaを用いること。
（2）　三代目の丸い種子としわのある種子の個数の比を最も簡単な整数で答えよ。

問6　三代目のエンドウをすべて自家受粉して得られる四代目の種子の遺伝子の組み合わせとその比を最も簡単な整数で答えよ。なお，遺伝子の組み合わせにはAとaを用いること。

5 凸レンズの性質を調べるために，次の［実験１］～［実験３］を行った。後の問いに答えよ。ただし，方眼の１目盛りはすべて１cmとする。

図１のように，赤色，緑色，青色の３つのLEDと電池を用い，緑のLEDの２cm上に赤のLEDを，緑のLEDの１cm右に青のLEDを取り付け光源に使用した。

図１

図２のように，光源，焦点距離６cmの薄い凸レンズA，トレーシングペーパー（半透明の紙）を用いたスクリーンを凸レンズAの光軸上に置いた。緑のLEDが凸レンズAの光軸上にあるように調節して観測した。

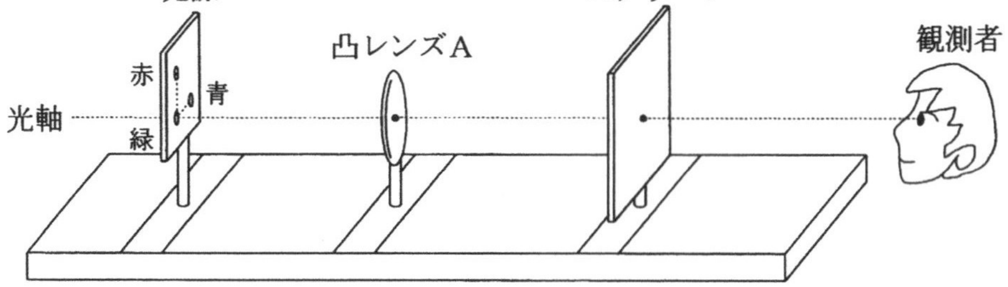

図２

［実験１］
光源と凸レンズAの距離を９cmにして，像がはっきり映る位置にスクリーンを移動させた。

問１ 観測者から見たスクリーンの像として最も適当なものを，右の**ア**～**エ**の中から１つ選んで，記号で答えよ。

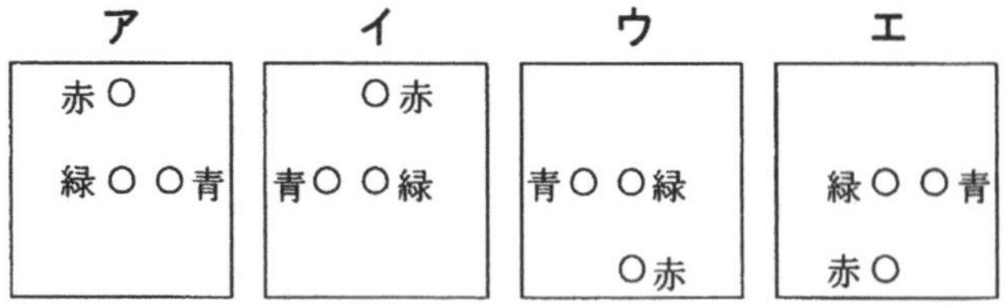

問２ 凸レンズAとスクリーンの距離は何cmか。下図を利用して答えよ。

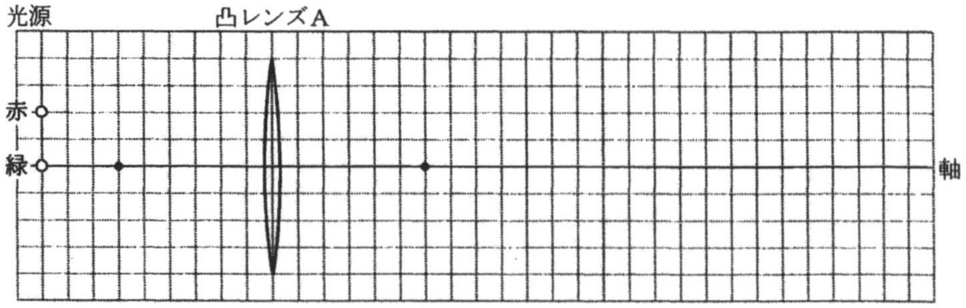

問３ 光源の赤色LEDからa，b，cのように進む光は，凸レンズAを通過後，どのように進むか。最も適当なものを，aは**ア**～**エ**の中から，bは**オ**～**ク**の中から，cは**ケ**～**シ**の中から，それぞれ１つずつ選んで，記号で答えよ。

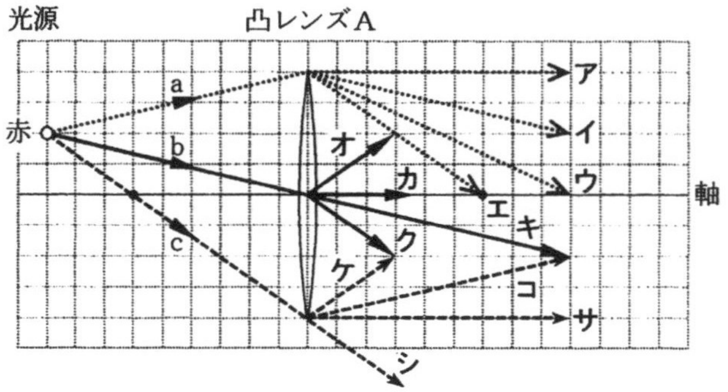

［実験２］
光源とスクリーンは［実験１］のままに固定し，凸レンズAだけを光軸を変えないようにして移動させたところ，再びスクリーンに像がはっきりと映るところがあった。このとき，像の緑色と赤色の間の距離は１cmであった。

問４ 光源と凸レンズAの距離は何cmか。下図を利用して答えよ。

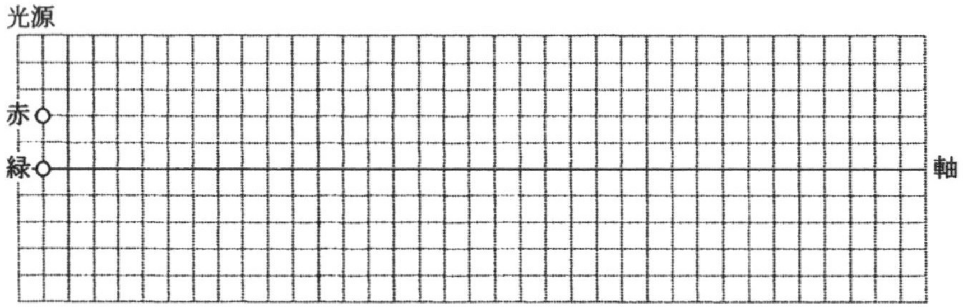

［実験３］
［実験２］でスクリーンに映った像を拡大して見るために，図３のように，焦点距離が６cmの別の凸レンズBをスクリーンから４cmのところに置いて虚像を観測した。その後，スクリーンだけを取りはずし，再び凸レンズBを通して観測したところ，スクリーンをはずす前と同じ位置に同じ大きさの虚像を観測できた。

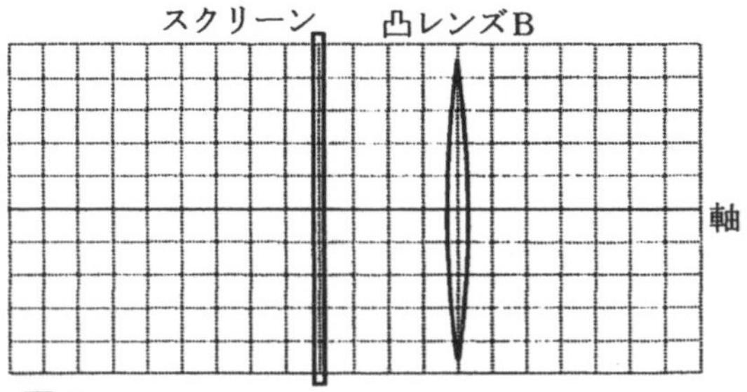

図３

問５ 凸レンズBを通して見える虚像の緑色と赤色の間の距離は何cmか。最も適当なものを，次の**ア**～**オ**の中から１つ選んで，記号で答えよ。

ア 0.5cm　**イ** 1cm　**ウ** 2cm　**エ** 3cm　**オ** 4cm

① (50分)

社 会 科 (高)

社高令3

(注意)　解答はすべて解答用紙に記入しなさい。

1　次の文章を読んで，後の問いに答えよ。

日本は，①環太平洋造山帯に位置しているため，地震が多く，各地に分布する②火山も活発に活動している。このため地震や火山活動による災害も各地で多く発生している。地震によって海底の地形が変化した場合には，X が発生することもあり，2011年に起きた③東北地方太平洋沖地震では，沿岸部に大きな被害がもたらされた。

また，日本は④梅雨や台風などによる気象災害も多い国である。台風の通り道になりやすい地域では，強風や Y による被害，大雨による洪水や土石流の被害が起こることもある。特に1959年の⑤伊勢湾台風では Y による甚大な被害にみまわれた。一方，雨が十分に降らなかった年には，干ばつによる被害がしばしば発生する。また，東北地方では⑥冷たい湿った北東風の影響で夏の気温が上がらず，Z によって稲などの農作物に被害が出ることもある。

日本では，これらの現象に対する防災や減災のために，⑦さまざまな取り組みがおこなわれている。

問1　下線部①に関して，この地域に**あてはまらないもの**を，次の中から一つ選んで記号で答えよ。

ア．グレートディバイディング山脈　　イ．アンデス山脈
ウ．ニュージーランド南島　　エ．カムチャツカ半島

問2　下線部②に関して，浅間山(長野県・群馬県)では，令和年間に入ってからも火山活動が続いている。この浅間山の山麓でみられる農業について述べた文として正しいものを，次の中から一つ選んで記号で答えよ。

ア．大量の火山灰が積もってできた赤土におおわれた台地で，新鮮な農産物を生産する近郊農業がおこなわれている。
イ．シラスとよばれる古い火山噴出物が厚く堆積し，さつまいもや茶の栽培のほか，畜産もさかんである。
ウ．火山灰が厚く堆積した平野には，小麦やじゃがいも，豆類などが広大な農地で大規模に栽培されている。
エ．火山のすそのに広がる高原では，冷涼な気候を活かし，特にキャベツを多く生産している。

問3　下線部③に関して，この地震では福島県の原子力発電所も大きな被害を受けた。次の表は，2000年以降における日本の原子力発電，火力発電，水力発電および再生可能エネルギーの発電量の割合(%)を表したものである。次の(1)・(2)の問いに答えよ。

年度	A	B	C	再生可能エネルギー		
				D	E	F
2000	8.9	61.3	29.5	0.0	—	0.3
2010	7.8	66.7	24.9	0.3	0.0	0.2
2015	8.9	88.7	0.9	0.5	0.7	0.3
2017	8.9	85.5	3.1	0.6	1.6	0.2

二宮書店『データブック　オブ・ザ・ワールド2020年版』より作成

(1)　表中A・B・Cは原子力発電・火力発電・水力発電のいずれかである。A・B・Cの正しい組み合わせを，次のア～カから一つ選んで記号で答えよ。

ア．A－火力　B－水力　C－原子力　　イ．A－火力　B－原子力　C－水力
ウ．A－水力　B－火力　C－原子力　　エ．A－水力　B－原子力　C－火力
オ．A－原子力　B－水力　C－火力　　カ．A－原子力　B－火力　C－水力

(2)　表中D・E・Fは風力発電・地熱発電・太陽光発電のいずれかである。このうちDは，ドイツやデンマーク，オランダなどヨーロッパ北部でもさかんに活用が進められている。Dにあてはまる発電名を答えよ。

問4　下線部④に関して，梅雨の時期には大量の降雨があり，水害が発生することもしばしばある。近年，都市部において洪水に対する備えとして高速道路や公園の地下などにつくられているものがある。具体的にどんなものであるか15字以内で答えよ。

問5　下線部⑤に関して，この台風は明治時代以降もっとも多くの犠牲者を出した台風で知られるが，犠牲者数が最大であった県は愛知県である。次の表は，北海道，愛知県，千葉県，長野県の鉄鋼業，情報通信機械器具，石油製品・石炭製品，食料品の出荷額輸出額(十億円)を表したものである。愛知県にあてはまるものを，表中のア～エから一つ選んで記号で答えよ。

	鉄鋼業	情報通信機械器具	石油製品・石炭製品	食料品
ア	2040	129	626	1641
イ	1493	188	2232	1514
ウ	451	75	789	2160
エ	52	1019	8	580

二宮書店『データブック　オブ・ザ・ワールド2020年版』より作成

問6　下線部⑥に関して，この風の名称を答えよ。

問7　下線部⑦に関して，このような取り組みの一つにハザードマップがある。ハザードマップについて述べた文として**誤っているもの**を，次の中から一つ選んで記号で答えよ。

ア．この地図があることによって，普段から住民が防災意識を高めて自助につなげることができる。
イ．この地図には，火山の噴火や土砂崩れ，洪水など，自然災害による被害の可能性が記されている。
ウ．この地図は，すべての市町村でつくられており，迅速な作成と配布が義務づけられている。
エ．この地図には，浸水範囲や避難所などの災害に関するさまざまな情報が，特別な記号や表現で示されている。

問8　本文中の空欄 X ， Y ， Z にあてはまる語句を，それぞれ漢字2字で答えよ。

2　次の文章を読んで，後の問いに答えよ。

国と国との境である国境は，多くの①山脈や②川，③湖のような自然の地形に沿って決められていることが多い。その一方で， A のように④緯線や経線に沿って決められているところもある。また， B のようにまわりを海で囲まれ，海の上に国境がある国は⑤島国とよばれている。一方， C のように海に面していない国は内陸国とよばれ，それらのまわりはすべて⑥ほかの国との国境線となっている。

② 社高令3

問1　下線部①に関して，山脈は国境だけではなく，気候分布の境界になっているところもある。次の(1)・(2)にあてはまる山脈名をそれぞれ答えよ。

(1)　この山脈の北側は地中海性気候が広がり，オリーブなどの栽培がみられる。一方，南側は世界最大の砂漠が広がり，乾燥が激しい。

(2)　この山脈の東側はグレートプレーンズとよばれる大平原が広がっている。一方，西側は砂漠気候やステップ気候などがみられる。

問2　下線部②に関して，ヨーロッパを流れるライン川やドナウ川は，多くの国の国境になっている河川である。下の表は，これらの河川を国境としているスイス・ドイツ・フランス・ハンガリー・ブルガリア・ルーマニアの面積・人口・国民総所得・ＥＵ加盟年を示したものである。次の(1)〜(3)の国にあてはまるものを，表中のア〜カからそれぞれ一つずつ選んで記号で答えよ。

(1)　フランス　　(2)　ハンガリー　　(3)　スイス

	面積(万km^2)	人口(万人)	国民総所得(億ドル)	EU 加盟年
ア	4.1	859.1	6,856	非加盟
イ	9.3	968.5	1,265	2004年
ウ	11.0	700.0	556	2007年
エ	23.8	1936.5	1,958	2007年
オ	35.7	8351.7	36,131	原加盟国
カ	55.2	6513.0	25,609	原加盟国

(注)　ドイツは西ドイツの加盟年

二宮書店『データブック　オブ・ザ・ワールド2020年版』より作成

問3　下線部③に関して，北アメリカの五大湖には，アメリカ合衆国とカナダの国境になっている湖もある。アメリカ合衆国とカナダの民族や言語について次の(1)・(2)に答えよ。

(1)　アメリカ合衆国は移民の国として知られるが，このことに関して述べた文として**誤っているもの**を，次の中から一つ選んで記号で答えよ。

ア．もともとは，ネイティブアメリカンとよばれる先住民が居住していた。

イ．17世紀以降，イギリスの人々がやってきて，大西洋沿岸に植民地をつくった。

ウ．19世紀は，綿花栽培の労働力として，アフリカから奴隷が連れてこられた。

エ．近年では，中南米からフランス語を話すヒスパニックとよばれる人々の移民が増えている。

(2)　カナダはかつてイギリスの植民地であったこともあり英語を話す人が多いが，東部のある州ではフランス語を話す人々が多く，カナダから分離・独立を求める動きもみられる。この州の名称を答えよ。

問4　下線部④に関して，緯線や経線を利用した国境線はアフリカ大陸に多くみられる。このような緯線や経線を利用した国境の問題点を次のように説明した。空欄［ X ］に適切な説明を20字以内で書き，文を完成させよ。ただし，「民族分布」という語を必ず使用すること。

［　　X　　］ため，民族間の対立や紛争が起こりやすい。

問5　下線部⑤に関して，島国である日本の国境は海になるが，日本の主権がおよぶ領海は海岸線から何海里までとされているか。数字で答えよ。

問6　下線部⑥に関して，ＥＵでは国境を越えての行き来が自由になり，域内の産業がさかんになった。次の表は，ＡＳＥＡＮ・ＥＵ・アメリカ合衆国・中国における人口・ＧＤＰ(国内総生産)・貿易額を示したものである。ＥＵにあてはまるものを一つ選んで記号で答えよ。

	人口(百万人)	GDP(名目)(億ドル)	貿易額(億ドル)	
			輸出	輸入
ア	327	205,802	16,642	25,427
イ	512	187,758	59,939	57,471
ウ	654	29,715	14,330	14,197
エ	1428	136,082	25,013	21,340

矢野恒太記念会『世界国勢図会2020/21』より作成

問7　文章中の空欄［ A ］〜［ C ］に関して，次の(1)〜(3)に答えよ。

(1)　［ A ］にあてはまる国を，次の中から一つ選んで記号で答えよ。

ア．パキスタン　　イ．ノルウェー　　ウ．エジプト　　エ．チリ

(2)　［ B ］にあてはまる国のうち，日本より面積の大きい国を，次の中から一つ選んで記号で答えよ。

ア．スリランカ　　イ．マダガスカル　　ウ．イギリス　　エ．タイ

(3)　［ C ］に**あてはまらないもの**を，次の中から一つ選んで記号で答えよ。

ア．カザフスタン　　イ．ザンビア　　ウ．ベルギー　　エ．ボリビア

3　伝染病や自然災害・飢饉《ききん》などに関する歴史について述べた次の文章を読んで，後の問いに答えよ。

令和２年は，新型コロナウイルスが流行し，水害や土砂崩れなどの天災にみまわれた年となった。こうした伝染病の流行や自然災害などは，歴史上もしばしば起きており，災いが悪霊《あくりょう》や怨霊《おんりょう》によってもたらされるとも考えられていた。

①縄文時代には，すでに霊魂の存在が意識されていたことが発掘調査の結果分かっている。古墳時代に仏教が伝わると，しだいに豪族の間で信仰されるようになり，②７世紀初めには聖徳太子によって法隆寺が建てられた。奈良時代には天然痘《てんねんとう》が流行し，多くの死者が出た。藤原氏の４人の兄弟も同じ年のうちに全員が天然痘で病死している。このため，③当時の天皇は国ごとに国分寺を建て，都には大仏を造ることを命じた。この時代には唐や新羅との交流がおこなわれたが，知識や文物とともに伝染病ももたらされた。これは④九州から東へと流行することが多かったため，平安時代には大宰府に左遷されそこで亡くなった［ ⑤ ］のたたりによるものと考えられた。そこで，⑥その霊をしずめるために［ ⑤ ］は京都の北野天満宮に祀《まつ》られ，のちに学問の神様として知られるようになった。また，平安時代には飢饉や伝染病，戦乱が続いたため，人々の間では死後に極楽浄土に往生することを望む⑦浄土信仰がさかんになった。伝染病の流行や自然災害を理由に年号が改められること(改元)も少なくなかったが，⑧鎌倉時代の「弘安」という年号も伝染病の流行によって改元されたものといわれる。室町時代に正長に改元された際には⑨正長の土一揆が起こっているが，この一揆が起きた原因の一つには飢饉の発生があった。

③ 社高令3

江戸時代になっても，しばしば自然災害や飢饉が起こり，伝染病も流行した。⑩1642年には寛永の飢饉とよばれる大飢饉が起き，幕府は農民が経済的に困窮するのを防ぐため，土地の売買やぜいたくな生活を禁じる法令を出した。江戸時代中期には，天候不順に浅間山の大噴火が重なって天明の飢饉が起こり，百姓一揆や打ちこわしが増加したことが，⑪当時の老中の失脚につながった。その後も⑫天保の飢饉に際して大塩の乱が起こるなど，飢饉は，人々の生活だけでなく政治にも大きな影響を与えた。

問1　下線部①に関して，縄文時代に死者の霊の復活を防ぐためにおこなわれていたと考えられているものを，次の中から一つ選んで記号で答えよ。

ア．屈葬　　イ．抜歯　　ウ．土偶の制作　　エ．埴輪《はにわ》の制作

問2　下線部②に関して，この当時の仏教について述べた文として最も適当なものを，次の中から一つ選んで記号で答えよ。

ア．伝染病や災害などの不安から国家を守ることが期待され，中国から鑑真が招かれた。
イ．仏教を中心とした国づくりがおこなわれ，豪族は権威の象徴として寺院を建立した。
ウ．禅宗などの仏教思想の影響で，枯山水や水墨画がつくられた。
エ．山奥の寺院で，学問や厳しい修行が広くおこなわれた。

問3　下線部③に関して，この天皇がおこなったことを述べた文として正しいものを，次の中から一つ選んで記号で答えよ。

ア．能力や功績のある者を役人に取り立てるため，冠位十二階を定めた。
イ．坂上田村麻呂を征夷大将軍に任命し，東北地方へ派遣した。
ウ．墾田永年私財法を出し，土地の開墾と私有を許可した。
エ．裁判の基準として，御成敗式目を定めた。

問4　下線部④に関して，九州で起きた次のⅠ～Ⅲのできごとを古い順に正しく配列したものを，下のア～カから一つ選んで記号で答えよ。

Ⅰ　大宰府を防衛するため，水城や大野城が築かれた。
Ⅱ　朝鮮に出兵するための拠点として名護屋城が築かれた。
Ⅲ　佐賀に反射炉が築かれ，大砲が製造された。

ア．Ⅰ→Ⅱ→Ⅲ　　イ．Ⅰ→Ⅲ→Ⅱ　　ウ．Ⅱ→Ⅰ→Ⅲ
エ．Ⅱ→Ⅲ→Ⅰ　　オ．Ⅲ→Ⅰ→Ⅱ　　カ．Ⅲ→Ⅱ→Ⅰ

問5　空欄 ⑤ にあてはまる人名を答えよ。

問6　下線部⑥に関して，京都の祇園祭《ぎおんまつり》は怨霊や流行病をしずめる祇園会《ぎおんえ》に始まり，京都の各町が山車《だし》を出す山鉾巡行《やまほこじゅんこう》もおこなわれるようになったが，戦乱のためしばらく中断され，その後，町衆とよばれる京都の富裕な商工業者によって1500年に再興された。この戦乱として正しいものを，次の中から一つ選んで記号で答えよ。

ア．南北朝の動乱　　イ．関ヶ原の戦い　　ウ．壇の浦の戦い　　エ．応仁の乱

問7　下線部⑦に関して，浄土信仰にもとづいて建てられた建造物として正しいものを，次の中から一つ選んで記号で答えよ。

ア．平等院鳳凰堂　　イ．鹿苑寺金閣　　ウ．東大寺南大門　　エ．東大寺正倉院

問8　下線部⑧に関して，鎌倉時代の農村について述べた文として正しいものを，次の中から一つ選んで記号で答えよ。

ア．深く耕すことができる備中鍬や，効率的に脱穀ができる千歯こきの使用が広まった。
イ．農民が自治的に運営する惣がつくられ，守護大名の支配に抵抗するようになった。
ウ．近畿地方から西日本にかけて，稲を収穫したあとに麦をまく二毛作が広まった。
エ．農民は口分田を耕して租をおさめ，さらに成人男子には庸や調が課された。

問9　下線部⑨に関して，次の史料は，正長の土一揆についての記録の一部を現代語訳したものである。この史料に書かれているできごとについて述べた文として**適当でないもの**を，下のア～エから一つ選んで記号で答えよ。

> 正長元(1428)年9月，農民たちが蜂起した。徳政であることを宣言して，酒屋・土倉・寺院などをおそって破壊し，質入れした品物などを思うままに奪い，借用証文などをすべて破り捨てた。管領は彼らをとらえて処罰した。そもそも国が亡《ほろ》びる原因としては，これ以上のものはない。日本の歴史がはじまって以来，農民たちが蜂起するのはこれが初めてである。(『大乗院日記目録』(注))

(注)『大乗院日記目録』：興福寺の僧侶が大乗院に伝わる記録などを整理・編纂《へんさん》したもの。

ア．この農民の蜂起は，京都とその周辺で起きた。
イ．農民たちは，酒屋や土倉などから借金をしていた。
ウ．幕府は，農民たちの要求をいれて，徳政令を出した。
エ．この史料の筆者は，農民の蜂起に危機感を示している。

問10　下線部⑩に関して，このころのできごとについて述べた文として正しいものを，次の中から一つ選んで記号で答えよ。

ア．財政を立て直すため大名に上げ米を命じ，裁判の基準として公事方御定書を定めた。
イ．朱子学などの学問が重視され，慈悲の精神にもとづいて生類憐みの令が出された。
ウ．錦絵が流行し，喜多川歌麿は美人画，葛飾北斎は風景画で優れた作品を残した。
エ．島原・天草一揆が起こり，幕府はポルトガル船の来航を禁止した。

問11　下線部⑪の老中は，長崎貿易で銅や俵物の輸出をさかんにしたり，蝦夷地の開拓を計画したりした。この老中の名前を答えよ。

問12　下線部⑫に関して，天保の飢饉が起きたころの世界の動きについて述べた文として正しいものを，次の中から一つ選んで記号で答えよ。

ア．エルサレムを奪い返すため，西ヨーロッパ諸国が十字軍を派遣した。
イ．ルターが免罪符の販売を批判して，宗教改革をはじめた。
ウ．名誉革命が起き，権利章典が定められた。
エ．アヘン戦争で清がイギリスに敗れた。

4 近代のメディアの発達について述べた次の文章を読んで，後の問いに答えよ。

近代に入ると，多数の受け手に対して情報を発信するマスメディアが発達し，幅広い分野に影響を与えるようになった。メディアとして幕末以降発展したのは，新聞であった。日本人が最初に発行した新聞は，幕府の洋学研究機関が発行した『官板 バタヒヤ新聞』とされる。これは，幕府の洋学研究機関が，オランダ総督府の機関誌をもとに，海外事情を国別に紹介したものである。しかし，①開港後の混乱によって攘夷論が高まったこともあり，幕府による翻訳抄録《しょうろく》の新聞は次第に衰退していった。

明治期に入って，新聞は大きく発展した。1870年に，日本最初の日刊紙である『横浜毎日新聞』が生まれ，1872年には『東京日日新聞』や『郵便報知新聞』が刊行された。また，開港場の居留地では，外国人経営の新聞がさかんに発行された。特に，イギリス人のブラックが発行した『日新真事誌』は，明治政府を去った［ ② ］らが発表した民撰議院設立の建白書を掲載して，民権思想を人々に伝えた。自由民権運動の高まりとともに，一部の新聞は政党の機関紙のようになり，特に『郵便報知新聞』は尾崎行雄らが入社して［ ③ ］の機関紙となった。

明治政府は④条約改正を急ぐ事情もあり，急速な近代化をすすめ，1889年には⑤大日本帝国憲法を発布した。新聞各社は，この憲法発布を報じ，立憲制国家の成立を人々に知らせた。日清戦争後の⑥三国干渉によって，厳しい国際情勢があらわになると，新聞界ではロシアを警戒する論調が強まった。日露戦争勃発後は，新聞各社は激しい戦時報道合戦を繰り広げ，多数の従軍記者を派遣した。政府も，国民の戦意高揚を図るために新聞を利用し，戦時広報を新聞社に提供した。

大正時代の新聞は，民衆運動の高まりとともに成長した。寺内正毅内閣がシベリア出兵を強行すると，大戦景気による物価上昇とあいまって，米価が高騰した。これに対し，富山県で米の安売りを求める暴動がおこると，新聞各社はこれを大々的に報道し，⑦全国的な米騒動に発展して寺内内閣が倒れた。このように，民衆や新聞世論の高まりによって内閣が退陣することが相次いだ大正期には，大正デモクラシーの風潮が強まった。また，第一次世界大戦のころから海外特派員を出す新聞社が増え，⑧パリ講和会議やワシントン会議にも多数の特派員が派遣された。

1923年の関東大震災により，東京のほぼすべての新聞社が被災し，多くの東京の新聞が一時的に衰退した。その後，1925年に⑨ラジオ放送が始まった。⑩昭和期に入り，国内の政治や経済の混乱，さらに大陸での紛争が重なるなか，1938年に制定された国家総動員法などによって，軍部・政府による情報統制がすすめられた。

⑪第二次世界大戦後，メディアは連合国軍最高司令官総司令部（ＧＨＱ）の管理下に置かれ，事前・事後の検閲がおこなわれた。一方で，ラジオで流された並木路子《なみきみちこ》の「リンゴの唄」は戦後のヒット曲になり，戦後復興に従事する国民に活力を与えた。日本は，朝鮮戦争の特需景気によって鉱工業生産が戦前水準を回復し，ついにサンフランシスコ平和条約の締結で，国際社会に復帰した。その後，1950年代からメディアでは新しく⑫テレビ放送がおこなわれるようになった。さらに，1990年代には双方向型のインターネットが普及し，現在の情報社会の基礎を築いた。

問１ 下線部①に関して，開港後の貿易の状況と，それによる国内への影響について述べた次の文ａ～ｄのうち，正しいものの組み合わせを，下のア～エから一つ選んで記号で答えよ。

ａ 横浜港における最大の貿易相手国は，アメリカだった。
ｂ 横浜港における日本の主要な輸出品は，生糸だった。
ｃ 開港直後から貿易赤字が続いたため，日本の金が流出した。
ｄ 安価で良質な綿織物が輸入されたため，日本の綿織物業が打撃を受けた。

ア．ａ・ｃ　イ．ａ・ｄ　ウ．ｂ・ｃ　エ．ｂ・ｄ

問２ 空欄［ ② ］にあてはまる人名を，次の中から一つ選んで記号で答えよ。

ア．大久保利通　イ．板垣退助　ウ．木戸孝允　エ．西郷隆盛

問３ 空欄［ ③ ］には，大隈重信が1882年に設立した政党が入る。この政党を何というか答えよ。

問４ 下線部④に関して，日英通商航海条約を締結して，領事裁判権の撤廃に成功した外務大臣を答えよ。

問５ 下線部⑤に関して，大日本帝国憲法の内容について述べた文として正しいものを，次の中から一つ選んで記号で答えよ。

ア．天皇の権限として，陸・海軍の指揮権を明記した。
イ．帝国議会は，衆議院と参議院から構成されるとした。
ウ．内閣を構成する大臣は，連帯して議会に対して責任を負うとした。
エ．臣民に対して，内閣の定める範囲で言論の自由を認めた。

問６ 下線部⑥に関して，三国干渉によって日本が清に返還した場所を，右の地図中の**ア～エ**のうちから一つ選んで記号で答えよ。

問７ 下線部⑦に関して，寺内内閣のあとをうけ内閣総理大臣に就任した人物の普通選挙運動への対応について，この首相の名前を挙げたうえで具体的に40字以内で述べよ。

問８ 下線部⑧に関して，この二つの会議とその会議の影響について述べた次の文ａ～ｄのうち，正しいものの組み合わせを，下のア～エから一つ選んで記号で答えよ。

ａ パリ講和会議で結ばれたベルサイユ条約によって，ドイツは海外植民地のすべてを失った。
ｂ パリ講和会議で独立が認められなかった朝鮮で，五・四運動がおこった。
ｃ ワシントン会議の結果，日英同盟が解消された。
ｄ ワシントン会議の結果，日本の山東省権益が認められた。

ア．ａ・ｃ　イ．ａ・ｄ　ウ．ｂ・ｃ　エ．ｂ・ｄ

問９ 下線部⑨に関して，ラジオ放送が始まった後におきたできごとを，次の中から一つ選んで記号で答えよ。

ア．イギリス船ノルマントン号の沈没事件　イ．秩父地方における困民党の暴動事件
ウ．ポーツマス条約締結に反対しておこった暴動事件　エ．盧溝橋付近での日中の軍事衝突事件

問10 下線部⑩に関して，昭和期の混乱を示す次の新聞記事X・Yと，それに関する下の説明a～dの組み合わせとして正しいものを，下のア～エから一つ選んで記号で答えよ。

聯盟よさらば！遂に

總會勸告書を採擇し

我が代表堂々退場す

四十二對一票、棄權一

X

首相遂に兇手に倒る

昨夜十一時廿六分絶命

犬養總裁は黨葬に決定

Y

(出典『東京朝日新聞』)

a Xの記事は，満州国について日本の主張が退けられたことを報じている。

b Xの記事は，日本軍の真珠湾攻撃が非難されたことを報じている。

c Yの記事は，朝鮮の義兵運動家がおこした暗殺事件を報じている。

d Yの記事は，海軍将校らがおこしたテロ事件を報じている。

ア．X－a　Y－c　　イ．X－a　Y－d

ウ．X－b　Y－c　　エ．X－b　Y－d

問11 下線部⑪に関して，第二次世界大戦後のできごととして**誤っているもの**を，次の中から一つ選んで記号で答えよ。

ア．毛沢東を主席とする中華人民共和国が成立した。

イ．ロシア革命によって最初の社会主義国家が成立した。

ウ．平和共存を訴えるアジア・アフリカ会議が開催された。

エ．アメリカ合衆国がベトナム戦争に介入した。

問12 下線部⑫について述べた次のⅠ～Ⅲのできごとを古い順に正しく配列したものを，下のア～カから一つ選んで記号で答えよ。

Ⅰ 第四次中東戦争を契機とする石油危機により，テレビの深夜放送が自粛された。

Ⅱ 東京オリンピックの一部の種目が，カラー映像で放送された。

Ⅲ ベルリンの壁崩壊の様子が，衛星中継によって日本でも放送された。

ア．Ⅰ→Ⅱ→Ⅲ　イ．Ⅰ→Ⅲ→Ⅱ　ウ．Ⅱ→Ⅰ→Ⅲ

エ．Ⅱ→Ⅲ→Ⅰ　オ．Ⅲ→Ⅰ→Ⅱ　カ．Ⅲ→Ⅱ→Ⅰ

5

水について述べた次の文章を読んで，後の問いに答えよ。

水は人間の生活や経済活動に不可欠な存在である。日本は豊富な水資源を持つと思われがちだが，同時に水不足にも陥りやすい国土である。また洪水や水質汚濁が発生すると，水は人間の生活を脅かす存在にもなる。

日本では洪水を防ぐ治水を目的として明治時代末期に河川法が定められたが，①水力発電などの水資源の利用の観点も含めて戦後になって新河川法が制定され，さらに1990年代に環境保全の観点から改正がおこなわれた。河川の水は農業・工業用水や水力発電のために利用され，②経済活動の自由を保障するために水資源利用の制限は最小限にしなければならないが，一方で③環境権もまた大切であり，政策の判断には両者のバランスが求められる。さらに水資源利用の意義は単純に経済的側面だけではない。日本は「瑞穂《みずほ》の国」とよばれることがあるが，水田風景は日本の④伝統文化の一つであり，保護に値するという議論もある。水に関する政策は，多面的に考える必要がある。

近年，異常気象により大規模水害が発生しやすくなり，治水の議論も活発化している。ダム建設をめぐる議論は河川流域の住民だけでなく⑤新聞やテレビの報道により全国的な関心をよぶこともあり，⑥住民投票により民意が示される場合もあった。国会でも治水の方針については⑦政党によって意見に違いがあるが，治水が重要であるという認識は一致しているはずで，⑧令和２年度予算でも防災や災害復興関係の予算が増額されている。

水に関する政策として，水道法の改正により水道事業の一部民営化も進められることとなった。⑨民営化や規制緩和により政府の役割を必要最小限にすれば税も安くなり，自由な経済活動が展開される。しかし水道などの人々の生活に必要なインフラは行政が担わなければならないという考え方もある。日本のように立憲主義をとる国では，国会などで十分に議論して法律や政策を決めていく必要がある。

さて，世界的には40％ほどの人々が水不足の影響を受けているとされ，2015年に国際連合で策定された17種類の⑩Sustainable Development Goalsの中にも「安全な水とトイレを世界中に」という目標が掲げられている。一方，農業や畜産業には大量の水が必要であり，⑪農畜産物の貿易は大量の水を貿易していることと同じだという考え方がある。この考えにしたがうと，日本は大量の水を輸入しているということになるが，一方で水に関する技術は高い。⑫世界中が安全な水を確保するように努力することが，日本の使命かもしれない。

問１ 下線部①に見られるように，法律などのルールの制定には関係者の利害調整という目的もある。これに関して，ルールの制定の際には効率と公正が重要であるとされるが，河川法に関する次のア～エの意見のうち，効率の観点から出された意見として最も適切なものを一つ選んで記号で答えよ。

ア．河川は工業・生活用水の利用だけでなく，レジャーなど観光利用の観点からも整備されなければならない。

イ．河川の上流に水力発電用ダムを建設する際には，地域住民に説明し意見を聞く機会を設けなければならない。

ウ．河川の下流域の生態系を維持するために，上流での護岸工事や工業用水の取得は禁止されなければならない。

エ．河川の氾濫は流域どこでも起こりえるので，治水工事の費用は流域のすべての自治体で負担しなければならない。

問2　下線部②に関して，経済活動の自由を無制限に認めてしまうと格差拡大などの問題が発生するため，憲法でも制限が設けられている。これをふまえ，下に示した日本国憲法の条文の空欄□にあてはまる語句を答えよ。

> 第２９条　①財産権は，これを侵してはならない。
> ②財産権の内容は，□に適合するやうに，法律でこれを定める。(③省略)

問3　下線部③に関して，ダムの建設などの大規模な開発事業をおこなう前には，環境がどのように変化するかなどを調査することが義務づけられている。この制度を何というか答えよ。

問4　下線部④に関して，日本の伝統文化について述べた文として**適切ではないもの**を，次の中から一つ選んで記号で答えよ。

ア．日本の伝統文化の中には，お花見や七五三などの庶民文化も含まれる。
イ．日本の伝統文化は，時代や環境が変わってもほとんど変化しないという特徴がある。
ウ．日本の伝統文化の中には，地域によって多様性が生まれたものもある。
エ．日本の伝統文化と海外の文化が融合し，新たな伝統文化が生み出されることがある。

問5　下線部⑤に関して，報道された情報は様々な角度から批判的に読み取り，自分自身で考えて判断する力が必要だとされる。このような力を何というか，カタカナで答えよ。

問6　下線部⑥に関して，地方の首長は必ずしも住民投票の結果に従う必要はない。では，住民が民意を確実に地方政治に反映させようと考えた場合，どのような方法があるだろうか。これに関する次の(1)・(2)に答えよ。なお，この住民が居住する市は有権者数40万人未満とする。

(1)　住民がダムの建設を推進したいと考えた場合に，この住民はどのような方法をとることができるか。適切と考えられる方法を次のア～エから**一つ**選んで記号で答えよ。**なお，適切なものは複数あるが，解答は一つでよい。**

ア．ダム建設を推進する条例の制定を請求する。
イ．ダム建設に反対している首長の解職を請求する。
ウ．ダム建設差止めの判決を下した地方裁判所裁判官の解職を請求する。
エ．ダム建設反対の運動をしている住民の区域外への転居を請求する。

(2)　**(1)で選んだ方法**を実行するために，この住民はどのような手続きをとる必要があるか。適切な手続きを次のオ～シの中から一つ選んで記号で答えよ。

オ．有権者のうち少なくとも３分の１以上の署名を集め，首長に請求する。
カ．有権者のうち少なくとも３分の１以上の署名を集め，選挙管理委員会に請求する。
キ．有権者のうち少なくとも３分の１以上の署名を集め，最高裁判所に請求する。
ク．有権者のうち少なくとも３分の１以上の署名を集め，内閣総理大臣に請求する。
ケ．有権者のうち少なくとも50分の１以上の署名を集め，首長に請求する。
コ．有権者のうち少なくとも50分の１以上の署名を集め，選挙管理委員会に請求する。
サ．有権者のうち少なくとも50分の１以上の署名を集め，最高裁判所に請求する。
シ．有権者のうち少なくとも50分の１以上の署名を集め，内閣総理大臣に請求する。

問7　下線部⑦に関して，現在は政治活動に多額の資金が必要であり，政党への政治献金が制限されるかわりに，政党の政治活動を支援するための資金が国庫から提供されている。このような資金を何というか，漢字５字で答えよ。

問8　下線部⑧に関して，国会での予算審議について述べた次のａ～ｃの文を，国会審議の手順通りに並べたものを，下のア～カから一つ選んで記号で答えよ。

ａ　参議院で公聴会が開催された。
ｂ　参議院の予算委員会で審議が開始された。
ｃ　衆議院の本会議で予算案が可決された。

ア．ａ→ｂ→ｃ　　イ．ａ→ｃ→ｂ　　ウ．ｂ→ａ→ｃ
エ．ｂ→ｃ→ａ　　オ．ｃ→ａ→ｂ　　カ．ｃ→ｂ→ａ

問9　下線部⑨に関して，このような考え方に基づいて，役割を最小限度にとどめる政府のあり方を何というか答えよ。

問10　下線部⑩について，この日本語訳として適切なものを，次の中から一つ選んで記号で答えよ。

ア．実現可能な科学目標　　イ．実現可能な人権目標
ウ．持続可能な開発目標　　エ．持続可能な政策目標

問11　下線部⑪に関して，現在，世界では水資源をめぐる紛争が激化しているという指摘があるが，これに対して農畜産物の貿易の拡大は水資源紛争を激化させるという考え方と，逆に水資源紛争を緩和させるという考え方がある。このことについて，農畜産物の貿易の拡大が水資源紛争を緩和させるという考え方の根拠となるものを，次のア～カから**２つ**選んで記号で答えよ。なお，ア～カで述べられた説明は，すべて事実であると考える。

ア．農畜産物の生産に必要な農業用水をダムに貯水するため，河川の水量が低下している。
イ．農畜産物の生産に地下水を利用することで，地下水位が低下し地盤沈下が発生している。
ウ．西アジアの砂漠地帯の国々の中には，石油資源の輸出と農畜産物の輸入が目立つ国がある。
エ．南アジアでは農業用水を汲み上げる電気ポンプの稼働量が増加し，大規模停電の一因となった。
オ．北アメリカの国々は１人あたりの水資源量が豊富で，アメリカ合衆国やカナダは農畜産物の輸入額より輸出額の方が大きい。
カ．牛肉の生産には他の農畜産物と比べて大量の水を必要とするが，近年は世界的に牛肉の消費量が増加している。

問12　下線部⑫に関して，アフガニスタンで医療活動と灌漑施設の建設に尽力し，2019年に現地で殺害された医師を，次の中から選んで記号で答えよ。

ア．大村智　　イ．緒方貞子　　ウ．明石康　　エ．中村哲

国語科（高）

受験番号の記入欄は左端にある。忘れずに記入せよ。

国高令3

解答用紙

※100点満点

一　35点

問一	問二	問三	問四	問五	問六
a b c d e					

二　35点

問一	問二	問三	問四	問五	問六
X Y Z					

三　30点

問一	問二	問三	問四	問五	問六
a b c					

受験番号

国語科（高）

解答用紙

※100点満点

一

問一 a b c d e
問二
問三
問四
問五
問六

二

問一 X Y Z
問二
問三
問四
問五
問六

三

問一 a b c
問二
問三
問四
問五
問六

受験番号

数学科（高）解答用紙

数高令３　　※100点満点

1　42点

(1)	(2)
(3)	(4)　$x=$　　，　$y=$
(5)	
(6)　　個	(7)　　cm^3
(8)	(9)　　cm^2
(10) ① ② ③	

受験番号

2　17点

(1)	(2)
(3)	

(2)

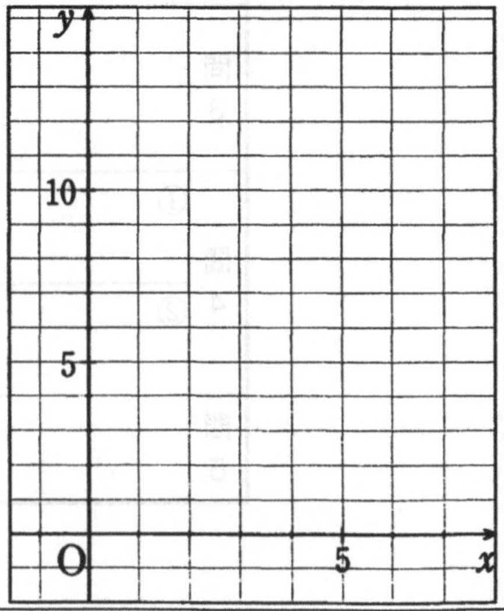

3　16点

(1)	(2)
(3)	

4　25点

(1)		
(2)（ア）	（イ）	
(3)（ウ）	（エ）	
(4)		
(5)　(a)	(b)	(d)

英語科（高）　解答用紙

英高令３

※100点満点

受験番号

1　20点

A	(1)	(2)	(3)	(4)	(5)
B	(6)	(7)	(8)	(9)	(10)
C	(11)	(12)	(13)	(14)	(15)

2　32点

問1	①	
	②	
問2	(A)	
	(B)	
	(C)	
	(D)	
	(E)	
問3		

3　24点

問1	(A)	(B)	
問2	(1)	(2)	(3)
問3			
問4	(　　) → (　　) → (　　) → (　　)		
問5			
問6	(6)		
	(7)		

4　24点

問1					
問2	(A)	(B)	(C)	(D)	(E)
問3					
問4	①				
	②				
問5					

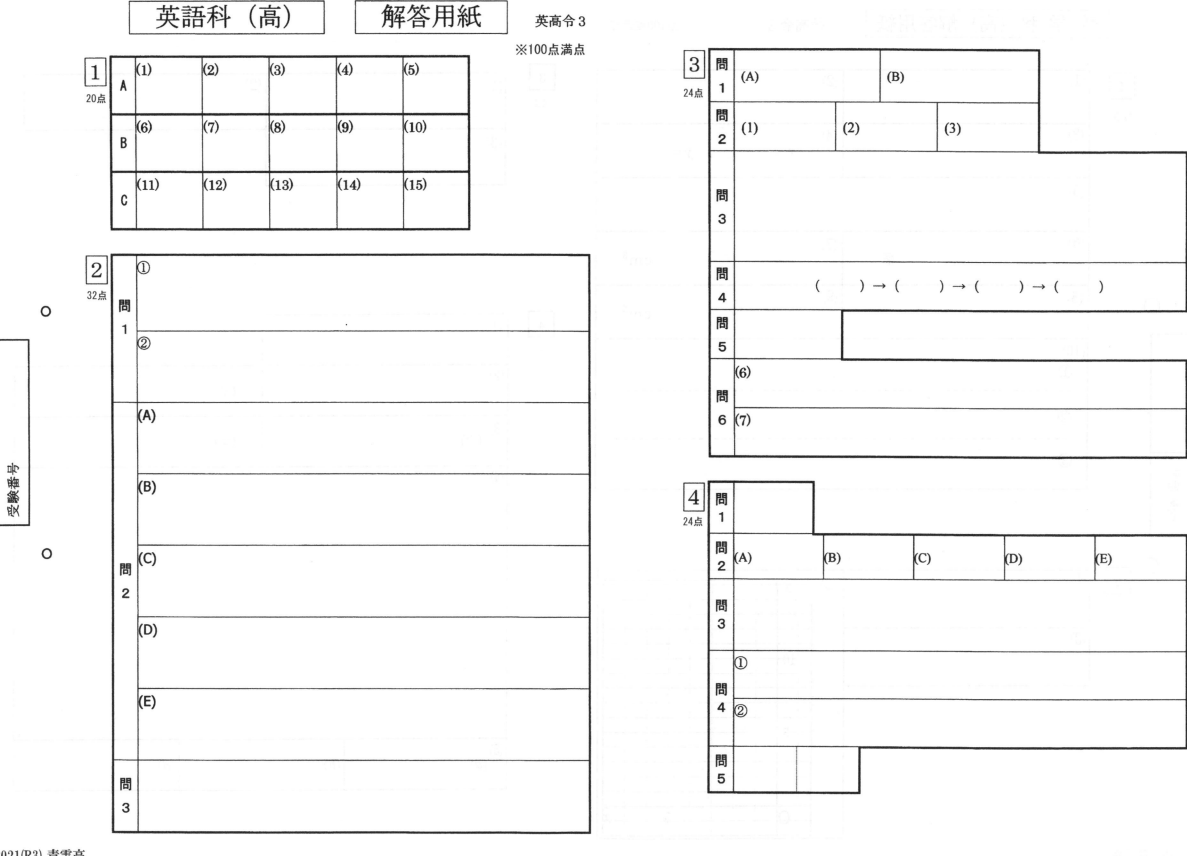

理科（高）解答用紙

理高令3　※100点満点

受験番号

1

20点

(1)	(2)	(3)	(4)	(5)	(6)	(7)	(8)	(9)	(10)

2

19点

問1		
問2	名称	集め方
問3		
問4	①	②
問5		
問6	g	

3

22点

問1	A	B	C	D	E	F
問2						
問3	(1) m	(2) ℃	(3) ℃			
	(4)					
	(5) ℃	(6)	(7)			

4

18点

問1	
問2	
問3	
問4	
問5	(1)
	(2)　丸い種子：しわのある種子　＝　：
問6	

5

21点

問1			
問2	cm		
問3	a	b	c
問4	cm		
問5			

社会科（高）

社高令3

受験番号

※100点満点

解答用紙

1

18点

問1		問2		問3	(1)		(2)		
問4	10 15	問5		問6					
問7		問8	X		Y		Z		

2

15点

問1	(1)		(2)								
問2	(1)		(2)		(3)		問3	(1)		(2)	
問4	10 20 ため，……										
問5		問6		問7	(1)		(2)		(3)		

3

24点

問1		問2		問3		問4	
問5		問6		問7		問8	
問9		問10		問11		問12	

4

15点

問1		問2		問3					
問4		問5		問6					
問7	10 20 30 40								
問8		問9		問10		問11		問12	

5

28点

問1		問2		問3			
問4		問5		問6	(1)		(2)
問7		問8		問9			
問10		問11		問12			

① 国語科（高）

青雲高等学校

（60分）

国高令2

（注意）解答はすべて解答用紙に記入せよ。

一　次の文章を読んで、後の問いに答えよ。

【シーン】高校の地学の授業で

東京のある高校で、地学の先生が宇宙の始まりについて講義していた。

「私たちが存在するこの宇宙はどのようにしてうまれたのか。それは約一三七億年前に起きたビッグバンによるものです。時間も空間もまだないような無の状態から突然、超高温・超高密度の火の玉のようなものが誕生し、それが急速に膨張していったのです。やがてその膨張が進むと温度や密度は低下していき、現在のような物質や星からなる宇宙が形成されました。たしかにこの理論にはまだ多くの問題点があります。しかしそのような問題も、これから得られる新たな観測結果や新理論の発見により解決されていくことでしょう。そして人類は近い将来、宇宙の誕生や全体像について、その真実を知ることができるはずです」

……でもこんな確信も、哲学のメガネをかけてみると思わず揺らいでしまうのだ。

一九五七年に人類がはじめて人工衛星を打ち上げてから半世紀あまり。いまや地球の周りには三千個以上の人工衛星が周回し、探査機が六〇億キロメートルも離れた小惑星から資料を採取して地球に[a]キカンするまでとなった。まさにこれから宇宙という未知の世界も、次々と人類が[b]トウハしていくに違いない。そして科学が地球上の物質や生命に関するさまざまな謎を解き明かしていくように、宇宙に関してもその誕生から未来、そして終焉《しゅうえん》まで解き明かすだろう――それが現代人のおおかたの考えではないだろうか。

たしかに現代の科学にとって不可能なことはないと思えるほど、その知識とそこから生まれた技術力は圧倒的である。もはや宇宙に限らず世界のあらゆる分野を科学的知見が支配し、動かしている。鉄道に自動車、そして航空機などさまざまな移動手段の発明はもちろん、電話やインターネットなどの通信技術、食品や衣料、生活用品などの大量生産、難病や[c]シンコクな[d]ガイショウに対する医療技術など、かつては夢のように思われていたことを科学は次々と実現しているのである。

ゆえに[1]この宇宙の謎についても、かつての神話や宗教書で語られた天地創造の物語などもはや誰も信じないだろう。もしいたとしても、熱心な宗教者などきわめて限られた人間だけである。宇宙の誕生やその全体像について、より精確で、かつ正しい知識をもたらしてくれるのは科学であるというのが現代人の常識である。

しかしはたして本当にそうなのだろうか。科学は絶対に正しく、この世界の真実を明らかにしてくれるのだろうか。神話や宗教が支配していた時代よりも、われわれは正しい世界観を持っていると本当に言えるのだろうか。

たとえばかつて多くの古代人は地球が平らで、海の果ては断崖絶壁でそこからは海水が滝のように下に流れ落ちていると考えていた。まだ水平線の向こうまで航海できる巨大な船も飛行機もなく、小舟でせいぜい入江の外に出て魚を獲るぐらいしかできない彼らにとって、そのような世界像を描くことはきわめて当然のことであった。しかし海を眺めながらそのような世界像を描くことしかできなかった彼らと、われわれ現代人とはいったいどこがどう異なるのだろうか。

まず彼らも身近で起きるこの世界のさまざまな現象を観察しながら、何かしら普遍的な法則を見いだそうとした。たとえば彼らが生活用水を貯めておくために作った大きな瓶《びん》には、川や泉から汲《く》んできた水がいつも貯められていたのだが、雨が降るたびにその水は瓶から溢《あふ》れ出し、地面へと流れ落ちていった。このとき彼らは、

「水が満たされた瓶にさらに水が注がれると、その瓶の外側へと水が溢れ出す。」

という法則を見いだしたはずである。現代人にとってはごく当たり前のこの現象も、人類の幼年期にある彼らにとってはじつに[e]シンセンであり、驚くべきものであったのだ。現代人からすればきわめて単純な法則ではあるが、しかし子供のような眼で世界をはじめて眺めた彼らにとっては、このことは一つの偉大な発見であったに違いない。

そして彼らはこの法則を、こんどははるかに膨大な量の水（海水）が貯まっている瓶、すなわち海へと応用したのである。つまりこの海という巨大な瓶に大量の雨が降り注いでも、水嵩《みずかさ》が増えて陸地に海水が押し寄せることがないのは、この瓶の外側、すなわちあの水平線の向こう側へと溢れた海水がどんどん流れ落ちているからではないのか。ゆえに海の果てはきっと瓶の縁と同じように切り立った断崖であり、だからこそ海水は雨がどれほど降ろうとも陸地に押し寄せることはないのだ、と。そしてその推測を裏付けるように、沖へと流されていった木はやがて水平線の向こうに消え、二度と戻ってくることはないではないか、と。

もちろんこれはあくまでも想像にすぎないのだが、しかし古代人の思考の流れは基本的にこのようなものだったろう。つまり【　X　】。そしてたしかにその結果得られた古代人の世界像は、現代のわれわれからすればとんでもない誤りである。[2]お伽噺《とぎばなし》のように笑うべきものである。しかし、ではわれわれ現代人が手にしている世界像と比べてみたとき、いったい何がどう違うというのだろうか。

たしかにわれわれは海の果てが断崖絶壁などとは思わない。われわれは地球が丸いことを知っており、その姿は遙《はる》か上空の大気圏外からも確認している。そしてこの丸い地球が回転しながら太陽の周りを回り、さらに地球以外にもたくさんの惑星が太陽を周回していることも知っている。そしてこのような惑星系が数千億個集まったのが銀河系であり、さらに宇宙にはこの銀河系のような星の集団が無数にあるのだということも知っている。

しかしそのような知識を持ちながらも、われわれはこの宇宙の果てまでを完全に見通しているわけではない。とりあえず科学はいまのところ宇宙の大きさを七八〇億光年以上と見積もっているらしいが、これとてもどこまで真実か疑わしい。何故ならば、いかに高性能な望遠鏡といえどもその視野が届く距離には限界があるし、そのような望遠鏡も含め他のさまざまな、かつ不十分な測定方法を幾《いく》つも継ぎ足して見積もられたのが、先ほどの宇宙の大きさという数字

②

だからである。ましてやわれわれが宇宙船に乗って宇宙の果てまで（この場合「果て」という概念が通用するかも疑問だが）航行し、その真偽《しんぎ》を確認することなどまず不可能であろう。

3その意味では、われわれ現代人もあの古代人が海岸から水平線を眺めてその世界像を思い描いていた状況とじつはあまり変わらないのである。われわれもこの地球上から望遠鏡によって得られた光や電波のデータを掻《か》き集め、それらをやはりわれわれがこれまで地球上で観察してきた現象から得られたいくつかの法則が、この宇宙全体にも普《あまね》く通用するものとの「前提のもとに」それに当てはめてみて、その結果から導きだされた宇宙像をとりあえず「正しいもの」としているにすぎないのである。つまり水平線を眺めていた古代人の眼が、多少先まで見通すことのできる望遠鏡に成り代わっただけであり、瓶から溢れてこぼれ落ちる水を見て得た法則が、この地球上におけるさまざまな実験によって得られた最新の物理法則にとって変わられただけのことなのである、と。

つまりわれわれがいま手にしているこのビッグバンという世界像も、科学者が現代の物理法則にさまざまな宇宙からの観測データを当てはめ、宇宙全体の姿というものを拡大解釈していったとき、この解釈が破綻《はたん》してしまう地点（時間）を宇宙の始まりとしているにすぎない。古代人がその視野の途絶《とだ》える地点、すなわち［Y］をこの世界の果てと考えたのと同様に、現代の科学者もわれわれの経験と法則が破綻する地点をこの世界の始点、すなわちビッグバンとしているにすぎないのである。古代人の視野の限界、［Y］が、現代人にとっての視野の限界、すなわちビッグバンなのである。

（三好由紀彦『哲学のメガネ』による）

問一　波線部a～eのカタカナを漢字に直せ。

a　キカン　b　トウハ　c　シンコク　d　ガイショウ　e　シンセン

問二　傍線部1「この宇宙の謎についても、かつての神話や宗教書で語られた天地創造の物語などもはや誰も信じないだろう」とあるが、それはなぜか。その説明として最も適当なものを次のア～オから一つ選び、記号で答えよ。

ア　宇宙の謎を解決したとしても、より精確でかつ正しい知識を学び続けていくことこそが現代の常識であるから。
イ　宇宙の謎について解決できるのは神話や宗教だと考えるのは、熱心な宗教者などの限られた者だけであるから。
ウ　現代の科学とその知見は、我々の生活を支配し実現不可能だと思われるようなことまでをも実現してきたから。
エ　現代の科学は、神話世界のことだと思われていた夢のようなことまでも次々と現実化し圧倒的な力を持つから。
オ　宇宙の誕生から未来そして終焉まで解き明かした科学は、我々の生活を豊かにし我々に恩恵を与えてきたから。

問三　【　X　】に入る文として最も適当なものを次のア～オから一つ選び、記号で答えよ。

ア　彼らは日常的な現象の中から法則を見つけて、それを想像力によって普遍的なものとすることで、その世界像を作り上げていったのである
イ　彼らは狭い世界の中にいながらも見えないことについて仮説を立て、検証していくことによって、その世界像を作り上げていったのである
ウ　彼らは日常生活を基盤にしながらも、神話的な発想を大切にまだ見ぬ世界に思いを馳《は》せることで、その世界像を作り上げていったのである
エ　彼らは自らの世界像構築のための矛盾を解決するため、普遍的な法則を見い出そうとすることで、その世界像を作り上げていったのである
オ　彼らは身近な現象から見い出した法則を、こんどは世界全体へと拡大解釈していくことによって、その世界像を作り上げていったのである

問四　傍線部2「お伽噺のように笑うべきものである」とあるが、その理由として最も適当なものを次のア～オから一つ選び、記号で答えよ。

ア　科学が明らかにした事実を信じて疑わない現代人にとって、何の根拠にも基づかない古代人の思考法は愚かだと感じるから。
イ　科学こそが正しい知識をもたらすと考える現代人からすると、その知見に基づかない古代人の世界像は馬鹿げたものに思われるから。
ウ　科学的知見が絶対的なものかどうかを疑う現代人といえど、宗教的発想に基づいている古代人の解釈は受け入れがたいものだから。
エ　宇宙の果てまでも明らかにした科学的思考からすると、神話に基づいた幻想的な古代人の世界像は荒唐無稽《こうとうむけい》に思われるから。
オ　現代人の思考も古代人の思考も大して変わらないと考えると、身近な現象から明らかになった科学的法則など信じられないから。

問五　傍線部3「その意味では、われわれ現代人もあの古代人が海岸から水平線を眺めてその世界像を思い描いていた状況とじつはあまり変わらないのである」とあるが、現代人が古代人と変わらないと言えるのは、現代人がどのようであるからか。百二十字以内で答えよ。

問六　二重傍線部「東京のある高校で、地学の先生が宇宙の始まりについて講義していた」とあるが、この講義内容について、本文を読んだ生徒が議論をしている。本文の内容に合致する生徒の発言を次のア～カから二つ選び、記号で答えよ。

ア　Aさん　地学の先生は、宇宙はビッグバンによって生まれたと断言しているけど、ビッグバン理論は古代人の世界像と同じように、今はもう破綻してしまっているんだよね。筆者は科学的な知見はどんどんと更新されて新しいものになっているという「今」の状況を示すことで、将来的に科学は様々な謎を解き明かすという予測を裏付けたんだよね。

イ　Bさん　ビッグバン理論には確かに問題はあるけれど、地学の先生は「近い将来その真実を知ることができるはず」と言っているのだから、破綻しているわけではないのよ。問題は、このビッグバン理論のように普遍的な真実と言えないものまでも、私たち現代人が妄信《もうしん》してしまっていることよね。私たち現代人が科学の知見について普遍的な真実か否《いな》かを見抜かなければ、筆者が警鐘《けいしょう》を鳴らしているように、人間は科学に操られてしまうことになりそうね。

ウ　Cさん　なるほどね。それなら、筆者の言う「より精確で、かつ正しい知識をもたらしてくれるのは科学である」という言葉には、実は「現代人は科学に支配される者となる」という批判が込められているということなんだね。でも、ビッグバン理論だって、さまざまな科学的な法則に基づいて明らかになったのだから「正しい」と言えるのだし、今後も科学は「正しく」新しい知識をもたらすに違いないよね。そういう意味では、筆者は、「正しさ」を求め、未知の領域に挑《いど》む現代科学の功績を讃《たた》えていると言えるよね。

エ　Dさん　本当にそうなのかしら。筆者は、ビッグバンを「視野の限界」とたとえていたわ。つまり、ビッグバンは「正しく」確かなものではないのよ。それと同様に、これから先、人類が宇宙の全てを解き明かす保証などどこにもないのだと思うわ。未知の領域に挑む現代科学は素晴らしいとは思うわ。でも、それによって宇宙の全てが分かると確信してしまっているのは、現代人の科学への過信と言っても言い過ぎじゃないかもしれないわね。

オ Eさん　そうだとすると、地学の先生は真実ではないことを教えていることになるのかな。そんなはずはないと思うけど・・・。筆者が述べるように、もし今後、確かではない理論を確かなものとして通用させたいのならば、私たち現代人は科学の限界を知り、科学の絶対性から解き放たれる必要があるようだね。そのためには、宗教や神話的発想も大切にすることが重要になってくるかもしれないね。古代人の世界像と現代人の世界像は大して変わらないのだからね。

カ Fさん　確かに地学の先生の話は「嘘」ではないと思うわ。「嘘」ではないけれど、古代人の世界像がそうであったように、現時点での真理は、未来において覆《くつがえ》される恐れがあるということを筆者は伝えたかったのだと思うわ。だから、地学の先生の確信を持った発言も懐疑《かいぎ》的に聞くことが必要なのかもしれないわね。加速度的に実現不能と思われることを実現してきた科学だけど、その限界があることは古代人の思考と何ら変わらないのかもしれないね。

問七　Y に入る適当な語を本文中から抜き出し、五字以内で答えよ。

二　次の文章は阿部昭の小説『あこがれ』の一節である。これを読んで、後の問いに答えよ。

春がきたのだ、と少年は思った。春がきたことがこんなにうれしいことはいままでになかった！

彼はもう一度、鏡の中を見た。鏡にうつっている少年は[1]わざとのように浮かない顔をしていた。その顔はこういっているようでもあった。――僕にはほんとうのところよくわからない。あのひとを好きなのかどうか、これが好きだということなのかどうかも。わかっているのは、彼女のことを考えはじめるともう何にも手がつかないということだ。

少年はその顔で食堂へ行った。父はもう出かけたあとだった。

母と二人でする食事のさいちゅう、彼は何度も子供部屋の柱時計に目をやった。

彼は食べたくない。それでもなんとか食べようとするのは母にあやしまれないようにするためである。

母はたえず少年を観察している。

「あんたが勝手に起きてくれるから、おかあさん、とても助かる。」

「朝みんなとソフトボールをやるから。」

彼は口をうごかしながらいう。

「だから、早く行って場所をとらなきゃならないから。」

少年は母にうちの時計は正確かどうかときいた。母は狂っていても一、二分だといった。でもその一、二分が彼には問題だった。少年は毎朝※1〝白百合《しらゆり》〟の生徒たちが乗る※2江《え》ノ島《しま》行きの電車に合わせて家を出るのである。彼女はその十分前に玄関を出てくる。

おたがいの家は五十メートルと離れていないのにうまく出会うことはとても少なかった。少年は歩きながらしょっちゅう道の前とうしろに気をくばり、わざとのろのろ歩いたり急に思いなおして早足になったりした。そして駅へ着いてからほんの一、二分のあいだ、向かい側のホームにセーラー服の彼女が鞄《かばん》をさげて一人でぼんやり立っているのや同級生とおしゃべりしているのを、【　Ⅰ　】意識して見るのだった。

その朝、彼女がちょうど門から出てきたところへ少年が行った。少年の[a]心はおどった。まだ二十メートルもはなれていた。その二十メートルを彼はうつむいて歩いた。

彼女は門のそばの石垣にもたれるようにしていた。――頭をかしげて、年上らしい落ちついた目をして。

「おはよう。」

彼女のほうから大きな声でいった。

少年はもっと近づいてから、それも小さな声でしかいえなかった。彼は何かいわれてもただおどおどするだけだった。そしてひどく急ぎ足になった。

彼女は小走りしながら腕時計を見た。

「何分の電車に乗るの？　おくれそう？」

「さあ、どうかな。」

彼は逃げるようにして、【　Ⅱ　】とっとと歩いた。

「じゃあ走れば。いっしょに走ってあげる。」

そこで彼は走り出した。これは[b]おかしなことになったと思いながら。

彼女も走ったけれど、たちまち少年にひきはなされた。彼はかまわず走りつづけた。走りながら[2]やっぱりどうしても彼女を好きなのがわかった。好きだ。

彼はうしろも見ずに走った。

彼女は途中でのびてしまっていた。少年がふりかえると、手で小さなバイバイをして先に行けといった。

「おくれるといけないわ。」

で、彼はまた走らなければならなかった。

夕方学校から帰ってくると、少年はまっさきに通りへ出て、斜《はす》むかいの家の勝手口から目をはなさないようにした。雨さえ降らなければ彼の見張りは毎日かかさず同じ時刻におこなわれた。その時間になると彼女がちいさな弟たちを夕飯に呼びに出てくるからである。

彼女のすがたが見えると少年はもうじっとしていられないので、彼が相手にするには幼すぎるような子供たちと遊戯に熱中するふりをした。そのあいだも頭はひとつのことでいっぱいだった。――自分の気持を相手に知らせる決心がつくかしら。でもどうやって？　[3]それを考えると彼の心は早くもしぼんでしまうのだった。

④

その晩も彼女は少年の家の前まで来ていた。すこしはなれると顔はもうよく見えなかった。彼女は何度も弟たちの名前を呼んだ。

彼は小さな男の子たちを相手にますますはしゃぎながら、夕闇をすかしてたえず彼女の姿をさがした。

彼女は待ちくたびれたように門柱にもたれて、生垣《いけがき》のあすなろうの葉を一枚ずつ摘みはじめた。小さくたたんだハンカチを片手に握りしめて、ほそい指で葉をむしっては鱗《うろこ》のようにばらばらにする。そしてそれをまたもと通りにくっつけようとするのだけれど、暗いので、ひどい近眼の人みたいに顔を葉に近づけるのだ。するとまるい癖のついた柔らかそうな髪のふさが頬にかかるので、そのたびに彼女の白い手がうごいて髪を耳のうしろへ持って行くのが見えた。

海の上の空はすっかり暗くなっていた。それでもまだ小さな子供たちが息をきらして通りを走りまわったり、しきりにおたがいの名前を呼び合ったりしていた。

少年は何か話しかけなくては、と思った。だけど話すこともとっさには浮かんでこなかった。彼は大した考えもなしに先週から藤沢《ふじさわ》の映画館でやっているアメリカの動物映画の題名をいった。

「あの映画、二回も見ちゃった。」

「そうなの。」

彼女はとても驚いたというように彼の顔をのぞきこんだ。

「映画はあまり見ないわ。眼鏡をかけなきゃならないから。」

そして首をすくめて笑った。

それから彼女は少年の知らない宝塚《たからづか》か何かのスタアのことを女の子どうしでするようにあだ名で呼んで、

「むかし、あのひとに夢中だったけれど、いまはそれほどでもないわ。」

といった。

「そう。」

少年はあいづちをひとつ打つのにもおかしなくらい力んでしまうので、相手が笑い出しはしないかと思った。

彼女は彼に学校がおもしろいかときいた。彼はどっちともうまく答えられなかった。

「高校へ行くと選択科目っていうのがあるのよ。私はいま数学と手芸をとってるの。でも勉強は好きじゃないから大学まで行くかどうかわからないわ。」

少年はそんな先のことまで考えたことはなかった。彼は黙っていた。

「うちは父がいないから。」

そういって彼女は口をつぐんだ。

彼女の父が東京でずっと会社員をしていたこと、それから兵隊にとられて南方で戦病死したことをいつか彼の母が話していた。彼は何かいおうとして言葉をさがした。

けれども彼女は一瞬後にはまた明るい顔つきになっていた。

「でもよかったわ。あなたのお父さまは元気で帰っていらして。そのときはうれしかったでしょう。」

少年は苦笑してみせた。そしてわざとどうでもいいやという調子で答えた。

「でもお父さんはね、生きて帰ってくるんじゃなかったって、そういってるよ。」

「だってそんなことはないわ。嘘よ、そんなの。」

そのとき通りのむこうの端で誰かが外燈《がいとう》をつけた。子供たちは一人のこらず姿を消していた。

「嘘よ。そんなの。」

彼女はもう一度そういってじっと彼の目を見つめた。外燈の光で今度ははっきり顔が見えた。

彼女が行ってしまってからも少年はいつまでもその場にぐずぐずしていた。自分がいった言葉のもの欲しさに気づいて、後悔にくるしみながらじっと外燈のあかりに目をこらした。

（阿部昭「あこがれ」）

（注）

※1 〃白百合〃……少女の通う女子校の名前。

※2 江ノ島……神奈川県藤沢市にある地名。

問一 二重傍線部 a「心はおどった」、b「おかしな」、c「しきりに」の本文中における意味として最も適当なものを次の**ア**～**オ**からそれぞれ一つずつ選び、記号で答えよ。

a 心はおどった
- **ア** 心配ではらはらした
- **イ** 気をもんでやきもきした
- **ウ** 得意になってうきうきした
- **エ** 落ち着かないでそわそわした
- **オ** 喜んでどきどきした

b おかしな
- **ア** 恥ずかしい
- **イ** ばからしい
- **ウ** 妙な
- **エ** おもしろい
- **オ** あわれな

c しきりに
- **ア** 何度も
- **イ** 時々
- **ウ** たがいに
- **エ** くちやかましく
- **オ** 熱心に

問二　傍線部１「わざとのように浮かない顔をしていた」とあるが、それはなぜか。その説明として最も適当なものを次の**ア**～**オ**から一つ選び、記号で答えよ。

ア　彼女のことを考えはじめると気持ちが落ち着かず、朝食を食べる気もなくなるのに、食堂へ行ってきちんとご飯を食べなくてはいけないと思いはじめたから。

イ　彼女のことを考えはじめると気持ちが落ち着かなくなるが、たえず自分を観察するような視線の母にあやしまれないようにするためには必要なことだと思うから。

ウ　彼女のことを考えはじめると気持ちが落ち着かなくなり、こみあげてくるうれしさを押し殺しては、よくわからない自分の気持ちを確かめようと思っているから。

エ　彼女のことを考えはじめると気持ちが落ち着かなくなり、家を出る時間が気になり、うちの時計は正確なのか狂っているのかと思うと、いらだつ気持ちが起きてくるから。

オ　彼女のことを考えはじめると気持ちが落ち着かなくなるので、春の季節に気持ちがふさいでしまうのは、人を好きになるためではないかと思うようになったから。

問三　【　Ⅰ　】・【　Ⅱ　】にあてはまる語句として最も適当なものを次の**ア**～**オ**からそれぞれ一つずつ選び、記号で答えよ。

ア　わき目をふらずに

イ　目をはなさないように

ウ　あまり見すぎないように

エ　わざとのように

オ　息を切らして

問四　傍線部２「やっぱりどうしても彼女を好きなのがわかった」とあるが、なぜそういえるのか。その理由として最も適当なものを次の**ア**～**オ**から一つ選び、記号で答えよ。

ア　彼女の姿が見えると胸が高鳴るくせに、彼女が近づくと何ひとつ言葉を発することもできずに逃げだしてしまう臆病な自分だとわかったから。

イ　自分は彼女に話しかけられてもはきはきと返事ができないのに、彼女は自分に声をかけることをいつも忘れない、さわやかな人柄だから。

ウ　挨拶を交わしただけなのに、自分が電車に間に合うことができるよう心遣いをしてくれるほど、彼女は気が利いて自分を導いてくれるから。

エ　会いたくて仕方のない彼女に実際に会うと緊張してしまうが、そんな自分に寄り添ってくれる彼女を強く意識していることに気づいたから。

オ　通学中に会う彼女はまるで自分の弟のように世話を焼いてくれるので、自分も彼女に姉のような親しみを感じずにはいられないから。

問五　傍線部３「それを考えると彼の心は早くもしぼんでしまうのだった」とあるが、これはどういうことか。七十字以内で説明せよ。

問六　傍線部４「後悔にくるしみながら」とあるが、どういうことを「後悔にくるし」んでいるのか。その説明として最も適当なものを次の**ア**～**オ**から一つ選び、記号で答えよ。

ア　父が元気で帰ってうれしかったでしょうと彼女に言われ改めて喜びが込み上げてきたのに、少年は彼女がその父をなくし大学進学を断念する不幸な身の上になったことを慰めることはできずに終わってしまったこと。

イ　父が戦病死した彼女は、彼の父が生きて帰ってきたことを純粋に喜んでくれているのに、少年はわざとどうでもいいやという調子で父の生死の問題を扱うことが、彼女に気に入られることだと取り違えてしまったこと。

ウ　戦病死したのが彼女の父であり、自分の父は元気に帰ってきてくれてよかったと無意識のうちに比較している心の内が見すかされてしまっており、少年が自分は彼女を傷つけてしまっているのだと思い始めていること。

エ　彼女の父が南方で戦病死したことを母から聞いていたので、彼女に慰めの言葉をかけなくてはいけないと思いながらも、少年ははきはきした態度が取れずに彼女の気を引くようなことは何ひとつ言えずに終わったこと。

オ　彼女とじっくり話し合える機会だと張り切るあまりに、しなくてもよかった話までもしてしまったために、彼女に作り話までこしらえるいい加減な人間だという印象を与えて別れなくてはならなかったこと。

三 次の文章は『徒然草』の一節である。よく読んで、後の問いに答えよ。

※1応長のころ、※2伊勢の国より、女の鬼になりたるを率《ゐ》て（連れて）上りたりといふことありて、そのころ二十日ばかり、日ごとに、※3京・白川の人、鬼見にとて出《い》でまどふ。

「昨日は※4西園寺《さいをんじ》に参《まゐ》り（参上した）たりし。」

「今日は※5院へ参るべし。」

「ただいまはそこそこに。」

など言ひ合へり。まさしく見たりと言ふ人もなく、虚言《そらごと》と言ふ人もなし。上下ただ、鬼のことのみX言ひやまず。

そのころ、※6東山より※7安居院《あぐゐ》の辺へまかりはべりしに（出かけましたが）、四条より上《かみ》さまの人（北にいる人）、1皆、北をさして走る。

「一条室町《むろまち》に鬼あり。」

とaののしり合へり。今出川《いまでがは》の辺よりY見やれば、※8院の御桟敷《おんさじき》のあたり、さらに通り得《う》べうもあらず（まったく通行できそうもなく）立ちこみたり。はやく（やはり）2跡なきことにはあらざめりとて、人を遣《や》りて見するに、bおほかた逢《あ》へる者なし。暮るるまでかく立ち騒ぎて、果ては闘諍《とうじやう》（けんかが）おこりて、cあさましきことどもありけり。

そのころ、おしなべて（一様に）、二、三日人のわづらふことはべりしをぞ、かの鬼の虚言は、3このしるしを示すなりけりと言ふ人もはべりし。

（注）
※1 応長のころ……一三一一年～一三一二年のころ。
※2 伊勢の国……現在の三重県の一部に相当する地域。
※3 京・白川……「京」は京都、「白川」は郊外だが実質的に都の一部。
※4 西園寺……京都の西北、現在の金閣寺の地にあった寺。
※5 院……上皇の御所《ごしょ》。
※6 東山……京都の東方に当る山。作者が一時住んでいた。
※7 安居院・四条・一条室町・今出川……いずれも京都の地名。
※8 院の御桟敷……一条室町に常設されていた、行事等を見物するための席。

問一 波線部X「言ひやまず」、Y「見やれば」の動作主は誰か。最も適当なものを次のア～オからそれぞれ一つずつ選び、記号で答えよ。

ア 鬼　イ 帝《みかど》　ウ 京の人々　エ 伊勢の人々　オ 作者

問二 傍線部a「ののしり合へり」、b「おほかた」、c「あさましき」の本文中における意味として最も適当なものを、次のア～オからそれぞれ一つずつ選び、記号で答えよ。

a ののしり合へり
ア 口々に感想を述べ合っている
イ 口汚くけなし合っている
ウ 評判を高め合っている
エ 大声で騒ぎ合っている
オ ひそひそと話し合っている

b おほかた
ア まったく
イ 大体
ウ わずかしか
エ 確かに
オ 直接

c あさましき
ア 不思議な
イ あきれた
ウ ずるがしこい
エ 通り一遍の
オ いやしい

問三 傍線部1「皆、北をさして走る」とあるが、それは何のためか。二十字以内でわかりやすく答えよ。

問四 傍線部2「跡なきことにはあらざめり」とあるが、この部分の解釈として最も適当なものを次のア～オから一つ選び、記号で答えよ。

ア かつて鬼がいたと言われる場所が、今はもうないということであるようだ
イ 鬼がいるという話は、まったく根も葉もないことではないようだ
ウ 跡形《あとかた》もなく鬼がいなくなってしまった、ということであるようだ
エ 証拠もないので、鬼がいるということは信じられない話であるようだ
オ 鬼になってしまったという女は実在した、ということではないようだ

問五 傍線部3「このしるしを示すなりけり」とあるが、これはどういうことか。その説明として最も適当なものを次のア～オから一つ選び、記号で答えよ。

ア 鬼の噂は、流行病の前兆であったということ。
イ 鬼の姿は、それを見た多くの人々を病気にしたということ。
ウ 鬼の噂は、政情不安を象徴する出来事であったということ。
エ 鬼の出現は、人々を悩みから解放する功徳《くどく》であったということ。
オ 鬼の噂は、それを聞いた人の病を軽くする御利益《りやく》があったということ。

問六 この文章の出典『徒然草』の作者名を漢字で答えよ。

数　学　科(高)

(70分)
数高令2

(注意) 円周率は π，その他の無理数は，たとえば $\sqrt{12}$ は $2\sqrt{3}$ とせよ。
解答はすべて解答用紙に記入せよ。

1 次の問いに答えよ。

(1) $\dfrac{-1^2}{7}\div\left(-\dfrac{3}{5}+\dfrac{5}{14}\right)\times\left(\dfrac{1}{2}-1\right)$ を計算せよ。

(2) $\dfrac{\sqrt{8}+\sqrt{44}}{\sqrt{32}}-\dfrac{\sqrt{11}-\sqrt{18}}{\sqrt{8}}-\sqrt{(-2)^2}$ を計算せよ。

(3) x^2y-x^2-4y+4 を因数分解せよ。

(4) 方程式 $2x+5y-7=x-y+9=-3x-27$ を解け。

(5) 2次方程式 $x^2+(a-1)x+a^2+3a+4=0$ が $x=2$ を解にもつような，a の値を求めよ。

(6) n を1以上9以下の整数とするとき，$\sqrt{\dfrac{72(n+4)}{n}}$ が整数になる n の値を求めよ。

(7) 座標平面上の2点 A$(2a+5,\ 4b+3)$，B$(3b+2,\ 2a+7)$は，x 軸に関して対称である。このとき a，b の値を求めよ。

(8) 大，小2つのさいころを同時に投げて，出る目をそれぞれ a，b とする。このとき，$a+b$ の値が3の倍数になる確率を求めよ。

(9) 右の図において，PA，PB は円の接線である。このとき，角 x の大きさを求めよ。

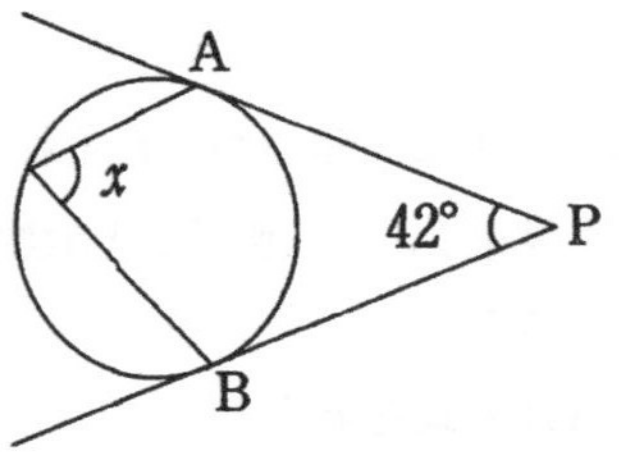

(10) 右の表はあるクラスの小テストの結果をまとめたものである。この表からわかるテストの点数の平均値を a，中央値を b，最頻値を c とする。
a，b，c を小さい順に左から並べよ。

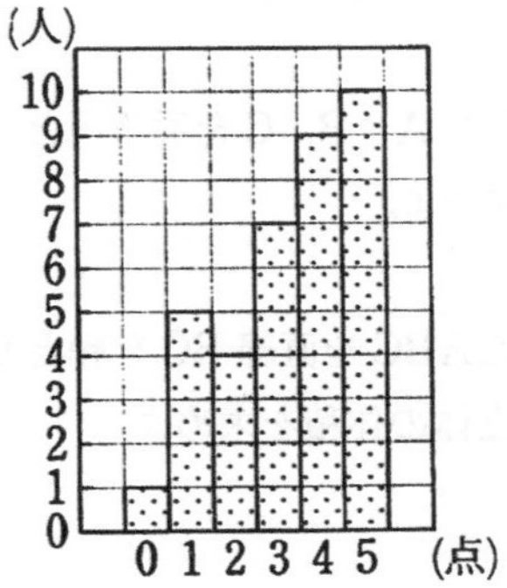

2 ある映画館では，通常大人1人2000円，子ども1人1600円料金がかかるが，1つの団体で大人だけまたは子どもだけで11人以上になる場合，団体割引を使うことができ，10人を超えた人数分の料金が x %引きになる。次の問いに答えよ。ただし，$0<x<50$ とする。

(1) 大人の団体15人で入館したとき，料金の合計は26000円であった。このとき，x の値を求めよ。

(2) 大人と子どもの料金の合計が15600円であったとき，割引はされていなかった。このとき，考えられる大人の人数をすべて求めよ。

(3) 大人だけの団体と子どもだけの団体が入館した。この2つの団体の合計の人数は20人で，大人の団体の料金と子どもの団体の料金のそれぞれの合計は5600円違っていた。このとき，考えられる x の値を求めよ。

3 放物線 $y=x^2$ 上に x 座標がそれぞれ -2，1である点A，Bをとる。点Aを通り，傾き1の直線を l とし，直線 l と放物線 $y=x^2$ の交点のうちAでない点をCとする。次の問いに答えよ。

(1) 直線ABの式を求めよ。

(2) 点Cの座標を求めよ。

(3) 3点A，B，Cを通る円と y 軸の交点の y 座標を求めよ。

(4) △ABCを直線BCを軸として1回転してできる立体の体積を求めよ。

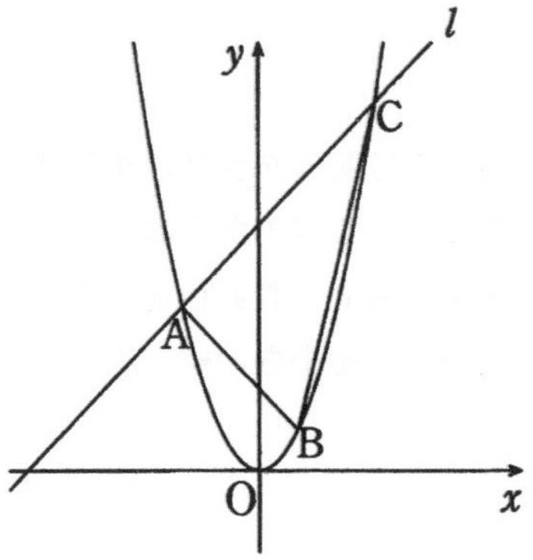

4 AB=12，BC=10，CA=8である△ABCにおいて，辺BC上にBD=6となる点Dをとり，辺AC上にAE=3となる点Eをとる。ADとBEの交点をFとするとき，次の問いに答えよ。

(1) DEの長さを求めよ。

(2) AF : FEを求めよ。

(3) AFの長さを求めよ。

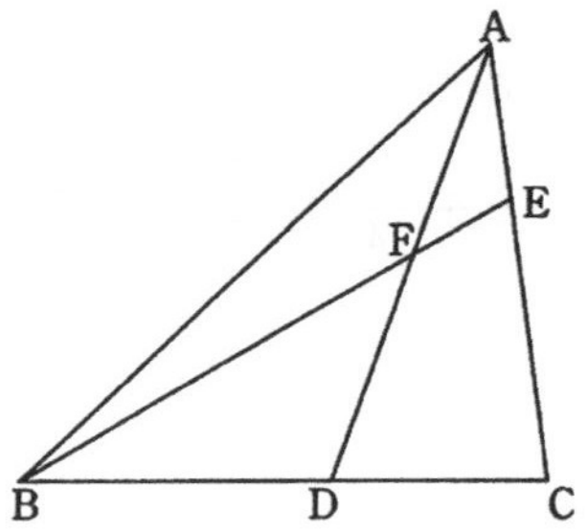

5 右の図1は，正四角すいO－ABCDを真上から見たときのものである。底面ABCDは一辺の長さが10の正方形であり，側面は4面ともすべて合同な二等辺三角形で，辺OAの長さが $5\sqrt{5}$ であるとき，次の問いに答えよ。

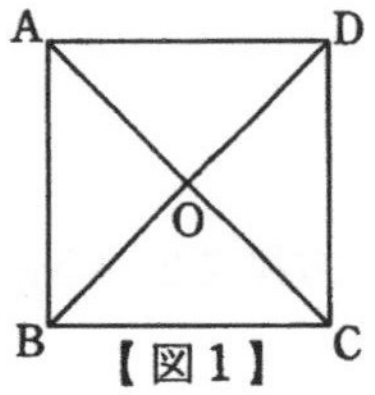

【図1】

(1) この正四角すいの体積と表面積を求めよ。

(2) さらに，この正四角すいを底面に平行な平面で切ってできる2つの立体のうち，四角すいではない方の立体を⓪とする。⓪を真上から見た図が右の図2である。切り口の四角形が，一辺の長さが8の正方形EFGHであるとき，次の問いに答えよ。

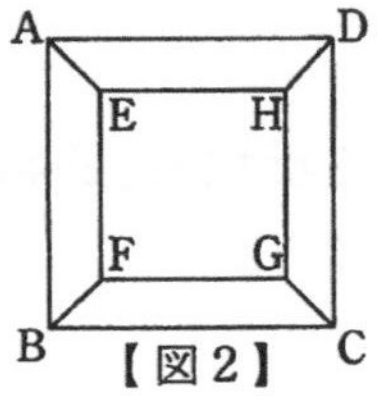

【図2】

(ア) 立体⓪の体積を求めよ。

(イ) 辺ABの中点をMとする。図2の立体⓪の表面上で点Mと点Hを結んだとき，最も短くなるときの長さを求めよ。

①

英　語　科（高）

英高令２　(60分)

（注意）解答はすべて解答用紙に記入せよ。

（リスニングテストに関する注意）

- **リスニングテストの放送は、試験開始から約 10 分後に始めます。**
- リスニングの放送時間は約 10 分です。
- 放送される英文を聞いて、それについての質問に答えるという形式です。
- 放送を聞きながら、メモを取ってもかまいません。

1　次のリスニング問題 **(A)**, **(B)** にそれぞれ答えよ。

(A)　これから放送される(1)～(5)のそれぞれの会話について、与えられている質問の答えとして最も適当なものをそれぞれ**ア**～**エ**の中から１つ選び、記号で答えよ。**会話はそれぞれ一度だけ読まれる。**

★教英出版編集部注
問題音声は教英出版ウェブサイトで。
リスニングＩＤ番号は解答集の表紙を参照。

(1)　What will Alice do now?

ア　Start shopping for food.
イ　Start making a salad.
ウ　Start eating dinner.
エ　Start cooking pasta.

(2)　Where is the police station?

ア　It's on your left.
イ　It's just past the city park.
ウ　It's next to the city library.
エ　It's across from the city park.

(3)　What will Ellen's father do tonight?

ア　Stay home.　　**イ**　Cook dinner.
ウ　Work until late.　　**エ**　Study until 10:00.

(4)　How will the man get to the stadium?

ア　On foot.　　**イ**　By car.
ウ　By bus.　　**エ**　By streetcar.

(5)　What is Dinesh doing?

ア　Looking at pictures of his trip.　　**イ**　Taking pictures of Italy.
ウ　Planning a trip to Italy.　　**エ**　Buying a new smartphone.

(B)　これから放送される比較的長い会話を聞き、(1)～(5)の質問に対する答えとして最も適当なものをそれぞれ**ア**～**エ**の中から１つ選び、記号で答えよ。**英文は２度読まれる。**

(1)　Why are Sam and Charlie going to Tokyo?

ア　They are going to Kyoto, Osaka, Hiroshima, and Fukuoka together.
イ　They are going to travel to Sydney and London together.
ウ　They are going to experience a hot summer.
エ　They are going to watch the Olympic Games.

(2)　What will Sam do after the Olympic Games end?

ア　Sam will go back to Sydney soon after the games end.
イ　Sam will travel to Kyoto, Osaka, Hiroshima, and Fukuoka by himself.
ウ　Sam will go traveling with Charlie.
エ　Sam will go back to London.

(3)　Why does Charlie have to go back?

ア　Charlie has to go on a school trip.
イ　Charlie will go to the Rugby World Cup.
ウ　Charlie has to go back to work.
エ　Charlie has to go back because it will be his 40th birthday.

(4)　Which of the following statements is true?

ア　Charlie's first visit to Japan was for a school trip.
イ　Charlie's first visit to Japan was for the Rugby World Cup.
ウ　This will be Sam's second trip to Japan.
エ　Sam has never wanted to visit Japan before.

(5)　Which of the following statements is true?

ア　Charlie thinks that Japanese people are not very friendly or helpful.
イ　Charlie thinks that not many Japanese people can speak English.
ウ　Charlie thinks that if Sam speaks in Japanese, Japanese people will feel happy.
エ　Charlie thinks that the summers in Japan are really comfortable.

2 次の会話文について、あとの問いに答えよ。

父：ただいま。
娘：あ、お父さん、おかえり。
父：おや、今日一日でだいぶ日焼けしたね。外で何かしたの？
娘：お父さん忘れたの？ 今日は遠足って言ってたでしょう。
父：ああ、そうだったね。ごみ処理場に行ったんだっけ。
娘：そう。湖に行く前に、朝からごみ処理場を見学したの。
父：どうだった？ (1)面白かったかい？
娘：もちろん。曜日によってごみの収集量が全然違うって話おもしろかったな。
父：そんなに違うのかい？
娘：うん、この町で出された分の年間平均を表にまとめてきたからこれを見て。

	日曜日	月曜日	火曜日	水曜日	木曜日	金曜日	土曜日
収集量		114トン	78トン	36トン	83トン	50トン	
回収ごみの種類		燃やせるごみ	プラスチックごみ	ペットボトル	燃やせるごみ	燃やせないごみ	
ごみを出す家庭の割合		78%	90%	54%	69%	38%	

父：これは面白いな。同じ燃やせるごみでも木曜日より月曜日が多いんだね。
娘：そう。やっぱり〔　A　〕。その分、平日よりも多くゴミが出るんじゃないかしら。それよりお父さん、火曜日で何か気づかない？
父：火曜日・・・７８トンで、９０%の家庭がごみを出している・・・あれ？ ７８%の家庭がごみを出している月曜日の方が重いぞ・・・でも、そりゃあそうか。プラスチックは軽いからね。
娘：正解。でも９０%ってすごいよねえ。
母：そりゃあそうですよ。
娘：どうして、お母さん？
母：だって、〔　B　〕。プラスチックはかさばるから、溜めておく場所にどんどん困っていくんだもの。
娘：なるほどそうか。あ、そうだお母さん、(2)プラスチックを洗う時にお湯を使わないで。
母：どうして？ 水じゃあ落ちないものがあるのよ。
娘：お湯を使うと石油を無駄にしてしまうんだって。水で洗っても取れないなら、そのまま燃やせるごみとして出してもらって、それを焼却した方が石油の節約になるんだって。
母：ふうん。なるほどねえ。気をつけます。
父：(3)地球を守るためにはいろんなことを知っておく必要があるね。
娘：うん。またいろいろ調べてみるよ。

問１ 下線部(1)～(3)を英語に直しなさい。
問２ 会話の内容が自然につながるように、空所〔　A　〕，〔　B　〕に入れるのに適当な内容を考え、**英語で**書きなさい。

3 次の英文を読んで、あとの問いに答えよ。

John Myatt was a painter in England. He didn't get much money from his job at an art school. He couldn't take another job because he had two little children. He needed a job that he could do at home.

Art was something he could do at home. But he was not a famous painter. His paintings did not sell for a lot of money. Then he remembered the *Picasso.

Some years before, a rich friend wanted to buy a painting by Picasso. It cost many thousands of dollars. John said, "Don't buy it. I'll make you a Picasso." So he did. He painted a picture that [イ] just like a real Picasso. His friend paid John a few hundred dollars and put it in his living room.

This was something John could do. He could paint just like any famous painter —like Picasso, *Van Gogh, *Matisse. So he decided to make money this way, with (　1　). (2)He signed his name on all of the paintings. He didn't want people to think they were really by famous artists.

Then a man [ロ] Drewe bought some of John's paintings. A short time later, he bought some more, and then more. He paid John well for them. John understood that Drewe was not putting all the pictures in his living room. But he didn't tell John (3)what he was doing, and John didn't ask.

After six years, John decided to stop [ハ] pictures to Drewe. (4)(ア)He didn't like (イ)the man, and (ウ)he had enough money. But it was too late. The police knew about Drewe. They soon came to John's house. Then he learned from the police what Drewe did with his paintings. He took John's name off them, and he sold them as paintings by famous artists. Everyone thought they were real. They paid a lot of money for them.

But they were John's paintings, so John had to go to *jail for four months. When he came out, he was famous, too. The newspapers wrote about him. People wanted to know how he did his paintings.

After that, he went to work for the police and helped them [ニ] copies of famous pictures. He also had a big show in London of his paintings. They were copies of famous pictures. Now, of course, they had his (　5　) on them. But he sold them all for a lot of money.

〔出典：Linda Jeffries and Beatrice S. Mikulecky, *BASIC READING POWER 1 THIRD EDITION*, PEARSON Longman〕

【注】 Picasso：ピカソ、20世紀前半に活躍したスペインの画家
Van Gogh：ヴァン・ゴッホ、19世紀後半に活躍したオランダの画家
Matisse：マティス、20世紀前半に活躍したフランスの画家　　jail：刑務所

③ 英高令２

問１ 空所 [イ]～[ニ]に入れるのに適当な動詞を次の語群から選び、<u>必要に応じて語形を変えて</u>答えよ。

[語群]

name	help	leave	sell	look	find

問２ 空所(　1　)には４語の表現が入る。最も適当な４語をそれ以降の本文から抜き出して答えよ。

問３ 下線部(2)について、このことを行っていた理由を日本語で答えよ。

問４ 下線部(3)が表している内容を具体的に日本語で答えよ。ただし、he が示す人物名（英語のままでよい）も明らかにして答えること。

問５ 下線部(4)の (ア)He, (イ)the man, (ウ)he の人物はそれぞれ誰のことであるか。それぞれが指している人物を<u>英語で</u>答えよ。

問６ 空所(　5　)に入れるのに最も適当な英語１語を答えよ。

4 次の英文を読んで、あとの問いに答えよ。

In July, 1942, 40 children arrived in *Nonantola, in northern Italy. These children were from Germany and other European countries. Some were young, some were older. They were all *Jewish. And they had no families. Their parents were dead—killed by *the Nazis in Germany. These children and the teachers with them wanted to go to *Palestine (the area where *Israel is today). But they couldn't get there because of the war. They lived in *Yugoslavia for more than a year. But then the Germans arrived, and the children had to leave. So they went to Italy to wait for the war to end.

In 1942 all Jewish people in Italy had to follow many rules. They couldn't work for non-Jewish people. They couldn't go into non-Jewish stores. They couldn't send their children to Italian schools. They couldn't go out after dark. But they were still [1] in Italy. The Italians didn't kill Jewish people.

In Nonantola, the children went to live with their teachers in *Villa Emma. Villa Emma was a big and beautiful house, but it was almost empty. There weren't enough tables and chairs for everyone. There weren't enough beds or blankets. There weren't enough plates or cups or spoons. And there were no books, paper, or pencils. School was important for these children and their teachers. Someday they wanted to have a new life in Palestine. They wanted to be ready for that life.

The teachers had some money from an Italian Jewish organization. With that money they could buy food for a few months. But they couldn't buy food for the whole winter. And they couldn't buy everything they needed at the Villa.

Soon after they arrived in Nonantola, they had a visitor. It was Don Arrigo Beccari, a priest from the church in town. He talked with the teachers and the children. He heard about how they left home two years earlier. He heard about the families of the children. He heard that some children cried at night, and that some children were not well. He saw how empty the Villa was.

Don Beccari went back to the town. He talked with his friend, Dr. Moreali, the town doctor. Don Beccari and Dr. Moreali knew everyone in town. And they knew all about their lives and problems. The people of Nonantola liked these two men very much.

The two men talked and talked about the children at Villa Emma. In the next few days, they found answers to many of the problems. Don Beccari found some beds, chairs, and tables at a *Catholic school. Soon a truck brought them to Villa Emma. Dr. Moreali went to see the sick children and gave them some medicine. Soon they were better. Don Beccari talked with some farmers. Soon the older boys and girls were working on farms. The farmers paid them with potatoes, eggs, or chickens. (2)<u>In this way</u>, they had food for the winter.

The fall and then the winter came to Villa Emma. Everyone in Nonantola knew about the children. Many people helped. They gave Don Beccari food, clothes, or toys to bring to the Villa. With help from the town, there was enough food all winter. There was also wood to keep the Villa warm.

In the spring, another group of Jewish children arrived. Now there were 73 children and their teachers. The older boys and girls began to work on the farms again. In the summer, when it was hot, the children went swimming. There was a big river near Villa Emma. This was also a good place for meetings in the long summer evenings. Young people from the town met with young people from the Villa. Some became good friends, and some fell in love. But the young people had to [3] their meetings. They were afraid of the Italian police.

Did the police in Nonantola know about Villa Emma? Did they know that the young *Jews worked on Italian farms? Did they know that many Nonantolans met with the Jewish children and teachers? Did they know that Don Beccari and Dr. Moreali and many people in town were helping them? They almost certainly knew. But they did nothing. They said nothing to Don Beccari and Dr. Moreali. They said nothing to other people in town.

And then, suddenly, everything changed. In early September, 1943, the German army arrived in northern Italy. Now it was not a safe place for Jewish people. The German soldiers told the Italians to find all the Jews and send them to Germany. Everyone (4) the Nazi camps. They were killed in terrible ways.

In many towns, the Italians helped the Germans find all the Jewish people. But the people of Nonantola didn't. They wanted to save the children and teachers of Villa Emma. So they took them into their homes and hid them. In two days, Villa Emma was empty. All the children and their teachers were hiding with families in the town or in a Catholic school.

Now the German soldiers were in Nonantola. Everyone was afraid. The children and teachers were safe for the moment, but not for long. Everyone in Nonantola knew about Villa Emma. The police in Nonantola knew, too. In those first days, they kept the secret. They didn't tell the German soldiers about the Jews. But they couldn't keep the secret for much longer.

Don Beccari and Dr. Moreali talked about (5)<u>this terrible new problem</u>. They had to find a way to get all the children and teachers out of Italy. The only safe country now was *Switzerland. But Switzerland was not close to Nonantola. It was several hours away.

With the help of many people from Nonantola, they made a plan. It was very dangerous—for the Jews and for their helpers. A man who worked in the town hall made ID papers for the children and teachers. These papers didn't say they were Jewish. They said the children belonged to a school and were on a school trip.

Then the children and teachers began leaving in small groups. They went first by truck and then by train. Then they had to walk for miles. Finally, at night, they came to a river. It was wide and deep, but on the other side was Switzerland. The older children held the hands of the younger children. Night by night, and group by group, they all made the trip across the river.

All the children from Villa Emma lived in Switzerland until the end of the war. Then at last, in 1945, they went to Palestine.

〔出典：Linda Jeffries and Beatrice S. Mikulecky, *BASIC READING POWER 1 THIRD EDITION,* PEARSON Longman〕

【注】 Nonantola：ノナントラ、イタリア北部の地名　　Jewish：ユダヤ人、ユダヤ人の
the Nazis：ナチ党、ヒトラーが指導した国家社会主義ドイツ労働者党
Palestine：パレスチナ　　Israel：イスラエル
Yugoslavia：ユーゴスラビア：現在のセルビア、クロアチア、スロベニアなどで構成されていた国
Villa Emma：エマ邸、屋敷・邸宅の名前　　Catholic：カトリックの
Jews：ユダヤ人　　Switzerland：スイス

問１　空所 [1] に入れるのに最も適当なものを**ア～エ**から１つ選び、記号で答えよ。
ア safe　　イ poor　　ウ dangerous　　エ worried

問２　下線部(2)の具体的な内容を、日本語で説明せよ。

問３　空所 [3] に入れるのに最も適当なものを**ア～エ**から１つ選び、記号で答えよ。
ア go to　　イ hide　　ウ talk about　　エ hold

問４　空所(4)に入る適切な表現となるように、次の（　　）内に与えられた語を並べかえよ。解答は（　　　）内のみを記せ。
(were / happened / Jews / knew / to / to / who / what / sent)

問５　下線部(5)の具体的内容を、４０字以上６０字以内の日本語で説明せよ。ただし、句読点も１字に数える。

問６　本文の内容に合うものを、**ア～ク**の中から３つ選び、記号で答えよ。
ア　40人のユダヤ人の孤児たちは、ユーゴスラビアで暮らしていたが、ドイツ軍が来たため、イタリアに移動してきた。
イ　エマ邸(Villa Emma)に来た時から、生活や学業に必要なものには困らなかった。
ウ　ノナントラの人たちは、ベッカーリ神父とモレアーリ医師のことを快く思っていなかった。
エ　孤児たちには、ノナントラの人と一緒に過ごす機会は全くなかった。
オ　ノナントラの警察は、ユダヤ人孤児たちのことを知っていたが、何も口にしなかった。
カ　ドイツ軍がイタリア北部に来たが、イタリア人は誰もドイツ軍に協力しなかった。
キ　ノナントラの人の中には、孤児たちのために、ユダヤ人であることがわからない身分証明書を作ってくれた人がいた。
ク　孤児たちと教師たちはノナントラの人たちのおかげでスイスに逃れることができ、戦争の後もスイスで暮らし続けた。

放送原稿

★教英出版編集部注
問題音声は教英出版ウェブサイトで。
リスニングＩＤ番号は解答集の表紙を参照。

問題 A

1. W: What should we eat for dinner tonight, Bob?
   M: Let's have some pasta, Alice.
   W: That's a great idea. I'll start making a salad. You start cooking.
   M: Alright. Do we need to do any shopping?
   W: No. We have everything.

2. W: Excuse me. Could you tell me how to get to the police station?
   M: OK. You should first turn left over there by the library.
   Keep going straight until you see the City Park.
   The police station is just across the street.
   W: Thank you very much.

3. M: Ellen, I know you have homework, but could you make your own dinner tonight?
   W: No problem, Dad. Do you have to work late tonight?
   M: Yes. I have a lot to do. I may not get home until ten o'clock.
   W: I think you're working too hard these days, Dad.

4. M: Excuse me. Could you tell me how to get to Big N Stadium?
   W: Sure. You can take either the bus or the streetcar.
   M: I think I'll take the streetcar. How far is the streetcar stop from here?
   W: Oh, it's just around the corner.

5. W: What are you looking at, Dinesh?
   M: Oh, hi, Ami. These are some pictures of my trip to Italy.
   W: They're really nice. Did you take them yourself?
   M: Yes. I bought a new smartphone for the trip.

問題 B

Charlie: *Hey, Sam. Are you excited about our trip to Tokyo this year?*

Sam: *Hey, Charlie. I am so excited! It's going to be great to watch the Olympic Games in Tokyo. I'm a little worried about the heat, though. I hear that Tokyo can be quite hot in the summer.*

Charlie: *Yes. Japan can be very hot in the summer. I have to go back to the UK after the games finish. The day after the games end, I will fly back to London and go back to work. When will you go back to Sydney, Sam?*

Sam: *I'll go back to Sydney a week after the games end. I'll spend some time traveling around Japan. I'm going to travel by train down to Kyoto, Osaka, Hiroshima, and Fukuoka.*

Charlie: *I wish I could stay in Japan longer but my boss said I have to come back to work quickly. Also a friend of mine will have his 40th birthday soon after I arrive back.*

Sam: *Charlie, is this your first time to Japan?*

Charlie: *No, it's my third time. The first time I went to Japan was on a school trip. I was in high school. The second time was last year. I went for the Rugby World Cup.*

Sam: *Oh wow! How was the Rugby World Cup?*

Charlie: *It was fantastic. After the World Cup ended, I traveled around Japan a bit. I visited Kyoto, Osaka, Hiroshima, Kyushu, and Shikoku. But I didn't visit Hokkaido or Okinawa. How about you, Sam? Is this your first visit?*

Sam: *Yes, it is. I have heard so many great things about Japan, and have always wanted to go. I'm really looking forward to it. Charlie, do you think I should learn some Japanese before I go?*

Charlie: *That would be really good, but don't worry, Japanese people are so friendly and helpful. Many people speak English really well! And even if they can't speak English, they will try to help you. But please try to speak in Japanese. They'll be really happy that you are making an effort.*

Sam: *Sounds great. I'll try to learn as much Japanese as possible. Just 6 more months to go! I can't wait!*

① 理科（高） 理高令２ (50分)

（注意）解答はすべて解答用紙に記入せよ。

1 次の（１）～(10)の問いについて，それぞれの選択肢の中から適当なものを１つずつ選んで，記号で答えよ。

（１）植物に関して正しく述べたものはどれか。

ア　スギナは根，茎，葉の区別がないコケ植物である。
イ　シロツメクサの花は小さな花の集まりである。
ウ　ツツジの花は花弁が１枚１枚離れている離弁花である。
エ　タンポポの根は多数の細い根が広がっているひげ根である。
オ　スズメノカタビラの根は主根を中心に，そこから側根がひろがっている。

（２）胃のレントゲン撮影に造影剤として使われる物質はどれか。

ア　塩化カルシウム　イ　炭酸水素ナトリウム　ウ　水酸化バリウム
エ　炭酸カルシウム　オ　炭酸ナトリウム　カ　硫酸バリウム

（３）右図が示す風向と天気の組み合わせとして正しいものはどれか。

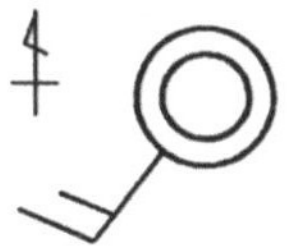

ア　北東の風・雨　イ　北東の風・曇り　ウ　北東の風・晴れ
エ　南西の風・雨　オ　南西の風・曇り　カ　南西の風・晴れ

（４）軟体動物の組み合わせとして正しいものはどれか。

ア　ウニ・ミジンコ　イ　ミジンコ・イソギンチャク
ウ　イソギンチャク・ハマグリ　エ　ハマグリ・マイマイ
オ　マイマイ・カイメン

（５）代表的なプラスチックの名称とその略号として，**誤っているもの**はどれか。

	名称	略号
ア	ポリエチレンテレフタラート	PET
イ	ポリエチレン	PE
ウ	ポリ塩化ビニル	PEV
エ	ポリプロピレン	PP
オ	ポリスチレン	PS

（６）光源Ｓから発したレーザー光線が右図の方眼上に立てた鏡Ｐ，Ｑ，Ｒで反射を繰り返した。鏡Ｑを図の実線の位置から点線の位置までわずかにずらすと，レーザー光線が鏡Ｐに２回目，３回目に当たる点は，鏡Ｑをずらす前に比べて左右どちら向きに移動するか。

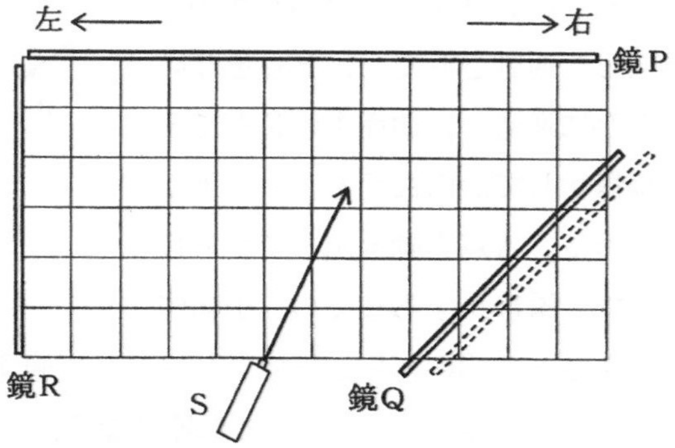

ア　２回目，３回目の点はいずれも右側に移動する。
イ　２回目，３回目の点はいずれも左側に移動する。
ウ　２回目の点は右側に，３回目の点は左側に移動する。
エ　２回目の点は左側に，３回目の点は右側に移動する。
オ　２回目の点は右側に移動し，３回目の点はＱをずらす前と同じ位置に戻る。

（７）酸素を多く含んだ血液が流れる血管の組み合わせとして正しいものはどれか。

ア　大動脈・肺動脈　イ　大動脈・肺静脈　ウ　大静脈・肺動脈
エ　大静脈・肺静脈

（８）炭素電極を用いて塩化銅水溶液の電気分解を行ったとき，陰極で起こる反応は次のどれか。

ア　$H_2 \rightarrow 2H^+ + 2e^-$　イ　$2H^+ + 2e^- \rightarrow H_2$
ウ　$Cl_2 + 2e^- \rightarrow 2Cl^-$　エ　$2Cl^- \rightarrow Cl_2 + 2e^-$
オ　$Cu \rightarrow Cu^{2+} + 2e^-$　カ　$Cu^{2+} + 2e^- \rightarrow Cu$

（９）天体について述べた文として**誤っているもの**はどれか。

ア　月食が起こるとき，月は太陽と地球の間にある。
イ　太陽の黒点は，周囲よりも温度が低い部分である。
ウ　星座は１日当たり約 1° 西のほうに動いて見える。
エ　明けの明星は東の空に見える。
オ　新月の２日後の月は夕方西の空に見える。

(10) 右図のＡ点から小物体を静かに放して運動させたら，Ｂ点をなめらかに通過し，曲面上のＤ点で一瞬静止してから曲面をすべり下り始めた。Ａ点を動き出してからＤ点で一瞬静止するまでの，小物体の速さと時間の関係を表すグラフとして適切なものはどれか。ただし，AB間の斜面とCD間の曲面はなめらかで摩擦はなく，水平面BC間には一定の大きさの摩擦力がはたらくものとする。

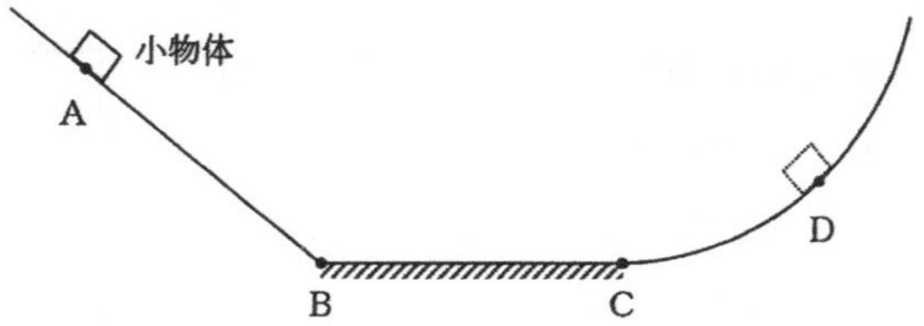

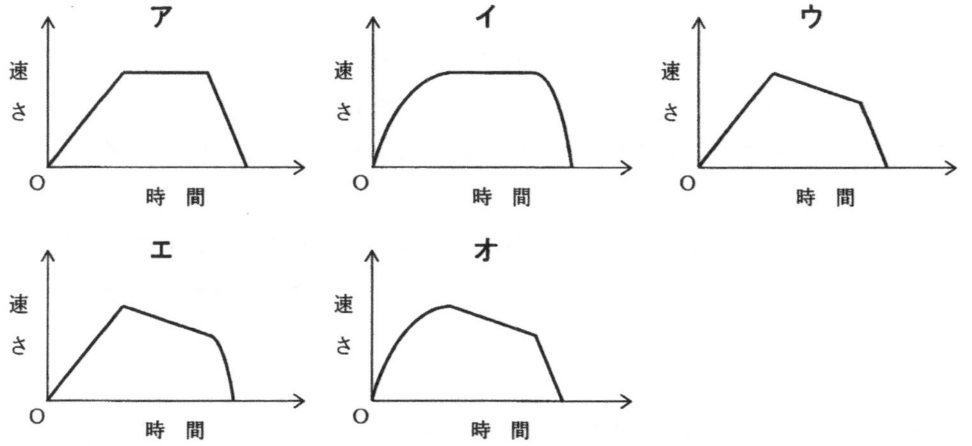

2　光学顕微鏡に関する次の文章を読んで，後の問いに答えよ。

　顕微鏡を持ち運ぶときは，一方の手でアームをにぎり，他方の手で（　①　）を支える。顕微鏡は（　②　）日光のあたらない明るく（　③　）な場所に置き，（　④　）内にほこりが入らないよう，接眼レンズ，対物レンズの順にとりつける。レボルバーを回して最低倍率にしたあと，しぼりを開き，反射鏡を動かして視野の全体が明るく見えるようにする。プレパラートの観察物が対物レンズの真下にくるように，ステージの上に置き，クリップでとめる。横から見ながら（　⑤　）ねじを回し，対物レンズとプレパラートをできるだけ近づける。接眼レンズをのぞきながら（⑤）ねじを反対方向にゆっくりと回してピントを合わせる。高倍率にすると，見える範囲はせまくなり，視野の明るさは暗くなる。

　顕微鏡に使用している対物レンズは焦点距離の短い凸レンズ，接眼レンズは焦点距離の長い凸レンズである。まず，対物レンズが，焦点の a（　内側　・　外側　）にある観察物の拡大された倒立の（　⑥　）を（④）内につくる。この像は接眼レンズの焦点の b（　内側　・　外側　）に位置するので，接眼レンズを通して見ると，さらに拡大された正立の（　⑦　）が観察される。その結果，上下左右が逆に見えるのである。

問１　文章中の空欄（　①　）～（　⑦　）に適する語を２文字で記せ。

問２　文章中の a，b について，適する語をそれぞれ選んで答えよ。

問３　下線部に関して説明した次の文章中の【　X　】・【　Y　】に適する整数または分数を答えよ。

　縦横均等に配置された小さな光の集まりを顕微鏡で観察する場合を考える。接眼レンズ 10 倍，対物レンズ 10 倍のとき，光の粒が 80 個見えていたとする。レボルバーを回し，対物レンズを 40 倍にすると，見える範囲は【　X　】倍となるので，見える光の粒子は【　Y　】個となる。見える光の粒子が少なくなるので，視野の明るさは暗くなることがわかる。

3 次の文章を読んで，後の問いに答えよ。

九州には現在も活動が盛んな火山が複数存在する。雲仙の普賢岳は1991年に大規模な噴火があり，現在も山頂に（　①　）が見られる。（①）の先端が崩壊し，火砕流が発生して大きな被害をもたらした。桜島は火山活動が活発で，小規模な噴火が断続的に起こっている。新燃岳や阿蘇山も桜島と同じようなタイプの火山である。1桜島の山肌は全体に灰色っぽく見えるが，普賢岳の山肌はそれよりも白っぽく見える。

火山活動の前兆として火山性の地震が観測されることがあるが，地震は火山活動だけではなく，2プレートや3活断層の動きによって生じるものもあり，その原因はさまざまである。ある場所で発生した地震は離れた場所でも観測することができ，最初に到達する地震波をP波，少し遅れて到達する地震波をS波という。P波による揺《ゆ》れを初期微動，S波による揺れを（　②　）という。4P波による揺れだけが続いている時間は初期微動継続時間といい，震源から観測地までの距離によって異なる。

問1　文章中の空欄（　①　），（　②　）に適する語を記せ。

問2　下線部1に関して，溶岩が固まってできた岩石のうち，灰色っぽいものと白っぽいものを次の**ア**～**カ**の中からそれぞれ1つずつ選んで，記号で答えよ。

ア　玄武岩　　**イ**　花こう岩　　**ウ**　斑れい岩　　**エ**　流紋岩　　**オ**　安山岩
カ　せん緑岩

問3　溶岩が固まってできた岩石について述べた文として適当なものをすべて選んで，記号で答えよ。

ア　粘り気が強く流れにくいマグマが冷え固まった岩石は，セキエイやキ石を多く含んでいる。

イ　粘り気が強く流れにくいマグマが冷え固まった岩石は，チョウ石やセキエイを多く含んでいる。

ウ　粘り気が弱く流れやすいマグマが冷え固まった岩石は，キ石やカンラン石を多く含んでいる。

エ　粘り気が弱く流れやすいマグマが冷え固まった岩石は，チョウ石やクロウンモを多く含んでいる。

問4　下線部2に関して，日本列島は4つのプレートが集まっているところにあるが，長崎県は何というプレート上に位置するか，その名称を答えよ。

問5　下線部3に関して，ある活断層が動いて地震が発生したときに，震央から東西南北に数十km離れた観測地点A～Dの水平動地震計の記録から，最初に揺れた向きがA地点では西，B地点では東，C地点では南，D地点では北であることがわかった。この結果から推測される活断層の動きとして適当なものを次の**ア**～**エ**の中から1つ選んで，記号で答えよ。ただし，図中の矢印は上空から見た断層が動いた方向を表している。

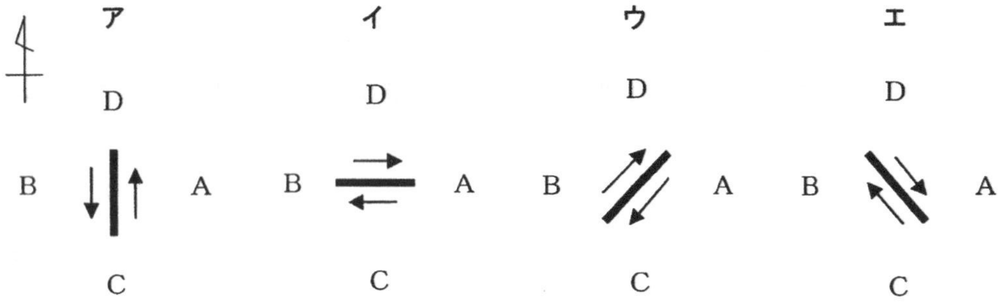

問6　下線部4に関して，次の（1），（2）に答えよ。ただし，P波の速度は7.5 km/秒，S波の速度は4.0km/秒とし，割り切れない場合は，四捨五入して小数第1位まで答えよ。

（1）震源距離が150 kmの地点での初期微動継続時間は何秒か。

（2）初期微動継続時間が4.7秒であれば，震源距離は何kmか。

4 金属を用いた次の〔実験１〕～〔実験４〕について，後の問いに答えよ。

〔実験１〕　三角フラスコに亜鉛を入れ，塩酸を加えたところ，気体が発生した。

〔実験２〕　鉄粉と硫黄の粉末を乳鉢に入れ，乳棒を用いてよくかき混ぜたのち２つに分け，それぞれ試験管Ａ，Ｂに入れた。試験管Ａの混合物の上端を加熱し，少し赤くなったところで加熱をやめたが，混合物全体に反応が広がり，黒色の物質ができた。また，試験管Ｂは加熱することなく次の〔実験３〕で利用した。

〔実験３〕　〔実験２〕の試験管Ａ，Ｂに，それぞれ塩酸を数滴加えたところ，試験管Ａからは気体Ｘ，試験管Ｂからは気体Ｙが発生した。

〔実験４〕　マグネシウムの粉末をステンレス皿にうすく広げて加熱する実験を，４つの班が行ったところ，加熱前のマグネシウムの質量と加熱後の固体の質量の関係が下表のようになった。なお，１～３班ではマグネシウムは全て酸化マグネシウムに変化したが，４班では完全に反応が進まず，未反応のマグネシウムが残った。

	１班	２班	３班	４班
加熱前のマグネシウム(g)	1.29	2.25	3.51	5.07
加熱後の固体(g)	2.15	3.75	（ a ）	8.15

問１　〔実験１〕で発生する気体の捕集法を漢字で記せ。

問２　〔実験１〕で発生する気体と同じ気体が発生する実験はどれか。次の**ア**～**オ**の中から１つ選んで，記号で答えよ。
ア　銅にうすい硫酸を加える。
イ　酸化銀を加熱する。
ウ　炭酸水素ナトリウムを加熱する。
エ　水酸化バリウムと塩化アンモニウムを混合する。
オ　アルミニウムに水酸化ナトリウム水溶液を加える。

問３　〔実験２〕で生じる黒色の物質は何か。名称を答えよ。

問４　〔実験２〕において，加熱を止めた後も反応が続く理由を答えよ。

問５　〔実験３〕において，試験管Ａでおこる反応を化学反応式で記せ。

問６　〔実験３〕で発生した気体Ｙの性質として最も適当なものを次の**ア**～**オ**の中から１つ選んで，記号で答えよ。
ア　刺激臭があり，水でぬらした赤色リトマス紙を青色に変える。
イ　水に少し溶け，石灰水を白濁させる。
ウ　水に溶けにくく，非常に軽く燃えやすい。
エ　無色で，助燃性を示す。
オ　腐卵臭があり，有毒である。

問７　〔実験４〕でおこる変化を化学反応式で記せ。

問８　〔実験４〕の表中の（ a ）に適する数値を答えよ。

問９　〔実験４〕の４班の実験において，未反応のマグネシウムの質量は何ｇか。割り切れない場合は，四捨五入して小数第２位まで答えよ。

5　図１のように，豆電球Ｌ，抵抗値 500Ω の抵抗Ｒ，電流計Ａ，電源装置Ｅを直列接続し，豆電球Ｌに対して電圧計Ｖを並列接続した回路を組んだ。図２のグラフは，電源装置Ｅの電圧を 0V から少しずつ大きくして，電流計Ａと電圧計Ｖの測定値の変化を調べ，豆電球Ｌにかかる電圧と豆電球Ｌに流れる電流の関係を表したものである。電流計Ａにかかる電圧，電圧計Ｖに流れる電流，および導線の抵抗は考えないものとする。これについて後の問いに答えよ。ただし，割り切れない場合は，小数第１位を四捨五入して整数値で答えよ。

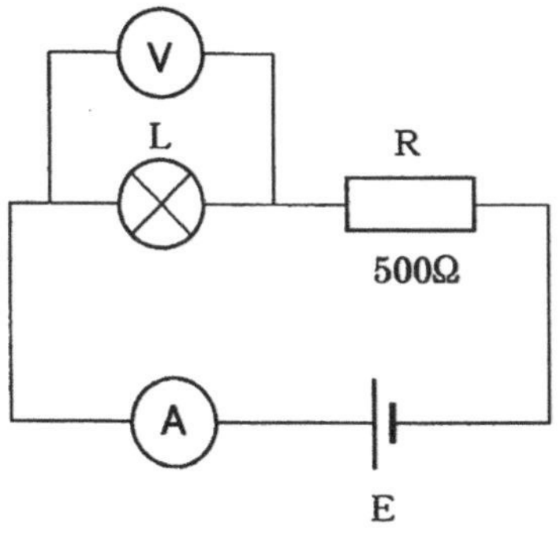

図１

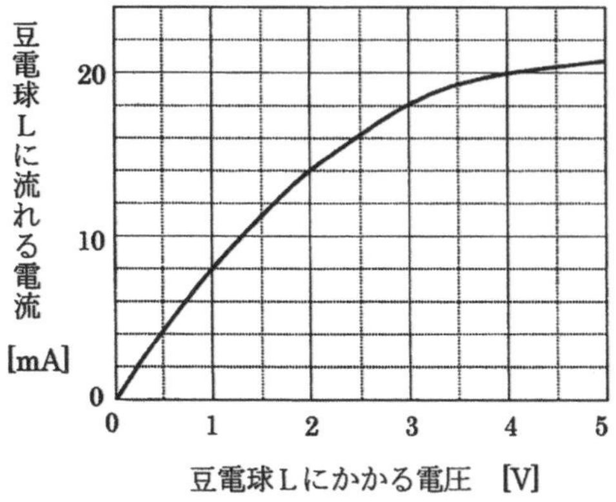

図２

問１　抵抗Ｒに流れる電流は抵抗Ｒにかかる電圧に比例するが，豆電球Ｌに流れる電流は図２のように豆電球Ｌにかかる電圧に比例しない。これは，豆電球Ｌにかかる電圧が大きくなると豆電球Ｌのフィラメントに流れる電流も増え，その電流により発生する熱のためフィラメントの温度が高くなって抵抗値が変化するためである。図２のグラフから，フィラメントの温度が高くなっていくと，豆電球Ｌの抵抗値は「大きくなっていく」，「小さくなっていく」のどちらであるといえるか。「大」または「小」で答えよ。

問２　図１の回路について，次の（１），（２）に答えよ。

（１）電源装置Ｅの電圧を調節して，電圧計Ｖが 2.0V を示したとき，

① 豆電球Ｌに流れる電流は何 mA か。

② 豆電球Ｌの抵抗値は何Ωか。

③ 抵抗Ｒにかかる電圧は何Ｖか。

（２）電源装置Ｅの電圧を調節して，電流計Ａが 20mA を示したとき，

① 豆電球Ｌにかかる電圧は何Ｖか。

② 豆電球Ｌの抵抗値は何Ωか。

③ 電源装置Ｅの電圧は何Ｖか。

次に，豆電球Ｌ，同じ規格の豆電球Ｍ，電源装置Ｅ，抵抗Ｒ，電流計Ａ，電圧計Ｖを用いて右の図３のような回路を組んだ。

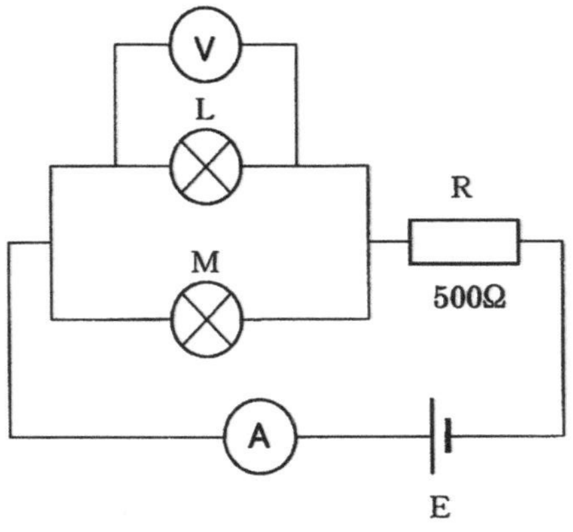

図３

問３　電源装置Ｅの電圧を調節して，電圧計Ｖが 3.0V を示したとき，

（１）電流計Ａは何 mA を示すか。

（２）電源装置Ｅの電圧は何Ｖか。

次に，豆電球Ｌ，Ｍ，同じ規格の豆電球Ｎ，電源装置Ｅを用いて右の図４のような回路を組んだ。これらの豆電球Ｍ，Ｎの消費電力をそれぞれ P_M，P_N とする。

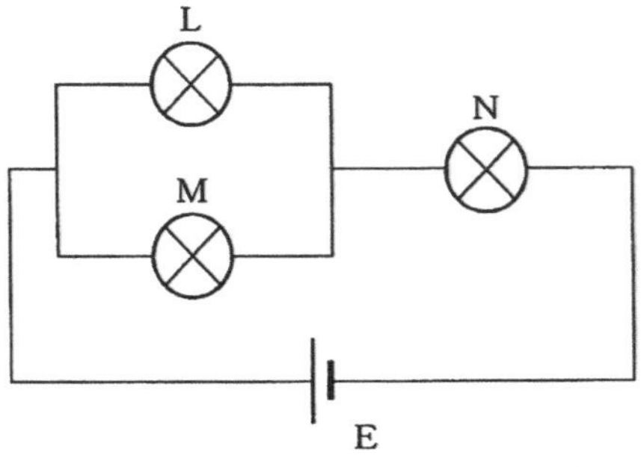

図４

問４　電源装置Ｅの電圧を 0V から少しずつ大きくしていくとき，P_N と P_M の比の値 $\frac{P_N}{P_M}$ はどのような値または範囲をとるか。正しい値または範囲を表しているものを次の**ア**～**キ**の中から１つ選んで，記号で答えよ。

ア　$0<\frac{P_N}{P_M}<\frac{1}{4}$　**イ**　$\frac{P_N}{P_M}=\frac{1}{4}$　**ウ**　$\frac{1}{4}<\frac{P_N}{P_M}<1$　**エ**　$\frac{P_N}{P_M}=1$

オ　$1<\frac{P_N}{P_M}<4$　**カ**　$\frac{P_N}{P_M}=4$　**キ**　$\frac{P_N}{P_M}>4$

① 社会科（高）

社高令2　(50分)

（注意）　解答はすべて解答用紙に記入せよ。

1　次の文章は，アフリカ大陸，および東南アジアの赤道付近に位置する国々に関して，その自然環境や宗教，農業について述べたものである。この文章を読んで，下の問いに答えよ。

赤道がほぼ中央を通過する①アフリカ大陸諸国は，第二次世界大戦以前，そのほとんどがヨーロッパ諸国の②植民地として支配を受けていた。そのため農業も植民地支配の影響が強く，③プランテーション農業がさかんで，独立した現在でもこの農業は引き続き行われている。しかしこのことは作物を生産する国々の④貿易上の問題にもなっている。

アフリカ大陸には高原が多く，近年では，高原上で新しい農業を行う国もみられる。その例として，⑤ケニアではバラの栽培が行われており，切り花が重要な輸出品になっていることがあげられる。

東南アジアでは油やしを原料とするパーム油や⑥天然ゴムなどの栽培が行われ，生産量の世界生産に占める割合が高い国が多くなっている。東南アジア諸国は［⑦］を結成し，産業の発達や貿易をさかんにする努力をしている。

問1　下線部①に関して，次の表は北アメリカ，南アメリカ，アフリカ，オーストラリアの各大陸に占める気候帯別面積の割合を示している。表の中からアフリカ大陸にあてはまるものを一つ選んで記号で答えよ。

	熱帯	乾燥帯	亜寒帯	寒帯
ア	16.9	57.2	…	…
イ	5.2	14.4	43.4	23.5
ウ	38.6	46.7	…	…
エ	63.4	14.0	…	1.6

単位：％

（二宮書店『データブック オブ・ザ・ワールド 2019年版』より作成）

問2　下線部②に関して，アフリカ諸国の主な使用言語には，ヨーロッパによる植民地支配や宗教の影響がみられることが多い。右の地図中の**ア～エ**の国々の主な使用言語のうち，3カ国はアラビア語で，1カ国は英語である。英語を主な使用言語とする国を，地図の中から一つ選んで記号で答えよ。

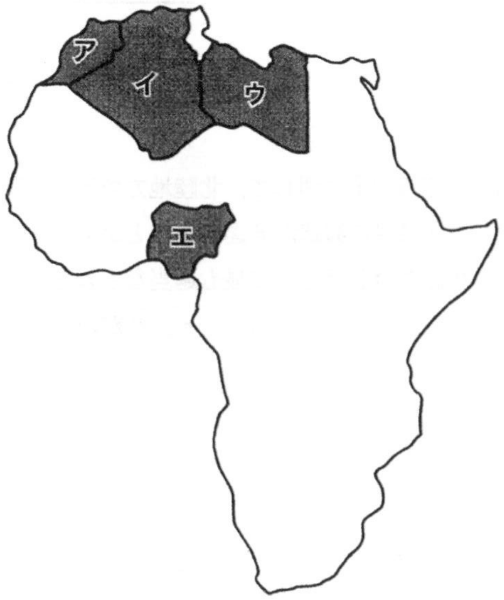

問3　下線部③に関して，次の(1)・(2)に答えよ。

(1)　プランテーションについて説明した次の文の下線部**ア～エ**のうち，**誤っているもの**を一つ選んで記号で答えよ。

> プランテーションとは，欧米諸国の**ア**資本と技術を導入し，現地の**イ**安価な労働力を利用して，**ウ**小麦などの穀物を大規模に**エ**単一栽培する農業である。

(2)　アフリカ諸国の中には，プランテーション作物や鉱産資源など，特定の農作物や地下資源に経済が支えられている国家が多くみられる。このことに関して述べた文として正しいものを，次の中から一つ選んで記号で答えよ。

ア．天候に左右されず，農作物による安定した収入が見込める。
イ．農作物，鉱産資源ともに輸出品の国際価格の変動の影響を受けにくい。
ウ．アフリカでは人口減少が著しく，労働力の確保が課題となっている。
エ．鉱産資源の枯渇にともない，新しい産業の開発が求められている。

問4　下線部④に関して，ほとんどが発展途上国のアフリカ諸国は，先進国からより安い価格の農産物や加工製品を求められ，利益が少なくなることが多い。そこで，より適正な価格で取引を行うことで生産国の人々の生活と自立を支える取り組みが行われるようになった。この取引を何というか。カタカナ7字で答えよ。

問5　下線部⑤について述べた次の文X・Yの正誤の組み合わせを，下のア～エから一つ選んで記号で答えよ。

X　ケニアの大部分は赤道付近の高原上に位置し，年間を通じてバラの栽培に適した気候である。
Y　ケニアからヨーロッパ各都市へ航空便が就航しており，切り花の鮮度を保ったまま輸送できる。

ア．X－正　Y－正　　イ．X－正　Y－誤
ウ．X－誤　Y－正　　エ．X－誤　Y－誤

問6　下線部⑥に関して，次の(1)・(2)に答えよ。

(1)　天然ゴムの原産地は熱帯雨林気候区である。天然ゴムの原産地を，次の中から一つ選んで記号で答えよ。

ア．ナイル川河口部　　イ．アマゾン川流域　　ウ．長江流域　　エ．インダス川流域

(2)　次の表ア～オは，天然ゴム，パーム油，茶，バナナ，コーヒーの生産国上位5カ国と世界生産に占める割合を示したものである。このうち天然ゴムとバナナにあてはまるものを，それぞれ選んで記号で答えよ。

ア

国名	％
ブラジル	33
ベトナム	16
コロンビア	8
インドネシア	7
エチオピア	5

イ

国名	％
中国	40
インド	21
ケニア	8
スリランカ	6
トルコ	4

ウ

国名	％
インドネシア	51
マレーシア	34
タイ	3
コロンビア	2
ナイジェリア	2

エ

国名	％
インド	26
中国	12
インドネシア	6
ブラジル	6
エクアドル	6

オ

国名	％
タイ	34
インドネシア	24
ベトナム	8
インド	7
中国	6

（二宮書店『データブック オブ・ザ・ワールド 2019年版』より作成）

問7　空欄［⑦］にあてはまる地域的経済統合の名称をアルファベット5字で答えよ。

2 日本の農牧業と工業について述べた次の文章を読んで，下の問いに答えよ。

農牧業

日本では，地形や気候，消費地との距離などを考慮して，地域的特色を生かした農牧業が行われている。ⓐ鹿児島県・宮崎県など南九州では牧畜がさかんで，この両県の豚や肉用牛の飼育頭数は，いずれも全国の上位５位に入っている。また，ⓑ北海道では乳用牛の飼育や畑作物の生産が多い。一方，特色ある園芸農業としてⓒ愛知県における菊の生産などをあげることができる。

問１ 下線部ⓐに関して，南九州の畜産について述べた文として最も適当なものを，次の中から一つ選んで記号で答えよ。

ア．シラス台地は米の栽培に適しており，米が家畜の飼料として利用されている。

イ．一年を通して降雨の少ない気候が，放牧や子豚の成育に適している。

ウ．大企業による牧場の直接経営が禁止され，地元の農家が自由な畜産を営むようになった。

エ．国内産食肉のブランド化が進められ，海外からの安い価格の食肉に対抗している。

問２ 下線部ⓑに関して，北海道の農牧業について述べた文として**誤っているもの**を，次の中から一つ選んで記号で答えよ。

ア．北海道では，交通網や保冷輸送技術の発達で，新鮮さが重視される野菜の栽培がさかんになり，全国に野菜が出荷されるようになった。

イ．根釧台地では，1950年代に国の政策によって寒い地域でも栽培できる牧草と広い農地を生かして酪農の村がつくられた。

ウ．十勝平野の畑作地帯では，広い耕地を利用して品種改良されたサトウキビの栽培がさかんである。

エ．石狩平野は，明治時代から屯田兵や移住者によって土地改良が行われ，米の生産の中心地となっている。

問３ 下線部ⓒに関して，次の(1)・(2)に答えよ。

(1) 豊川用水の整備をきっかけとして，菊の栽培がさかんになった愛知県の半島はどこか。半島の名称を答えよ。

(2) 愛知県の菊の栽培では，電灯の光を人工的にあてることで菊の成長を遅らせている。このような植物の成長を遅らせる栽培方法を何というか答えよ。

工　業

日本の工業種の中心は，第二次世界大戦前後の（　X　）工業から1950年代後半の（　Y　）工業へ，さらに1980年代からは（　Z　）工業へと変化し，これにともなって工業地帯や工業地域は太平洋ベルトに集中した。中心となる工業種の変化によって工業製品出荷額が最も高い地域も変化し，1970年代には京浜工業地帯が日本における出荷額の最も高い地域であったが，現在は［　ⓓ　］になっている。また，先端技術の発達によりⓔ工業地域の立地も海岸部中心から内陸へと広がり，交通網にも変化がみられるようになった。近年は新しい工業地域としてⓕ北陸の地場産業が注目されており，製品の輸出も行われている。

問４ 文章中の（　X　）～（　Z　）にあてはまる工業種の組み合わせとして正しいものを，次のア～カから一つ選んで記号で答えよ。

ア．X―軽　Y―機械　Z―重化学　　イ．X―軽　Y―重化学　Z―機械

ウ．X―機械　Y―軽　Z―重化学　　エ．X―機械　Y―重化学　Z―軽

オ．X―重化学　Y―軽　Z―機械　　カ．X―重化学　Y―機械　Z―軽

問５ 空欄［　ⓓ　］にあてはまるものを，次の中から一つ選んで記号で答えよ。

ア．中京工業地帯　　イ．阪神工業地帯　　ウ．京葉工業地域　　エ．瀬戸内工業地域

問６ 下線部ⓔに関して，次の表は1990年と2017年の日本国内の貨物輸送の機関別輸送量の変化を示している。表のア～エは，航空・鉄道・自動車・船舶(内航海運)のいずれかを示しているが，このうち航空と鉄道にあてはまるものを，それぞれ選んで記号で答えよ。

	1990年	2017年
ア	27,196	21,663
イ	274,244	212,522
ウ	244,546	180,934
エ	799	1,068

単位：百万トンキロ

（矢野恒太記念会『日本国勢図会2019/20』より作成）

問７ 下線部ⓕに関して，北陸地方で地場産業が発達した背景には，冬の間の農作業が難しく，農家の副業として工芸品の製造が発達したことがあげられる。このことについて，北陸地方の地場産業の製品とその生産地の組み合わせとして最も適当なものを，次の中から一つ選んで記号で答えよ。

ア．洋食器―金沢市　　イ．めがねフレーム―鯖江市　　ウ．漆器―高岡市　　エ．縮《ちぢみ》―輪島市

問10　下線部⑩に関して，徳川吉宗の政治改革について述べた文として正しいものを，次の中から一つ選んで記号で答えよ。

ア．吉宗が米価下落を防ごうとしたのは，幕府が年貢米を換金して支出にあてていたからである。

イ．吉宗は朝鮮通信使の待遇を簡素にすることで，支出を減らして財政再建をすすめた。

ウ．吉宗は高野長英に命じてサツマイモの栽培方法を研究させ，飢饉《ききん》などに対応した。

エ．吉宗は目安箱に投書された庶民の意見をまとめて公事方御定書を編集し，政治方針を公表した。

問11　下線部⑪に関する次の(1)・(2)に答えよ。

(1)　地租改正に際して発行された，土地の所有者を示す証明書を何というか答えよ。

(2)　(1)に記載されている，地租の算定基準を答えよ。

問12　下線部⑫に関して，明治から昭和にかけての貧農や小作農について述べた文として**誤っているもの**を，次の中から一つ選んで記号で答えよ。

ア．1880年代には，埼玉県秩父地方で貧農や小作農らが蜂起し，軍隊によって鎮圧された。

イ．1890年代には，貧農や小作農の子女が製糸工場などで過酷な労働を行った。

ウ．1920年代には男子普通選挙が行われたが，小作農には選挙権がなかった。

エ．1940年代には農地改革が進められ，多くの小作農が自作農になった。

C　小麦の原産地は，古代の⑬メソポタミア地方と考えられている。小麦は冷涼な地方でも栽培が可能なため，次第にヨーロッパにも栽培が広まった。11～13世紀のヨーロッパではキリスト教の修道会などを中心にさかんに開墾が行われ，人口も少しずつ増加した。

⑭16世紀になるとアメリカ大陸から大量の銀が流れ込み，ヨーロッパでは貨幣経済が浸透した。この中で，商業が著しく発達した西ヨーロッパに対し，小麦などの穀物の栽培の中心は東ヨーロッパに移った。ドイツやロシアでは地主貴族が成長し，⑮18～19世紀の両国の発展を支えた。

18世紀後期になると，世界的な寒冷化により各地で小麦の栽培が打撃を受けた。この状況下で中国では大規模な農民反乱が起こり，⑯清の国力が弱体化した。またフランスでは食糧難が革命運動を激化させた。

問13　下線部⑬に関して，メソポタミア文明について述べた文として正しいものを，次の中から一つ選んで記号で答えよ。

ア．メソポタミアとは，現在のイランとアフガニスタンを中心とする地域である。

イ．メソポタミア文明では，ナイル川の氾濫を利用した小麦の栽培が行われていた。

ウ．メソポタミア文明では，コロッセオ(闘技場)でオリンピア競技が行われた。

エ．メソポタミア文明では楔形文字が使用され，六十進法が使用された。

問14　下線部⑭に関して，16世紀にアステカ帝国やインカ帝国を滅ぼし，アメリカ大陸への侵略をすすめた国を答えよ。

問15　下線部⑮に関して，19世紀中期のドイツ地主貴族出身の政治家で，たくみな外交でドイツの統一と安定に寄与し「鉄血宰相」とよばれた人物を答えよ。

問16　下線部⑯に関して，次のⅠ～Ⅲのできごとは，いずれも19世紀の清の弱体化を示すものである。これらのできごとを年代の古い順に正しく並べたものを，下のア～カから一つ選んで記号で答えよ。

Ⅰ　日清戦争で清が日本に敗北した。

Ⅱ　清の南部を中心に太平天国の乱が起こった。

Ⅲ　清の北部を中心に義和団の乱が起こった。

ア．Ⅰ－Ⅱ－Ⅲ　　イ．Ⅰ－Ⅲ－Ⅱ　　ウ．Ⅱ－Ⅰ－Ⅲ

エ．Ⅱ－Ⅲ－Ⅰ　　オ．Ⅲ－Ⅰ－Ⅱ　　カ．Ⅲ－Ⅱ－Ⅰ

4　大正・昭和時代の日本で活躍した２人の「吉田茂」について述べた次の文章を読んで，下の問いに答えよ。

吉田茂といえば，日本の独立が認められた1951年の　①　平和条約に調印する姿が印象的な，第二次世界大戦後の総理大臣が思い出される。この吉田茂は戦前には外交官として活躍していたが，じつは同じ時期に内務省の官僚として活躍した，同姓同名の「吉田茂」がいた。

内務省の吉田茂は，明治時代末に東京帝国大学を卒業し，内務省に入省した。1923年には東京市の幹部職員となり，翌年の４月まで②混乱する東京の安定に力をふるった。1930年代には内閣書記官長(現在の内閣官房長官)に就任したり，戦時体制を整える近衛文麿内閣のもとで③労働組合に関する法律の制定を研究するなどの活動を行い，④第二次世界大戦勃発後の内閣では厚生大臣に就任したほか，太平洋戦争中も軍需大臣など重要な役職を歴任した。

外交官であったもう一人の吉田茂は，⑤自由民権運動で活躍した竹内綱の子として生まれ，後に吉田家の養子となった。⑥日露戦争勃発の年である1904年に東京帝国大学に進学し，卒業後に外務省に入省した吉田は，主に中国を担当した。このころ中国は⑦日本やヨーロッパ諸国によって半植民地状態にされており，後に⑧中国国民党の指導者が日欧から権益の回収をはかると，日本の中国権益を守るための会議に吉田も参加した。日中戦争がはじまると，親米派の吉田はドイツとの同盟強化を主張する軍部と対立し，内務省の吉田とは対照的に政治の中心から遠ざけられた。このため戦後になると吉田はマッカーサーの信頼を得て⑨戦後改革に尽力することになった。

２人の吉田茂は間違えられることが多く，二・二六事件の後には組閣に関わった外務省の吉田を呼び出すはずが内務省の吉田に連絡がいったという。後には，間違って届いた贈り物が生ものであった場合は，受け取った方が食べるという約束も交わされたという。また２人の吉田茂がともに仕事をする機会もあり，戦後には吉田茂首相のもとで，もう一人の吉田茂が⑩神社政策の交渉を行うことがあった。

問１　空欄　①　にあてはまる地名を答えよ。

問２　下線部②に関して，このときの東京の混乱について述べた文として正しいものを，次の中から一つ選んで記号で答えよ。

ア．米価の高騰に不満をもった民衆が，米屋の襲撃をくりかえした。

イ．大地震が東京を直撃し，地震にともなう大火災も発生した。

ウ．世界的な株価の急落が東京にも及び，世界恐慌に巻き込まれた。

エ．海軍青年将校らが首相を殺害し，政党政治に影響を与えた。

問6　下線部⑥に関して，日本の裁判制度について述べた文として正しいものを，次の中から一つ選んで記号で答えよ。

ア．すべての裁判は，地方裁判所・高等裁判所・最高裁判所の順で３回の審理がおこなわれる。

イ．裁判官は国民審査によるもの以外には，みずからの意に反して失職することはない。

ウ．刑事訴訟においては，検察官が起訴した犯罪被疑者が被告人となる。

エ．裁判員は20歳以上の希望者から選任され，刑事・民事訴訟の審理にあたる。

問7　下線部⑦に関して，消費者の声を直接聞き，また消費生活に関する情報提供などをおこなうため，市町村に設置されている機関の名称を答えよ。

問8　下線部⑧に関して，男性と女性が互いに人権を尊重しつつ，能力や個性を発揮できる社会を実現させるため，1999年に制定された法律の名称を答えよ。

6　高校３年生のＳさんは，コンビニエンスストアの加盟店を経営する父母と，大学を卒業して就職した兄，祖母の５人家族である。Ｓさんの自宅で交わされた次の会話文を読んで，下の問いに答えよ。

父：はぁー。

母：どうしたの，ずいぶん大きなため息じゃない？

父：消費増税が４カ月後に迫っているのに，長く①アルバイトで頑張ってくれたＡさんが「学業に専念するので辞めさせてほしい」と言ってきたんだよ。

Ｓ：新しいレジの取り扱いとか，たいへんそう。いまＡさんに辞められるのは痛いわね。

父：②商品によって異なる税率を自動で判別するレジを本部が送ってくれるから，そこは問題ないんだけど，彼には顔なじみの客も多いし，夜はほとんど店を任せていたからね。代わりに昼のアルバイトを新しく雇用して，私が夜のシフトに入ろうかと思っているんだ。

母：たしかに夜のアルバイトを新人に任せるのは不安だけど，私たちは夜は家で休みましょう。家には③介護の必要なおばあちゃんもいるんだから。

兄：はぁー，ただいま…。

Ｓ：なに？　帰るなり，お兄ちゃんもため息？

父：希望の企業に入社したばかりだというのに，④不景気な顔をしているな。何か悩みでもあるのか。

兄：いや，この時期は［⑤］の準備ですごく忙しくて，残業が続いて疲れているんだよ。会社の経営状況や配当金の説明文書をまとめたり，経営陣の選任の資料を作ったり。

Ｓ：あら，⑥4月には新しい法律が施行されて，残業とか規制されたんじゃないの。

兄：よく知っているね。さすが受験生。でも，法律は有給休暇の取得義務や残業時間の上限を定めたもので，残業そのものを禁止しているんじゃないんだよ。

母：くれぐれも無理しちゃだめよ。［⑦］って大切なのよ。

兄：わかっているよ。ところで，Ｓの受験勉強は順調なのか。たしか，経済学部志望だよな。

Ｓ：将来は，⑧銀行志望ですからね。おかげさまで，今のところ順調かな。来年の今ごろには大学生になって，お父さんのお店でアルバイトができるようになるから，だいぶ楽になるわよ。

問１　下線部①に関して，パートタイム労働者，派遣労働者などを総称して非正規労働者という。このような労働者について述べた文として最も適当なものを，次の中から一つ選んで記号で答えよ。

ア．日本での非正規労働者の割合は，現在では全労働者の60％を超えている。

イ．同一労働同一賃金の原則から，正社員と同じ賃金が保障されている。

ウ．短期の雇用契約により，企業側の一方的な事情のため解雇されることがある。

エ．小売店に外国人の非正規労働者を雇用することは，法律で禁じられている。

問２　下線部②に関して，このようなレジが必要とされたのは，税率が8％のまま据え置かれた商品と，税率が10％に改められた商品が同じ小売店で販売されることになったためである。このうち，税率が8％の商品を，次の中から一つ選んで記号で答えよ。

ア．持ち帰りの飲食料品　　イ．雑誌　　ウ．店内で食べる弁当類　　エ．酒類

問３　下線部③に関して，公的介護保険について述べた次の文Ｘ・Ｙの正誤の組み合わせを，下のア～エから選んで記号で答えよ。

Ｘ　20歳以上のすべての国民は，介護保険の保険料を支払う。

Ｙ　要介護認定を受けた場合，居宅の場合に限り介護サービスを利用できる。

ア．Ｘ－正　Ｙ－正　　イ．Ｘ－正　Ｙ－誤

ウ．Ｘ－誤　Ｙ－正　　エ．Ｘ－誤　Ｙ－誤

問４　下線部④に関して，Ｓさんの父は「元気や活気がない」という意味で「不景気」という言葉を使っているが，不景気の経済的な意味を説明した文として最も適当なものを，次の中から一つ選んで記号で答えよ。

ア．生産や消費が停滞し，通貨の流通が滞っている状態。

イ．物価が持続的に上昇しており，人びとの生活が苦しい状態。

ウ．在庫が過少となり，財やサービスの価格が低下している状態。

エ．政府の財政が悪化し，必要な公共財が不足している状態。

問５　空欄［⑤］にあてはまる語句を，兄の言葉をよく読んで答えよ。

問６　下線部⑥に関して，この法律は「［＊］を推進するための関係法律の整備に関する法律」といい，これにより労働基準法，パートタイム労働法，労働者派遣法などの法律の内容が改正された。空欄［＊］にあてはまる語を５字で答えよ。

問７　空欄［⑦］にあてはまる，「仕事上の責任を果たすとともに，家庭や地域など私的な生活をともに充実させること」を意味するカタカナ10字の用語を答えよ。

問８　下線部⑧に関して，銀行は受け入れた預金には利子を加えて引き出しに応じ，貸し出した資金には利子を加えて返済を求める。元金に対する利子の割合を何というか，漢字２字で答えよ。

問９　Ｓさんの家での会話はいつごろなされたものか，最も適当なものを次の中から一つ選んで記号で答えよ。

ア．平成30年4月　　イ．平成31年1月　　ウ．令和元年6月　　エ．令和元年10月

数学科（高）解答用紙

数高令2

※100点満点

受験番号

1 40点

(1)	(2)
(3)	(4) $x=$, $y=$
(5) $a=$	(6) $n=$
(7) $a=$, $b=$	(8)
(9) $\angle x=$	(10)

2 12点

(1) $x=$	(2)
(3) $x=$	

3 18点

(1)	(2) C(　　,　　)
(3)	(4)

4 12点

(1) DE=	(2) AF:FE=
(3) AF=	

5 18点

(1) 体積	，表面積	
(2)	(ア)	(イ)

理科（高）解答用紙

理高令２　※100点満点

受験番号

1

20点

(1)	(2)	(3)	(4)	(5)	(6)	(7)	(8)	(9)	(10)

2

15点

問1	①	②	③
	④	⑤	⑥
	⑦		
問2	a	b	
問3	X	Y	

3

20点

問1	①	②		
問2	(灰)	(白)	問3	
問4			問5	
問6	(1)　秒	(2)　km		

4

22点

問1		問2	
問3			
問4			
問5			
問6			
問7			
問8		問9	g

5

23点

問1				
問2	(1)	①　mA	②　Ω	③　V
	(2)	①　V	②　Ω	③　V
問3	(1)　mA	(2)　V	問4	

3 穀物に関する歴史について述べた次の**A**～**C**の文章を読んで，下の問いに答えよ。

A 日本列島で①米の栽培が本格的に始まったのは，縄文時代の末期と考えられている。米を調理する土器がつくられたり，『古事記』に稲作にまつわる神話が登場するなど，米は日本に深く根付いた。10世紀には，②米などを強引に徴税して私腹を肥やす国司が現れる一方で，③種蒔《たねま》き用の稲を無利子で貸し出し人々から慕《した》われる国司もいた。

中世になると，同じ田地で米と麦を交互に栽培する［ ④ ］が広まった。麦や雑穀は農民の重要な栄養源となっており，⑤御成敗式目にも麦の年貢徴収を禁止する規定がある。また鎌倉時代後期になると，年貢を換金して銭で支払う代銭納が普及した。米の代銭納では，⑥京都近郊での換金を求める領主に対し，有力農民は地元で換金しようとしたり実際の換金時期を隠して9～10月頃に換金したなどと報告したため，不信感を持つ領主と有力農民の間で対立が起こり，⑦農民側は一致団結して領主に抵抗した。

代銭納の広がりにみられるように中世は貨幣経済が浸透したが，この中で米もまた通貨として使用されていた。特に戦国時代になると銭の流通が混乱し，価値が比較的安定している米が通貨の役割を果たすようになったと考えられている。⑧太閤検地で石高制が採用された背景として，このような事情が指摘されている。

問1 下線部①に関して，静岡県にある弥生時代の稲作遺跡として正しいものを，次の中から一つ選んで記号で答えよ。

ア．板付遺跡　　イ．登呂遺跡　　ウ．三内丸山遺跡　　エ．岩宿遺跡

問2 下線部②に関して，次の史料は，10世紀に尾張国の郡司や百姓が国司を告発した文書である。この文書から読み取ることのできる内容として**適当ではないもの**を，下のア～エから一つ選んで記号で答えよ。

史料(内容は一部抜粋し，わかりやすく現代語訳してある)

> 尾張国の郡司・百姓らが政府にお願いしたいこと
> 国司の藤原元命《もとなが》が3年間で行った違法な徴税や悪行の数々，あわせて31項目。
> 一　稲を違法に田1段あたり3斗6升も徴税した。
> 一　税として納める絹の割合を，田24段あたり1疋*注から約10段あたり1疋に変更した。
> 一　貧しい者に与えるべき稲を与えずに着服した。
> 一　元命が京都から帰ってくるたびに私的な家来を引き連れ，田地を実際よりも広く測量した。
> 願わくば，元命に代えて良い国司を派遣してもらいたい。よって31カ条の違法を報告する。

＊注：疋《ひき》は長さの単位で，1疋は約22m。

ア．当時は，国郡の人口に応じて税が課されていた。

イ．稲の他に，布なども税として納められていた。

ウ．国司には，貧しい者を救済することが期待されていた。

エ．尾張国の郡司たちは，藤原元命を国司から解任するよう求めている。

問3 下線部③について，この種蒔き用の稲は，秋に利息をつけて返すのが一般的であった。このように，春に種蒔き用の稲を貸し出し，秋に利息をつけて返済させる制度を何というか答えよ。

問4 空欄［ ④ ］にあてはまる語句を答えよ。

問5 下線部⑤に関して，御成敗式目の内容や，式目を定めた執権について述べた文として正しいものを，次の中から一つ選んで記号で答えよ。

ア．御成敗式目は，武家社会の慣習や先例などにもとづいて作成された。

イ．御成敗式目には，地頭の職務として流鏑馬《やぶさめ》や笠懸などが定められた。

ウ．御成敗式目を定めた執権は，承久の乱で後白河上皇の軍を撃破した。

エ．御成敗式目を定めた執権は，浄土真宗の開祖である栄西を弾圧した。

問6 下線部⑥に関して，このときの領主側，農民側それぞれの考えと，米の換金をめぐる社会的な事情について述べた文として**適当ではないもの**を，次の中から一つ選んで記号で答えよ。

ア．京都は人口が多いため，米の需要が高く米が高い値で売却できると領主は考えた。

イ．米を生産地の市場で換金すれば，京都まで輸送する手間が省けると農民たちは考えた。

ウ．収穫期を過ぎて米が大量に市場に出回る9～10月は，米の値段が安くなりやすい。

エ．実際の米の売却代金が9～10月の市場価格よりも高ければ，差額分だけ領主が得をする。

問7 下線部⑦に関して，中世の日本において，農民や武士などが神仏に誓ったうえで一致団結して行動することを何というか，漢字2字で答えよ。

問8 下線部⑧に関して，太閤検地や石高制の採用について述べた文として正しいものを，次の中から一つ選んで記号で答えよ。

ア．検地帳に登録された農民は，田畑の広さに応じて兵役を負担した。

イ．武士は石高に応じた年貢を確実に徴収するため，城下町での居住が禁止された。

ウ．石高の「石」は石材を基準とする重さの単位で，全国の土地の生産力は年貢米の重さで表現された。

エ．秀吉は石高を統一的にはかるため，地域によって異なっていた長さや容積などの基準を統一した。

B 太閤検地のとき成立した石高制は，江戸幕府にも引き継がれた。諸大名は幕府に認められた石高に応じた軍役と，同じく石高に応じた土木・治水工事などを割り当てられた。このような工事のことを「お手伝い普請《ふしん》」とよぶ。さらに諸大名は，藩士の地方支配を認め，その支配の石高に応じた役割を藩士に命じた。こうして石高制は幕藩体制の基本となった。

ところで，幕府が諸藩に認めた表向きの石高(表高《おもてだか》)は，実際の石高(実高《じつだか》)とは異なる。諸藩はさかんに新田開発を行ったが，⑨開いた田地の石高は表高には反映されないことが多かった。

江戸時代の将軍で米と関係が深いのは，「米将軍」とよばれた徳川吉宗だろう。吉宗は⑩米価の下落を防ぎつつ幕府財政の立て直しや実学の奨励をすすめた。この改革の結果，吉宗は幕府財政を一時的に安定させることに成功した。

明治時代になると，⑪地租改正により税は米ではなく現金で納めることになった。しかし小作料は現物の米であることが多く，⑫小作人の生活は苦しくなっていった。

問9 下線部⑨について，大名が開発した新田を表高に反映しなかった理由として考えられることを，**B**の文章を参考にして30字以内で述べよ。

問3　下線部③に関して，戦前期の労働組合や労働運動について述べた文として正しいものを，次の中から一つ選んで記号で答えよ。

ア．日本で最初の労働組合は，大正時代になって結成された。

イ．大正時代には，労働組合の全国組織として日本労働総同盟が結成された。

ウ．労働運動を取り締まるため，第一次世界大戦前に治安維持法が制定された。

エ．労働運動の高まりとともに，第一次世界大戦後に工場法が制定された。

問4　下線部④に関して，第二次世界大戦勃発の直接のきっかけは，ドイツがある国へ侵攻したことにある。ある国とはどこか答えよ。

問5　下線部⑤について述べた文として正しいものを，次の中から一つ選んで記号で答えよ。

ア．外交問題の対立で政府を去った木戸孝允らが，自由民権運動を開始した。

イ．板垣退助の欧化政策に反対する井上馨らが，国会期成同盟を結成した。

ウ．西郷隆盛は鹿児島で愛国社を結成して自由民権運動を支持し，後に反乱を起こした。

エ．大隈重信は自由民権運動に同調し，明治十四年の政変で政府を追放された。

問6　下線部⑥に関して，次のできごとのうち，日露戦争後に起こったものを一つ選んで記号で答えよ。

ア．幸徳秋水らが大逆事件で処刑された。

イ．イギリスとの間ではじめて日英同盟を結んだ。

ウ．朝鮮国が国名を大韓帝国に変更した。

エ．伊藤博文が立憲政友会を結成した。

問7　下線部⑦に関して，日本やヨーロッパによる中国侵略について述べた文として正しいものを，次の中から一つ選んで記号で答えよ。

ア．イギリスは南京条約により中国から台湾を譲り受け，植民地とした。

イ．ロシアは遼東半島を日本から中国に返還させた後，旅順などを租借した。

ウ．日本は二十一カ条要求に基づいて，中国から南樺太を獲得した。

エ．フランスは中国から上海を譲り受け，長江流域を勢力範囲とした。

問8　下線部⑧に関して，国民党の指導者として1920年代後半に中国国内の統一を進める一方，中国共産党と対立した人物を，次の中から一つ選んで記号で答えよ。

ア．毛沢東　　イ．孫文　　ウ．蔣介石　　エ．周恩来

問9　下線部⑨に関して，日本の戦後改革や戦後の社会のようすについて述べた文として正しいものを，次の中から一つ選んで記号で答えよ。

ア．日本国憲法が制定され，司法権の独立が新たに条文に盛り込まれた。

イ．戦時体制のなかで解散していた政党が改めて結成されて，活動をはじめた。

ウ．戦争が終わると軍用食料が民間に配給され，食糧難は一気に解決した。

エ．復員などによる人口増加のため，国内の物価は急激に下落した。

問10　下線部⑩に関して，戦前は天皇が神であるという考え方のもとで神社政策が行われていたが，昭和天皇がみずから「［　＊　］宣言」を行い，この考え方を否定した。空欄［　＊　］にあてはまる語を答えよ。

5　次の文章を読んで，下の問いに答えよ。

あす1月13日は，国民の祝日の一つ「成人の日」である。この日には，それぞれの①市町村が主催して，成人式が執り行われるところも多い。あすの成人式は満20歳を迎える新成人を激励し祝福する行事として行われるが，この「成人」となる年齢が引き下げられることがすでに決まっている。

2018年6月，民法の改正案が②国会で決議された。これにより，改正民法が施行される2022年4月1日からは，18歳以上を成人とするようになる。実際のところ，世界の多くの国が18歳を成人としており，［　③　］でも18歳未満の人が子どもであると定義されている。今回の法改正で，成人についての考え方が日本と世界との間で一致することになった。また，日本ではすでに2016年6月の④公職選挙法改正によって，選挙権年齢が18歳に引き下げられており，こちらについても選挙権年齢と成人年齢が合致することになる。

成人年齢の引き下げにより，18・19歳の人は，それまで未成年者としてできなかったことができるようになる。たとえば，親権者の同意なくクレジットカードや携帯電話などを⑤契約すること，⑥訴訟を起こすことなどがあげられる。しかし，このことは悪徳商法などによる消費者トラブルを拡大させる危険性ももっている*注。そのため政府は⑦相談窓口の充実や周知を図り，消費者問題の予防・解決のための施策に取り組んでいる。また，今回の民法改正では，女性が結婚できる年齢が16歳から18歳に引き上げられることも決まっている。改正によって，結婚できる年齢が男女ともに18歳以上に統一され，婚姻可能年齢についても⑧男女の平等が実現する。

このように，成人年齢の引き下げにともない，18・19歳の人にとっては成人として注意を要することも増えることになる。自分自身で考え，責任ある行動がとれるよう，様々な知識を身につける必要がある。

*注：未成年者が親権者に無断で契約を結んだ場合，契約者本人や親権者の申し立てによって取り消すことができる。

問1　下線部①に関して，市町村における地方自治について述べた文として正しいものを，次の中から一つ選んで記号で答えよ。

ア．市町村議会は法律を制定する権限をもっている。

イ．市町村長は市町村議会の指名によって選出される。

ウ．市町村長は市町村議会を解散する権限をもたない。

エ．住民は市町村長や議員の解職を求めることができる。

問2　下線部②に関して，日本国憲法は国会を「国権の最高機関」であると位置づけている。なぜこのように定められているのか，「代表者」という語句を必ず用いて25字以内で説明せよ。

問3　空欄［　③　］にあてはまる，1989年に国際連合で採択された国際条約の名称を答えよ。

問4　下線部④に関して，公職選挙法によると，衆議院議員については定数465人のうち289人を［　X　］により，176人を［　Y　］により選出することと定めている。［　X　］・［　Y　］にあてはまる語をそれぞれ漢字4字で答えよ。

問5　下線部⑤について述べた文として正しいものを，次の中から一つ選んで記号で答えよ。

ア．契約は文書を交わすことで成立し，商品の店頭での売買は契約とはみなされない。

イ．契約成立後8日以内であれば，消費者側はどんな契約でも取り消しを求めることができる。

ウ．契約の内容に不当な項目があった場合には，その部分は無効となる。

エ．現金での決済のみが契約とみなされ，キャッシュレス決済は契約にはあたらない。

国語科（高）

解答用紙

受験番号の記入欄は左端にある。忘れずに記入せよ。

国高令2

※100点満点

一　35点

問一　a　b　c　d　e

問二

問三

問四

問五

問六

問七

二　35点

問一　a　b　c

問二

問三　Ⅰ　Ⅱ

問四

問五

問六

三　30点

問一　X　Y

問二　a　b　c

問三

問四

問五

問六

受験番号

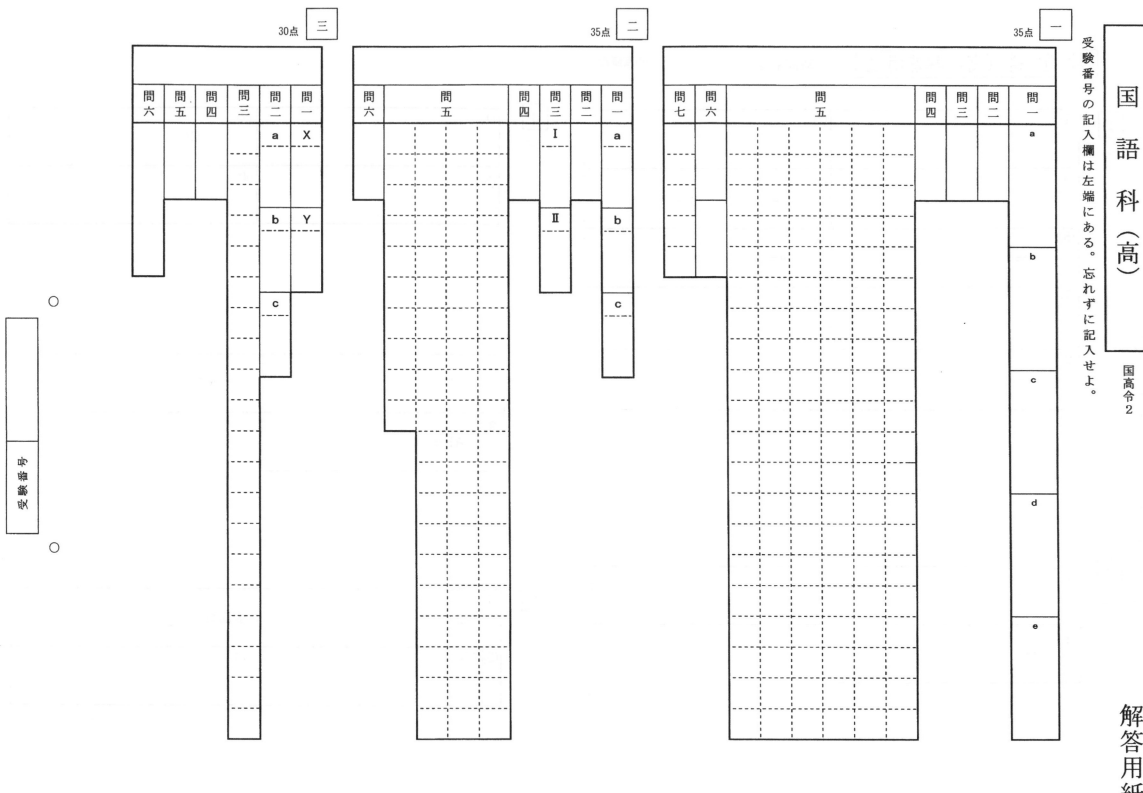

英語科（高）　解答用紙

英高令2

※100点満点

受験番号

1
20点

A	(1)	(2)	(3)	(4)	(5)
B	(1)	(2)	(3)	(4)	(5)

2
28点

問1	(1)	
	(2)	
	(3)	
問2	[A]	
	[B]	

3
26点

問1	イ	ロ	ハ	ニ
問2				
問3				
問4				
問5	(ア)	(イ)	(ウ)	
問6				

4
26点

問1	
問2	
問3	
問4	
問5	40　60
問6	・　・

社会科（高）

社高令２

受験番号	

解答用紙

※100点満点

1 20点

問１		問２		問３	(1)	(2)	問４	
問５		問６	(1)	(2)天然ゴム：	バナナ：	問７		

2 13点

問１		問２		問３	(1)	(2)		
問４		問５		問６	航空：	鉄道：	問７	

3 19点

問１		問２		問３		問４		
問５		問６		問７		問８		
問９	10	20	30					
問10		問11	(1)	(2)	問12			
問13		問14		問15		問16		

4 20点

問１		問２		問３			
問４		問５		問６		問７	
問８		問９		問10			

5 10点

問１							
問２	10	20	25				
問３		問４	X	Y	問５		
問６		問７		問８			

6 18点

問１		問２		問３		問４	
問５		問６		問７			
問８		問９					

令和三年度　帝塚山中学校　一次A入学試験問題・国　語（その一）

（60分）

受験番号

※答えはすべて解答用紙に書きなさい。　※選んで答える問題は、記号で答えなさい。
※特にことわりのないかぎり、句読点《くとうてん》やかぎかっこはすべて字数にふくみます。
※設問の都合上、本文に一部省略があります。

一　次の文章を読んで、後の問いに答えなさい。

今でこそ、当たり前になっているが、明治になって日本に輸入された様々な※概念《がいねん》の中でも、「個人 individual」というのは、最初、特に1よくわからないものだった。その理由は、日本が近代化に遅《おく》れていたから、というより、この概念の発想自体が、西洋文化に独特のものだったからである。

一つは、一神教であるキリスト教の信仰《しんこう》である。「誰《だれ》も、二人の主人に仕えることは出来ない」というのがイエスの教えだった。人間には、幾《いく》つもの顔があってはならない。常にただ一つの「本当の自分」で、一なる神を信仰していなければならない。だからこそ、元々は「分けられない」という意味しかなかった individual という言葉に、「個人」という意味が生じることとなる。

もう一つは、論理学である。椅子《いす》と机があるのを思《おも》い浮《う》かべてもらいたい。それらは、それぞれ椅子と机とに分けられる。しかし、机は机で、もうそれ以上は分けられず、椅子は椅子で分けられない。つまり、この分けられない最小単位こそが「個体」だというのが、分析《ぶんせき》好きな西洋人の基本的な考え方である。

（　A　）というカテゴリーが、更《さら》に小さく（　B　）に分けられ、（　C　）に分けられ、人種に分けられ、男女に分けられ、一人一人にまで分けられる。もうこれ以上は分けようがない、一個の肉体を備えた存在が、「個体」としての人間、つまりは「個人」だ。（　D　）があり、（　E　）があり、（　F　）があり、親があり、子があり、もうそれ以上細かくは分けようがないのが、あなたという「個人」である。

逆に考えるなら、個人というものを束《たば》ねていった先に、組織があり、社会がある。こうした思考法に、日本人は結局、どれくらい馴染《なじ》んだのだろうか？

「個人」という概念は、何か［　X　］、対置して大摑《おおづか》みに捉《とら》える際には、確かに有意義だった。——社会に対して個人、つまり、国家と国民、会社と一社員、クラスと一生徒、……といった具合に。

ところが、私たちの日常の対人関係を緻密《ちみつ》に見るならば、この「分けられない」、（　あ　）尾一貫《いっかん》した「本当の自分」という概念は、あまりに大雑把《おおざっぱ》で、硬直的《こうちょくてき》で、実感から※乖離《かいり》している。

信仰の有無《うむ》は別としても、私たちが、日常生活で向き合っているのは、一なる神ではなく、多種多様な人々である。

また、社会と個人との関係を、どれほど頭の中で抽象的《ちゅうしょうてき》に描《えが》いてみても、朝起きて寝《ね》るまでに現実に接するのは、会社の上司や同僚《どうりょう》、恋人《こいびと》やコンビニの店員など、やはり［　Y　］的な、多種多様な人々である。とりわけ、ネット時代となり、狭《せま》い均質な共同体の範囲《はんい》を超《こ》えて、背景を異にする色々な人との交流が盛んになると、彼《かれ》らを十把《じっぱ》一絡《ひとから》げに「社会」と括《くく》ってみてもほとんど意味がない。

私たちは、自分の個性が尊重されたいのと同じように、他者の個性も尊重しなければならない。繰《く》り返《かえ》しになるが、相手が誰であろうと、「これがありのままの私、本当の私だから！」とゴリ押《お》ししようとすれば、ウンザリされることは目に見えている。私たちは、極《ごく》自然に、相手の個性との間に調和を見出《みいだ》そうとし、コミュニケーション可能な人格をその都度《つど》生じさせ、その人格を現《げん》に生きている。それは厳然たる事実だ。なぜなら、コミュニケーションが成立すると、単純にうれしいからである。

その複数の人格のそれぞれで、本音を語り合い、相手の言動に心を動かされ、考え込《こ》んだり、人生を変える決断を下したりしている。（　Ⅰ　）、それら複数の人格は、すべて「本当の自分」である。

にも拘《かかわ》らず、選挙の投票（一人一票）だとか、教室での出席番号（まさしく「分けられない」整数）だとか、私たちの生活には、一なる「個人」として扱《あつか》われる局面が依然《いぜん》として存在している。そして、自我《じが》だとか、「本当の自分」といった固定観念も染《し》みついている。そこで、日常生きている複数の人格とは別に、どこかに中心となる「自我」が存在しているかのように考える。あるいは、結局、それらの複数の人格は表面的な「キャラ」や「仮面」に過ぎず、「本当の自分」は、その奥《おく》に存在しているのだと理解しようとする。

2この矛盾《むじゅん》のために、私たちは思い悩《なや》み、苦しんできた。

ならば、どうすればよいのか。

令和三年度　帝塚山中学校　一次A入学試験問題・国語　（その二）

「自我を捨てなさい」とか「無私になりなさい」とかいったことは、人生相談などでも、よく耳にする。（　Ⅱ　）、そんな悟《さと》り澄《す》ましたようなことを聞かされても、じゃあ、どうやって生きていけばいいのかは、わからない。自分という人間は、現に存在している。この「私」は、一体、どうなるのか？　無欲になりなさい、という意味だとするなら、出家でもするしかない。

私たちには、生きていく上での足場が必要である。その足場を、対人関係の中で、現に生じている複数の人格に置いてみよう。その中心には自我や「本当の自分」は存在していない。ただ、人格同士が※リンクされ、ネットワーク化されているだけである。不可分と思われている「個人」を分けて、その下に更に小さな単位を考える。そのために、本書では、「分人」(dividual) という造語を導入した。「分けられる」という意味だ。

しかし、自我を否定して、そんな複数の人格だけで、どうやって生きていけるのか？　尤《もっと》もな疑問である。そこで、ここからは、どうすれば3それが可能なのかを、順を追って丁寧《ていねい》に見ていきたい。

まず、イメージをつかんでもらいたい。

4一人の人間の中には、複数の分人が存在している。両親との分人、恋人との分人、親友との分人、職場での分人、……あなたという人間は、これらの分人の集合体である。

個人を整数の1だとすると、5分人は分数だ。人によって対人関係の数はちがうので、分母は様々である。（　Ⅲ　）、ここが重要なのだが、相手との関係によって分子も変わってくる。

関係の深い相手との分人は大きく、関係の浅い相手との分人は小さい。すべての分人を足すと1になる、と、ひとまずは考えてもらいたい。

6分人のネットワークには、中心が存在しない。なぜか？　分人は、自分で勝手に生み出す人格ではなく、常に、環境《かんきょう》や対人関係の中で形成されるからだ。私たちの生きている世界に、唯一《ゆいいつ》絶対の場所がないように、分人も、一人一人の人間が独自の構成比率で抱《かか》えている。そして、その※スイッチングは、中心の司令塔《しれいとう》が意識的に行っているのではなく、相手次第《しだい》で※オートマチックになされている。街中で、友達にバッタリ出会《でくわ》して、「おお！」と声を上げる時、私たちは、無意識にその人との分人になる。「本当の自分」が、慌《あわ》てて意識的に、仮面をかぶったり、キャラを演じたりするわけではない。感情を隅々《すみずみ》までコントロールすることなど不可能である。

分人をベースに自分を考えるということと、単に「自我を捨てる」ということとはどこが違《ちが》うのか？

私たちは、生きていく上で、継続性《けいぞくせい》をもって特定の人と関わっていかなければならない。

そのためには、誰かと会う度《たび》に、まったく新しい自分であることはできない。出社する度に、自己紹介《しょうかい》から始めて、一から関係を結び直すという、バカげた話はない。

私たちは、朝、日が昇《のぼ》って、夕方、日が沈《しず》む、という反復的なサイクルを生きながら、身の回りの他者とも、反復的なコミュニケーションを重ねている。

人格とは、その反復を通じて形成される一種のパターンである。

この人とは、こういう態度で、こういう喋《しゃべ》り方《かた》をすると、コミュニケーションが成功する。それに※付随《ふずい》して、喜怒哀楽《きどあいらく》様々な感情が自分の中で湧《わ》き起こる。会う回数が増えれば増えるほど、パターンの精度は上がってゆく。また、親密さが増せば増すほど、パターンはより複雑なコミュニケーションにも対応可能な広がりを持つ。それが、関係する人間の数だけ、分人として備わっているのが人間である。

また、他者とは必ずしも生身の人間でなくてもかまわない。ネット上でのみ交流する相手でもかまわないし、自分の大好きな文学・音楽・絵画でもかまわない。あるいは、ペットの犬や猫《ねこ》でも、私たちは、コミュニケーションのための一つの分人を所有しうるのだ。

（平野啓一郎《ひらのけいいちろう》『私とは何か　「個人」から「分人」へ』より）

※概念…「…とは何か」ということについての受け取り方を表す考え方。
※乖離…そのものとの結びつきが全くなくなること。
※リンク…結びつけること。
※スイッチング…切り換えること。
※オートマチック…自動的。
※付随…おもな事柄に関連して起こること。

令和三年度　帝塚山中学校　一次Ａ入学試験問題・国　語　（その三）

1　――――1「よくわからないものだった」とはどういうことですか。その説明として最も適するものを、次の中から選んで答えなさい。

ア　現代の私たちにとって、明治時代に西洋から輸入された「個人」という概念は、日常生活を送るうえで今も考えなくてもよい無関係の概念であったということ。

イ　明治の日本人にとって、西洋文化に独特の一神教であるキリスト教信仰と、論理学から生まれた「個人」という概念にはなじみがなかったということ。

ウ　明治の日本人にとって、一神教であるキリスト教信仰にもとづく「個人」という概念は、近代化という国家目標に対して有害な概念であったということ。

エ　現代の私たちにとって、西洋から輸入された「個人」という概念は、一神教ではない仏教とは異なる概念として今も受け入れられないままでいるということ。

2　（Ａ）～（Ｆ）に入る語として最も適するものを、それぞれ次の中から選んで答えなさい。ただし、同じ記号は二度使えません。

ア　ヒト　イ　国家　ウ　動物　エ　哺乳類《ほにゅうるい》　オ　何丁目何番地の家族　カ　都市

3　［Ｘ］に入る言葉として、最も適するものを次の中から選んで答えなさい。

ア　大きな存在との関係を

イ　個人的な存在との関係を

ウ　特殊《とくしゅ》な存在との関係を

エ　不明確な存在との関係を

4　「（あ）尾一貫」の（あ）に入るからだの一部を表す語を、漢字一字で答えなさい。

5　［Ｙ］に入る最も適当な語を漢字二字の熟語で答えなさい。

6　〈Ⅰ〉～〈Ⅲ〉に入る語として最も適するものを、それぞれ次の中から選んで答えなさい。ただし、同じ記号は二度使えません。

ア　そして　イ　つまり　ウ　ところで　エ　しかし　オ　たとえば

7　――――2「この矛盾」とはどのようなことですか。次の空らんの条件に合うように、本文からそれぞれぬき出して答えなさい。

他者との交流で生じる（ア　五字）が「本当の自分」であるにもかかわらず、もうこれ以上は分けようがない、（イ　三字）の「個人」の中に唯一「本当の自分」が存在すると考えること。

8　――――3「それ」が指し示すものはどういうことですか。本文の言葉を用いて、二十五字以内で答えなさい。

9　――――4「一人の人間の中には、複数の分人が存在している」とありますが、どういう気持ちになりたいために複数の分人を生じさせるのですか。本文の言葉を用いて五十字以内で答えなさい。

10　――――5「分人は分数だ」とありますが、

（1）「分母の数が大きい人」とはどのような人ですか。十字程度で答えなさい。

（2）「分子の数が大きい人」とはどのような人ですか。十字程度で答えなさい。

11 ――6「分人のネットワークには、中心が存在しない」とありますが、これはどういうことですか。最も適するものを、次の中から選んで答えなさい。

ア　一人の人間の中にある複数の人格はどれも均等に出現するので、最もよく表れる人格はないということ。
イ　環境や対人関係の中で生じる複数の人格をその都度切りかえる「本当の自分」というものはないということ。
ウ　筆者自身が、今までのさまざまな人間関係の中で、司令塔のような立場にいたことがなかったということ。
エ　良い対人関係を築ける人の中には、自分中心に物事が動いているという考えを持つ人がいないということ。

12　本文の表現上の特徴《とくちょう》について説明したものとして、正しいものにはAを、誤っているものにはBと答えなさい。

ア　「つまり、この分けられない……」、「つまりは『個人』だ。」などの表現によって、前の内容をわかりやすく言《い》い換《か》えて、読者の理解を助けている。
イ　「表面的な『キャラ』」「バカげた話」というカタカナ表記により外来語を読者に思い浮かべさせ、本文の問題が外国と共通する問題だとしている。
ウ　「……馴染んだのだろうか？」「……生きていけるのか？」と、疑問文を用いることによって、本文における考えたい事柄《ことがら》を読者に投げかけている。
エ　「ならば、どうすればよいのか。」「尤もな疑問である。」など、筆者の考えへの反論を想定して、その後に続く筆者自身の意見に説得力を持たせている。
オ　「整数」「分母」「分子」など算数の用語を使うことで、本文とは無関係と思える算数の世界が本文のテーマに密接にかかわってくることを表している。

二　次の文章を読んで、後の問いに答えなさい。

フィギュアスケーターの佐藤可南子《さとうかなこ》は、ペアを組んだ流《りゅう》への告白、失恋《しつれん》を機にスケートをやめることを決心した。しかし、スケートのコーチである純子さんから引き止められ、自分の選択《せんたく》に自信が持てず悩《なや》んでいた。そんな中、ニューヨークに住む姉に会うため、可南子は旅行に出かける。旅行後には、純子さんにスケートを続けるかやめるかを伝えることになっていた。

ハウストン通りからプリンス通りへ、スプリング通りへ、ブルーム通りへ。

画廊《がろう》やブティックや骨董屋《こっとうや》さんやカードショップを、蝶《ちょう》のように巡《めぐ》りながら、見てまわった。ずらりと並ぶ手づくりのジュエリーの屋台。大道芸人のパフォーマンス。がらくたなのか、※アンティークなのか、区別のつかない品々で埋《う》め尽《つ》くされているフリーマーケット。

誰《だれ》もがわたしの顔を見ると、目を合わせて「ハーイ」と声をかけてくれる。

1 姉の言った通りだった。ひとりで歩いていると、街はわたしに【　Ｉ　】近づいてきて、2 まるで昔からの友だちのような、親しげな笑顔《えがお》を見せてくれた。

ブロードウェイとウェスト・ブロードウェイに挟《はさ》まれたエリアで、疲《つか》れた足を休めるために、カフェに立ち寄った。店の表に置かれたテーブル席について、アイスカフェオレを飲みながら、道行く人々をながめていたときだった。

向かいの通りの路肩《ろかた》に椅子《いす》を置き、似顔絵を描《えが》いて、売っている人がいた。どうしてなのか、理由はわからないけれど、その人の姿から、目が離《はな》せなくなった。3 真夏なのに、潔《いさぎよ》い冬の裸木《はだかぎ》を見つけたような、そんな不思議な気持ちになっていた。

年は三十代か、四十代か、もしかしたら五十代なのかもしれない、大柄《おおがら》な男の人。

茶色がかった金色の髪《かみ》の毛を赤いバンダナでまとめて、※インディゴブルーのデニムの長袖《ながそで》のシャツを着ている。左利《ひだりき》きなのか、彼《かれ》は左手にスケッチ用の鉛筆《えんぴつ》を握《にぎ》って、幼い男の子の似顔絵を描いている。男の子の母親は、画家のすぐうしろに立って、彼の手もとにある画用紙と息子《むすこ》の顔をかわるがわる見つめては、微笑《ほほえ》んでいる。

わたしも描いてもらおう。

意思よりも先に、立ち上がっていた。通りを横断して、似顔絵画家のそばまで行った。ちょうど、男の子の絵ができあがって、母親がお金を払《はら》っているところだった。「値段は、あなたの決めた金額で」。彼の足もとに、そんな英文の書かれた紙片《しへん》が置かれていた。

「こんにちは。あの……お願いします」

「オーケイ。その前に、こんにちはだね」

画家はわたしの顔を見上げて、にっこり笑った。その笑顔は限りなく優《やさ》しかったが、4目尻《めじり》に刻まれた皺《しわ》は深く、髭《ひげ》でおおわれた顎《あご》の線はするどく削《そ》げ、頬《ほお》から首筋にかけて、傷跡《きずあと》のようなものがのぞいていた。

「俺《おれ》の名前はジャック。通称《つうしょう》『片腕《かたうで》ジャック』というんだけど。あなたは？」

「わたしの名前は……カナコです」

そう答えながら、そのときはじめて、5彼の右腕《みぎうで》がないことに気づいた。

だから、片腕ジャック？

「じゃあ、そこに座《すわ》って」

「はい」

しばらくのあいだ、彼は黙《だま》って、スケッチをしていた。ときどきわたしの顔を見つめて、【　Ⅱ　】笑ったり、【　Ⅲ　】にらんだりして、それからまた画用紙に目を落とす。わたしは、そんな彼の仕草《しぐさ》や、流れるように美しい左の腕と手と指の動きに見とれていた。

十五分ほど、過ぎただろうか。

突然《とつぜん》、質問の矢が飛んできた。

「ひとつだけ、聞いていいかな？」

「どうぞ」

「あなたは、誰なのかな？」

「えっ……」

そう言ったきり、わたしは［　X　］しまった。

だって、いきなり「おまえは誰？」って言われても――。

「それを教えてくれないと、肖像画《しょうぞうが》は完成させられないよ。あなたは、誰？」

ふたたび同じ問いが向かってきた。6わたしの胸《むな》もと目がけて。

「わたしは、カナコ・サトウです」

答えながら、これじゃあ、英語の授業中、先生に急にあてられて、困っている中学生みたいだと思った。

「それは、名前だろ？　7俺がたずねてるのは、名前じゃないよ」

彼の言い方は、あくまでも柔《やわ》らかい。

「あの、わたしは、日本人女性です。今、高校二年生です。ニューヨークへは観光で」

必死でそこまで言うと、彼は笑った。親鳥が雛《ひな》を包《つつ》み込《こ》むような笑い方だった。

「よくできました。だけど、それだけ？　それが、あなた？　本当にそれだけ？」

問い返されて、ちょっとくやしくなった。

「わたしはスケーター……いいえ、スケーターでした」

「おお、少しだけ、あなたに近づいてきたようだね。それで？」

「だから、今はスケーターじゃないけど、わたしはスケートが好きな女の子でした」

「今は、好きじゃないの？」

「いいえ、今も好きです。大好きです」

「しかし、あなたは、スケーターじゃない。そういうことなんだね」

「はい、たぶん……」

そのあとに、わたしは一生懸命《いっしょうけんめい》、言葉を重ねた。

胸のなかでもつれて、いつのまにか、大きな塊《かたまり》になっていた気持ちを解きほぐすようにして、ひとつひとつ、丁寧《ていねい》に英語に置《お》き換《か》え、彼に差し出していった。

自分でも、驚《おどろ》いていた。

会ったばかりのこの人に、どうして、話す気になったのか。スケートのこと、流のこと、これからどういう方向に進んでいったらいいのか、決められなくて、迷っていること。純子さんにも、姉にも、話せなかったことを、なぜ、この人に――。

彼はうなずきながら、熱心に耳を傾《かたむ》けていた。終始、左手を動かしつづけながら。最後の仕上げをしているようだった。

わたしが話し終えると、8小さなため息をついて、言った。

「わかったよ。俺には、あなたが誰なのか？　ほんの少しだけだけどね」

「ほんとですか？」

今度はわたしが問い返す番だった。

「教えてください。わたしって、誰なんですか？」

彼の答えは、たった今、描き終えたばかりの一枚の絵だった。受け取って、見つめた。白い紙の上に描かれたわたしの顔を。

「これが、わたし？」

「9俺の目に映ったあなた、ということだけど、どうだろう？　違《ちが》ってる？」

確かに、わたしにそっくりな女の子が、そこにはいた。上手な似顔絵だと思った。

「違ってませんけど、これは、何ですか？　どうして小鳥を？」

似顔絵のわたしは、右手に白い小鳥を握《にぎ》りしめていた。ぎゅっと握りしめられて、小鳥は苦しそうに見えた。一方の左の手のひらは、水平に開かれていて、そこから、もう一羽《わ》の小鳥が今、飛び立とうとしているところだった。

「いいかい？　その小鳥は、あなたの夢というか、目標というか、そうだな、あなたがいちばんたいせつにしているもの、あるいは、それがきみ自身である、と言ってもいいかもしれないな。あなたは右手でそれを握りしめ、左手でそれを解き放ってやろうとしている。それがあなただと、俺は思った」

そのあとに、彼はつづけた。

彼はその昔、ドラマーだったという。※ブルースバンドを組んで成功し、飛ぶ鳥も落とすような［Ｙ］で活躍《かつやく》していた時代もあった。けれども、※ロッククライミングをしているときに落下事故に遭《あ》い、そのせいで、右腕を失ってしまった。

「10俺も悩んだ。今のあなたみたいにね。途方《とほう》に暮れたんだ。いったい、俺はこれから、どういう方向に進んでいったらいいのか。だって、そうだろ？　片腕のドラマーなんて、聞いたことがない。荒《あ》れ狂《くる》う日々がつづいたよ。酒に溺《おぼ》れ、体はぼろぼろになり、生活は乱れ、妻には去られ、仕事仲間とも別れ、友人たちからも見放《みはな》されてね」

「でも画家として、やり直すことにしたんですね？」

「その通りだ。ただ俺は、スケーターだったあなたに、別のスポーツでやり直せなんて、言わないよ。夢をあきらめるな、もう一度がんばってみろとか、努力すれば夢はかなうとか、11俺が言いたいことは、そんなことじゃない。その代わりに、俺は言う。もしもスケートをやめ、スケートを失い、恋人《こいびと》を失ったとしても……」

あなたは、何も失ってはいないんだ、と、彼は言った。

何も？

そう、何も、だよ。

スケートも、恋人も、何ひとつとして、失わない。あなたが生きて、ハートでそれらを感じている限り。それらもまた、生きつづける。あなたとともにある。だから、恐《おそ》れずに、解き放ってやるんだよ。小鳥を、二羽とも。

「俺の両腕《りょううで》を、よく見てくれ。俺には右腕はない。だけど俺は、失っていない。12俺の右腕はここにある。永遠に。透明《とうめい》なこの腕で、俺は誰かの肩《かた》を抱《だ》くことだって、できるんだよ。絵も描けるし、ドラムも叩《たた》けるし、岩を登っていくこともできる」

背後から、別のお客が近づいてきて、

「いいかしら？　お願いしても」

と、リクエストする声が聞こえた。

「ありがとう。ジャックさん。この絵、たいせつにしますね。お守りにします。だって、これって、わたし自身なんですものね？」

「さようなら。可愛《かわい》い小鳥さん。またいつか、どこかで会おうね」

（小手鞠《こでまり》るい「ガラスの靴《くつ》を脱《ぬ》いで」より）

※アンティーク…骨とう品。
※インディゴブルー…暗い青色。
※ブルース…アメリカ南部の黒人の間に生まれた歌曲。
※ロッククライミング…岩登り。

令和三年度　帝塚山中学校　一次A入学試験問題・国　語　（その七）

1　――1「姉の言った通りだった」とありますが、「姉の言った」街の様子として最も適するものを、次の中から選んで答えなさい。

ア　日本から遠く離《はな》れた街だが、自分の好みや趣味《しゅみ》にぴったり合う品々が見つかる、日本の街とどことなく感じが似ている様子。
イ　人通りの多いブロードウェイでは思いがけず昔なじみと再会しても、一瞬《いっしゅん》でお互《たが》いが昔と同じように気心を許し合える様子。
ウ　気軽に挨拶《あいさつ》をし、にこやかな笑《え》みを浮《う》かべる通行人たちとの触《ふ》れ合《あ》いは、旅人であっても居心地《いごこち》良く過ごせるあたたかな様子。
エ　この街のものめずらしい大道芸人のパフォーマンスが、旅の緊張《きんちょう》と不安を和《やわ》らげて、心の底から旅人を楽しませている様子。

2　【　Ⅰ　】～【　Ⅲ　】にあてはまる語の組み合わせとして最も適するものを、次の中から選んで答えなさい。

ア　Ⅰ　ぐっと　Ⅱ　きっと　Ⅲ　かっと
イ　Ⅰ　さっと　Ⅱ　そっと　Ⅲ　ぐっと
ウ　Ⅰ　そっと　Ⅱ　ぐっと　Ⅲ　かっと
エ　Ⅰ　ぐっと　Ⅱ　ふっと　Ⅲ　じっと

3　――2「まるで」は、どこにかかりますか。最も適するものを、次の中から選んで答えなさい。

ア　昔からの友だちのような　イ　親しげな　ウ　笑顔を　エ　見せてくれた

4　――3「真夏なのに、凛い冬の裸木を見つけたような、そんな不思議な気持ちになっていた」とありますが、どのような人を「見つけた」と言いたいのですか。最も適するものを次の中から選んで答えなさい。

ア　暑い日なのにデニムの長袖のシャツを着るような、この場所には似合わない他の人とは明らかに違った人を見つけた。
イ　多くの人が行きかう通りでも、目が離せなくなるくらい周りの人と違ったかっこいいファッションの人を見つけた。
ウ　暑い日でも平然とデニムの長袖のシャツを着ている、他の人からどう思われようと気にしないような人を見つけた。
エ　雑多なものや人々があふれるこの場所の中でも、周りに染まらずに生きていく自分を持っているような人を見つけた。

5　――4「目尻に刻まれた皺は深く」とありますが、「皺」が意味することを述べた次の文の空らんに入る語を、それぞれ二字で答えなさい。

「皺」は、この男が二十代のような【　A　】男ではなく、これまでの人生でさまざまな【　B　】を経験してきたことを物語っている。

6　――5「彼の右腕がない」とありますが、

（1）　彼の右腕がなくなってしまったのはなぜですか。三十字以内で答えなさい。

（2）　右腕がなくなってしまったことで起こったジャックの気持ちの変化として最も適するものを、次の中から選んで答えなさい。

ア　右腕がなくなった当初は将来を悲観し悩んでいたが、新たな道を志すようになり受け入れられるようになった。
イ　右腕がなくなった当初は自分の不注意を後悔《こうかい》していたが、徐々《じょじょ》に右腕がない事実さえ忘れられるようになった。
ウ　右腕がなくなった当初は現実から逃避《とうひ》して暮らしていたが、時間が経《た》つにつれ苦しみを実感するようになった。
エ　右腕がなくなった当初からやりきれない思いを抱《かか》えていたが、その後も立ち直れず悲観的でいるようになった。

7　【　X　】にあてはまる言葉として最も適するものを、次の中から選んで答えなさい。

ア　口を酸《す》っぱくして　イ　口をついて出て　ウ　口をつぐんで　エ　口をとがらせて

8　――6「わたしの胸もと目がけて」とありますが、

（1）この後に続く文を、本文から十字でぬき出して答えなさい。

（2）この表現について説明したものとして最も適するものを、次の中から選んで答えなさい。

ア「わたし」がすぐに答えられないぐらい、「わたし」の心の中にまっすぐつきささる質問であるような印象を与《あた》えている。

イ「わたし」が口を閉じてしまうぐらい、「わたし」の気持ちを深く傷つける恐《おそ》ろしい質問であるような印象を与えている。

ウ「わたし」が言葉をうまく続けられないぐらい、次々と休む間もなく投げかけられる質問であるような印象を与えている。

エ「わたし」が口をはさむ間もないぐらい、「わたし」の答えを全く聞き入れてくれない質問であるような印象を与えている。

9　――7「俺がたずねてるのは、名前じゃないよ」とありますが、「俺」の真意にそった「わたし」の答えにあたる一文を本文からぬき出し、その最初の五字を答えなさい。

10　――8「小さなため息をついて」とありますが、このときの気持ちを説明したものとして最も適するものを、次の中から選んで答えなさい。

ア　偶然通りがかった目の前の観光客が、一生懸命自分のかかえている悩みを話したことによって、満足のいく絵が描け、生活費をかせげて安心する気持ち。

イ　目の前の人物が会ったばかりなのに丁寧な英語で自分のことを話すのを聞き、それに応えるだけの絵画の腕前《うでまえ》を持たない自分自身にがっかりする気持ち。

ウ　目の前の人物が心の内まで自分の言葉で話してくれたことによって、外見だけでなく内面までを自分なりに表現した作品ができあがったことにほっとする気持ち。

エ　目の前の人物が語る話を聞き終えて、聞く前に心の中で想像していたものよりも平凡《へいぼん》でありふれた話だったため、期待が裏切られて残念に思う気持ち。

11　――9「俺の目に映ったあなた」とありますが、「俺」の目に映った「わたし」として最も適するものを、次の中から選んで答えなさい。

ア　小鳥などの動物を大切に扱《あつか》うことができ、愛情に満ちている。

イ　自分で決めたことは絶対に曲げようとしない、意志の強さがある。

ウ　自分が何に悩んでいるのかさえわかっておらず、とらえどころがない。

エ　夢や目標をあきらめようとしつつも、あきらめきれずにいる。

12　［Y］にあてはまる語として最も適するものを、次の中から選んで答えなさい。

ア　ねらい　　イ　勢い　　ウ　速さ　　エ　強さ

13　――10「俺も悩んだ」とありますが、「今のわたし」と「昔の俺」に共通するのはどのような悩みですか。次の空らんの条件に合うように、本文からぬき出して答えなさい。

（　二十五字以内　）という悩み。

14　――11「俺が言いたいこと」とありますが、どういうことですか。次の文の空らんの条件に合うように、本文からそれぞれぬき出して答えなさい。

何も恐れずに（　ア　十九字　）や（　イ　四字　）を（　ウ　七字　）べきだということ。

15　――12「俺の右腕はここにある。永遠に」とありますが、なぜそのように言うのですか。本文の言葉を用いて四十五字以内で答えなさい。

三　次の1～10の――部のカタカナを漢字に、11～15の――部の漢字をひらがなに直しなさい。

1　空に長く太い飛行機雲が見えたヨクジツは、雨になる可能性が高い。

2　次回の知事選挙では、自分が支持するセイトウの候補者に投票する。

3　今日の夕飯の材料は、いつものスーパーではなくセイカ市場で購入《こうにゅう》する。

4　この会社では、仕事の進め方は個人のサイリョウに任せられている。

5　地域のさらなる発展のためには、新しい文化をツクることが必要だ。

6　敬老の日に、遠く離《はな》れて暮らしているソフへ手紙を送って感謝を伝えた。

7　ユデン開発に先立って、専門家による地質調査や物理探査が進められている。

8　旅の途中《とちゅう》、目の前に広がるシャソウからの景色は、とても美しい。

9　寒くなってきたので、家族で家の近くにあるセントウに行くことにした。

10　仏教の中でも、そのシュウハによって教えにさまざまな違《ちが》いがある。

11　クラス全員が優勝を目指して、一丸となってリレーの練習に励《はげ》む。

12　ケガをしてしまったため、今季限りで現役《げんえき》から退く他はないと思っている。

13　地震《じしん》の揺《ゆ》れを感じたら、直ちに机の下に入って落下物から身を守る必要がある。

14　学校の先生は、いつも友だちを思いやり大切にすることの重要性を説く。

15　自分よりも目上の人を尊ぶことは、人との関わりの中で大切なことだ。

令和3年度　帝塚山中学校 1次A入学試験問題　算　数　（その1）

受験番号

※答えはすべて解答用紙に書きなさい。

※円周率は3.14とします。また，答えが分数になるときは，仮分数で答えてもよろしい。

（60分）

1　次の □ に，あてはまる数を答えなさい。

(1)　$4\times\{0.75-(0.7-0.05)\}\div2=$ □

(2)　$\dfrac{1}{3\times5}=\dfrac{1}{2}\times\left(\dfrac{1}{3}-\dfrac{1}{5}\right)$ を利用すると，$\dfrac{1}{6\times8}+\dfrac{1}{8\times10}+\dfrac{1}{10\times12}+\dfrac{1}{12\times14}+\dfrac{1}{14\times16}=$ □

(3)　1から1000までの整数のうち，11 または 13 で割り切れる整数は □ 個あります。

(4)　10円玉3枚，50円玉2枚，100円玉1枚で支払《しはら》える金額は □ 通りあります。

(5)　図のように円の中に正方形が入っています。正方形の面積が 20 cm^2 のとき，円の面積は □ cm^2 です。

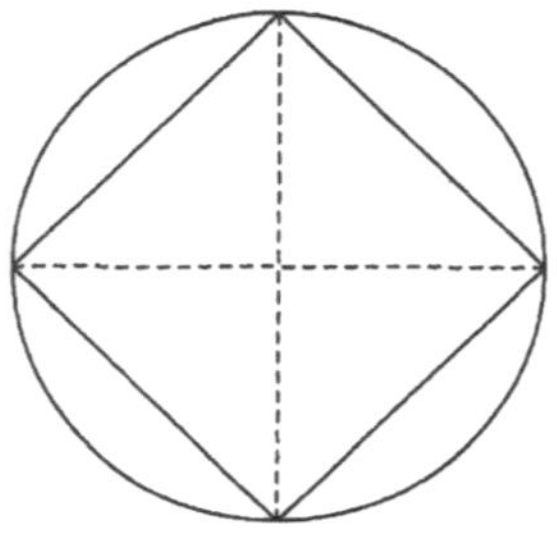

(6)　$\dfrac{57}{99}$ の分母分子から同じ整数 □ を引くと，$\dfrac{2}{9}$ と等しい分数になります。

(7)　みかん176個，りんご136個，なし49個を □ 人に等分したら，みかんは6個余り，りんごはちょうど，なしは2個不足しました。

(8)　家から直線で600mのところにある公園まで姉と妹が往復します。姉は9時に家を出発し時速3kmで歩き，公園に着いてすぐに同じ速さで引き返しました。妹は9時2分に家を出発し，15分後に姉に出会いました。
妹の速さは時速 □ kmです。

(9)　図の四角形ABCDは正方形で，三角形EBCは正三角形です。角アの大きさは □ 度です。

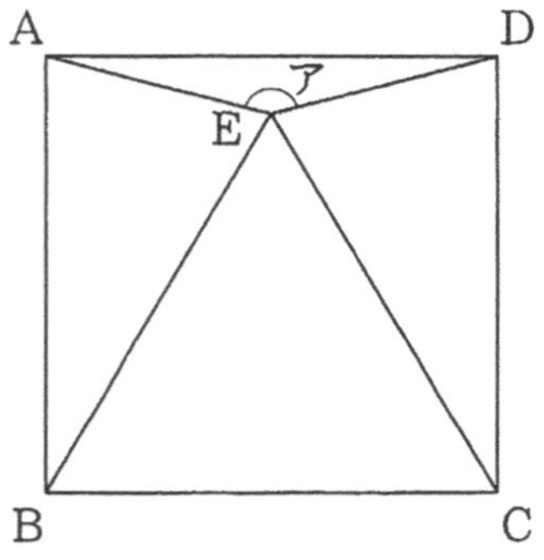

令和３年度　帝塚山中学校 １次Ａ入学試験問題　算　数　（その２）

2 ある規則にしたがって，数を以下のように並べました。

1，1，2，3，5，8，13，21，34，55，89，144，……

このとき，次の問いに答えなさい。

(1) 初めから15番目の数は何ですか。

(2) 初めから2021番目までに偶数《ぐうすう》は何個ありますか。

(3) 初めから102番目の数の下二けたの数字は76，その次の数の下二けたの数字は77です。このとき初めから99番目の数の下二けたの数字は何ですか。

3 右の図形の辺上を点Ｐ が，Ａ→Ｂ→Ｃ→Ｄ→Ｅ→Ｆの順番で移動していきます。はじめは秒速１cmで移動しています。辺上では速さは一定ですが，曲がるたびに秒速は１cmずつ増していくものとします。このとき，三角形APFの面積について，次の問いに答えなさい。

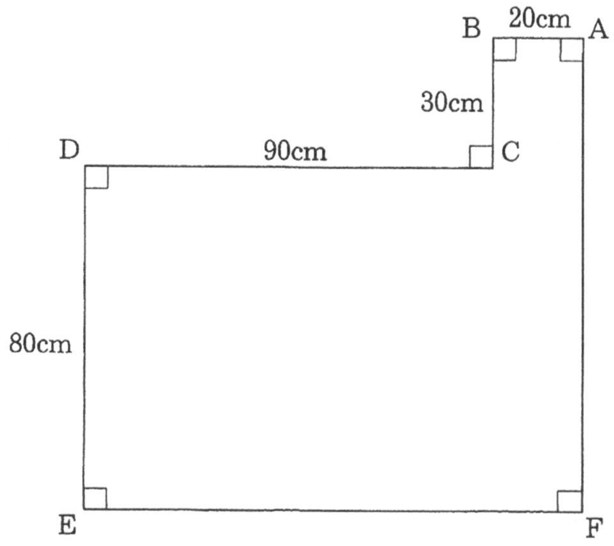

(1) 出発してから 40 秒後の三角形APF の面積は何cm^2 ですか。

(2) 出発してからかかった時間を横軸《よこじく》に，そのときの三角形APF の面積を縦軸としたグラフを考えます。

① 正しいグラフはどれですか。記号で答えなさい。

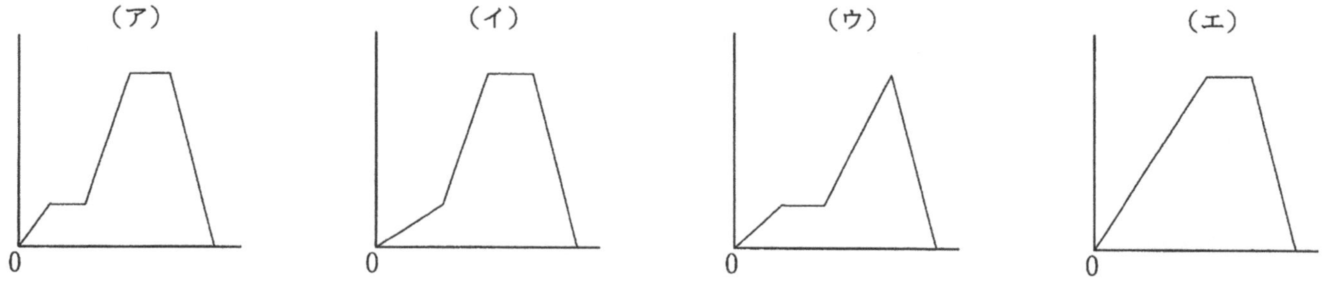

② 三角形APF の面積が 2750cm^2 となるのは出発してから何秒後と何秒後ですか。

4　あるクラスの男女の人数比は２：３です。このクラスでめがねをかけている人はクラス全体の75 ％です。そのうち，４割は男子，６割は女子です。また，同じクラスでスマートフォンを持っている人はクラス全体の35 ％です。スマートフォンを持っている人の男女比は男子３：女子４です。男子でめがねをかけている人とスマートフォンを持っている人の人数の差は６人で，女子でスマートフォンを持っている人のうち，めがねもかけている人の割合は５割です。また，スマートフォンを持っていてめがねもかけている人の男女比は男子１：女子２です。
次の問いに答えなさい。

(1)　クラスの人数は何人ですか。

(2)　女子でスマートフォンを持ち，めがねをかけている人は何人ですか。

(3)　男子でスマートフォンを持っているが，めがねをかけていない人は男子全体の何％ですか。

5　以下の会話を読んで，あとの問いに答えなさい。

太郎《たろう》：最近，お店で買い物をすると袋《ふくろ》が有料になっているね。今までは無料だったのにね。

花子：プラスチックごみを減らすためじゃないかな。次の資料を見てみてよ。

> 一般社団法人「プラスチック循環《じゅんかん》利用協会」（東京都）によると，2018年に国内で生産されたプラスチックは約1000万トン。そのうち，90％がごみなどとして家庭や事業所から排出《はいしゅつ》された。

太郎：生産されたプラスチックのほとんどがごみとして排出されてるんだね。知らなかったよ。このごみはどう処分されているのかな？

花子：資料の続きには「ごみなどとして排出されたプラスチックの85％が発電燃料や再生品として再利用された。再利用されなかったごみのうち52％が焼却《しょうきゃく》，48％が埋め立てされた」と書いてあるわ。

太郎：ということは多くのプラスチックごみが埋め立てられてるんだね。

花子：そうよ。このままでは埋め立てる土地がどんどんなくなって，街がごみで埋まってしまうわ。だから，プラスチックごみを減らす必要があるの。

太郎：埋め立てられるプラスチックごみの量は，学校の25mプール何杯《なんばい》分になるのかなあ。

花子：2018年に国内で生産されたプラスチックをちょうど1000万トンとしましょう。さらに，プラスチック１cm^{3}あたり１ｇとして計算すればわかるんじゃないかしら？

(1)　埋め立てられたプラスチックごみの量は何トンですか。

(2)　25mプール１杯分のプラスチックは何トンになりますか。プールは縦25m，横10m，深さ１mとします。

(3)　１年間に埋め立てられるプラスチックごみの量は(2)のプール何杯分になりますか。

6 図のような直方体をくり抜《ぬ》いた容器に A，B，C の 3 つの蛇口《じゃぐち》がついています。蛇口 A からは給水し，蛇口 B，C からは排水します。それぞれの蛇口の 1 秒あたりの給水量と排水量は以下の通りです。

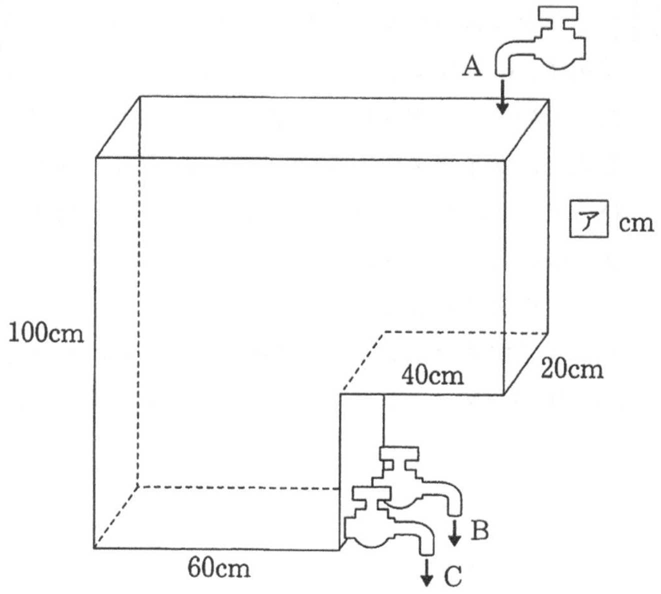

蛇口A：$20cm^3$
蛇口B：$10cm^3$
蛇口C：　$5cm^3$

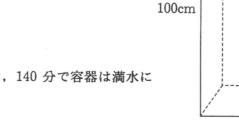

空っぽの状態から蛇口 A だけを開けたとき，140 分で容器は満水になります。
このとき，次の問いに答えなさい。

(1) ア にあてはまる数を答えなさい。

(2) 空っぽの状態から，まずは蛇口 A だけを開けます。数分後に蛇口 B も開け，さらにその 3 分後に蛇口 C も開けたところ，200分で満水になりました。蛇口 B を開けたのは蛇口 A を開けてから何分後ですか。

令和３年度　帝塚山中学校 １次Ａ入学試験問題　理　科　（その１）

受験番号

(30分)

※答えはすべて解答用紙に書きなさい。
※選んで答える問題はすべて記号で答えなさい。

1 ある年の晴れた春分の日（奈良県の日の出時刻６：04、日の入り時刻18：04）、帝塚山中学校の運動場の真ん中に長さ１ｍの棒を立て、その先たんに細長く切ったうすい布を付けました。そして、１日の太陽の動きおよび風向の観測と地面の温度（以下、地温という）と気温の測定を行いました。**図**は、その日の太陽高度、地温および気温の変化の一部を表したグラフです。

なお、太陽は観測者を中心とした半球上を動いているように見え、その動きは常に一定です。また、南中時刻は太陽の中心が真南にきた時刻とし、日の出や日の入りの時刻は太陽の中心が地平線に達したときの時刻とします。さらに、風向は風がふいてくる方位で表します。

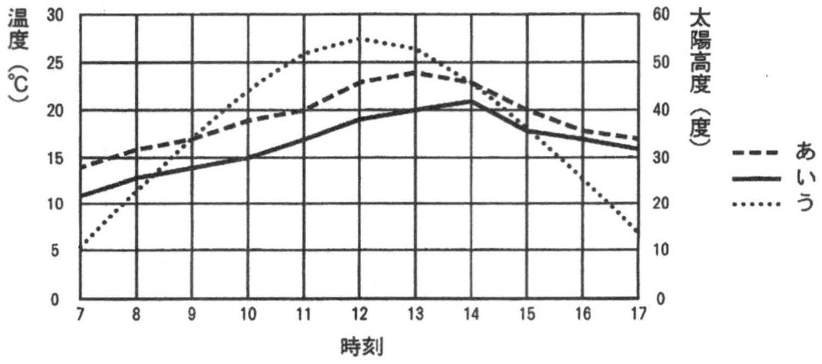

図

問１　日なたの地温の測り方についての操作として、**適当でないもの**を１つ選びなさい。

ア　温度計を直接地面に置かず、棒温度計のケースなどを台にする。

イ　日光が直接温度計をあたためることを防ぐため、温度計のまわりを水でぬらす。

ウ　地面に少し穴をほり、温度計の液だめを差しこみ、土をうすくかける。

エ　地面に設置してからしばらくおいた後、目盛りを読む。

問２　太陽は観測者を中心に１時間あたり何度ずつ移動しますか。

問３　９時04分に棒のかげと風にふかれた布のかげが重なっていました。この時の風向を答えなさい。

問４　この日、この場所で棒のかげが真北をさした時刻は、何時何分ですか。

問５　**図**の**あ**、**い**、**う**のうち、気温を示しているのはどれですか。

問６　１日のうちで気温が最も高いときについて述べた文として、最も適当なものを選びなさい。

ア　棒のかげの長さが最も短い。

イ　棒のかげの長さが最も長い。

ウ　棒のかげが北西より北寄りにのびる。

エ　棒のかげが北東より北寄りにのびる。

オ　棒のかげが消える。

問７　１年のうちで、南中したときの棒のかげが最も長くなるのはいつごろですか。最も適当なもの選びなさい。

ア　３月20日　　**イ**　６月20日　　**ウ**　９月20日　　**エ**　12月20日

問８　**図**より帝塚山中学校が位置する緯度《いど》は何度ですか。最も適当なものを選びなさい。

ア　北緯23度　　**イ**　北緯34度　　**ウ**　北緯45度　　**エ**　北緯56度　　**オ**　北緯66度

裏面につづきます。

2　ある地域の淡水《たんすい》に生息する巻き貝は、石に付着した植物（以下、藻《も》という）を食べ、そこに生息する魚やザリガニはその巻き貝を食べます。魚やザリガニがいることによって、巻き貝の分布がどのように変化するのかを調べるために、次の（**実験１**）、（**実験２**）を行いました。

（**実験１**）

図１のように水そうを網《あみ》で仕切り、２つの部屋（部屋**Ａ**、部屋**Ｂ**とする）をつくった。網で仕切ることにより、部屋**Ａ**と部屋**Ｂ**間の生物の移動はできない。また、部屋**Ｂ**には、下に巻き貝が逃げ込むすき間がある不透明《ふとうめい》の台（以下、かくれ場とする）を置いた。部屋**Ａ**に魚やザリガニを入れなかった場合（魚・ザリガニなし）、およびザリガニ、または魚を入れた場合のそれぞれについて、部屋**Ｂ**のかくれ場の下にいる巻き貝の個体数の割合と、水そうの水面近くに付着している巻き貝の個体数の割合を、それぞれ調べたところ、**図２**、**図３**の結果が得られた。

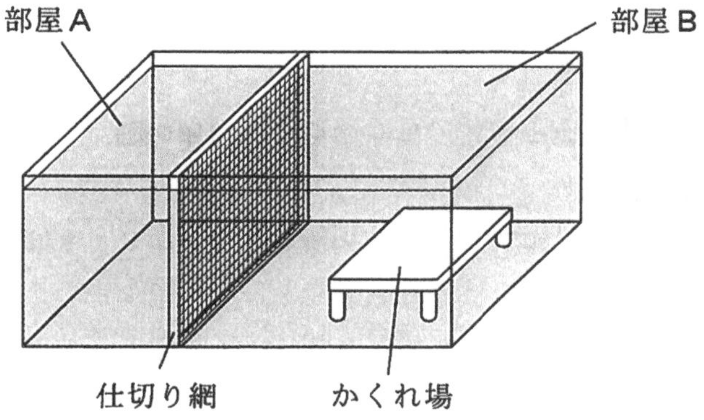

図１

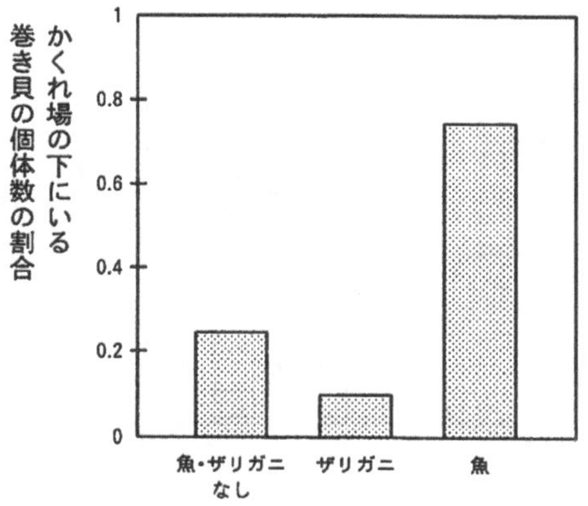

図２

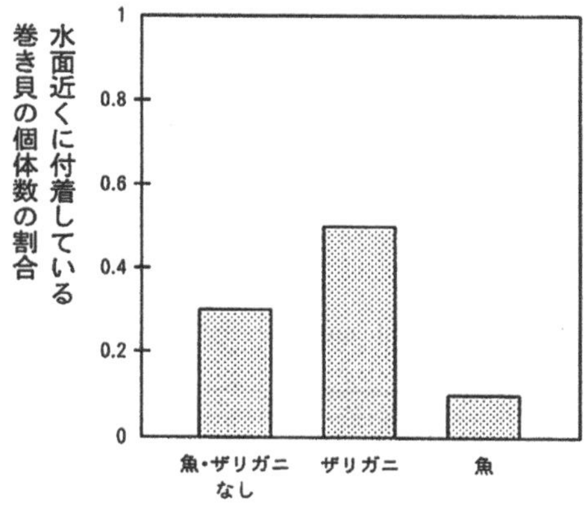

図３

（**実験２**）

藻が付着したタイルを、かくれ場の下と水面付近に設置した。（**実験１**）と同じように、水そうに水を入れ、部屋**Ｂ**に巻き貝を入れた。部屋**Ａ**の中に魚やザリガニを入れなかった場合（魚・ザリガニなし）、およびザリガニ、または魚を入れた場合のそれぞれについて、一定期間後、タイルに残った藻の量を測定した。

問１　下線部のような食う、食われるの関係を食物連鎖《れんさ》といいます。次の食物連鎖に関する文として、**適当でないもの**を１つ選びなさい。

ア　自然界では、食物連鎖は網のように複雑にからみ合っている。
イ　外来種の侵入《しんにゅう》があった場合、それまで保たれてきた食物連鎖の関係がくずされることがある。
ウ　食うものと食われるものの個体数は、食うものの方が食われるものよりも少なく、逆転することはない。
エ　食物連鎖は、陸上では植物から、池や川の中では自分で養分をつくることができる小さな生物から始まる。

問２　魚は背骨を持つため、セキツイ動物に分類されます。生物の分類について、次の**Ａ**～**Ｄ**に当てはまる動物をそれぞれ**ア**～**ケ**から**すべて**選びなさい。

Ａ　背骨がなく、卵で冬ごしをする。
Ｂ　サナギの時期がある。
Ｃ　たい生である。
Ｄ　卵を水中に産む。

ア　コオロギ　　**イ**　コイ　　**ウ**　バッタ　　**エ**　イルカ　　**オ**　イモリ
カ　テントウムシ　　**キ**　ペンギン　　**ク**　ヤモリ　　**ケ**　カマキリ

問３　**図２**および**図３**を見て、（**実験１**）の結果を説明した次の文の（　　）に入る語句として、最も適当なものをそれぞれ選びなさい。

ザリガニが存在することで巻き貝は（　①　）。一方、魚が存在することで巻き貝は（　②　）。

ア　かくれ場の下にも、水面付近にも集まりにくくなる
イ　かくれ場の下には集まりにくくなり、水面付近には集まりやすくなる
ウ　かくれ場の下には集まりやすくなり、水面付近には集まりにくくなる
エ　かくれ場の下にも、水面付近にも集まりやすくなる

問４　**（実験２）**に関して、①かくれ場の下に設置したタイル、②水面付近に設置したタイル、に残った藻の量を測定した結果として、最も適当なものをそれぞれ選びなさい。

ア

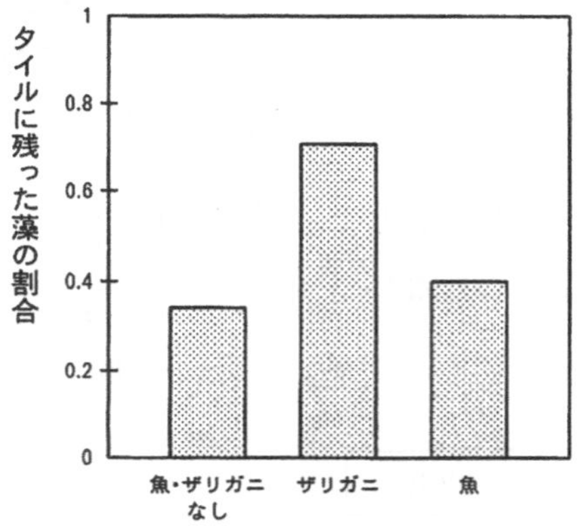

イ

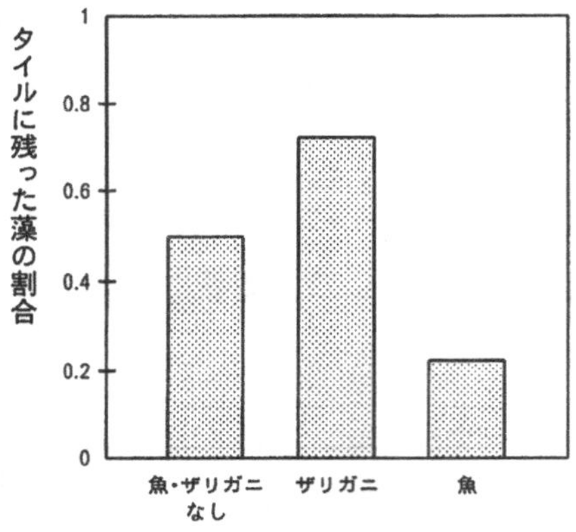

ウ

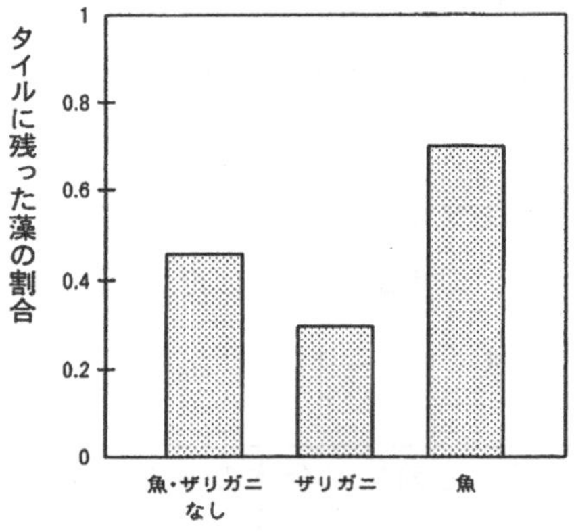

エ

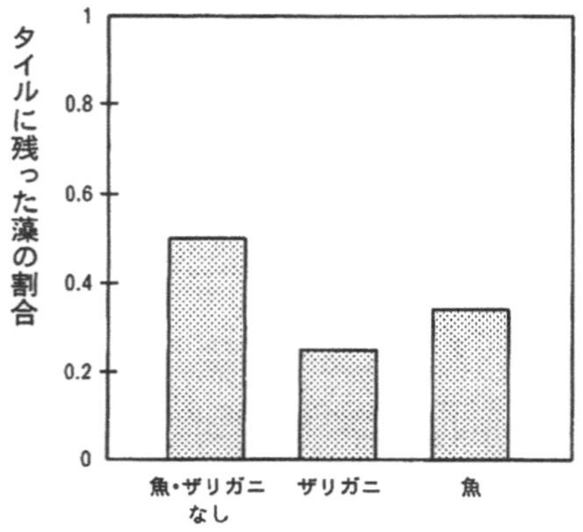

オ

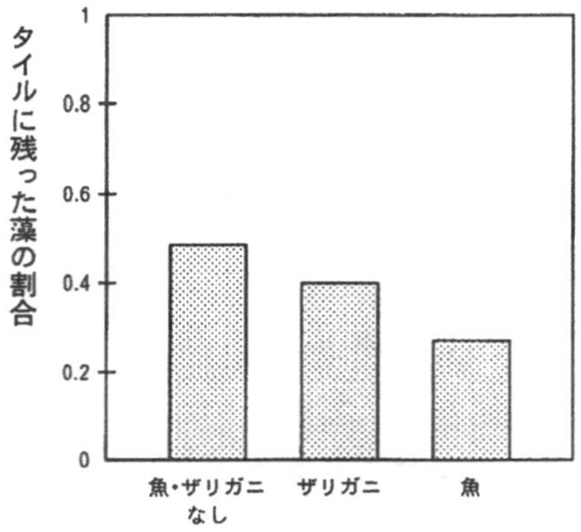

カ

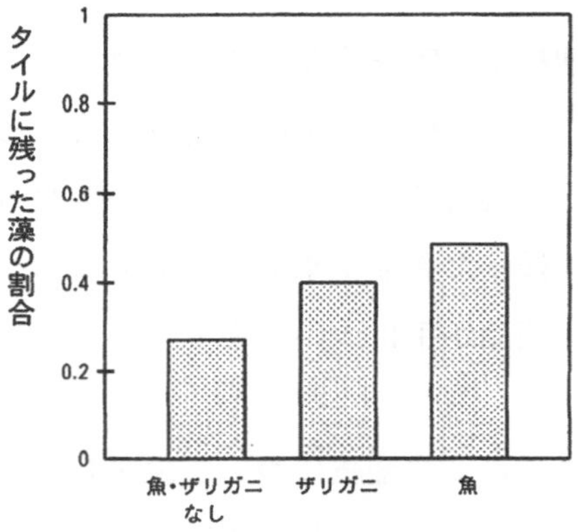

裏面につづきます。

3　銅を加熱すると、銅と空気中の酸素が結びついて黒くなり、結びついた酸素のぶんだけ重くなります。銅の重さと結びつく酸素の重さの関係を調べるために、次の実験を行いました。

【操作１】　銅の粉をステンレスの皿にのせ、うすく広げた後、皿全体の①重さを測った。

【操作２】　図のようにガスバーナーで加熱したところ、粉が黒色に変化していった。

【操作３】　加熱をやめ、薬さじを使って、粉をこぼさないように②よくかき混ぜた。

【操作４】　**【操作２】**～**【操作３】**を数回くり返した後、皿全体の重さを測った。

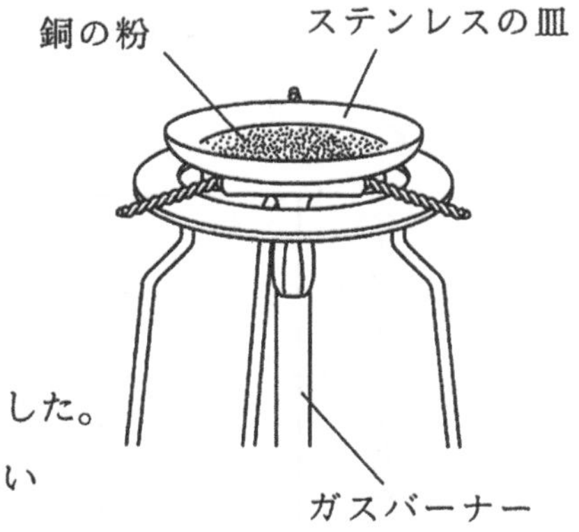

図

さまざまな重さの銅の粉に対して、上と同じ実験を行ったところ、**表**のような結果になりました。ただし、この実験で使用したステンレスの皿はすべて同じで、加熱によって酸素と結びつかないものとします。

表

加熱する前の皿全体の重さ（g）	31.2	31.6	32.0	32.4	32.8
加熱した後の皿全体の重さ（g）	31.5	32.0	32.5	33.0	33.5

問１　理科室で実験するときの注意点として、**適当でないもの**を１つ選びなさい。

ア　薬品を使う実験の場合は、安全めがねをつけて実験する。
イ　実験台の上には、実験に必要なもの以外は置かないようにする。
ウ　残った薬品は水でうすめて流しへ捨てる。
エ　薬品が手についたときは、すぐに大量の水で洗い流す。

問２　さまざまな金属について説明した文として、**適当でないもの**を１つ選びなさい。

ア　銀は電気を通しやすい。
イ　鉄は磁石に引きつけられる。
ウ　アルミニウムを水中に入れると浮《う》く。
エ　金をバーナーで加熱すると、体積が大きくなる。

問３　下線部①について、重さを測る器具として上皿天びんがあります。その使い方として、**適当でないもの**を１つ選びなさい。

ア　平らな安定した場所に上皿天びんを置く。
イ　分銅はピンセットではさんで使う。
ウ　ものの重さを測るとき、右利きの人は右の皿に分銅をのせる。
エ　針が中心から左右に同じ幅《はば》でふれるようになると、左右のうではつりあっている。
オ　使い終わったら、両方の皿を取り外して保管する。

問４　下線部②について、この操作を行う理由を書きなさい。

問５　1.0ｇの銅と結びつく酸素は何ｇですか。

問６　銅の重さと、銅に結びつく酸素の重さの比を、最も簡単な整数比で答えなさい。

問７　実験に使ったステンレスの皿の重さは何ｇですか。

問８　上と同じ実験をした後、黒い粉をふくめた皿の全体の重さを測ると37.5ｇでした。加熱する前にのせた銅の重さは何ｇですか。

4 つる巻きばねＡ（以下、ばねＡという）を３つ用意し、天井《てんじょう》に取り付け、おもりをそれぞれつるしたところ、**図１**のようになりました。さらに、つる巻きばねＢ（以下、ばねＢという）を３つ用意し、床《ゆか》に取り付け、それぞれおもりを乗せてまっすぐに静止させたところ、**図２**のようになりました。ばねは、自然の長さから伸《の》びたり縮んだりすると、元にもどろうとするはたらきがあります。ただし、つる巻きばねの重さは無視できるものとします。

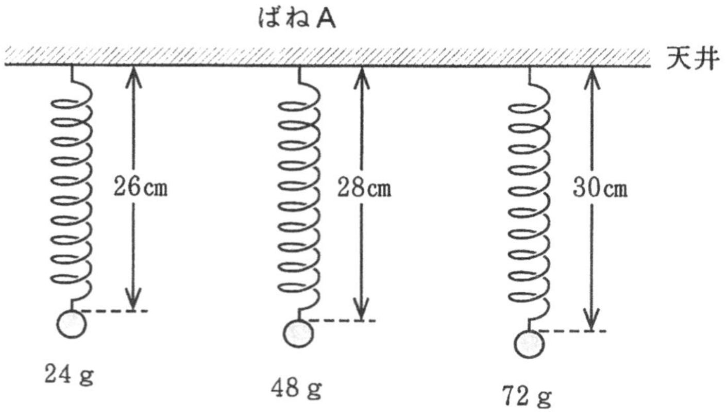

図１

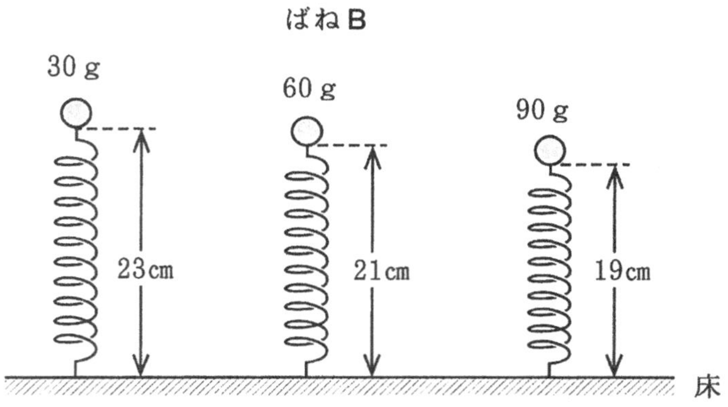

図２

問１　おもりを付けないときのばねの長さはいくらになりますか。ばねＡとばねＢのそれぞれについて答えなさい。

問２　ばねＢを、**図１**のように天井に取り付け、60ｇのおもりをつるして静止させると、ばねの長さはいくらになりますか。また、ばねがおもりに加えている力は上向き、下向きのどちらですか。

問３　ばねＡを、**図２**のように床に取り付け、60ｇのおもりを乗せて静止させると、ばねの長さはいくらになりますか。また、ばねがおもりに加えている力は上向き、下向きのどちらですか。

問４　**図３**のように、三角形の台に重さの無視できる棒を乗せ、天井に取りつけたばねＡを棒の左端《はし》につなぎ、右端に30ｇの小さなおもりを乗せたところ、棒は水平になってつりあいました。ばねＡの長さはいくらになりますか。また、三角形の台が支える力の大きさは、何ｇのおもりの重さと同じですか。

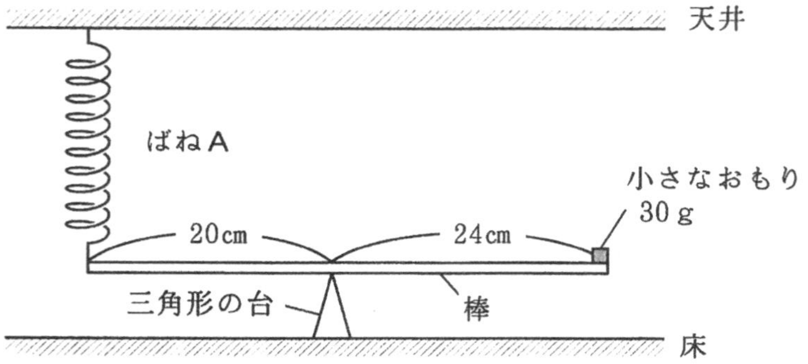

図３

問５　**図４**のように、三角形の台に重さの無視できる棒を置き、床に取りつけたばねＡとばねＢを棒の両端にそれぞれ真っすぐにつないだところ、棒は水平になってつりあい、ばねの長さは29cmになりました。Ｘ：Ｙの比はいくらですか。最も簡単な整数比で答えなさい。

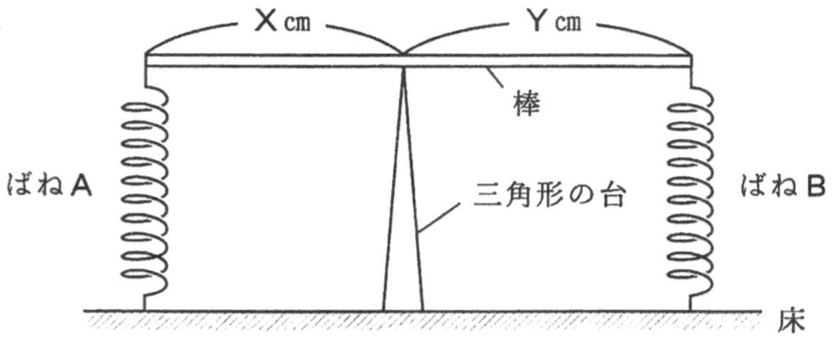

図４

問６　次に、問５の状態から三角形の台の高さを高くして、さらに台を左右どちらかに動かしたところ、ばねの長さが33cmになったところで、棒は水平になってつりあいました。そのときのＸ：Ｙの比はいくらですか。最も簡単な整数比で答えなさい。

受験番号

※答えはすべて解答用紙に書きなさい。

※選んで答える問題はすべて記号で答えなさい。

(30分)

１　次の地図を見て、下の〔Ａ〕～〔Ｅ〕の文章を読み、あとの問いに答えなさい。

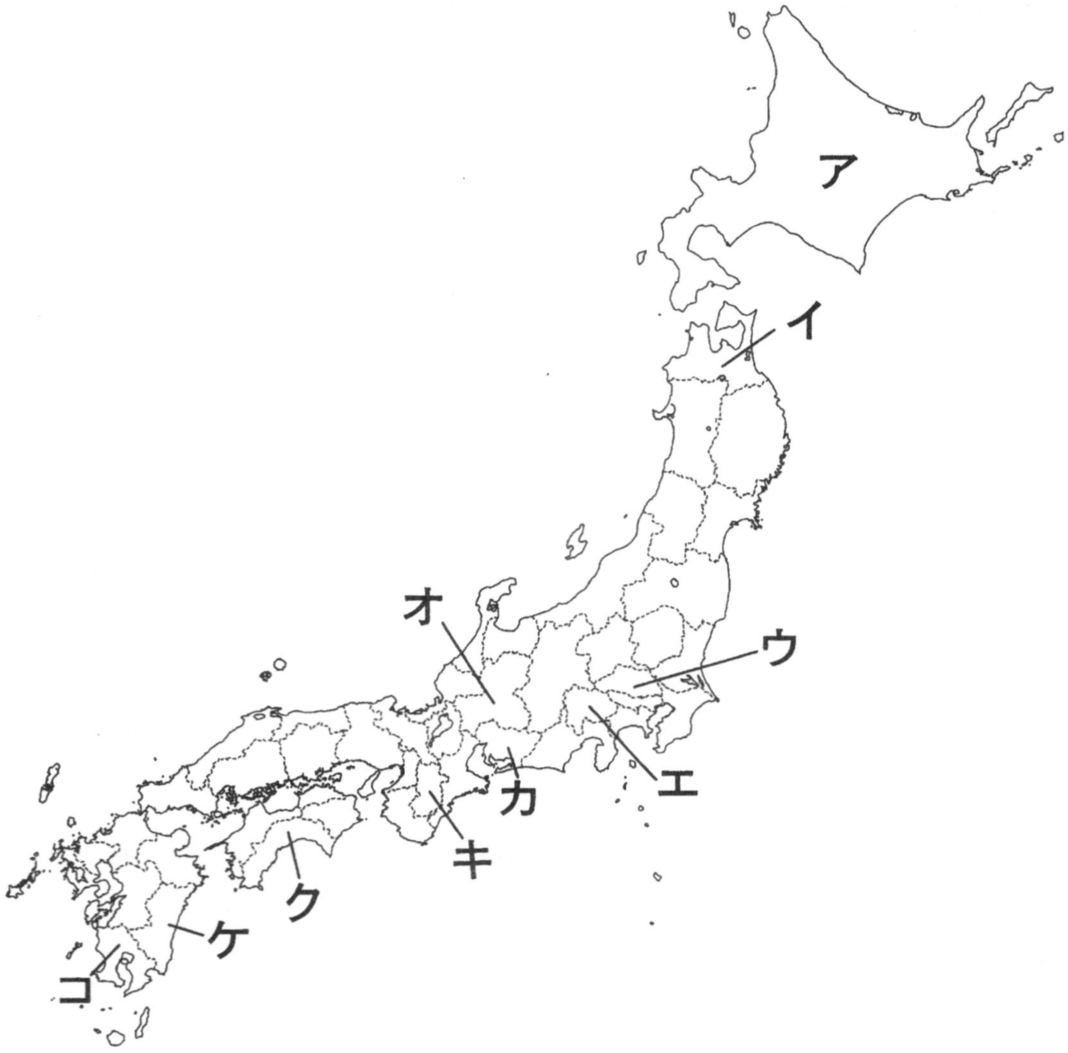

〔Ａ〕俳人の正岡子規が、「（　１　）食えば　鐘《かね》が鳴るなり（　２　）」と俳句をよんだことでも有名な（　２　）があるこの県は、和歌山県に次いで（　１　）の生産が全国第２位です。（　２　）は1993年12月に姫路城などとともに日本で最初の世界文化遺産に認定《にんてい》されました。

〔Ｂ〕三方周囲を海で囲まれたこの県の沿岸には、好漁場があり、①漁業がさかんです。農業ではりんごやごぼう、生産地である旧村名がブランド品名となっている（　３　）の生産量が全国第１位です。

〔Ｃ〕北西から吹《ふ》く冬の季節風が、２つの山地で弱められることや、沿岸に暖流が流れていることから、冬でも比較《ひかく》的暖かい気候です。この県ではビニールハウスを利用した（　４　）栽培《さいばい》がさかんで、なすの生産量は全国第１位です。

〔Ｄ〕揖斐《いび》川と長良《ながら》川に挟《はさ》まれたこの地域では、川よりも土地の高さが低く、洪水《こうずい》から家や田畑を守るため、周囲を堤防《ていぼう》で囲う（　５　）があります。またこの県には、日本一面積の広い市町村である高山市があります。

〔Ｅ〕県東部は平野、西部は盆地《ぼんち》と山地という地形から、夏になると気温が上昇《じょうしょう》しやすく、2018年７月には熊谷市で41.1度を記録しました。②大都市で使用されているエアコンの排気《はいき》熱や太陽光により暖められたアスファルトの熱が季節風によって運ばれたことが、気温が上昇する原因の一つではないかと考えられています。

裏面につづきます。

問１　〔Ａ〕～〔Ｅ〕は、地図中**ア～コ**のいずれかの道県について述べたものです。最もふさわしいものを、地図中の**ア～コ**からそれぞれ選びなさい。

問２　文中の空欄《くうらん》（　１　）～（　５　）に入る語句を答えなさい。ただし、（　２　）・（　４　）・（　５　）は**漢字**で答えなさい。

問３　下線部①について、以下のグラフは1964年から2018年までの漁業種別生産量の推移を表したものであり、ａ～ｄは沿岸漁業、沖合《おきあい》漁業、遠洋漁業、海面養殖《ようしょく》業のいずれかです。遠洋漁業にあたるものを、ａ～ｄから１つ選びなさい。

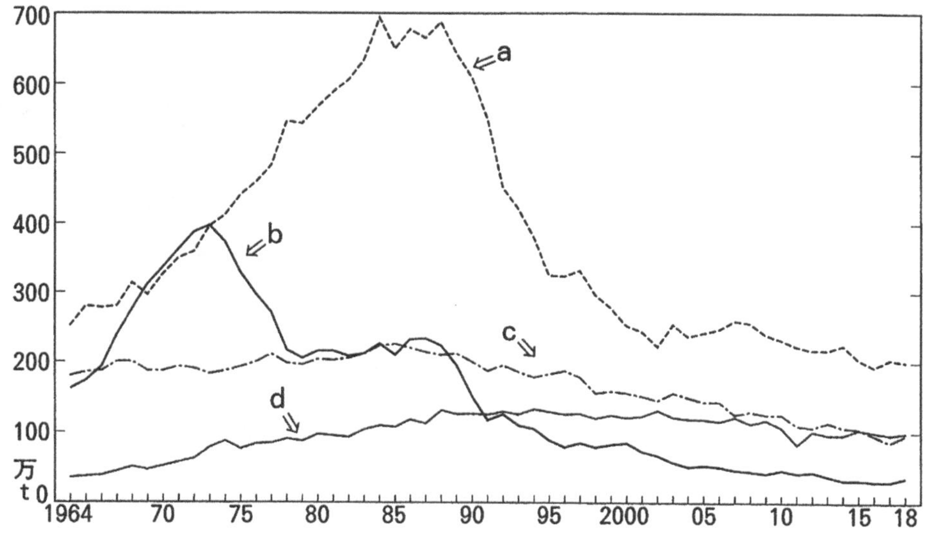

（『日本国勢図会　2020/21』より作成）

問４　下線部②について、このような都市部の人工的な熱によって気温が上昇する現象を何といいますか、**カタカナ**で答えなさい。

問５　次のａ～ｄの表は、乳用牛、肉用牛、豚《ぶた》、肉用若鶏《わかどり》の都道府県別頭数（万頭もしくは万羽）で、一部の道県名は地図中の**ア～コ**と同じ道県を表しています。肉用若鶏にあたるものを、ａ～ｄから１つ選びなさい。

a	
コ	126.9
ケ	83.6
ア	69.2
群馬県	63.0
千葉県	60.4

b	
ケ	2,824
コ	2,797
岩手県	2,165
イ	694
ア	492

c	
ア	80.1
栃木県	5.2
熊本県	4.4
岩手県	4.2
群馬県	3.4

d	
ア	51.3
コ	33.8
ケ	25.0
熊本県	12.5
岩手県	8.9

（『日本国勢図会　2020/21』より作成）

２　次の〔Ａ〕・〔Ｂ〕の文章を読んで、あとの問いに答えなさい。

〔Ａ〕

大和朝廷《ちょうてい》は、①５～６世紀ごろには、②九州地方から東北地方南部までの豪族《ごうぞく》たちを従えるようになりました。また、③このころ、大陸からの文化を積極的に取り入れました。

平安時代になると、東北地方で産出される金や良質の馬に関心が集まりました。11世紀には東北地方で大きな二つの合戦があり、④源氏の助けを受けて後三年合戦をしずめた（　１　）がその後の東北地方を治めるようになると、拠点《きょてん》を現在の岩手県の（　２　）に移しました。（　１　）が（　２　）の地に建てた中尊寺は現在、世界文化遺産に登録されています。

問１　下線部①について、この時期について述べた文として正しいものを、次の**ア～エ**から１つ選びなさい。

ア　この時期は、西暦《せいれき》では400年から599年までの200年間を示す。

イ　聖徳太子が冠位《かんい》十二階を定め、能力や功績で役人を選ぶようになった。

ウ　この時期につくられた古墳《こふん》の形は、国内のどの地域でもすべて前方後円墳であった。

エ　古墳の石室や出土品から、埋葬《まいそう》された人の生前の様子を知ることができる。

問２　下線部②について、「ワカタケル大王」という名前が刻まれた刀剣《とうけん》が見つかった、埼玉県にある古墳の名称《めいしょう》を**漢字３字**で答えなさい。

問３　下線部③について、この時期に大和朝廷が大陸から初めて取り入れたと考えられているものを、次の**ア～エ**から１つ選びなさい。

ア　仏教　　**イ**　青銅器　　**ウ**　布　　**エ**　火薬

問４　下線部④について、この源氏とは誰《だれ》のことですか、次の**ア～エ**から１つ選びなさい。

ア　源義家　　**イ**　源義朝　　**ウ**　源実朝　　**エ**　源義経

問５　文中の空欄（　**1**　）に入る人物名を、姓名《せいめい》ともに**漢字**で答えなさい。

問６　文中の空欄（　**2**　）に入る地名を、**漢字２字**で答えなさい。

〔**B**〕

【あ】下級武士の家に生まれ、僧《そう》になりましたが、その後中国に渡《わた》り、水墨《すいぼく》画の技法を学びました。その後、帰国して日本各地を旅しながら創作活動に励《はげ》み、水墨画を大成させました。

【い】留学生として⑤中国に渡り、皇帝《こうてい》に仕える役人となりました。日本に帰国する時によんだ歌（「天の原　ふりさけ見れば　春日《かすが》なる　三笠《みかさ》の山に出《い》でし月かも」）が有名ですが、乗った船が遭難《そうなん》して帰国できなくなり、中国で一生を終えました。

【う】地理学や測量術を学び、幕府の命令をうけて現在の北海道周辺の島々を調査しました。その結果、樺太《からふと》が島であることを発見しました。樺太とユーラシア大陸の間の海峡《かいきょう》は、この人物の名にちなんで名付けられています。

【え】僧として修行したあと中国に留学し、帰国後、京都に建仁寺を開きました。中国から日本に茶を持ち帰り、茶を飲む習慣やその効能を広めたことでも知られています。

問７　**【あ】**の文章は、誰について説明したものですか、人物名を**漢字**で答えなさい。

問８　**【あ】**の人物と同じ時代の文化について述べた文として正しいものを、次の**ア～エ**から１つ選びなさい。

ア　『一寸法師』や『竹取物語』などの御伽草子《おとぎぞうし》がつくられた。

イ　これまでの考え方を見直そうとする風潮が高まるなか、本居宣長が『古事記伝』を著《あらわ》した。

ウ　観阿弥・世阿弥の親子によって、能が大成された。

エ　出雲の阿国が歌舞伎《かぶき》おどりをはじめた。

問９　**【い】**の文章は、誰について説明したものですか、人物名を姓名ともに**漢字**で答えなさい。

問10　日本から下線部⑤に派遣《はけん》された人物として**誤っているもの**を、次の**ア～エ**から１つ選びなさい。

ア　空海　　**イ**　吉備真備　　**ウ**　最澄　　**エ**　鑑真

問11　**【う】**の文章は、誰について説明したものですか、人物名を姓名ともに**漢字**で答えなさい。

問12　**【え】**の文章が説明している人物によって日本に伝えられた仏教の宗派を何といいますか、次の**ア**～**エ**から１つ選びなさい。

ア　浄土宗　　**イ**　臨済宗　　**ウ**　曹洞宗　　**エ**　一向宗

3　次の〔**A**〕・〔**B**〕の文章を読んで、あとの問いに答えなさい。

〔**A**〕

①江戸時代、日本の人口の約８割は百姓《ひゃくしょう》でした。百姓は村に住み、（　**1**　）とよばれる有力者を中心に、自分たちで村を運営しました。

明治に入ると、制度の上ではこのような身分はなくなりました。また国の制度も変化しました。②1871年におこなわれた（　**2**　）では、各地におかれていた藩《はん》にかわって新たに府などをもうけ、その地を政府が任命した役人に治めさせました。

近代化が進むなかで、外国との戦争もおこりました。③日露戦争での日本の勝利は、これまでの欧米《おうべい》の支配に苦しんでいたアジアの国々を勇気づけました。

④第二次世界大戦が終わり、75年以上が経ちました。今後も新たな課題に向けての取り組みが必要になってきます。

問１　下線部①について、江戸幕府の支配体制として正しいものを、次の**ア**～**エ**から１つ選びなさい。

ア　大老は非常に大きな力を持ち、その下には六波羅《ろくはら》探題がおかれた。

イ　国内で生産される米の半分以上が、幕府の直轄《ちょっかつ》地でつくられた。

ウ　武家諸法度で取《と》り締《し》まられたのは、すべて外様大名であった。

エ　譜代《ふだい》大名はおおむね、江戸周辺や重要地に配置された。

問２　文中の空欄（　**1**　）に入る語句を、**漢字２字**で答えなさい。

問３　下線部②について、この年におきたできごととして正しいものを、次の**ア**～**エ**から１つ選びなさい。

ア　大久保利通を一員とする使節団が、欧米に向けて出発した。

イ　坂本龍馬の仲介により、薩長同盟が成立した。

ウ　天皇が国民に与えるという形で、憲法が発布《はっぷ》された。

エ　鹿児島では、西郷隆盛を中心に、生活に不満をもつ士族が西南戦争をおこした。

問４　文中の空欄（　**2**　）に入る語句を、**漢字**で答えなさい。

問５　下線部③について、次の⑴、⑵の問いに答えなさい。

⑴この戦争に際して、「君死にたまふことなかれ」という詩を発表した人物は誰ですか、姓名ともに**漢字**で答えなさい。

⑵この戦争について述べた文として正しいものを、次の**ア**～**エ**から１つ選びなさい。

ア　きっかけは朝鮮で内乱がおこったことに対して、両国が軍隊を送ったことである。

イ　この戦争に勝利した日本は朝鮮（韓国）への支配を強め、のちにこれを併合《へいごう》した。

ウ　旅順203高地で軍を率いた東郷平八郎は、国内で英雄《えいゆう》として扱《あつか》われた。

エ　講和会議において、日本は多額の賠償《ばいしょう》金を得ることができた。

問６　下線部④について、次の**A**～**D**のできごとが年代の古いものから順に配列されているものを、あとの**ア**～**エ**から１つ選びなさい。

A　阪神・淡路大震災《しんさい》が発生した。　　**B**　日本が国際連合に加盟した。

C　東海道新幹線が開通した。　　**D**　政府が国民所得倍増計画を発表した。

ア　B → D → C → A　　**イ**　B → D → A → C

ウ　D → B → C → A　　**エ**　D → B → A → C

〔Ｂ〕

【あ】重い税負担をおわされ生活が苦しくなった農民が、国から割り当てられた土地を捨てて逃《に》げ出したため、土地は荒《あ》れはてて使えなくなりました。そこで朝廷は、新しい田を増やすため、⑤開墾《かいこん》した土地は一定の面積に限り、永久の私有を認める法を制定しました。

【い】大阪町奉行の元役人がおこした反乱をきっかけに改革の必要にせまられた幕府は、きびしい倹約《けんやく》令を出して、ぜいたくを禁止しました。また、江戸に出てきた農民を故郷に帰らせて農産物の増産に専念させることで、農村の立て直しをはかりました。

【う】農民は荘園《しょうえん》領主に年貢《ねんぐ》を納めるだけでなく、幕府から派遣された地頭がいる荘園では、地頭にも仕えなければならなかったため、苦しい生活を強《し》いられました。

【え】全国各地で定期市が開かれるようになり、専門の職人による特産品の生産がさかんになりました。また、商業が発達するにつれて、寺社の近くには⑥門前町、港の近くには港町ができました。

問７　下線部⑤の法を何といいますか、**漢字**で答えなさい。

問８　下線部⑤の法の制定よりもあとにおこったできごとを、次の**ア～エ**から１つ選びなさい。
　ア　大宝律令が制定された。
　イ　東大寺の大仏が完成し、開眼《かいげん》式がおこなわれた。
　ウ　和同開珎《かいちん》がはじめてつくられた。
　エ　『古事記』や『日本書紀』などの歴史書がつくられた。

問９　【い】の文章にある改革をおこなった老中の名を、姓名ともに**漢字**で答えなさい。

問10　問９の人物がおこなった改革の内容として正しいものを、次の**ア～エ**から１つ選びなさい。
　ア　物価の上昇をおさえるため、株仲間を解散させた。
　イ　参勤交代で大名が江戸にいる期間を減らす代わりに、米を幕府に納めさせた。
　ウ　旗本や御家人《ごけにん》の借金を帳消しにする法令を初めて出した。
　エ　過去数年の年貢の取れ高を基準に税率を定め、幕府の収入を安定させた。

問11　【う】の時代の文学・美術作品とその作者の組合せとして**誤っているもの**を、次の**ア～エ**から１つ選びなさい。
　ア　『方丈記』　―　鴨長明　　**イ**　『新古今和歌集』　―　紀貫之
　ウ　『徒然草』　―　兼好法師（吉田兼好）　　**エ**　東大寺南大門金剛力士像　―　運慶・快慶

問12　下線部⑥について、長野は何という寺社の門前町ですか、次の**ア～エ**から１つ選びなさい。
　ア　永平寺　　**イ**　善光寺　　**ウ**　伊勢神宮　　**エ**　出雲大社

４　次の【Ａ】～【Ｃ】の文章は、それぞれ日本の国家機関について説明したものです。これを読んで、あとの問いに答えなさい。

【Ａ】この機関では、国の政治の方向について話し合い、それを具体化するためのルールを作ります。この話し合いに参加し、結論を出すための多数決に投票できる人々は、国民による①選挙で選ばれます。

【Ｂ】この機関では、【Ａ】が決めたルールにもとづいて、ルールに違反《いはん》した者への罰《ばつ》を決定したり、国民同士のもめごとなどを解決したりします。

【Ｃ】この機関では、【Ａ】が決めたルールにもとづいて、国民の生命や財産を守ったり、②障がいのある人や高齢《こうれい》者を助けたり、国民全体の役に立つ施設《しせつ》をつくったりします。

裏面につづきます。

問１　【Ａ】～【Ｃ】で説明されている機関は何ですか、それぞれ**漢字**で答えなさい。

問２　【Ａ】～【Ｃ】の三つの機関が国の持つ権力を分担し、またお互《たが》いに監視《かんし》し合うことでひとつの機関に権力が集中しないようにするしくみを何といいますか、**漢字４字**で答えなさい。

問３　【Ａ】～【Ｃ】で説明されている機関のうち、国が使うお金の集め方や、その使い道を決めるのはどの機関ですか、**アルファベット**で答えなさい。

問４　下線部①について述べた文として**誤っているもの**を、次の**ア～エ**から１つ選びなさい。

ア　第二次世界大戦後から2010年代までの国政選挙の投票率は、減少傾向《けいこう》にある。

イ　第二次世界大戦後まもなく、選挙に関する法律が改正され、20歳以上のすべての国民に選挙権が与《あた》えられた。

ウ　衆議院は任期途中《とちゅう》であっても議員選挙がおこなわれることがあるが、参議院の議員選挙は６年に一度だけおこなわれる。

エ　国民には、【Ａ】の議員だけでなく、地方公共団体の首長や議会の議員を選挙する権利もある。

問５　下線部②について、障がいのある人や高齢者も含《ふく》む、すべての人にとって使いやすい形や機能を考えたデザインを何といいますか、**カタカナ**で答えなさい。

問６　次の①～④は、【Ａ】～【Ｃ】のいずれかの機関またはその一部が、他のいずれかの機関に対して持っている権限です。どの機関がどの機関に対して持っている権限ですか、あとの**ア～カ**からそれぞれ選びなさい。なお、答えが複数の場合もありますが、その場合は**五十音順**で解答しなさい。

①　機関の長を指名する。

②　機関の不信任を決議する。

③　機関の決定や行為《こうい》が憲法に違反していないかを審査《しんさ》する。

④　機関にある二つの会議体のうち、片方を解散させる。

ア　【Ａ】が【Ｂ】に対して持っている権限　　**イ**　【Ａ】が【Ｃ】に対して持っている権限

ウ　【Ｂ】が【Ａ】に対して持っている権限　　**エ**　【Ｂ】が【Ｃ】に対して持っている権限

オ　【Ｃ】が【Ａ】に対して持っている権限　　**カ**　【Ｃ】が【Ｂ】に対して持っている権限

問７　【Ａ】～【Ｃ】の機関の基本的なあり方は日本国憲法に規定されています。以下の①～③は日本国憲法の三つの原則とされるもので、**ａ～ｃ**はその原則を具体化したものを説明した文です。①～③と関係の深い**ａ～ｃ**の組合せとしてもっともふさわしいものを、あとの**ア～カ**から１つ選びなさい。

①　国民主権　　②　基本的人権の尊重　　③　平和主義

ａ　日本は「核《かく》兵器を持たない、つくらない、もちこませない」という非核三原則を掲《かか》げている。

ｂ　東日本大震災で大きな被害《ひがい》を受けた人々を支援《しえん》し、まちを復興するためのさまざまな事業が進められている。

ｃ　より多くの人々の意見を政治に反映させるため、選挙の投票日に決められた投票場所に行けない場合は、事前に投票できる制度が整えられている。

ア　①－ａ　②－ｂ　③－ｃ　　**イ**　①－ａ　②－ｃ　③－ｂ　　**ウ**　①－ｂ　②－ａ　③－ｃ

エ　①－ｂ　②－ｃ　③－ａ　　**オ**　①－ｃ　②－ａ　③－ｂ　　**カ**　①－ｃ　②－ｂ　③－ａ

令和３年度　帝塚山中学校
１次Ａ入学試験問題・国　語　解答用紙

※150点満点
（配点非公表）

受験番号

ここにシールを貼ってください

211110

一

1

2　A　B　C　D　E　F

3

4

5

6　Ⅰ　Ⅱ　Ⅲ

7　ア　イ

8

9

10　①　②

11

12　ア　イ　ウ　エ　オ

二

1

2

3

4

5　A　B

6　①　②

7

8　①　わたしの胸もと目がけて　。　②

9

10

11

12

13　という悩み。

14　ア　イ　ウ

15

三

1　ヨクジツ

2　セイトウ

3　セイカ

4　サイリョウ

5　ツク　る

6　ソフ

7　ユデン

8　シャソウ

9　セントウ

10　シュウハ

11

12　く

13　ちに

14　く

15　ぶ

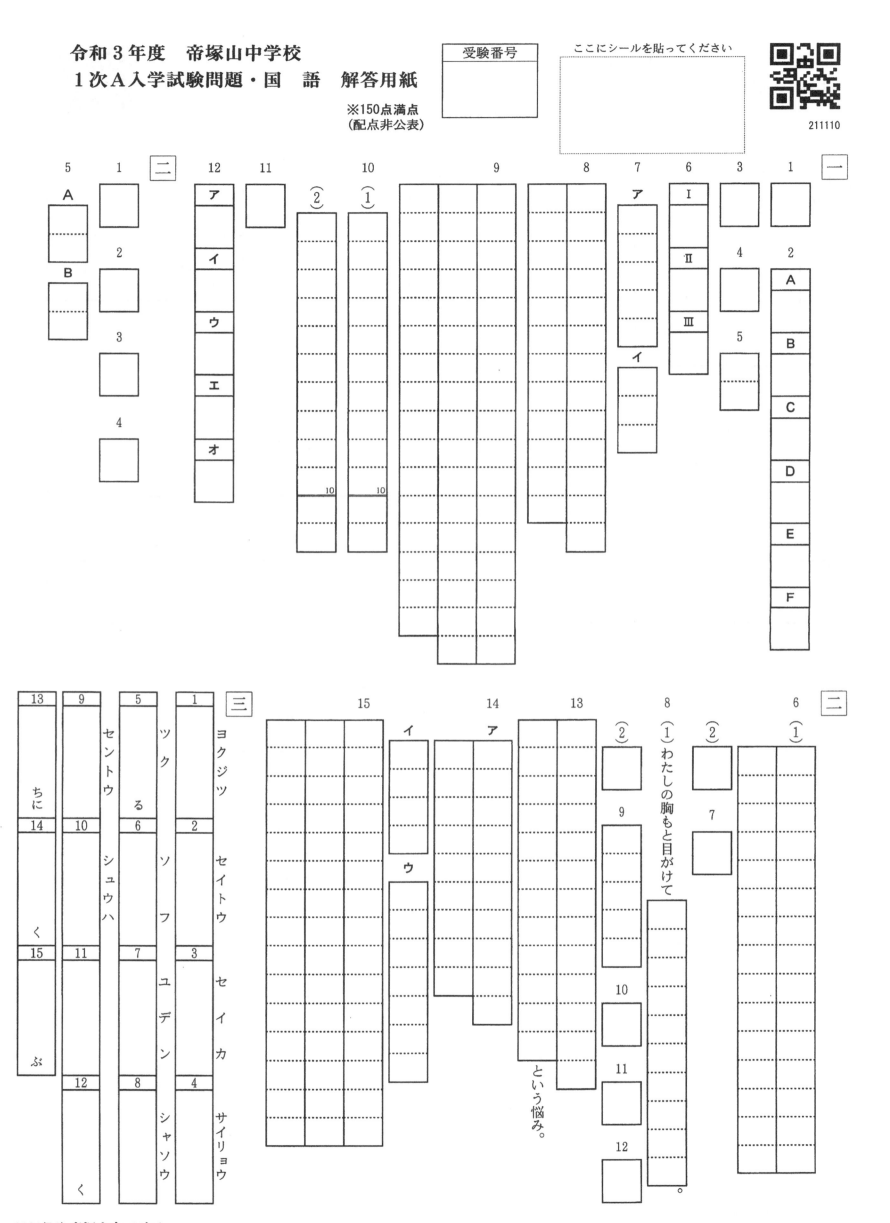

令和３年度　帝塚山中学校
１次Ａ入学試験問題・算　数　解答用紙

※150点満点
（配点非公表）

受験番号

ここにシールを貼ってください

211120

1

(1)		(2)		(3)	個	(4)	通り
(5)	cm²	(6)		(7)	人	(8)	時速　km
(9)	度						

2

(1)		(2)	個	(3)	

3

(1)	cm²	(2)	①　②　秒後　秒後

4

(1)	人	(2)	人	(3)	%

5

(1)	トン	(2)	トン	(3)	杯

6

(1)	cm	(2)	分後

令和３年度　帝塚山中学校
１次Ａ入学試験問題・理　科　解答用紙

※75点満点
（配点非公表）

受験番号

ここにシールを貼ってください

211130

1

問１　　問２　　度　　問３　　問４　　時　　分

問５　　問６　　問７　　問８

2

問１

問２	A	B	C	D

問３　①　②　　問４　①　②

3

問１　　問２　　問３

問４

問５　　g　　問６　銅の重さ：銅に結び付く酸素の重さ＝　　：

問７　　g　　問８　　g

4

問１　ばねA　　cm　ばねB　　cm　　問２　　cm　　向き

問３　　cm　　向き　　問４　　cm　　g

問５　X：Y＝　　：　　問６　X：Y＝　　：

令和３年度　帝塚山中学校
１次Ａ入学試験問題・社　会　解答用紙

※75点満点
（配点非公表）

受験番号

ここにシールを貼ってください

211140

1

問１　A　B　C　D　E

問２　1　2　3　4　5

問３　　問４　現象　　問５

2

問１　　問２　古墳　　問３　　問４

問５　　問６

問７　　問８　　問９

問10　　問11　　問12

3

問１　　問２　　問３　　問４

問５　(1)　(2)　　問６

問７　　問８　　問９

問10　　問11　　問12

4

問１　【A】　【B】　【C】

問２　　問３　　問４

問５

問６　①　②　③　④

問７

令和三年度　帝塚山中学校　一次B入学試験問題・国　語（その一）

（60分）

※答えはすべて解答用紙に書きなさい。　※選んで答える問題は、記号で答えなさい。
※特にことわりのないかぎり、句読点やかぎかっこはすべて字数にふくみます。
※設問の都合上、本文に一部省略があります。

受験番号

一　次の文章を読んで、後の問いに答えなさい。

　どうすれば「わたし」や「わたしたち」がともによりよく生きることができるのか。そんな問いをこの本では考えてきました。最後に、もう一度この問いに立ち返っておこうと思います。

　※インゴルドは自著『ラインズ』のなかで、「線」には、あらかじめ決まった始点と終点とを定規で結ぶような直線と、どこに行くか定まっていない※フリーハンドの曲線との二種類がある、と言っています。

　最初の直線は、目的を決めて、それに向かってまっすぐ進むような生き方に重なります。【　Ⅰ　】結果を重視する受験勉強やビジネスの世界などにあてはまるでしょう。試験に受からないと意味がない。ものが売れなければ仕方がない。受かるためには、売れるためにはどうしたらいいか。何があっても、その目標を効率的に達成したい。日々、そういう思いで生きている人は少なくないと思います。でもインゴルドに言わせれば、1そこには落とし穴がある。

　まず定められた目標以外のことを考えなくなる。ある種の思考停止に陥《おちい》る危険性があります。2何かを成《な》し遂《と》げるにはどうしたらいいか、という問いの立て方からは、［　X　］、というそもそもの問いが排除《はいじょ》されています。でも、【　Ⅱ　】大学に合格できても、大学で何を学ぶのか、大学に行ったうえでどう生きていくのか、という大きな問いは残されたままです。

　ビジネスの現場でも、そもそも何のために働いているのか、なぜそれを売りたいのか、その原点を問うことが重要な※ブレークスルーをもたらすことがあります。でも、その大切な問いは※スルーされてしまう。

　もうひとつの落とし穴は、目標に到達《とうたつ》することだけを考えた場合、その過程でどのように動くかとか、どんな手段を使って目標を達成するのかなどが問われなくなる点です。できれば最小限の努力や※コストで、3最短の時間で目標を達成したい。そうなると、その過程に起きるすべてが4余計なことになります。

　インゴルドの言葉を借りれば、それは出発前からすでに決まった経路をたどるだけの5旅のようなものです。旅のおもしろさは、予定どおり目的地にたどりつくことより、その過程でどんなおもしろい出来事と出会えるかにかかっているのに、直線の旅は、その※プロセスを全部、余計なものにしてしまう。

　それに対して、フリーハンドの曲線はどうでしょうか？　インゴルドは、それを徒歩旅行にたとえています。歩いている人は、進むにつれて変化し続ける※眺望《ちょうぼう》や、それと連動して動いていく6道の行き先に注意を払《はら》う。その途中《とちゅう》で起きることをちゃんと観察しながら進んでいる。だから偶然《ぐうぜん》の出来事に出会っても、それを楽しむ余裕《よゆう》がある。

　その道すがらに出会う予想外の出来事は、とりあえず時刻表どおりに電車に乗って、計画どおりの日程をこなすことばかり考えている人にとって、旅の邪魔《じゃま》だと感じられるでしょう。しかしインゴルドは、フリーハンドの線にこそ、人は生き生きとした生命の動きを感じられるはずだと言います。

　とはいえ、私たちは日々、時間に追われ、与《あた》えられた仕事や予定をこなすことで精一杯《せいいっぱい》です。ひとつの仕事を片付けたら、また別の仕事にとりかかる。そのあいだに周りをじっくり観察しながら進む余裕はありません。インゴルドの言葉は、そんな慌《あわ》ただしい日常を過ごす私たちにも7大切なことを思い出させてくれます。

　私は毎朝、娘《むすめ》を幼稚園《ようちえん》のバス乗り場まで連れていくのですが、時間が決まっているので、いつも慌《あわ》てて家を出ます。「はい、急いで！」と娘に声をかけて急がせることもしょっちゅうです。

　そのバス停の近くの生《い》け垣《がき》に二匹《ひき》の大きな蜘蛛《くも》が巣を張っていて、蜘蛛が大好きな娘はいつも「蜘蛛さん見る！」と言ってききません。そこでバスが来ないかひやひやしながら、二匹の蜘蛛にあいさつに行きます。毎日観察していると、お腹《なか》がふくれていたり、逆に少し細くなっていたり、蜘蛛の巣の張り方が変わっていたり、ちょうど巣にかかった虫に噛《か》みついていることもあります。そんなとき、私8まで「おお！　すごい！」と、思わず※写メを撮《と》ったりしています。

　ほんとうにささいなことですが、インゴルドの言葉を読むと、【　Ⅲ　】限られた人生、娘を無事に幼稚園のバスに乗せることより、毎日、蜘蛛の様子を二人で観察して驚《おどろ》きや発見に満ちた瞬間《しゅんかん》を味わうことのほうが大切かもしれない、と思えてきます（バスに乗《の》り遅《おく》れると、あとがたいへんなのですが……）。

　たぶん私たちの日常には、そんなふだんは気づかないところに「生きる喜び」が潜《ひそ》んでいる。なのに、9たいていは気づかずに通り過ぎてしまう。でもそのささいな喜びを人生からすべて取り去ったら、あとに何が残るのか。そう考えさせられます。

令和三年度　帝塚山中学校　一次B入学試験問題・国　語　（その二）

私たちは小さいときから好きなことを我慢《がまん》してがんばりなさい、そうすればよりよい人生が送れる。そう言われ続けて大きくなりました。でも目標を達成したらそこで人生が終わるわけではない。目標の達成は［ Y ］点でしかありません。またそこから歩み続けなければならない。

大きな目標を達成することだけを目指して、それまでのあいだずっと周囲の変化や他者の姿に目をつぶって耳をふさぐ。そうやって「わたし」の変化を拒《こば》みながら足早に通り過ぎていくうちに、私たちは確実に「死」へと近づいています。インゴルドも、フリーハンドの曲線のような人生だけがよりよく生きることだと言っているわけではありません。線には直線と曲線の二つがあるのに、私たちは知らないうちに直線的な歩みをしてしまいがち。だからこそ二つの歩み方があることを自覚できるかどうか。それが「よりよく生きる」ことにとって意味がある。たぶんそう考えているのではないかと思います。

周囲の変化に身体を開き、その外側に広がる差異に満ちた世界と交わりながら、みずからが変化することを楽しむ。いきあたりばったりの歩みのなかで「わたし」に起きる変化を肯定的《こうていてき》にとらえる。そういう姿勢は、まさにさまざまに異なる他者とともに生きる方法です。そして、それは変化がいっそう激しくなるこれからの時代にこそ必要とされるのだと思います。

（松村圭一郎《まつむらけいいちろう》『はみだしの人類学　ともに生きる方法』より）

※インゴルド…ティム・インゴルド。イギリスの社会人類学者。
※フリーハンド…定規・コンパスなどの器具を使わずに図を描《えが》くこと。
※ブレークスルー…困難や障害を突破《とっぱ》すること。突破口《とっぱこう》。
※スルー…やり過ごすこと。無視。　※コスト…費用。　※プロセス…過程。経過。
※眺望…広く遠くまで見渡《みわた》すこと。また、そのながめ。
※写メ…カメラ付き携帯《けいたい》電話で写真を撮ること。また、その写真。

1　【　Ⅰ　】～【　Ⅲ　】に入る語として最も適するものを、それぞれ次の中から選んで答えなさい。ただし、同じ記号は二度使えません。

ア　まさか　　イ　もしかしたら　　ウ　たとえ　　エ　おそらく

2　――1「そこ」が指し示す内容を、本文から二十五字以上三十字以内でぬき出して答えなさい。

3　――2「何かを成し遂げる」とありますが、具体的にはどのようなことですか。――2より前から、本文の語句を使って二つ、それぞれ十字以内で答えなさい。

4　［ X ］に当てはまる言葉として最も適するものを、次の中から選んで答えなさい。

ア　なぜ私たちはそうしようとしているのか。
イ　けっして成し遂げられないのではないか。
ウ　考え続けなくてはいけないのではないか。
エ　大学に行きたいと思ったのはなぜなのか。

5　――3「最短」と同じ成り立ちの熟語を、次の中から一つ選んで答えなさい。

ア　私立　　イ　苦楽　　ウ　仮定　　エ　加圧

6　――4「余計な」に「、、、」がついている理由として最も適するものを、次の中から選んで答えなさい。

ア　筆者が、余計なものを切り捨てる考え方に反対する立場にあることを示すため。
イ　目標達成のためにかかるコストの節約がいかに大切であるかを強調するため。
ウ　本当に余計かどうかは各個人が決めることであるとあらかじめことわるため。
エ　一見効率的ではないやり方も、やり方次第《しだい》で結果を出せるとほのめかすため。

7　――5「旅のようなものです」とありますが、文章中に出てくる二つの「旅」について、以下のように整理しました。次の表の空らんの条件に合うように、本文からそれぞれぬき出して答えなさい。

	一つ目の旅	二つ目の旅
対応する生き方	直線のような生き方	フリーハンドの曲線のような生き方
移動の手段	【あ（二字）】で移動する	徒歩で移動する
行程	【い（五字）】に進める	いきあたりばったりに進める
偶然《ぐうぜん》の出来事をどうとらえるか	旅の邪魔《じゃま》になるものととらえる	旅の【う（五字）】を決定づけるものととらえる

8　――6「道の行き先に注意を払う」とありますが、そのことの背景にある考え方として最も適するものを、次の中から選んで記号で答えなさい。

ア　目標を達成することよりもその後の行動が大切であるという考え方。
イ　あえて未来についての見通しを持たないでいるべきだという考え方。
ウ　はじめに立てた目標より変化する状況に関心を向けるという考え方。
エ　失敗にそなえて、複数の目標を設定しておくのがよいという考え方。

9　――7「大切なこと」とありますが、これをわかりやすく説明するとどうなりますか。次の空らんの条件に合うように、本文からぬき出して答えなさい。

日常で思いがけない【（十七字）】。

10　――8「まで」と同じ使い方をしているものを、次の中から選んで答えなさい。

ア　紙飛行機が弟のところまで飛んできた。
イ　父が帰ってくるまで起きて待っていた。
ウ　姉の分までアイスを食べておこられた。
エ　来週までに返す約束で母から本を借りた。

11　――9「たいていは気づかずに通り過ぎてしまう」とありますが、それはなぜですか。次の空らんの条件に合うように、本文からそれぞれぬき出して答えなさい。

幼い頃《ころ》から繰《く》り返《かえ》し【あ（十七字）】と教《おし》え込《こ》まれてきた私たちは、目標を達成するために毎日【い（二十七字）】で、周囲に目を向けるゆとりを持てないでいるから。

12　【Y】にあてはまる言葉として最も適するものを、次の中から選んで答えなさい。

ア　到達《とうたつ》　　イ　基準　　ウ　交差　　エ　通過

13　――10「周囲の変化に身体を開き、その外側に広がる差異に満ちた世界と交わりながら」とありますが、これと正反対の生き方とはどのような生き方ですか。次の空らんの条件に合うように、本文からぬき出して答えなさい。

【（二十二字）】生き方。

14　本文の表現上の特徴《とくちょう》について説明したものとして適さないものを、次の中から一つ選んで答えなさい。

ア　「落とし穴」「曲線」「直線」などといった比喩《ひゆ》表現を使うことで、筆者の考えをわかりやすく読者に伝えている。
イ　筆者の意見を主張する際に他の学者の意見も紹介《しょうかい》することで、筆者の意見の正しさを裏付けることが出来ている。
ウ　筆者自身の体験談を紹介することで、話題が身近なものとなり、読者が筆者の主張を理解する助けとなっている。
エ　「フリーハンドの曲線はどうでしょうか？」「バスに乗《の》り遅《おく》れると、あとがたいへんなのですが……」といった表現を使うことで、筆者が問題提起したい内容が明確になっている。

15　次のア～オについて、本文の内容に合うものにはA、合わないものにはBと答えなさい。

ア　いま取り組んでいることの本来の理由は何かを問い直すことが、本当は大切なことである。

イ　フリーハンドの曲線のように生きていくことは、「わたし」に起きる変化をも受け入れる生き方である。

ウ　慌ただしい毎朝、娘と一緒《いっしょ》に行った蜘蛛の観察は、筆者にとっても貴重な経験になっている。

エ　直線の人生の中の「生きる喜び」は、周囲の人々が自分の思いどおりに動いてくれることにある。

オ　よりよく生きるためには、直線の生き方でなく、フリーハンドの曲線のように生きるべきである。

二　次の文章を読んで、後の問いに答えなさい。

母はまだ帰っていなかった。

慈恵《じけい》がリビングの窓を全開にすると、網戸《あみど》からほんの少し風が入ってきた。扇風機《せんぷうき》のスイッチも入れる。

あたしは冷蔵庫から、母の作った麦茶のボトルを出してグラスに注いだ。ふたり分をお盆《ぼん》にのせてダイニングテーブルへと運ぶ。

「さあ、どうぞ」

気分はすっかり※小夜子《さよこ》さん。慈恵は苦笑いしながらも「どうも」と麦茶を口にした。

「はあ。うっめー」

キンキンに冷えた麦茶は、小夜子さんのお冷《ひ》やには負けるけど、それでも充分《じゅうぶん》おいしかった。

「さ！　どんなことでもお話しください。1お聞きいたしますよ」

「そんなあらたまって言われるとなぁ」

慈恵が首をぽりぽりとかく。

「さっきの続きからでいいよ。2りんかく、って話」

「ああ……」

①西日が、リビングに斜《なな》めに差しこんでいる。下を向いた慈恵の頬《ほお》に、まつげの影《かげ》が映る。

ふーっと鼻から息を吐《は》いて、慈恵はゆっくりと口を開いた。

「……俺《おれ》さ、好きだったんだよなぁ、新潟《にいがた》が。生まれたときからずっと暮らしていたあの狭《せま》いアパートも、中学までの長い通学路も、帰り道で必ず買う荒井《あらい》屋のコロッケも。あれ、めっちゃうまかったよな。……あの味も、クラスメイトも、サッカー部のやつらも、とにかく全部が全部、居心地《いごこち》よくて。東京行くって決まったときは、3そんなこと思いもしなかったけど。やべー、東京行けるんだって、楽しみしかなかったし。すげぇだろ？　俺、東京行くんだぜって」

「わかるわかる。あたしもそうだった」

「だよな。俺たちソートー浮《う》かれてたもんな、家族そろって」

慈恵は　A　笑った。

「こっちに来て、それでもまあやっていけるだろうって、4自信はあったんだ。ほら俺、あっちではそこそこ目立ってただろ？　リーダー※キャラっていうか。サッカー部でも、キャプテンだったし」

うんうん、とあたしはうなずく。そのとおりだ。慈恵はまちがいなくそういうキャラだった。

「だけどさ、すぐに気づいちゃったんだよ。こっちでは、俺の立ちたかったポジションに、もう別の誰《だれ》かがいるってことに」

慈恵は、考え考えしながら言葉をつないでいく。

「……みんなの意見をまとめるのが、自分は得意だと思ってたけど、俺よりそれが上手にできるやつがすでにいる。サッカー部だって、キャプテンも※副キャプもいるし、俺の出る【　X　】なんてないわけ。あれ、おかしいな。じゃあどうする。俺、どんなキャラでいけばいいんだろうって、だんだんわかんなくなってきてさ。なにをどうしゃべろうとか、頭で考えるようになって、無理しておちゃらけてみたり？　要は5空まわりしてたんだよな、おもいっきし」

②窓の外、空の色が、刻一刻と薄紫《うすむらさき》色に変わる。慈恵の顔も、同じ色に染まっていく。

「そんな俺見てさ、クラスの柏木《かしわぎ》ってやつが言ったんだよ。教室で、みんなのいる前で。6なんかおまえ無理してない？　東京デビューで、キャラ変えようとしてんじゃないの？　ほんとはあっち側の人間だったんだろーって、おとなしめの男子グループを指差して……」

「は!?　なにそれ、サイアク」

柏木先輩《せんぱい》がそんな人だとは思わなかった。前に、香奈枝《かなえ》が「かっこいい」と騒《さわ》いでいたから顔はわかる。目鼻立ちがくっきりした、いわゆるアイドル系。あたしのタイプではないけど、それでも爽《さわ》やかでかっこいいなぁと思ってたのに。

「いや、7サイアクなのは柏木じゃない、俺なんだ」

「なんで……？」

「…………」

慈恵の唇《くちびる》が震《ふる》えている。思いだしたくないことなんだ。学校に行けなくなるほど、ずっとためこんできたこと。あたしの手のひらにも、緊張《きんちょう》で汗《あせ》がにじみでる。

「思わずかぁっとして、俺、キレちゃって……。言っちゃったんだ、教室中に響《ひび》くような大声で。ふざけんな、あんな陰《いん》キャラたちといっしょにすんなって」

「え……」

「引くよな。わかる。8俺も自分に引いてるから。なんてこと言っちゃったんだって、すぐ後悔《こうかい》したけど、9出ちゃった言葉は戻《もど》ってこない。もう柏木のことなんてどうでもよくて。それよりも、陰キャラだって俺に言われた彼《かれ》らの表情。聞こえてなかったようなふりをしていたけど、あれは、はっきりと傷ついてた。当然だと思う。こんなの言い訳だって思われるだろうけど、まじであんなこと言うつもりなんてなかったんだ。ただ、新潟からキャラ変《へん》してきたんだって言われたのがくやしくて……」

慈恵はうなるように息を吐いた。そして自分の髪《かみ》の毛《け》をかきまわす。

「教室が静まりかえってさ、柏木が、うっわぁ、言っちゃった。おまえ最低だなぁ、って言って、周りの男子も女子も、人としてどうなの？　って目で俺を見てた。※デリカシーのない人間。もうあのひと言で、俺って人間の輪郭《りんかく》はできあがっちゃったんだよ。もちろん、すぐに謝《あやま》ろうと思ったよ。あんなこと言ってごめんって、傷つけちゃった人たちに。でも、話しかけようとしても避《さ》けられんだよ、あっち行こうぜって……」

10なんて言葉をかけたらいいのかわからない。

たしかに、慈恵は「やっちまった」と思う。陰キャラなんて言葉、そんなこと大声で言っちゃったら「ちょっとどうなの」と思われるのは当然だし、言われたほうからしたら、もう話したくないだろう。

「……やっちゃったよなぁ、俺。新潟にいたときだったらさ、たとえ失言しちゃったとしても『今までの俺』でカバーできたかもしんないけど、一から始めなきゃいけない場所で、最初の一歩、完全にミスった。自分でまいた【　Y　】なんだからしょうがないんだけどさ、もう誰も俺と話してくれないわけ、ただのひとりも」

慈恵はそう言って無理に笑おうとした。[　B　]。

「あんな言葉がとっさに出る自分自身に、俺が一番ガッカリしてんだよ。許されないことが辛《つら》いなんて、今まで一回も感じたことなかったけど……こんなにしんどいんだな。[　C　]って、誰でもいいから言ってくれよって毎日思った。そのうち耐《た》えきれなくなって、ああ、もういいや、ギブアップ。俺、東京の生活、ギブだわって、あきらめた。……こんなことくらいで学校行けなくなるなんて、ダサいよな。まじダサいわ、俺」

こんなとき、小夜子さんだったら、どんな言葉をかけるだろう。もう自分を責めなくていいんですよ。そう言うかな。

「……慈恵、苦しかったね」

あたしがやっと言えた言葉は、これだけだった。言ったとたん、涙《なみだ》が次々とあふれてきてしまう。

「こんなことくらい」じゃない。

あたしたちにとって、教室で起こること、友達からの評価は、すべてだ。ちょっとした失言が、ささいな失敗が、命取りになる。

慈恵が教室で、どれだけ孤独《こどく》だったか。どんなに気まずい思いをしていたか。自分を責めて責めて、どれほど苦しかったか。

「なんでまえみが泣くんだよ」

だって……と言いながら、あたしは涙が止まらない。ぽたぽたとダイニングテーブルに涙が落ちる。

11「泣きすぎだって」と笑った慈恵の声が、かすれた。

③麦茶に入れた氷が、からりと音をたてて溶《と》けていく。扇風機のまわる薄暗《うすぐら》いリビングに、あたしたち兄妹《きょうだい》の鼻をすする音が交《こう》互《ご》に響《ひび》く。

（松素《まつもと》めぐり『保健室経由、かねやま本館。』より）

※小夜子さん…中学生の心をいやしてくれる温泉のおかみさん。

※キャラ…キャラクター。性格。

※副キャプ…副キャプテン。

※デリカシー…心づかいの細やかさ。

令和三年度　帝塚山中学校　一次B入学試験問題・国　語　（その六）

1　この物語は誰の視点から語られていますか。その名前を本文からぬき出して答えなさい。

2　――1「お聞きいたしますよ」とありますが、慈恵からどのようなことを聞き出したいのですか。最も適するものを、次の中から選んで答えなさい。

ア　慈恵が、なぜ東京ではリーダーキャラではなくなったのかということ。
イ　慈恵が、東京での新しい生活をどのように感じているのかということ。
ウ　慈恵が、なぜ新しい学校に行けなくなってしまったのかということ。
エ　慈恵が、新潟での生活をどれほど恋《こい》しく思っているのかということ。

3　――2「りんかく」とありますが、ここではどのような意味ですか。最も適するものを、次の中から選んで答えなさい。

ア　他の人から見た、教室内の関係性　　イ　「俺」自身から見た、「俺」の人物像
ウ　他の人から見た、「俺」の人物像　　エ　「俺」自身から見た、教室内の関係性

4　――3「そんなこと」とありますが、どのようなことを指しますか。本文の語句を使って十五字以内で答えなさい。

5　［A］に入る語として最も適するものを、次の中から選んで答えなさい。

ア　図々《ずうずう》しく　　イ　弱々しく　　ウ　清々《すがすが》しく　　エ　物々しく

6　――4「自信はあったんだ」とありますが、何に対する「自信」ですか。最も適するものを、次の中から選んで答えなさい。

ア　新潟での楽しかった思い出を忘れて東京での新生活になじむこと。
イ　東京のサッカーチームでもすぐに主力選手となって活躍《かつやく》すること。
ウ　クラスのおちゃらけキャラを担当し人気者の地位を獲得《かくとく》すること。
エ　新潟にいたころと同じように東京でもグループの中心にいること。

7　【Ｘ】・【Ｙ】に当てはまる漢字一字を、それぞれ答えなさい。

8　――5「空まわりしてたんだよな」とありますが、どうなっていたということですか。最も適するものを、次の中から選んで答えなさい。

ア　わざとおどけた自分を演じることで友達を得ようとしたが、結局だれとも仲良くなれなかったということ。
イ　新たな環境《かんきょう》の中で自分の立場を無理して見つけようとしたが、結局居場所を得られなかったということ。
ウ　精一杯《せいいっぱい》都会になじもうと努力をしたが、結局何をしゃべっていいか分からなくなってしまったということ。
エ　サッカー以外の分野で自分にできることを必死で探したが、結局他の取《と》り柄《え》が見つからなかったということ。

9　――6「なんかおまえ無理してない？」とありますが、どのような気持ちから発せられた言葉だと考えられますか。最も適するものを、次の中から選んで答えなさい。

ア　慈恵をからかって、級友たちの前で笑いものにしてやろうという気持ち。
イ　慈恵の空まわりする様子を見かねて、なぐさめてやりたいという気持ち。
ウ　慈恵に冗談《じょうだん》を言うことで、仲良くなるきっかけを作りたいという気持ち。
エ　慈恵の言動を不思議に思って、その理由を問いただしたいという気持ち。

10　――7「サイアクなのは柏木じゃない、俺なんだ」とありますが、

（1）「慈恵」は自分のどのような言動を「サイアク」と感じているのですか。その言動をひと続きの二文で本文からぬき出し、その最初の五字を答えなさい。
（2）その言動を「慈恵」は何と表現していますか。本文から二字の熟語をぬき出して答えなさい。
（3）その言動の結果、慈恵はどうなったのですか。五十字以内で説明しなさい。

令和三年度　帝塚山中学校　一次B入学試験問題・国語（その七）

11　――8「俺も自分に引いてる」とありますが、どのような気持ちでいるのですか。最も適するものを、次の中から選んで答えなさい。

ア　自分で自分の言動を不審《ふしん》に思う気持ち。　イ　自分で自分の言動に嫌気《いやけ》がさす気持ち。

ウ　自分で自分の言動に驚《おどろ》きを感じる気持ち。　エ　自分で自分の言動に怒《いか》りを覚える気持ち。

12　――9「出ちゃった言葉は戻ってこない」とありますが、このようなことを表現したことわざとして最も適するものを、次の中から選んで答えなさい。

ア　覆水盆《ふくすいぼん》に返らず　イ　負け犬の遠吠《とおぼ》え　ウ　嘘《うそ》から出たまこと　エ　火のない所に煙《けむり》は立たず

13　――10「なんて言葉をかけたらいいのかわからない」とありますが、それはなぜですか。最も適するものを、次の中から選んで答えなさい。

ア　明らかに非がある言動をした慈恵にやさしい言葉をかけることは、慈恵が傷つけたクラスメイトをさらにおとしめることになると感じたから。

イ　慈恵に励《はげ》ましの言葉をかけたいとは思うものの、慈恵の置かれた厳しい状況《じょうきょう》を前にどんな言葉をかければいいか思い浮かばなかったから。

ウ　普段《ふだん》はリーダーキャラで頼《たよ》りがいのある慈恵がすっかり落《お》ち込《こ》んでいることに動揺《どうよう》し、自分までだんだんと不安な気持ちになったから。

エ　慈恵がクラスメイトたちから避《さ》けられていると聞いたが、新潟での兄の様子を知る自分としては本当のことだとは信じられなかったから。

14　［B］に入る語として最も適するものを、次の中から選んで答えなさい。

ア　おぼつかない　イ　いけすかない　ウ　いくじがない　エ　やりきれない

15　［C］に入る言葉として最も適するものを、次の中から選んで答えなさい。

ア　もういいよ、気にすんな　イ　全部冗談《じょうだん》だよ、嘘《うそ》、嘘

ウ　なあ、友達になろうぜ　エ　それは柏木が悪いだろ

16　――11「『泣きすぎだって』と笑った慈恵の声が、かすれた」とありますが、ここでの「慈恵」はどのような気持ちでいると考えられますか。最も適するものを、次の中から選んで答えなさい。

ア　当事者でもない妹が自分の本当の苦しみを理解できるはずがなく、もらい泣きをする妹の姿に戸惑《とまど》いを覚える気持ち。

イ　当事者である自分以上に悲しんで泣いている妹を心配し、なんとか妹を落ち着かせなければならないとあせる気持ち。

ウ　自分がつらい話をしたせいでしめっぽくなってしまった状況を反省し、明るくふるまって妹を励《はげ》まそうとする気持ち。

エ　今まで誰にも話せず自分の中にしまってきた苦しい思いを妹に共感してもらうことができて、なぐさめられた気持ち。

17　〰①～③の表現について説明したものとして正しいものにはA、誤っているものにはBと答えなさい。

ア　〰①の「西日」の色から〰②「薄紫色」への色の変化は、明るかった慈恵の性格がすっかり暗くなってしまったことを暗示している。

イ　〰①の慈恵の頬にまつげの影が映る様子や、〰②の慈恵の顔が薄紫色に染まっていく様子は、慈恵が思い悩み暗い心情を抱《かか》えていることをほのめかしている。

ウ　〰①や②のように、「あたし」が窓の外の光景に気を取られていることから、「あたし」が慈恵の話にショックを受けて取り乱していることがわかる。

エ　〰③「麦茶に入れた氷が、からりと音をたてて溶けていく」という表現は、兄妹で話し合っている間に一定の時間が経過したことを示している。

オ　〰③「麦茶に入れた氷が、からりと音をたてて溶けていく」という表現は、慈恵の心にあったわだかまりが少しとけたことを感じさせている。

令和三年度　帝塚山中学校　一次B入学試験問題・国　語　（その八）

三　次の1～10の――部のカタカナを漢字に、11～15の――部の漢字をひらがなに直しなさい。

1　日本にも多くの世界イサンがあり、日本の豊かな文化や自然を伝えている。

2　仕事がいそがしく、その会議には出席できないので、部下に判断をイニンした。

3　武士の世界では家臣の手柄《てがら》に、主君がオンショウを与えることで主従関係が成り立っていた。

4　動物アイゴの精神で、飼い主のいないペットの飼育に取り組む。

5　一度交《か》わした取り決めを一方的に破るとは、とてもショウフクできない。

6　彼は大学生時代にゲキダンを立ち上げ、これまで数々の作品を上演してきた。

7　大雨のため予定していた船に乗れなかったので、出発の日をノばすことにした。

8　この車のモケイは大きさこそ本来の数十分の一だが、細かいところまで精密にできている。

9　熱中症の予防には十分な水分ホキュウとこまめな休養が必要だと言われている。

10　いつか飛行機をソウジュウできるようになって、大空を飛び回るのが夢だ。

11　警笛を長く鳴らしながら、電車が駅を通り過ぎる。

12　私たちのチームは、破竹の勢いで決勝戦まで勝ち進んだ。

13　こんな差別に負けてはなるものかと、彼女はますます奮い立った。

14　皇后陛下がその研究所をご訪問なさったのはこれが初めてだった。

15　朝方になって、技師をしている父が停電の復旧工事から帰ってきた。

令和３年度　帝塚山中学校 １次Ｂ入学試験問題　算　数　（その１）

受験番号

※答えはすべて解答用紙に書きなさい。

※円周率は3.14とします。また，答えが分数になるときは，仮分数で答えてもよろしい。

(60分)

１　次の□に，あてはまる数を答えなさい。

(1)　2021×4＋2021×3＋2021×2＋2021×1＝□

(2)　$0.7\times\left(\frac{5}{8}-0.25+\frac{7}{4}\right)\div\frac{7}{8}=$ □

(3)　たて195cm，横234cmの長方形の紙があります。これを余りが出ないように，同じ大きさで，できるだけ大きな正方形に切り分けると正方形の１辺の長さは□cmになります。

(4)　ある映画館にお客さんが91人入っていました。この人数が全座席数の70％にあたるとき，この映画館の座席数は□席です。

(5)　ある壁《かべ》にペンキを塗《ぬ》るのに，父親が一人で塗ると24分，母親が一人で塗ると36分，子どもが一人で塗ると48分かかります。父親と子どもが二人いっしょに壁にペンキを塗ったとすると，塗り終わるまでにア□分かかります。また，父親と母親の塗った時間の割合が１：３，母親と子どもの塗った時間の割合が１：２で，一人ずつ順番に塗ったとき，塗り終わるまでにイ□分かかります。

(6)　Ａさん，Ｂさん，Ｃさんの最初の所持金はそれぞれ，ア□円，イ□円，ウ□円でした。まず，Ａさんが自分の所持金の中から，ＢさんとＣさんにそれぞれの所持金と同じ金額のお金を渡《わた》しました。次に，Ｂさんが自分の所持金の中から，ＡさんとＣさんにそれぞれの所持金と同じ金額のお金を渡しました。最後に，Ｃさんが自分の所持金の中から，ＡさんとＢさんにそれぞれの所持金と同じ金額のお金を渡しました。この結果，３人とも所持金が1600円になりました。

(7)　右の図形は，

角あ＋角い＋角う＋角え＋角お＝ア□度

角㋐＋角㋑＋角㋒＋角㋓＋角㋔＝イ□度　　になります。

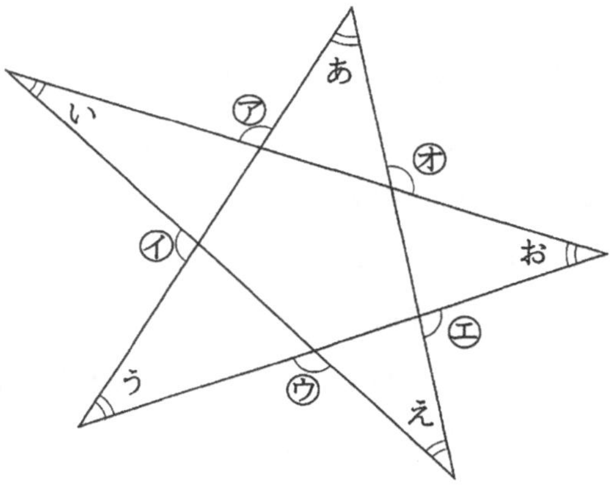

(8)　10円硬貨《こうか》と50円硬貨と100円硬貨と500円硬貨を使ってちょうど700円を支払《しはら》う時，支払い方は□通りあります。ただし，使用しない硬貨があってもよいものとします。

2　図のように，ＡＢの長さが60cmの円すいがあります。底面の円上の点Ａから２匹《ひき》の直進する虫を放ったところ，１匹は点Ａから頂点Ｂに向かって歩き出し，もう１匹は図のような点Ｃを通るコースで側面を１周まわって点Ａに戻《もど》ってきました。２匹は同時に点Ａを出発し同じ速さで進み，１匹が頂点Ｂに着いたのと同時に，もう１匹は点Ａに戻ってきました。次の問いに答えなさい。

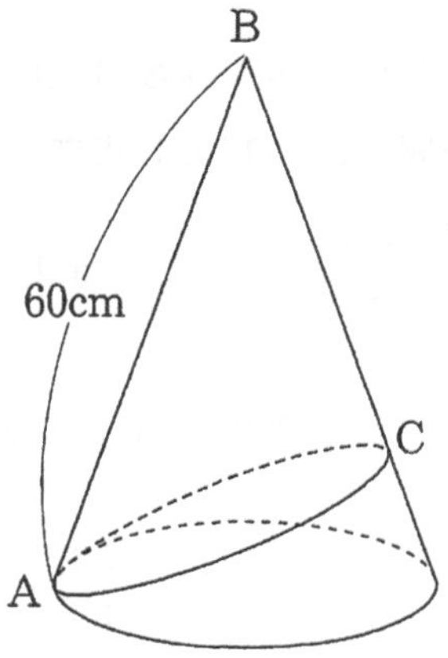

(1)　底面の半径は何cmですか。

(2)　この円すいの表面積は何cm^{2}ですか。

3　図１のようにカード２枚で山を作り，これを１段の山とします。図２はカード７枚で作った２段の山を正面から見た図です。図３はカード15枚で作った３段の山を正面から見た図です。このように段を１段ずつ増やしていきます。次の問いに答えなさい。

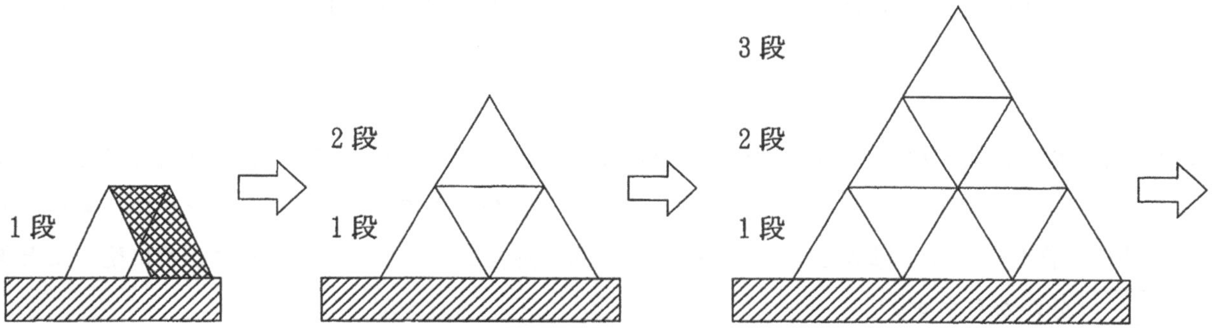

図１　　図２　　図３

(1)　５段の山を作る場合に，必要なカードは何枚ですか。

(2)　100枚のカードでは，何段の山を作ることができますか。

(3)　ある段の山から１段増やすときに，53枚のカードを新たに使用しました。このとき，全部で何段の山を作ることができましたか。

4　太郎さんが住んでいるＡ町では，16km下流のＢ町まで，川の流れを利用した動力源を持たない舟《ふね》での川下りが観光の目玉となっています。ガイドブックによると川下りの所要時間は１時間40分です。あるとき太郎さんのクラスでは，Ａ町の舟乗《ふなの》り場からＢ町の舟着き場へ午後１時までに着くように３班に分かれて出かけることにしました。１班は舟による川下りで，２班は徒歩で，３班は電車で出かけます。

１班　11時発の舟で出発しました。

２班　９kmのハイキングコースを利用し，午前９時にＡ町の舟乗り場を出発して休憩《きゅうけい》もはさみながら12時45分にＢ町の舟着き場につきました。

３班　Ａ町の舟乗り場からＡ駅まで10分歩き，Ａ駅からＣ駅まで８分乗車，Ｃ駅で乗り換《か》えに７分かかり，Ｃ駅からＢ駅まで乗車，Ｂ駅からＢ町の舟着き場までは歩いて15分かかります。Ａ町の舟乗り場からＢ町の舟着き場まで合計50分かかりました。

次の (1) から (4) の文章の中の ＿＿＿ にあてはまる数を答えなさい。

(1)　ガイドブックから推測すると，川の流れの平均の速さは分速 ＿＿＿ ｍ になります。

(2)　２班の生徒たちは，途中《とちゅう》４kmの山道を時速２kmで歩き，その他の道は時速３kmで歩き，＿＿＿ 分間休憩しました。

(3)　電車の平均速度が時速60kmであるとき，Ｃ駅からＢ駅までの道のりは ＿＿＿ kmです。

(4)　水量が多くて川の流れが速かったため，１班は２班が到着《とうちゃく》する30分前に着いてしまいました。川の流れの平均の速さは (1) の ＿＿＿ 倍であったと考えられます。

5　30名のクラスを第１班から第３班までの各班10名ずつの３班に分け，第１班の生徒たちに次のようなルールでカードを渡《わた》しました。

血液型Ａ型の人には数字０を書いたカードを渡す。
血液型Ｂ型の人には数字１を書いたカードを渡す。
血液型Ｏ型の人には数字２を書いたカードを渡す。
血液型ＡＢ型の人には数字３を書いたカードを渡す。

このとき，第１班の10名が渡されたカードの数字の合計は７でした。
同様に，第２班，第３班の各10名にもカードを渡したところ，やはり合計は７となりました。
また，次のことがわかりました。

第１班と第２班のＡ型の人数は同数で，第３班のＡ型の人数はそれより少ない。
第２班はどの血液型の人数も２名ではない。
ある班はどの血液型の生徒もいる。
ＡＢ型以外の血液型の人数が最も少ない班がある。

次の問いに答えなさい。

(1)　第１班のＡ型の人数を答えなさい。
(2)　第２班のＡ型，Ｂ型，Ｏ型，ＡＢ型の人数はそれぞれ何人ですか。下の**ア～ク**より正しいものを選びなさい。
(3)　第３班のＡ型，Ｂ型，Ｏ型，ＡＢ型の人数はそれぞれ何人ですか。下の**ア～ク**より正しいものを選びなさい。

ア　Ａ型　７人，Ｂ型　１人，Ｏ型　０人，ＡＢ型　２人
イ　Ａ型　７人，Ｂ型　０人，Ｏ型　２人，ＡＢ型　１人
ウ　Ａ型　６人，Ｂ型　２人，Ｏ型　１人，ＡＢ型　１人
エ　Ａ型　６人，Ｂ型　１人，Ｏ型　３人，ＡＢ型　０人
オ　Ａ型　５人，Ｂ型　４人，Ｏ型　０人，ＡＢ型　１人
カ　Ａ型　５人，Ｂ型　３人，Ｏ型　２人，ＡＢ型　０人
キ　Ａ型　４人，Ｂ型　５人，Ｏ型　１人，ＡＢ型　０人
ク　Ａ型　３人，Ｂ型　７人，Ｏ型　０人，ＡＢ型　０人

6　直方体Ａと直方体Ｂと，容器Ｃがあります。次の問いに答えなさい。

(1)　図１のように容器Ｃに直方体Ａを入れ，そこに一定の割合で水を容器Ｃに満水になるまで入れていきます。図２はこのときの，水位と時間の関係をグラフで表したものです。容器Ｃと直方体Ａの底面積の比を，最も簡単な整数の比で表しなさい。
(2)　直方体Ａの高さは何cmですか。
(3)　図３のように容器Ｃに直方体Ｂを入れ，その上に直方体Ａを置きます。そこに(1)と同じ割合で水を容器Ｃに満水になるまで入れていくと83.5秒かかりました。直方体Ａと直方体Ｂの底面積の比が９：５であるとき直方体Ｂの高さは何cmですか。

図１
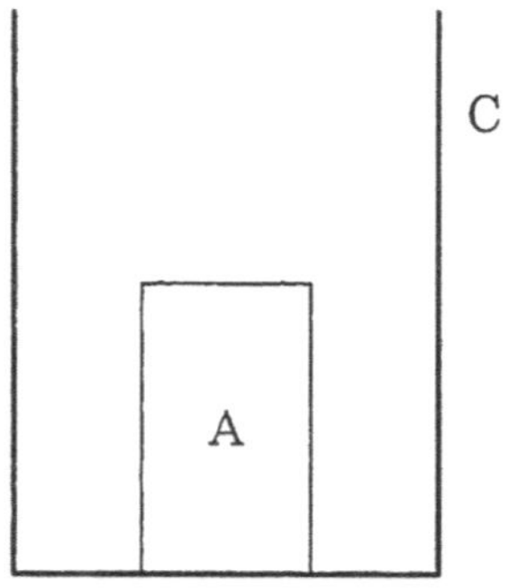

図２
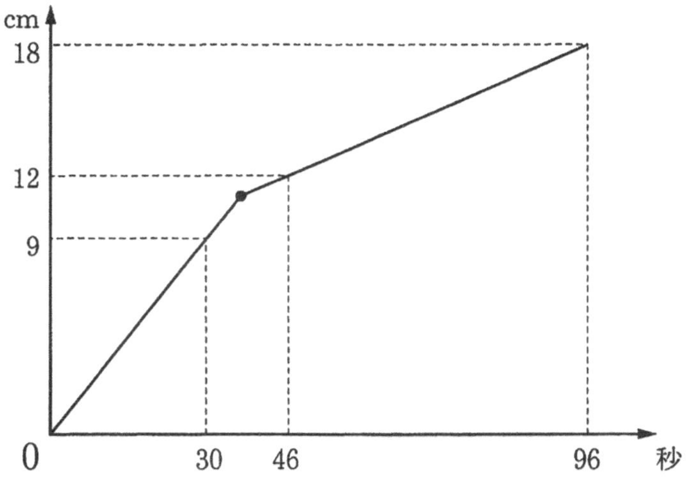

図３
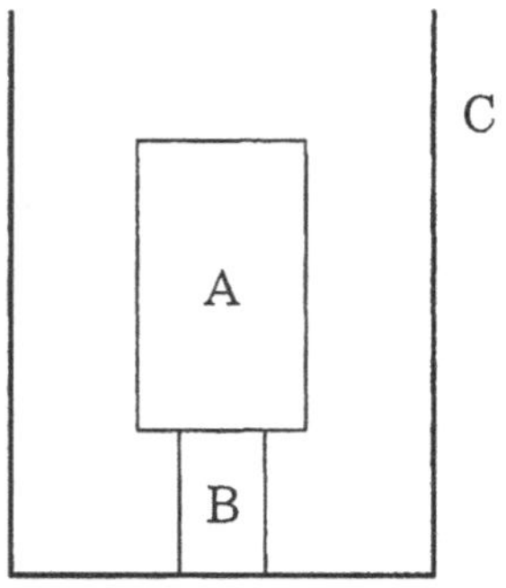

令和３年度　帝塚山中学校
１次Ｂ入学試験問題・国　語　解答用紙

※150点満点
（配点非公表）

受験番号

ここにシールを貼ってください

211210

一

1　Ⅰ　Ⅱ　Ⅲ
2　25
3
4
5
6
7　あ　い　う
8
9
10
11　あ
い
12
13
14
15　ア　イ　ウ　エ　オ

二

1
2
3
4
5
6
7　X　Y
8
9
10　①　②　③
11
12
13
14
15
16
17　ア　イ　ウ　エ　オ

三

1　イサン
2　イニン
3　オンショウ
4　アイゴ
5　ショウフク
6　ゲキダン
7　ノ　ばす
8　モケイ
9　ホキュウ
10　ソウジュウ
11
12
13　い
14
15

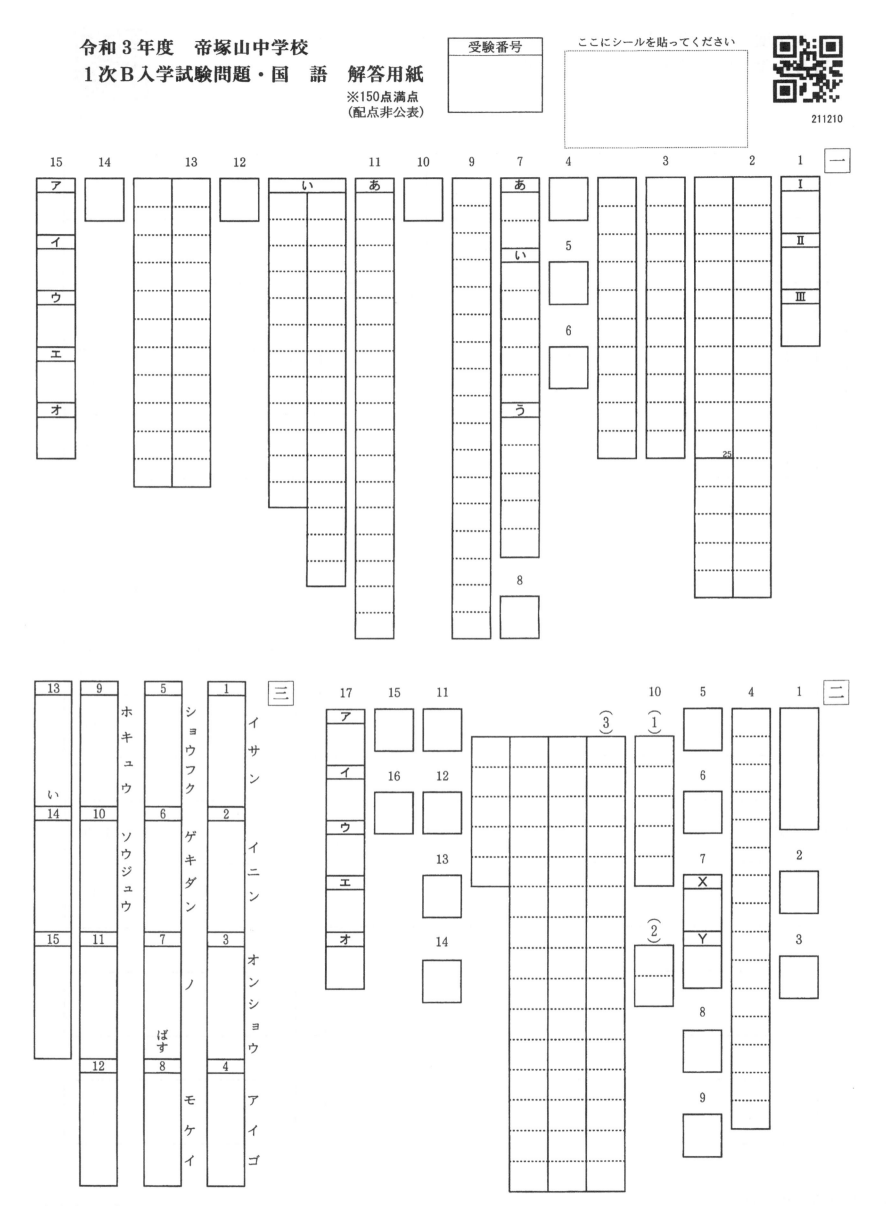

令和３年度　帝塚山中学校

１次Ｂ入学試験問題・算　数　解答用紙

※150点満点
（配点非公表）

受験番号

ここにシールを貼ってください

211220

1

(1)		(2)	
(3)	cm	(4)	席

(5)	ア	分	イ	分
(7)	ア	度	イ	度

(6)	ア	円	イ	円	ウ	円

(8)	通り

2

(1)	cm	(2)	cm^2

3

(1)	枚	(2)	段	(3)	段

4

(1)	分速　　　　m	(2)	分間
(3)	km	(4)	倍

5

(1)	人	(2)		(3)	

6

(1)	：	(2)	cm	(3)	cm

令和四年度　帝塚山中学校　一次A入学試験問題・国　語（その一）

（60分）

受験番号

※答えはすべて解答用紙に書きなさい。　※選んで答える問題は記号で答えなさい。
※特にことわりのないかぎり、句読点《くとうてん》やかぎかっこはすべて字数にふくみます。
※設問の都合上、本文に一部省略があります。

一　次の文章を読んで、後の問いに答えなさい。

対等性の原則とは〝人間関係、とくに仲間うちの人間関係は、対等であるべき〟という原則を意味します。たとえば、前章で紹介《しょうかい》した、1わざと顔をゆがめてプリクラを撮《と》る女子高校生の例が、この原則にあてはまります。【 A 】。また、多くの若者が友人には悩《なや》みを相談しないようなのですが、2この現象も対等性の原則から理解可能です。

学生に、〝あなたは友人に悩みを打ちあけるか、打ちあけないとしたらその理由は何なのか〟というテーマのレポートを何年かだしてきました。

すると多くの学生が、友人に悩みを打ちあけたり相談したりしない、と答えたのです。学生があげた理由はさまざまですが、とくに目をひいたのが、「もし相談したら、相談した自分が相手よりも一段下の立場になり、対等な関係でなくなるから」という答えと、「友人といっしょにいる時間は限られているのだから、せっかくの時間を相談のような重い話題で暗くせず、【 B 】明るい話題をして、楽しくすごしたい」という答えでした。

このふたつの答えは※リンクしています。〝相談して友人関係に重い空気が流れたり、上下関係ができると、楽しくなくなるし、一段下の立場になったひとは傷ついてしまう。だからこそ友人には相談しない〟というわけです。

（中略）

なぜ対等性の原則を多くのひとは、これほどまじめに守ろうとするのでしょうか。その最大の理由は、「楽しく時間をすごす」ことと関係します。ここで重要となってくるのが、（中略）「キャラ」的関係です。

集団で楽しく時間をすごすための人間関係の作り方として、若いひとたちを中心に、3「キャラ」が「発明」されました。「キャラ」には、つっこみ役、つっこまれ役、なだめ役、かわいいキャラ、キレキャラ、クールキャラなど、たくさんあります。

わたしの解釈《かいしゃく》では、「キャラ」は「お笑いタレント」と呼ばれるひとたちのふるまいを参考にして、4素人《しろうと》の若者たちが日常生活にとりいれた、人間関係の作り方です。

「キャラ」はもちろん「キャラクター」の略で、「配役、登場人物」という意味の英語です。小説や劇、映画、マンガなどに登場する、ひとつひとつの役柄《やくがら》が「キャラクター」です。「キャラクター」は、映画などの物語全体を結末にむけてスムーズに進行させ、またストーリーをわかりやすくするためにも、それぞれ固有の特徴《とくちょう》・性格を持っていなければなりません。言いかえれば、小説の作者や映画の※脚本家《きゃくほんか》は、固有の性格・特徴を持つ役柄を設定しなければならないわけです。この設定作業が「キャラ立ち」です。

「キャラ立ち」はお笑いの世界でも重要です。たとえば漫才《まんざい》の場合は、よく知られているように、つっこみ役とボケ役からなりたっています。【 あ 】、昔ながらの漫才では「キャラ」ということばが使われることはありません。このことばがひんぱんに使われはじめたのは、「お笑いタレント」とか「お笑い芸人」と呼ばれるひとびとが登場してきてからです。

漫才師や落語家は、まず師匠《ししょう》に弟子《でし》入りして、それなりの修行《しゅぎょう》を積んだ後に舞台《ぶたい》にあがる、という※プロセスを経て、プロの芸人になります。それにたいしてお笑いタレントは、※プロデューサーなどのテレビ関係者に「おもしろい」「使える」と認定《にんてい》されてプロになったひと、と言えるでしょう。

【 い 】、プロデューサーに「おもしろい」と認められれば、すぐにでもテレビに出演できます。つい昨日までは「おもしろい素人」にすぎなかったひとが、今日はもう「お笑いタレント」になれます。

ここでのポイントは、お笑いタレントと素人の差は、かつての漫才師・落語家と素人の差ほど、大きくないことです。だとすると、お笑いタレントの芸や技術は、素人にもすぐまねしやすいものと言えます。

彼《かれ》らお笑いタレントは、落語家のように師匠のもとで修行するかわりに、自分たちで笑いを研究し、独自の笑いを編みださなければなりません。そのさい、もっとも重要なのが、自分の「キャラ」を立てることでしょう。

「キャラ」こそ、お笑いタレントたちの「売り」であり「芸」だからです。というのも、お笑いタレントの活躍《かつやく》の場は「お笑いバラエティ番組」です。この種の番組は、歌手や俳優にお笑いタレントが加わって、小集団で視聴者《しちょうしゃ》を楽しませるようにできています。「バラエティ」なのですから、※バラエティに富んだ性格・個性を持つひとびとの集まりでないといけません。その個性の演技が「キャラ」です。

だから、5バラエティ番組でおなじ「キャラ」のひとがいる（「キャラがかぶる」）状態は、望ましくありません。そこでお笑い

令和四年度　帝塚山中学校　一次A入学試験問題・国　語　（その二）

タレントは、いままでにない、独自の「キャラ」を開発し、それを「売り」にしなければならないのです。

また、視聴者を楽しませるには、出演者自身が楽しんでいる様子をみせなければなりません。ですから、出演者みずからがバラエティ番組を楽しんでいる演技をするための役割分担が、「キャラ」だとも言えます。[1]

バラエティ番組内で、しばしばお笑いタレントたちは「キャラ」を話題にします。6彼らにとって、おたがい「キャラ」は最大関心事だからです。「〇〇の〝キャラ〟が変わった！」とか「オレはそんな〝キャラ〟じゃない！」というふうにです。

彼らは「キャラ」という役割分担をすることで、お笑いバラエティ番組をなりたたせています。だから、だれかが急に役割を変更《こう》すれば、全体のバランスがほんの少し崩《くず》れ、自分はどの役割をはたせばよいのか、一瞬《いっしゅん》とまどってしまうのです。[う]、いままで「つっこみ役」だったひとが急に「ボケ役」になってしまえば、いままで「ボケ役」を演じていたひとは、「つっこみ役」にまわればいいのか、それ以外の役割のほうがいいのか、とまどうでしょう。[2]

また、だれかが「キャラ」を変更すれば、もしかするとその他の出演者と「キャラがかぶる」ことになってしまい、そこに競争関係が発生するかもしれません。たとえば、「つっこみ役」がふたりになってしまえば、どちらのほうがよりおもしろいつっこみをするか、出演者も視聴者も、その上手下手を評価することになるので、よりよい評価をえるために競争しなければならないわけです。

[え]、お笑いバラエティ番組でのタレントたちのふるまいは、いつのまにか、わたしたち素人の日常生活にまで浸透《しんとう》しています。[3]

その理由は、わたしたちが日常での人間関係を「楽しい」ものにしたいと強く願っているからです。わたしたちは、友人といるときには、いつも笑っていたいのです。いつも笑っていなければならないかのような雰囲気《ふんいき》さえ存在します。そこで参考になったのが、お笑いバラエティ番組に登場するお笑いタレントのふるまいかたです。

けれども、「キャラ」的関係は不自然です。[お]、集団全体のバランスがとれるように、いつもバラエティに富んだ「キャラ」がそろっているわけはないからです。おなじような「キャラ」のひとばかり、かたよって存在しても不思議ではないはずです。テレビのバラエティ番組なら出演者集団のバランスがとれるように、メンバーを選択《せんたく》して集めます。しかし7日常生活は、テレビ番組ではありません。[4]

ですから、たとえば、ふとしたきっかけで、あらたにだれかが仲間集団に加入する、というようなことが起きます。すると、「キャラがかぶる」事態が発生することもあります。日常生活は、テレビ番組のような予定調和の世界ではないのです。

「キャラがかぶる」ことは恐怖《きょうふ》だ、と語る学生がいました。彼女《かのじょ》の授業中のレポートです。

特に女の子は思うのかもしれませんがキャラかぶりは恐怖です。同じような人は二人いなくてもイイというか、8同じような人二人で上下を決められてしかも下だったら恐怖といいますか、競争とかで人間関係がこじれるのを恐《おそ》れてキャラ分けしてるのかもしれません。違《ちが》うレーンを走ってたら勝負しなくていいですから。

この学生が言うように、「キャラがかぶる」と、そこには優劣《ゆうれつ》関係や競争関係が生じます。「キャラ」の演じ方が上手／下手、という上下の差ができてしまうのです。上下関係が入りこんでくると、下位（劣位）におかれたひとが楽しいわけはありません。「キャラ」を導入したのは、[C]ためですから、上下関係や競争関係はぜひとも回避《かいひ》しなければならない問題となります。

しかし、「キャラ」的関係は、「キャラがかぶる」ことさえなければ、対等性の原則を守ることができ、仲間と楽しくすごすことのできる対人関係法です。とてもうまい方法を発明したものだ、とわたしなんかは感心してしまいます。

（森《もり》　真一《しんいち》『ほんとはこわい「やさしさ社会」』ちくまプリマー新書より）

※リンク…関連。
※脚本家…演劇の台本を書く人。
※プロセス…順序。
※プロデューサー…番組の制作責任者。
※バラエティに富んだ…さまざまな種類があるさま。

令和四年度　帝塚山中学校　一次A入学試験問題・国　語　（その三）

1 ―――1「わざと」は、どこにかかりますか。最も適するものを、次の中から選んで答えなさい。

わざと　ア顔を　イゆがめて　プリクラを　ウ撮る　女子高生の　例が　この　原則に　エあてはまります。

2 　A　に入る文章として最も適するものを、次の中から選んで答えなさい。

ア　友人との会話に積極的に笑いを取り入れようとしていたからです

イ　友人と変顔を競《きそ》って楽しい時間を過ごそうとしていたからです

ウ　友人の抱《かか》える悩《なや》みを何とかして解消しようとしていたからです

エ　友人との優劣《ゆうれつ》関係を何とかなくそうとしていたからです

3 ―――2「この現象も対等性の原則から理解可能です」とありますが、筆者がこのように言うのはなぜですか。最も適するものを、次の中から選んで答えなさい。

ア　多くの若者が友人に悩みを相談しないのは、相談される人と相談されない人との間で上下関係ができてしまい、対等な関係ではなくなることを避《さ》けるためであるから。

イ　多くの若者が友人に悩みを相談しないのは、相談される人と相談する人との間で上下関係ができてしまい、対等な関係ではなくなることを避けるためであるから。

ウ　多くの若者が友人に悩みを相談しないのは、相談をした人と相談をしなかった人との間で上下関係ができてしまい、対等な関係ではなくなることを避けるためであるから。

エ　多くの若者が友人に悩みを相談しないのは、相談したいことのある人とない人との間で上下関係ができてしまい、対等な関係ではなくなることを避けるためであるから。

4 　B　には、「他にかかわって影響《えいきょう》を与《あた》えることのない」という意味の言葉が入ります。最も適するものを、次の中から選んで答えなさい。

ア　こころにもない　　イ　いうまでもない　　ウ　あたりさわりのない　　エ　ろくでもない

5 ―――3「『キャラ』が『発明』されました」とありますが、ここには筆者のどのような気持ちが込《こ》められていますか。最も適するものを、次の中から選んで答えなさい。

ア　対人関係をうまく築くための工夫《くふう》として、よくできていると評価する気持ち。

イ　今後さらに新たな「キャラ」が発明されることを心から待ち望んでいる気持ち。

ウ　「キャラ」があるせいで、常に気をつかわなければならないと後悔《こうかい》する気持ち。

エ　「キャラ」を作ることなしには日々を楽しく送れないことを、残念に思う気持ち。

6 ―――4「素人の若者たちが日常生活にとりいれた」とありますが、若者たちが「お笑いタレント」を参考にして「キャラ」をとりいれることができたのはなぜですか。五十五字以内で説明しなさい。

7 　あ　～　お　に入る語として最も適するものを、それぞれ次の中から選んで答えなさい。ただし、同じ記号は二度使えません。

ア　なぜなら　　イ　たとえば　　ウ　ですから　　エ　ただし　　オ　さて

8 ―――5「バラエティ番組でおなじ『キャラ』のひとがいる（『キャラがかぶる』）状態は、望ましくありません」とありますが、それはなぜですか。最も適するものを、次の中から選んで答えなさい。

ア　おなじ「キャラ」のひとが複数存在すると、そこに上下関係ができてしまい、対等でなくなってしまう可能性があるから。

イ　すでに存在している「キャラ」では視聴者に飽《あ》きられてしまい、バラエティ番組としてなりたたなくなる可能性があるから。

ウ　「キャラ」を売りにして視聴者を楽しませるには、それぞれに個性を持った出演者たちが楽しんでいる様子を見せる必要があるから。

エ　今までの漫才師・落語家との違いを出すためには、「ボケ」や「つっこみ」以外の新たな「キャラ」を作り出す必要があるから。

令和四年度　帝塚山中学校　一次A入学試験問題・国　語　（その四）

9　――6「彼らにとって、おたがい『キャラ』は最大関心事だからです」とありますが、それはなぜですか。適するものを、次の中から二つ選んで答えなさい。

ア　お笑いタレントは自分たちが楽しむためにバラエティに富んだ「キャラ」を個々に演じ分けて番組を盛り上げる必要があるから。

イ　お笑いタレントはプロデューサーに認められることよりも、視聴者の評価を第一に考えて「キャラ」を作っていく必要があるから。

ウ　お笑いタレントは普段《ふだん》から自分と似た「キャラ」のタレントを見つけてはその都度競争し、自身の芸をみがき続けていく必要があるから。

エ　お笑いタレントは他の出演者が急に「キャラ」を変更した場合に、番組全体の中での自分の役割を判断していく必要が生じるから。

オ　お笑いタレントは自分と似た「キャラ」の人が出てくると、相手よりも高い評価を得るためにどちらがふさわしいか競争する必要が生じるから。

10　――7「日常生活は、テレビ番組ではありません」とありますが、筆者は「テレビ番組」をどのようなものだと考えていますか。本文中より七字でぬき出して答えなさい。

11　――8「同じような人二人で上下を決められて」とありますが、何によって「上下を決められて」いるのですか。本文中から十字以内でぬき出して答えなさい。

12　[C]に入る言葉を、本文から五～十字でぬき出して答えなさい。

13　次の一文はどこに入れるのが適当ですか。文中の[1]～[4]から選んで答えなさい。

われわれが、その手の番組を好んで視聴し、ふだんの人間関係をつくる方法として参考にしてきたからです。

14　次のア～オについて、本文の内容に合うものにはA、合わないものにはBと答えなさい。

ア　筆者は、わざと顔をゆがめてプリクラを撮るのは不自然であると、女子高校生にたいして否定的である。

イ　ある物語をわかりやすく、また支障なく進める上で必要な人物の設定をすることを「キャラ立ち」という。

ウ　つっこみ役とボケ役ができなければ、バラエティ番組に出演するお笑いタレントになることはできない。

エ　バラエティ番組は、歌手や俳優が出演することでより一層視聴者を楽しませることができるようになった。

オ　わたしたちが日常生活で考えているのは、常に笑顔《えがお》でいられるためにはどうするべきかということである。

[二]　次の文章を読んで、後の問いに答えなさい。

「なんで※東駒《とうこま》なんだ?」

「……将来ロボットを作りたいからです」

「それだけが目的なら、他にもいろいろな学校があるだろ。中高一貫《いっかん》の優秀《ゆうしゅう》な国公立の中学が、都内にはたくさんある。東駒にそこまでこだわる理由はなんなんだ?」

そこまでこだわる理由、と言われ、俊介《しゅんすけ》は下を向いた。自分の手を【　Ⅰ　】見つめ、右手の中指に貼《は》ってある絆創膏《ばんそうこう》に触《ふ》れる。「ペンダコが痛そうだから」とお母さんが昨日の夜に巻いてくれた絆創膏……。右手の親指でペンダコをなぞりながら、俊介は再び黙《だま》る。

でもいまのこの気持ちを誰《だれ》かに話さないと、心が破裂《はれつ》しそうだった。俊介は【　Ⅱ　】顔を上げ、口元に【　Ⅲ　】力を入れる。

「生き方を変えたいからです」

長い沈黙《ちんもく》の後、俊介がようやくそう答えると、1加地先生は両目を大きく見開いた。口をすぼませ、ふいのパンチを食《く》らった

ような表情で俊介を見返してくる。

「なんだ俊介、おまえ、えらく大人びたことを言うな」

「ほんとのことです」

加地先生がコーヒーのおかわりを頼《たの》むと、一緒《いっしょ》にプラスチックのコップに入ったオレンジジュースが運ばれてきた。おばあさんが「あたしからのサービスだよ」と俊介の前に置いてくれる。

「おまえは、いまの自分が嫌《いや》なのか？」

困ったような顔をして加地先生が聞いてくる。加地先生がこんな顔をするのは珍《めずら》しい。

「はい、おれは……自分が嫌《きら》いです」

加地先生が真剣《しんけん》に聞いてきたので、自分も真剣に答えた。2誤魔化《ごまか》すことも流すこともできたけれど、それはしなかった。

「そうか……。理由を聞いてもいいか」

しばらく考えた後、俊介は頷《うなず》いた。3急に足が震《ふる》えてきたので、両手で両膝《りょうひざ》を強くつかんだまま、加地先生の顔を見る。

「おれ、妹がいるんです。いま一年生で、同じ小学校に通ってるんだけど、生まれつき耳が聴《き》こえないんです。先生は……先天性風しん症候群《しょうこうぐん》って知ってますか？」

コップに浮《う》かぶ氷がぶつかり、カランという小さな音を立てた。オレンジジュースは美音《みおん》も大好きだ。ファミレスのドリンクバーでも、オレンジジュースばかり飲んでいる。

「いや、知らないな」

「赤ちゃんの病気です。妊婦《にんぷ》さんが風しんに罹《かか》ったら、そういう病気の赤ちゃんが生まれてくることがあって……。※心疾患《しんしっかん》とか白※内障とか……難聴《なんちょう》とかが、代表的な症状《しょうじょう》で……」

4俊介の体に赤い発疹《ほっしん》が出ているのに気づいたのは、幼稚園《ようちえん》の担任の先生だった。

――俊ちゃん、ここ痒《かゆ》くない？　ほら、小さな赤い点々があるでしょう。

先生は俊介の両袖《りょうそで》をまくり上げ、首を傾《かし》げた。そしてそのまま園内の医務室に俊介を連れていき、他の先生にも、皮膚《ひふ》に散らばる赤い点々を見せた。発疹を見た先生たちは俊介の上着を脱《ぬ》がせて腹や背中も確認《かくにん》し、体温を測った。その日俊介は教室には戻《もど》してもらえず、迎《むか》えに来てくれたお父さんと一緒にいつも通っている小児科医院《しょうにかいいん》を受診《じゅしん》した。お医者さんは俊介の首に触れ、耳の下に触れ、「風しんですね。間違《まちが》いないでしょう」と頷いた。風しんの症状に特徴的《とくちょうてき》なリンパ節の※腫脹《しゅちょう》がありますね、と。

「おれが四歳《さい》の時に風しんに罹《かか》って、それをお母さんに……」

うつしたんです、と言おうとして喉《のど》が詰《つ》まった。それ以上言葉が続かず、そのうちに声を出す力がなくなった。

「俊介が風しんに罹って、それを妊婦だったお母さんにうつした。そういうことか？　その話は誰から聞いたんだ、お父さんかお母さんがおまえに話したのか？」

俊介は俯《うつむ》いたまま、大きく首を横に振《ふ》る。お父さんとお母さんが話したわけじゃない。

「おまえがこのことを、妹さんの耳が聴こえない原因を知ってるってことを、ご両親はご存知《ぞんじ》なのか？」

俊介はもう一度首を左右に振る。お父さんとお母さんはいまも、俊介がなにも知らないと思っている。だから［　X　］。話す勇気もない。

偶然《ぐうぜん》、聞いてしまったのだ。

四年前の夏の日、家族で※征《せい》ちゃんのおじいちゃんの牧場に遊びに行った時に大人たちが話をしているのを、耳にしてしまった。

――わかったわ。征にも厳しく言い聞かせとく。でも……美音ちゃんの難聴の原因が、幼稚園で流行《はや》った風しんだったってこと、誰が広めたのかしらね。幼稚園で風しんが流行ることなんてよくあることなのに……。5誰も悪くないのに、本当に酷《ひど》い噂話《うわさばなし》をする人がいるわね。

プール遊びをしていて、全身から水滴《すいてき》を滴《したた》らせ、俊介は居間の縁側《えんがわ》に上半身を乗り出していた。お母さん、水鉄砲《みずでっぽう》取って。そう叫《さけ》ぼうとしたら、征ちゃんのお母さんの言葉が、聞こえてきた。言っていることの意味はよくわからなかったのに、自分にとってとても怖《おそ》ろしい話だということはわかった。「誰も悪くないのに」の「誰も」は、自分のことなのだと、なぜか直感で気づいた。「俊ちゃんは悪くないのに」と、おばさんは言いたかったのだ。

テーブルの隅《すみ》に視線を落としたまま黙りこくっていると、

6「おまえが入塾《にゅうじゅく》テストを受けた時、担当していたのはおれだったんだ。憶《おぼ》えてるか？」

と加地先生が聞いてきた。下を向いたまま、俊介は頷く。

「入塾テストの結果を、おれからおまえのお母さんに説明したんだ。何点だったかな？　点数ははっきりと憶えてないけど、あん

まり良くはなかったな。それでお母さんもえらく恐縮《きょうしゅく》してて、これじゃあ入塾は無理ですね、って帰ろうとしてたんだ」
　その話はお母さんから聞いた気がする。でも帰ろうとしたことは、知らなかった。
「おれはおまえを合格にした。合格点には達してなかったけど、そんなことは正直なところさほど関係ない。成績が伸《の》びるかどうかは、その時点の学力よりも［　Y　］、子どもの性質を重要視するところがあるんだ。それでおれは、おまえなら絶対に伸びると思った。こういう仕事をしていると、時々巡《めぐ》り合《あ》うんだ。黙っているのに顔から、全身から、負けん気が立ちのぼっているような子に出逢《であ》う。おまえはそんなやつだった。そういう子どもには必ず、金の角《つの》が生えてくる。だからおれはおまえに、勉強を教えてみたいと思った」
　知らない間に頬《ほお》を伝っていた涙《なみだ》を手の甲《こう》で拭《ぬぐ》ってから、俊介はゆっくりと顔を上げる。
「7先生はいつも……金の角って言うよね」
　加地先生がそんなふうに見てくれていたなんて、全然知らなかった。人より遅れて塾に入った自分には、角も生えないだろうと諦《あきら》めていたのだ。
「おれが合格だと伝えたら、お母さんすごく驚《おどろ》いてな。涙浮かべて、おまえのことを8頑張《がんば》り屋なんだって言ってたよ」
　涙ぐむお母さんの顔が、俊介の頭の中にすぐに浮かぶ。お母さんは、俊介や美音が褒《ほ》められるとすごく喜ぶ。自分が褒められているような、とても嬉《うれ》しそうな顔をする。
「お母さんの言葉は嘘《うそ》じゃなかったよ。四月に入塾してからこの半年間、おまえは本当によく頑張ってる。おまえの急成長は、Pアカ新宿校の講師陣《こうしじん》の間でも話題になってるくらいだ。でも今日、おまえがどうしてこんなに頑張れるのかがわかったよ」
　先生はいったん口をつぐみ、静かに息を吐《は》き出《だ》した。
「俊介おまえ、しんどい人生だな」
　先生の言葉を聞いたとたん、涙がまた溢《あふ》れてきた。抑《おさ》えようとして、でもどうやっても泣き声が漏《も》れ出《で》てしまう。先生の言ったとおりだった。これまでずっとしんどかった。でもしんどいなんてことを口にしたらいけないと思っていた。自分が弱音《よわね》を口にするなんて許されないと、怯《おび》えていた。先天性風しん症候群という病気を初めて知った時。幼稚園での記憶《きおく》が、その病気と結びついた時。そこからほんとに……しんどくてたまらなかった。だから頑張るしかなかったのだ。必死に頑張って、美音を守れる強い兄ちゃんになって、それだけが自分のできる精一杯《せいいっぱい》だと思って生きてきた。でもサッカーがだめになって、もうどうすればこれ以上頑張れるのかわからなくなった時に、東駒のことを倫太郎《りんたろう》から聞いた。日本で一番難しい中学校に挑《いど》んで、もし合格したなら、自分を許せるかもしれないと思ったのだ。
「なあ俊介、その年でそんな大きなものを背負うなよ。……おまえの気持ちが、おれにはわかるよ。先生にも守らなきゃならない家族がいる。でもおまえはその年で、そんな大きなものを背負う必要はない」
　先生の手がテーブルの向こう側から伸びてきて、俊介の頭をそっとつかむ。
「俊介は賢《かしこ》い。努力もできる。ただ東駒は最難関だ。あと半年でおまえの学力が東駒レベルまで上がるかどうか、正直なところおれにもわからない。でも9この受験がおまえを少しでも楽にしてくれるなら、おれも全力で教える。10応援《おうえん》するんじゃなくて一緒に挑戦《ちょうせん》する」
　俊介はテーブルの上に置いてあったおしぼりを手に取って、両目に強く押《お》し当《あ》てた。それからおしぼりで頬を拭い、鼻水を拭い、口元を拭ってから前を向いた。目を開くと、いままで涙で歪《ゆが》んでいた先生の顔がはっきり見えた。
「先生は……中学受験をすることに意味があると思いますか？」
みんなに、ここまで過酷《かこく》な受験勉強をさせることに納得《なっとく》できないの。
だって六年生の夏休みは、人生で一度きりしかないんだから。
中学受験なんてなんの意味もないって言ってたぞ。
金と時間を使って塾に通っても、合格しなかったらどうせ広綾中に行くんだ。
勉強を頑張りたいなら、中学に入ってからでも遅《おそ》くないって。
　11頭の中にこびりついて離《はな》れなくなっていた豊田先生や智也《ともや》のお父さんの言葉を、俊介はもう一度口の中で唱えてみた。俊介の胸を刺《さ》す、小さな棘《とげ》がびっしりと付着した言葉。
「もちろんだ。じゃないと、中学受験の塾講師《じゅくこうし》なんてやらないだろう？　おれは、中学受験には意味があると思ってる。人は挑《いど》むことで自分を変えることができるんだ。十二歳でそんな気持ちになれる中学受験に、意味がないわけがない」
　先生はそう言って微笑《ほほえ》むと、そろそろ塾に戻るぞと立ち上がった。

（藤岡陽子《ふじおかようこ》『金の角持つ子どもたち』より）

※東駒…この小説の中に出てくる難関の中高一貫校。
※心疾患…心臓の病気。　※白内障…目の病気。
※腫脹…はれ。　※征ちゃん…俊介の幼稚園からの同級生。

1　【　Ⅰ　】～【　Ⅲ　】に入る語として最も適するものを、それぞれ次の中から選んで答えなさい。ただし、同じ記号は二度使えません。

ア　きゅっと　　イ　のんびりと　　ウ　ゆっくりと　　エ　じっと

2　――1「加地先生は両目を大きく見開いた」とありますが、それはなぜですか。最も適するものを、次の中から選んで答えなさい。

ア　子どもらしい無邪気《むじゃき》な答えを期待していたのを裏切られがっかりしたから。
イ　他人が気安く踏《ふ》み込《こ》んでいい質問ではなかったことに気付き後悔したから。
ウ　一人で悩みを抱える俊介に何の助言もしてやれない自分に失望したから。
エ　俊介の口から出た答えが自分が予想しないものだったことに驚いたから。

3　――2「誤魔化すことも流すこともできたけれど、それはしなかった」とありますが、それはなぜですか。最も適するものを、次の中から選んで答えなさい。

ア　困ったような顔をしている加地先生を前にして、これ以上困らせてはいけないと考えたから。
イ　本気で向き合おうとしてくれている加地先生になら本当のことを話してみようかと思えたから。
ウ　加地先生の真剣な表情を見て、正直に話さないと怒《おこ》られてしまうのではないかと感じたから。
エ　自分の本心である「自分が嫌いだ」という気持ちを指摘《してき》され、もう誤魔化せないと思ったから。

4　――3「急に足が震えてきた」とありますが、どのような様子を表していますか。最も適するものを、次の中から選んで答えなさい。

ア　これから打ち明けようとする事実のあまりの重大さに、思わず恐ろしさを感じる様子。
イ　両親にも言ったのことのない秘密を、加地先生が言いふらしたりしないか不安な様子。
ウ　加地先生の真剣さにこれ以上誤魔化すことはできないと思い、すっかりあきらめた様子。
エ　ロボットを作りたいというでまかせを先生に一瞬で見抜《みぬ》かれてしまい、動揺《どうよう》する様子。

5　――4「俊介の体に赤い発疹が出ているのに気づいたのは、幼稚園の担任の先生だった」とありますが、この話は何を伝えるためのものですか。「～ということ。」につながるように「加地先生」のセリフの中から二十八字でぬき出し、初めと終わりの五字を答えなさい。

6　［　X　］に入る文章として最も適するものを、次の中から選んで答えなさい。

ア　お父さんとお母さんに申し訳なく思っている
イ　自分はなにも悪くないのだと言い聞かせてきた
ウ　自分もなにも知らないふりを続けている
エ　お父さんとお母さんには感謝してきた

7　――5「誰も悪くないのに」とありますが、この言葉の意味を「俊介」はどのように受け止めたと考えられますか。最も適するものを、次の中から選んで答えなさい。

ア　「自分が悪いという噂話が広まっているが、それは何の根拠《こんきょ》もないでたらめである」という意味に受け止めた。
イ　「自分にも原因があるにはあるが、酷《ひど》い噂話《うわさばなし》をする人が一番悪いに決まっている」という意味に受け止めた。
ウ　「誰が悪いわけでもないとはいうものの、自分が原因であることは否定できない」という意味に受け止めた。
エ　「自分が悪いわけではないが、その当時風しんが流行したのは不幸なことだった」という意味に受け止めた。

令和四年度　帝塚山中学校　一次A入学試験問題・国　語　（その八）

8　――6「おまえが入塾テストを受けた時、担当していたのはおれだったんだ。憶えてるか？」とありますが、「加地先生」がこの話題を持ち出したのはなぜですか。最も適するものを、次の中から選んで答えなさい。

ア　誰にも明かせなかった重大な秘密を抱えながら、懸命《けんめい》に努力してきた俊介の頑張《がんば》りを認めるため。
イ　秘密を分かち合ったことで、入塾テストの頃《ころ》よりも俊介と親密な仲になったことを伝えるため。
ウ　どんどん弱気になっていく俊介に、入塾当初の頑張りを思い出させて受験に集中するよう促《うなが》すため。
エ　重大な告白により重くなった空気を変え、もっと子どもらしく生きた方がいいと俊介に説明するため。

9　［Y］に入る語として最も適するものを、次の中から選んで答えなさい。

ア　あえて　　イ　きっと　　ウ　まるで　　エ　むしろ

10　――7「先生はいつも……金の角って言うよね」とありますが、「金の角」はどのようなものの表れとして描《えが》かれていますか。最も適するものを、次の中から選んで答えなさい。

ア　限られた人間だけが持つ生まれながらの優《すぐ》れた才能。
イ　どんな逆境にもくじけず努力を続けようとする気持ち。
ウ　どんな子どもにも必ず備わっている自分を信じる力。
エ　努力に応じて身につく周囲を圧倒《あっとう》するような高い学力。

11　――8「頑張り屋」とありますが、現在の「お母さん」は「俊介」のどのようなところを「頑張り屋」だととらえていると考えられますか。次の空らんの条件に合うように、本文からそれぞれぬき出して答えなさい。

かつては（　A　四字　）に打ちこんでいた俊介が、中学受験を思い立って以来、（　B　五字　）に合格した後も頑張り続け、痛々《いたいた》しい（　C　四字　）が出来るほど勉強にはげんでいるところ。

12　――9「この受験がおまえを少しでも楽にしてくれるなら」とありますが、「俊介」がこの受験で楽になるとはどのようなことですか。五十字以内で説明しなさい。

13　――10「応援するんじゃなくて一緒に挑戦する」とありますが、これはどのようなことを言っているのですか。最も適するものを、次の中から選んで答えなさい。

ア　いまから半年しかないのでは望みは薄《うす》いが、だめで元々だという挑戦者のつもりで取り組むということ。
イ　先生として教えるだけでなく、同じ問題に挑戦して俊介と同じ立場になって努力をするということ。
ウ　口先で応援するだけなら誰にでもできるが、自分なら俊介の学力を引き上げられるはずだということ。
エ　部外者としてはたで見守るだけではなく、自分も当事者として真剣に指導するつもりだということ。

14　――11「頭の中にこびりついて離れなくなっていた豊田先生や智也のお父さんの言葉」とありますが、

（1）この言葉は「俊介」にとってどのような言葉なのですか。最も適するものを、次の中から選んで答えなさい。

ア　大人の考えを一方的に押《お》しつけてくる言葉。
イ　何度も心を傷つけ迷いを生じさせる言葉。
ウ　しなくてもいい無駄《むだ》な心配をほのめかす言葉。
エ　子どもを甘《あま》やかしやる気を失わせる言葉。

（2）「俊介」にとって、この言葉とは正反対の意味を持つ「加地先生」の言葉を、次の中から選んで答えなさい。

ア　おれはおまえに、勉強を教えてみたいと思った。
イ　おまえがどうしてこんなに頑張れるのかがわかったよ。
ウ　俊介おまえ、しんどい人生だな。
エ　人は挑むことで自分を変えることができるんだ。

15　本文の表現上の特徴について説明したものとして、正しいものにはA、誤っているものにはBと答えなさい。

ア　俊介のセリフの中の「……」は、会話や思考の「間」を示しており、読者はそこから迷いやためらいを読み取ることができる。

イ　本文は「俊介は～」のように第三者の視点から描かれた小説だが、作品のあちこちに俊介自身の言葉で俊介の心情が描かれてもいる。

ウ　コップに入ったオレンジジュースは妹の美音を思い出すきっかけになっており、これによって俊介は美音のことを加地先生に打ち明けることになった。

エ　本文中の会話文には二種類あり、一つは「　」が付く通常の会話文だが、それ以外の会話文には全て――が付いている。

オ　本文には過去を振《ふ》り返《かえ》る場面が複数差しはさまれており、これによって俊介が心に抱えていた秘密があぶりだされるしかけになっている。

三　次の1～10の――部のカタカナを漢字に、11～15の――部の漢字をひらがなに直しなさい。

1　待ちに待った新郎《しんろう》新婦の登場に、レッセキした人たちはいっせいに拍手《はくしゅ》をした。

2　エッフェル塔《とう》はパリの万国《ばんこく》ハクランカイのために建てられた塔である。

3　敵を打《う》ち倒《たお》すためにキョヘイを計画したが失敗した。

4　テイリュウ所で友だちと話しながら、バスが来るのを待っている。

5　牛や豚《ぶた》、鶏《にわとり》など、家畜《かちく》によって異なるシリョウを与えている。

6　新しく買った自転車は、ボウハン登録をしなくてはならない。

7　植物図鑑《ずかん》で調べても、よく似た形の草のシキベツは難しい。

8　いざというときに備えて、カンイ式のトイレを災害用リュックの中に準備した。

9　そのベテラン俳優の演技は、エンジュクの境地に達している。

10　「アマダれ石をうがつ」と言うが、何事もコツコツと続けていくことが大切だ。

11　アスファルトの道を横切るようにして、タンポポの綿毛が飛んでいるのが見えた。

12　絹糸を海外に輸出するようになると、養蚕を行う農家も増えていった。

13　誰かが食べこぼしたお菓子《かし》のかけらにアリが群がっていた。

14　この辺りは古くからある町並みで、歴史ある家屋も数多く残っている。

15　臭《くさ》みのある魚介類《ぎょかいるい》も酒蒸しにして調理するとおいしく食べられる。

令和４年度　帝塚山中学校 １次Ａ入学試験問題　算　数　（その１）

受験番号

※答えはすべて解答用紙に書きなさい。

※円周率は3.14とします。また，答えが分数になるときは，仮分数で答えてもよろしい。

(60分)

1　次の □ に，あてはまる数を答えなさい。

(1)　$27-7\times\left(30\div\frac{25}{4}\times\frac{5}{12}\right)=$ □

(2)　$6.3\div7\frac{1}{5}-\left\{15\times\left(\square-\frac{1}{5}\right)\right\}=\frac{3}{8}$

(3)　姉と弟があわせて5000円持っています。姉が弟に500円渡《わた》し，弟が750円の本を買うと，姉と弟の所持金の比は13：12になりました。姉の初めの所持金は □ 円です。

(4)　Ａ，Ｂの２人が池の周りを走ります。２人が同時に同じ場所を出発して，ＡとＢは互《たが》いに反対方向に進み，途中《とちゅう》で出会いました。出発してから出会うまでにＡはＢよりも500ｍ多く走っていました。Ａが走る速さは毎分200ｍ，Ｂが走る速さは毎分180ｍでした。池の周りは □ kmです。

(5)　生徒を３人掛《が》けのいすに座らせていくと，最後のいすには１人だけが座ることになりました。また，４人掛けのいすに座らせていくと，最後のいすには３人が座ることになりました。３人掛けのいすに座らせていくときに必要ないすの数は，４人掛けのいすに座らせていくときより，６脚《きゃく》多くなりました。このときの生徒は □ 人です。

(6)　右の図の①～⑥の角度の合計は □ 度です。

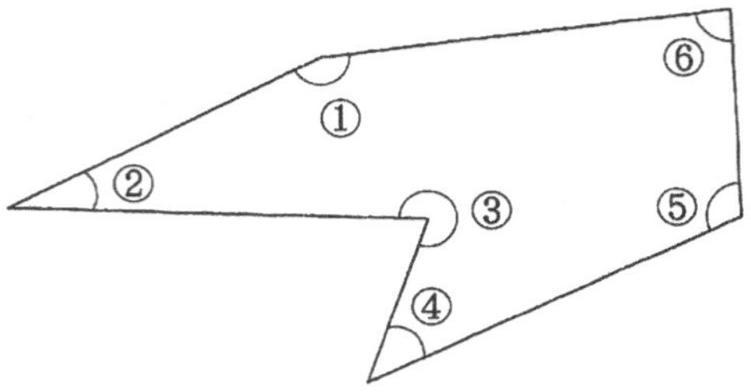

(7)　25％の食塩水150ｇと □ ％の食塩水250ｇを混ぜると，18.75％の食塩水になります。

(8)　１と０の２つの数を使って６けたの数をつくります。
それらを小さいほうから100000，100001，100010，100011，……，111111と並べます。
このようにして並べた数は全部で □ 個あります。

(9)　消しゴム502個とえんぴつ297本とノート215冊があります。これらをあるクラスで公平に配ったところ，いずれも同じ数だけ余りました。このクラスの人数は □ 人です。

(10)　赤，青２つの電球があり，赤は15秒おきに，青は25秒おきに点灯し，点灯するとすぐに消えます。ある日の８時に２つが同時に点灯しました。この日の８時から17時までの間に青だけが点灯したのは □ 回です。

2　異なる３つの立体Ａ，Ｂ，Ｃがあります。Ａは立方体です。Ｂは底面が正方形で，高さが底面の１辺の長さの半分である四角柱です。Ｃは円柱です。Ａの底面の１辺の長さと，Ｂの底面の１辺の長さの比は２：３です。また，Ａの底面の１辺の長さと，Ｃの底面の半径の長さの比は４：５です。次の問いに答えなさい。

(1)　Ｂの底面の１辺の長さと，Ｃの底面の半径の長さの比を最も簡単な整数の比で表しなさい。

(2)　ＡとＢの底面積の比を最も簡単な整数の比で表しなさい。

(3)　ＡとＣの高さが同じであるとき，ＢとＣの体積の比を最も簡単な整数の比で表しなさい。

3　ゆう子さんと，こうた君の姉弟《きょうだい》は，家から博物館まで行く方法を調べ，徒歩，自転車，バス，電車を利用した，３つのルートを考えました。家から博物館までの間にはA，B，C，Dの４つの地点があり，各地点を結ぶ道のりと各地点間の移動手段は下に示した通りです。【会話文１】と【会話文２】について，［①］～［④］にあてはまる数を答えなさい。ただし，自転車は毎時 15 km，バスは毎時 30 km，電車は毎時 50 km の速さで進むものとし，乗《の》り換《か》えに必要な時間は考えないものとします。

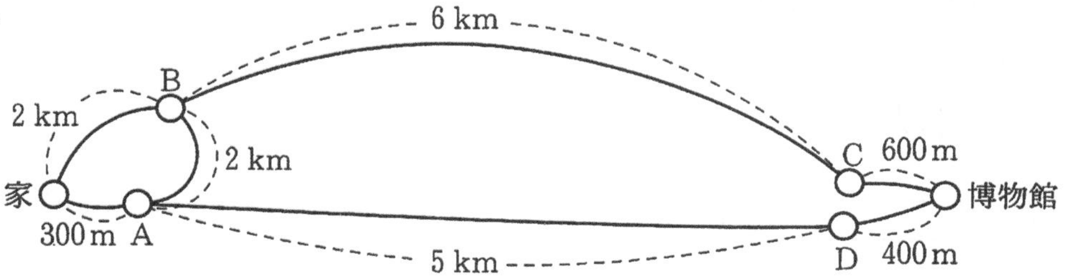

ルート１：家 —徒歩 300 m— A —バス 2 km— B —電車 6 km— C —徒歩 600 m— 博物館

ルート２：家 —自転車 2 km— B —電車 6 km— C —徒歩 600 m— 博物館

ルート３：家 —徒歩 300 m— A —バス 5 km— D —徒歩 400 m— 博物館

【会話文１】

ゆう子：今日は休みだから一緒に博物館に行きましょう。
こうた：歩く速さを毎時 5 km にすると，かかる時間が一番長いルートと一番短いルートの差は［①］分だね。
ゆう子：私はあまり歩きたくないので，「ルート２」でBまで行くね。
こうた：ぼくは「ルート１」で行くことにするよ。２人が家を同時に出発して，ぼくがAまで毎時［②］km で歩くと，Bに同時に着くことができるね。
ゆう子：Bからは一緒に行きましょう。

【会話文２】

こうた：先月の休みの日に，「ルート３」で博物館まで行こうとして，歩く速さを毎時 3 km としてかかる時間を計算したんだ。
ゆう子：その計算だと家から博物館まで［③］分かかるね。
こうた：その通り。その予定で家からAまで歩いたんだけど，Aに着くとすぐに，その日はバスが運休していることに気づいたんだ。すぐに家に戻《もど》り，今度は「ルート２」で博物館に向かうためにすぐに家を出たよ。
ゆう子：それなら，予定していた到着《とうちゃく》時刻よりかなり遅《おそ》くなったね。
こうた：バスの運休に気づいてからは，徒歩で移動する予定のところをすべて毎時［④］km で走り，自転車で進む速さも毎時 20 km にしたので，予定していた到着時刻より 18 秒だけ早く着くことができたんだ。

4　右の図のように，点Pを頂点とする半径 30 cm，中心角 60° のおうぎ形が，正方形の辺に接しながらすべることなくアの位置から矢印の方向に転がります。おうぎ形の半径が正方形の辺と再び重なったとき，おうぎ形はイの位置にあります。おうぎ形がアの位置とイの位置にあるとき，おうぎ形の頂点Pは正方形の頂点と重なっています。
次の問いに答えなさい。

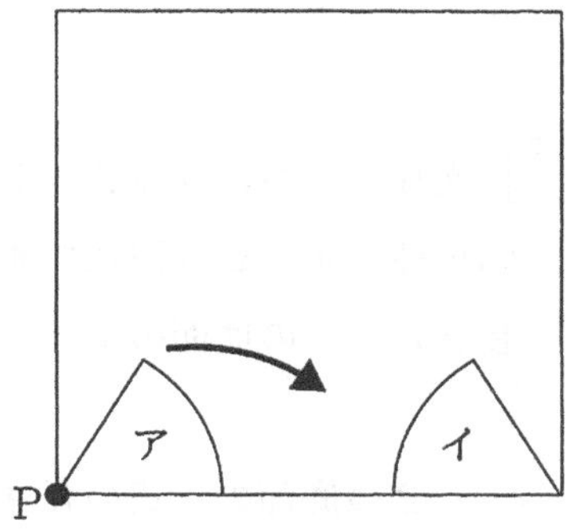

(1)　正方形の１辺の長さは何 cm ですか。
(2)　おうぎ形がアの位置からイの位置まで動いたとき，
おうぎ形が通ったあとにできる図形の面積は何 cm^2 ですか。
(3)　おうぎ形がアの位置から正方形の内側を一周して再びアの位置に戻ってきました。
おうぎ形の頂点Pが動いてできる線だけで囲まれた図形の面積は何 cm^2 ですか。

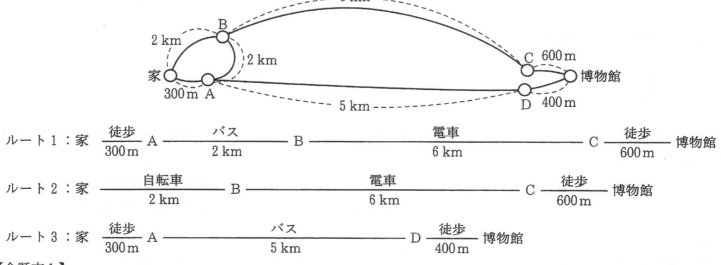

5　１，２，３，４，…… の数が書かれたボールがたくさんあります。次のルールにしたがってボールを順に並べていきます。次の問いに答えなさい。

【ルール】
- １が書かれたボールをおき，これを１番目とする。
- １番目のまわりに，反時計回りに２が書かれたボールから順に正六角形状に６個のボールを並べる。
  これを２番目とする。
- ２番目のまわりに，反時計回りに８が書かれたボールから順に正六角形状に12個のボールを並べる。
  これを３番目とする。
- 同じように，正六角形の１辺に並ぶボールの数を１個ずつ増やして並べ，４番目，５番目，…… とする。

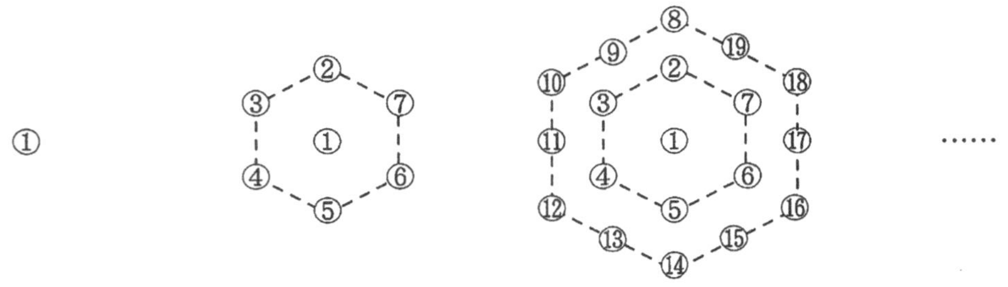

１番目　　２番目　　３番目

(1)　６番目の最初に並べるボールに書かれた数は何ですか。

(2)　20番目の最後に並べるボールに書かれた数は何ですか。

(3)　2022が書かれたボールは何番目の何個目に並べますか。（例：11が書かれたボールは３番目の４個目です。）

6　帝塚山中学校のプールには，底面の高さを変更《へんこう》することができる部分Ａと変更することができない部分Ｂがあります。図１は，このプールを真上から見た図です。次の問いに答えなさい。

(1)　あるとき，部分Ａの底面を，部分Ｂの底面より上に上げていました。図２は，このときのプールを真横から見た図です。このプールに，一定の割合で水を入れ始め，満水になったときに水を止めました。水を入れ始めてから満水になるまでの時間と，部分Ｂの底面から水面までの高さの関係をグラフに表すと図３のようになりました。部分Ａと部分Ｂの底面の高さの差は何ｍですか。

(2)　図３の（ア）に入る数値と（イ）に入る数値の比は３：８でした。部分Ａと部分Ｂの底面積の比を最も簡単な整数の比で表しなさい。

(3)　山中先生は，部分Ａの底面が部分Ｂの底面と同じ高さにあると思い，授業開始時刻ちょうどにプールが満水になるように毎分 $30\,m^3$ の割合で水を入れ始めました。ところが，実際は部分Ａの底面の高さが部分Ｂの底面の高さより上にあったため，授業開始前に満水になりました。山中先生は満水になると同時に水を止め，部分Ａの底面の高さを部分Ｂの底面の高さまで下げました。その後，毎分 $45\,m^3$ の割合で水を入れたところ，授業開始時刻ちょうどに満水にすることができました。水を止めてから，次に水を入れ始めるまでに１分かかったとすると，部分Ａの底面の高さは部分Ｂの底面の高さより何ｍ上にありましたか。ただし，部分Ａと部分Ｂの底面積の比は (2) で求めたものとします。

図１

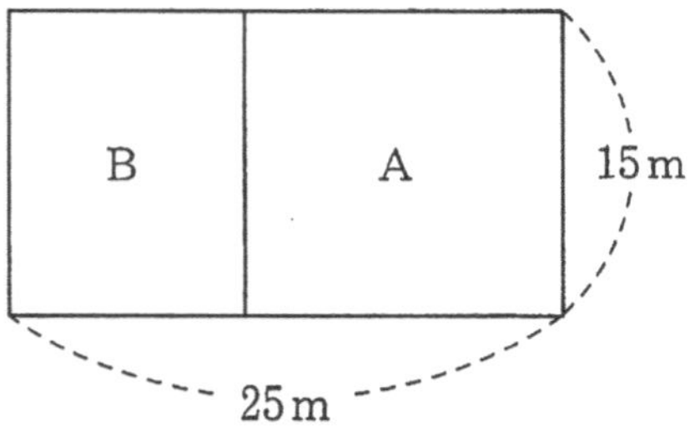

図２

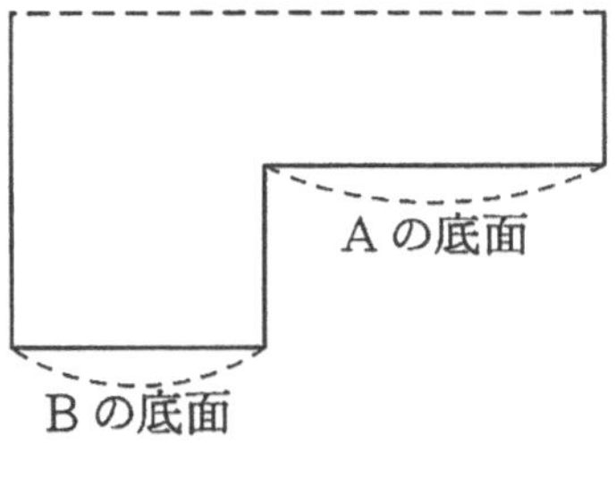

図３

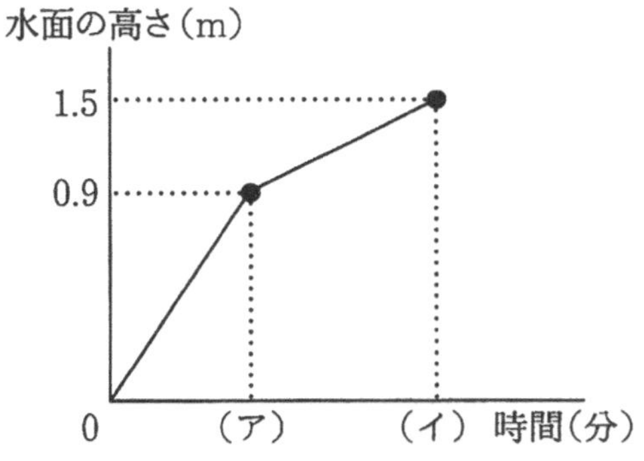

受験番号

※答えはすべて解答用紙に書きなさい。
※選んで答える問題はすべて記号で答えなさい。

(30分)

1　星に関して以下の問いに答えなさい。ただし、１日は24時間、１年は365日とします。12月10日午後８時に下の図のような冬の大三角を、東の空に見ることができました。

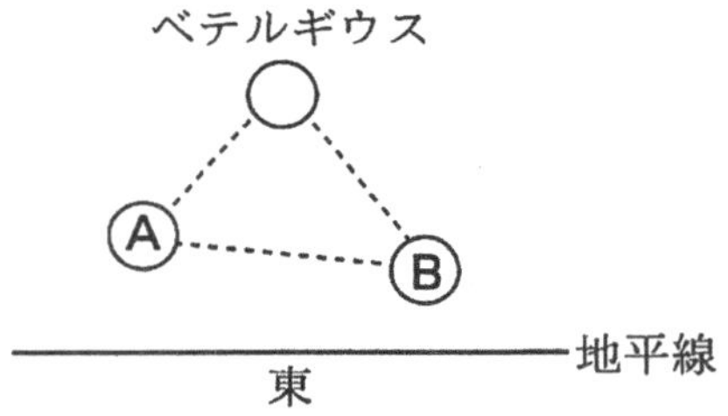

問１　ベテルギウスをふくむ星座の名前を答えなさい。

問２　冬の大三角の残りの２つの星Ａ、Ｂの組み合わせとして、最も適当なものを選びなさい。

	A	B
ア	デネブ	アルタイル
イ	デネブ	シリウス
ウ	プロキオン	アルタイル
エ	プロキオン	シリウス

問３　この冬の大三角が西の空に見えたときの３つの星の配置として、最も適当なものを選びなさい。

ア
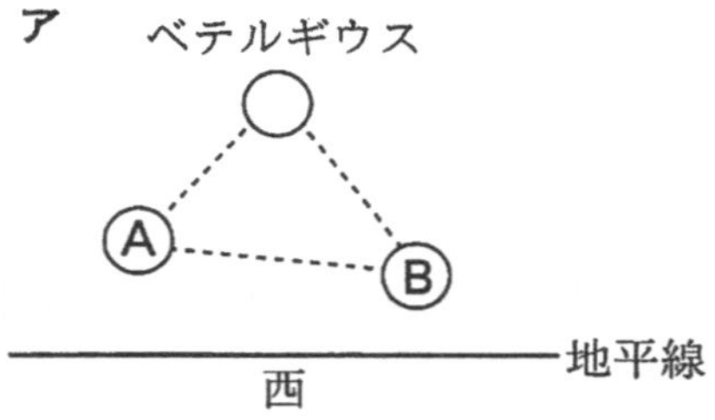

イ
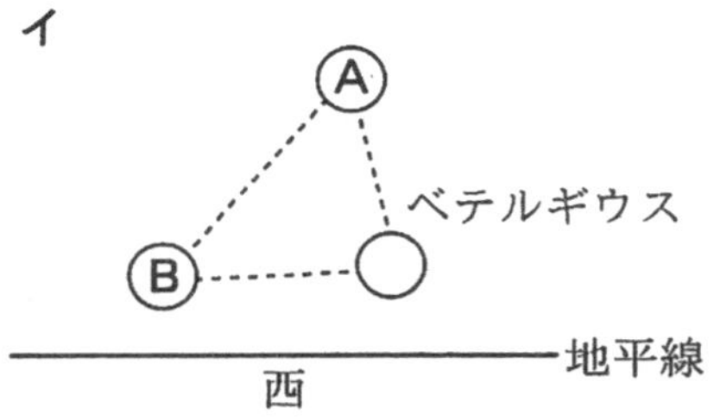

ウ
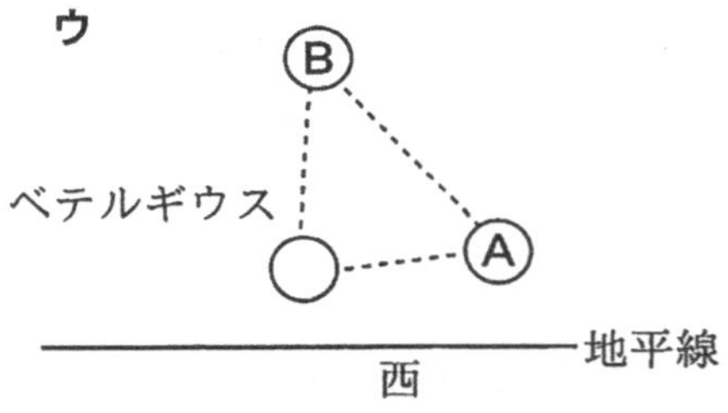

問４　12月10日午後９時に見えた冬の大三角は、12月10日午後８時に見たときから何度ずれていましたか。

問５　３月10日午後８時に、冬の大三角が見える方角として、最も適当なものを選びなさい。

ア　北　　イ　東　　ウ　南　　エ　西

問６　４月25日に東の空に冬の大三角がある時刻として、最も適当なものを選びなさい。

ア　午前５時00分　　イ　午前11時00分　　ウ　午後６時30分　　エ　午後10時30分

裏面につづきます。

2 図１のように、土からほり出したホウセンカの根と茎《くき》（水の中で土を洗い落としたもの）を、食用色素で赤く着色した水につけました。茎の部分から葉をポリエチレンの袋《ふくろ》でおおい、１～２時間たつと、袋の内側には水滴《すいてき》がついていました。水滴を観察したあと、茎を横にうすく切り、その断面をけんび鏡で観察しました。以下の問いに答えなさい。

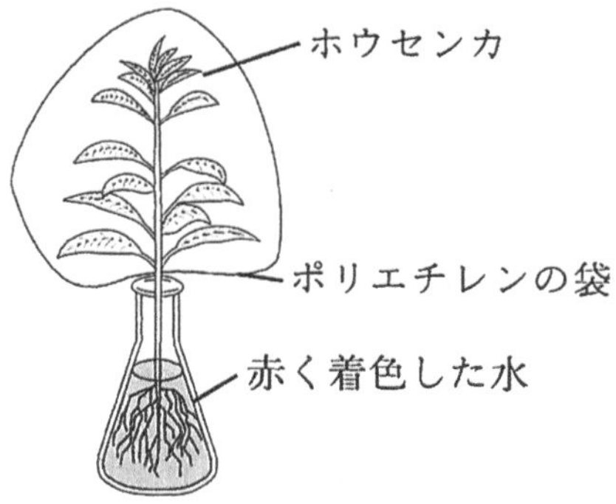

図１

問１　観察された水滴は、葉にある穴から放出された水蒸気が袋の内側に付着したものです。

(1)　水蒸気が出ていく、葉にある穴のことを何といいますか。

(2)　葉にある穴から水蒸気が放出されることを何といいますか。

(3)　葉にある穴から水蒸気が放出される理由として、正しいものを**すべて**選びなさい。

ア　根から吸収した養分を全身に運ぶため
イ　葉の温度をあげるため
ウ　二酸化炭素を吸収しやすくするため
エ　からだの水分量を調節するため
オ　呼吸をさかんにするため

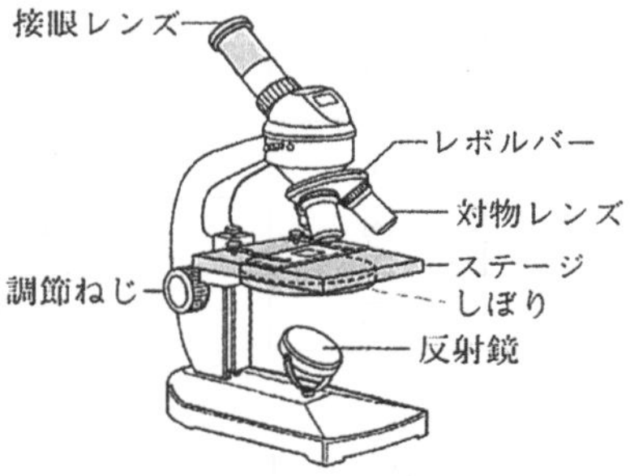

図２

問２　**図２**はけんび鏡を示しています。けんび鏡の使い方を示した次の**ア～カ**の文章を、正しい順番に並べかえなさい。

ア　横から見ながら調節ねじを回し、対物レンズとプレパラートの間をできるだけ近づける
イ　観察するものが視野の中心になるようにプレパラートを動かす
ウ　反射鏡を動かして、視野の全体が明るく見えるようにする
エ　ステージの上にプレパラートをのせ、クリップでおさえる
オ　接眼レンズをのぞきながら調節ネジを回して、対物レンズとプレパラートの間をはなし、はっきり見えるところで止める
カ　大きくして見たいときは、レボルバーを回し、倍率の高い対物レンズにかえる

問３　赤く着色した水を吸わせた後のホウセンカの茎の断面のスケッチとして、最も適当なものを選びなさい。ただし、赤く染まって観察される部分は黒くぬりつぶしています。

ア
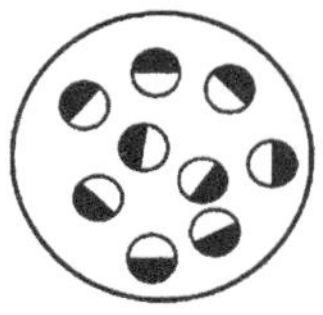

イ
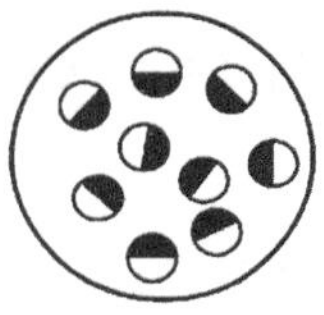

ウ
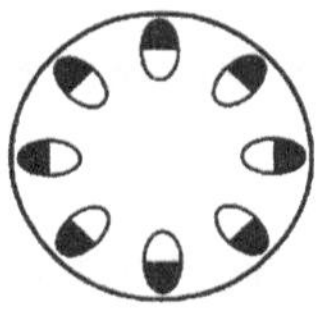

エ
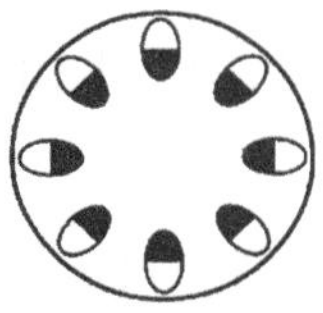

次に、葉の大きさと枚数が同じである、ある植物の枝を３本用意し、水にひたした状態で同じ長さになるように茎を切りました。それぞれの枝について、Ａはそのままで、Ｂ、Ｃには**図３**に示すような処理をおこなって、水を入れた試験管にさし、それぞれの試験管には油を少し浮《う》かせました。これらの試験管を、直射日光があたっていない明るい窓際《まどぎわ》の机の上に置き、液面の高さの変化を測定しました。

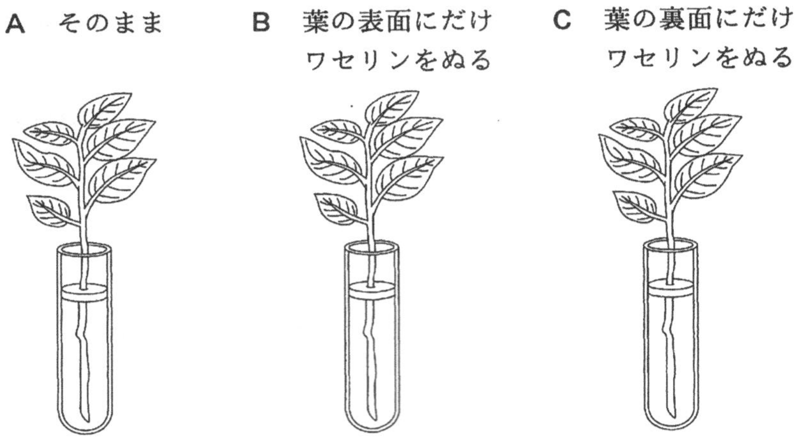

図３

問４　油を浮かせた理由として、最も適当なものを選びなさい。

ア　栄養分を与えるため
イ　葉にある穴を開かせるため
ウ　実験をはじめた後で葉にある穴が開閉するのを止めるため
エ　液面からの水の蒸発を防ぐため
オ　茎の表面から水を吸収するのを防ぐため

問５　Ａ、Ｂ、Ｃの枝をさした試験管の24時間後の液面の低下量をそれぞれａ、ｂ、ｃとします。

(1)　ａ、ｂ、ｃを大きい順に左から並べなさい。

(2)　①葉の裏から放出された水蒸気の量、および②茎から放出された水蒸気の量を表す式として、最も適切なものをそれぞれ選びなさい。

ア　ａ－ｂ　　**イ**　ａ－ｃ　　**ウ**　ｂ－ａ　　**エ**　ｂ－ｃ
オ　ａ＋ｂ－ｃ　　**カ**　ａ＋ｃ－ｂ　　**キ**　ｂ＋ｃ－ａ　　**ク**　ｂ－ｃ－ａ

裏面につづきます。

3　空気や水や金属は、温めたり冷やしたりすると体積が変わります。これについて、以下の問いに答えなさい。

問１　空気と水と金属の中で、温度による体積の変わり方が最も大きいものはどれですか。最も適当なものを選びなさい。

ア　空気　　**イ**　水　　**ウ**　金属

問２　空気を温めたり冷やしたりすると体積が変化することを示した現象で、**あてはまらないもの**はどれですか。最も適当なものを選びなさい。

ア　空気をいっぱい入れてふくらませたうき輪を持ってプールに入ったところ、うき輪が少ししぼんだ。

イ　へこんだピンポン玉を湯の中に入れると、元の形にもどった。

ウ　おかしのふくろを山頂に持っていくと、ふくろがふくらんだ。

問３　**図１**は水 $1\ cm^3$ の重さが温度によってどのように変わるかを示したグラフです。

(1)　水１ｇの体積が最も小さくなるのは、およそ何℃のときですか。**整数**で答えなさい。

(2)　氷 $1\ cm^3$ は約 0.92 ｇです。10℃の水が氷になると体積は約何倍になりますか。四捨五入して**小数第２位**まで答えなさい。

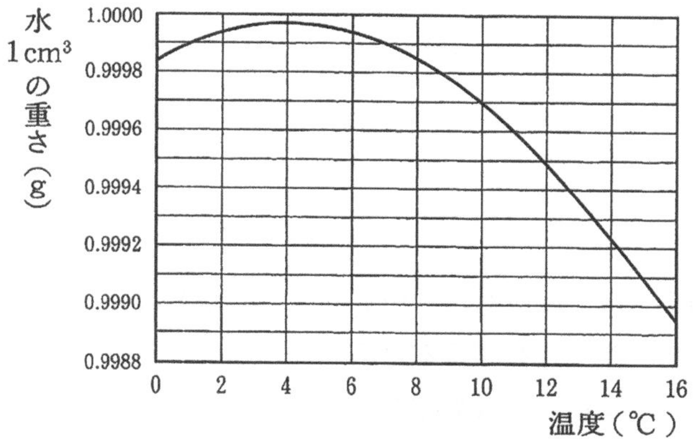

図１

問４　金属を温めると体積が増えます。そのとき金属の重さはどうなりますか、最も適当なものを選びなさい。

ア　重くなる　　**イ**　軽くなる　　**ウ**　変わらない

問５　**図２**は、金属**Ａ**と金属**Ｂ**を棒《ぼう》の形にして、温度によって長さがどのように変わるかを示したグラフです。ただし、０℃のときの長さを１とします。

(1)　同じ長さの金属**Ａ**の棒と**Ｂ**の棒を用意し、長さをそろえて**図３**のようにはり合わせました。これを熱していくと、どのように変化しますか。最も適当なものを選びなさい。

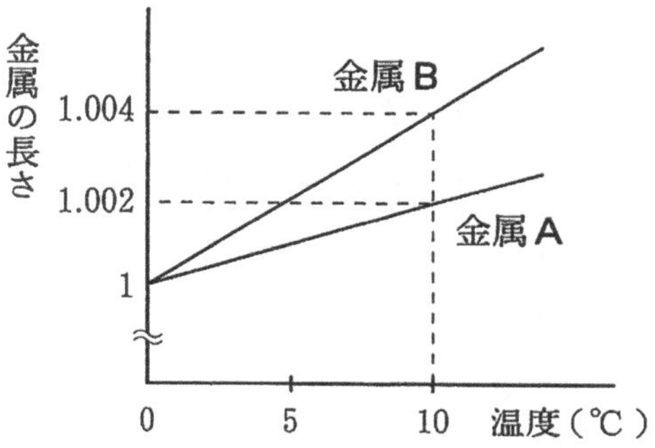

図２

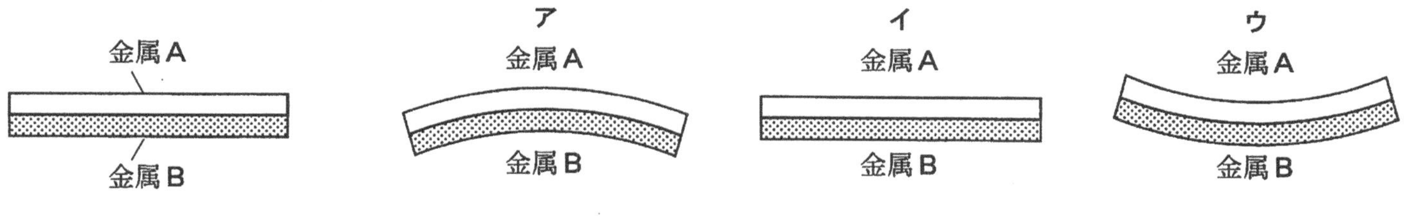

図３

(2)　金属**Ａ**の棒を用いて、細かく目盛りを付けてものさしを作りました。ただし、このものさしは０℃のときに正しい長さを測ることができるものとします。気温が10℃のときに、金属**Ａ**のものさしを用いて、金属**Ｂ**の棒の長さを測ったところ、ちょうど１ｍでした。気温が10℃のときの金属**Ｂ**の棒の正しい長さは何ｍですか。**小数第３位**まで答えなさい。

(3)　気温が０℃のとき、(2)の金属**Ｂ**の棒の正しい長さは何ｍですか。**分数**で答えなさい。

4　炭酸カルシウムにうすい塩酸を加えるときに発生する気体の量を調べるために、次のような実験を行いました。以下の問いに答えなさい。ただし、用いた塩酸はすべて同じこさのものとします。

【実験１】　ビーカーの重さを測定し、そこへうすい塩酸60.0ｇを入れた。

【実験２】　うすい塩酸を入れたビーカーに炭酸カルシウム1.0ｇを加えて、ガラス棒でよくかき混ぜた。その後、ビーカー内の気体をストローでふき出し、十分な時間がたってからビーカー全体の重さを測定した。

【実験３】　測定したビーカー全体の重さからビーカーの重さを引いて、ビーカー内に残っているものの重さを求めた。

【実験４】　続けてビーカーに炭酸カルシウムを1.0ｇずつ加えていって、**【実験２】**および**【実験３】**をくり返した。

上の実験の結果をグラフに表すと、下の図のようになりました。

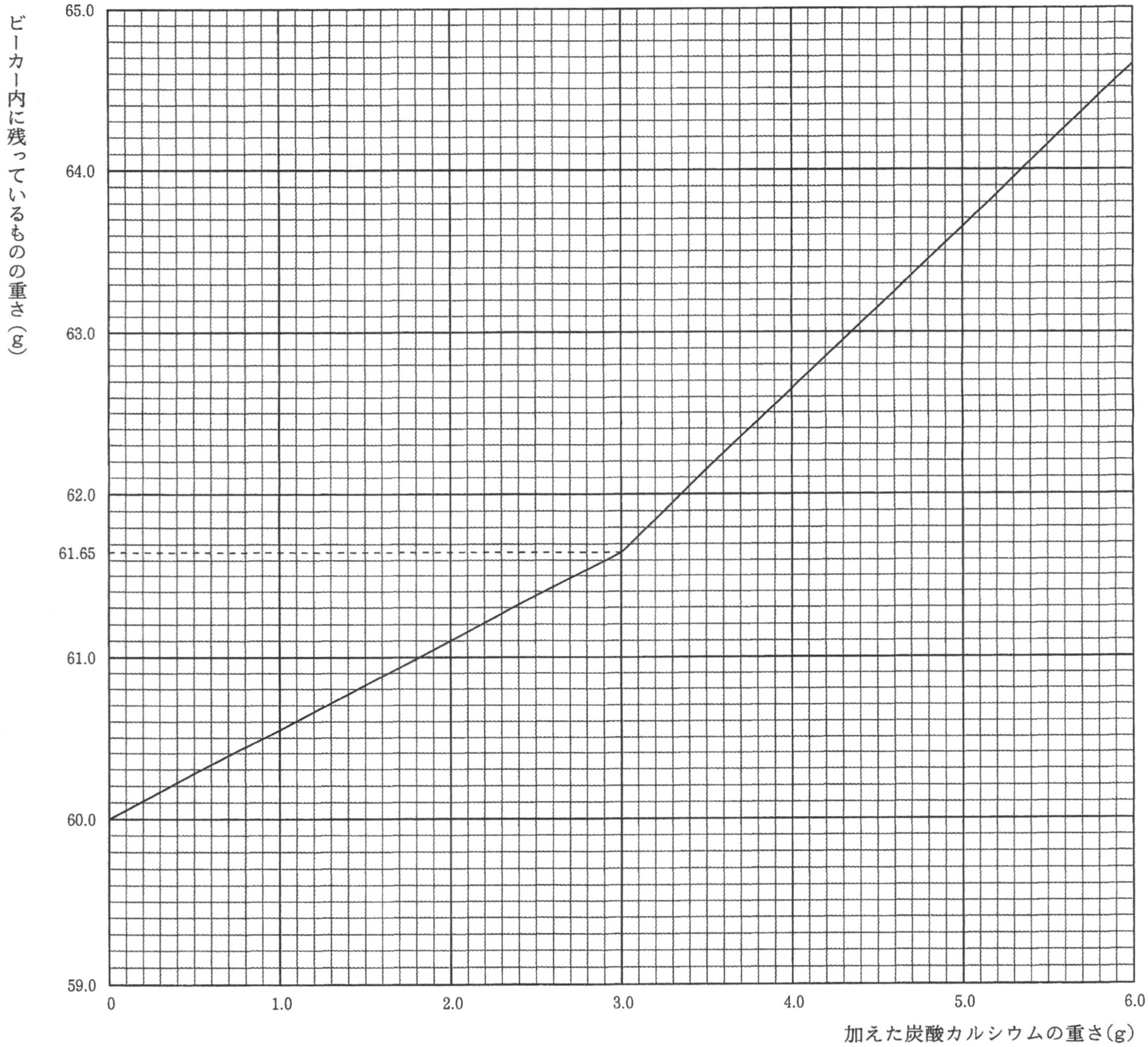

裏面につづきます。

問１　文中の下線部の操作を行う理由を述べた次の文の（　ア　）には気体名を答え、（　イ　）からは適切な語句を選びなさい。

発生する（　ア　）が空気より（イ　重い・軽い）ため、ビーカーの液面上にたまりやすく、空気と置きかえる必要があるため。

問２　この実験で発生する気体の説明として、最も適当なものを選びなさい。

ア　水にとかしたあと、緑色のＢＴＢ溶液《ようえき》を加えると、青色に変化する。

イ　マッチの火を近づけると、音を立てて燃える。

ウ　水によくとけるため、水で満たした試験管に集めることはできない。

エ　石灰水《せっかいすい》を白くにごらせる性質がある。

問３　うすい塩酸 60.0 ｇに炭酸カルシウム 1.0 ｇを入れたときに発生する気体は何ｇですか。

問４　うすい塩酸 60.0 ｇと過不足なく反応する炭酸カルシウムは何ｇですか。また、そのときまでに発生する気体は何ｇですか。

問５　うすい塩酸 60.0 ｇに炭酸カルシウムを 7.0 ｇ加えたとき、ビーカーに反応しなかった炭酸カルシウムが残っていました。これをすべて反応させるには、うすい塩酸を少なくとも何ｇ以上加える必要がありますか。

問６　うすい塩酸 120 ｇに炭酸カルシウム 4.0 ｇを加えたときに発生する気体は何ｇですか。

令和４年度　帝塚山中学校 １次Ａ入学試験問題　社　会　（その１）

受験番号

※答えはすべて解答用紙に書きなさい。
※選んで答える問題はすべて記号で答えなさい。

（30分）

1　次の地図を見て、下の〔Ａ〕～〔Ｅ〕の文章を読み、あとの問いに答えなさい。

〔Ａ〕　カツオやキハダマグロの漁獲《ぎょかく》量、茶の生産量が全国第１位のこの県には、日本で一番標高の高い火山である（　1　）山があります。

〔Ｂ〕　①中京工業地帯の中心地であるこの県は、自動車工業などがさかんです。また群馬県と並んで（　2　）の収穫《しゅうかく》量が多いことでも知られています。

〔Ｃ〕　②世界文化遺産に登録された合掌《がっしょう》造りの集落があるこの県は、冬は日本海から（　3　）風が吹《ふ》き込《こ》み、豪雪《ごうせつ》地帯となります。

〔Ｄ〕　日本で一番長い河川である（　4　）川の上流部分があるこの県は、涼《すず》しい気候を生かしたレタスの抑制栽培《よくせいさいばい》がさかんです。

〔Ｅ〕　この県は関東地方への送電を行っている柏崎刈羽《かしわざきかりわ》（　5　）発電所があります。また、③石油や天然ガスの産出量は日本一です。

問１　〔Ａ〕～〔Ｅ〕は、地図中**ア～キ**のいずれかの県について述べたものです。最もふさわしいものを、地図中の**ア～キ**からそれぞれ選びなさい。

問２　文中の空欄《らん》（　1　）～（　5　）に入る語句を答えなさい。ただし、（　1　）、（　3　）～（　5　）は**漢字**で、（　2　）は**カタカナ**で答えなさい。

問３　下線部①について、次の表は京浜工業地帯、中京工業地帯、阪神工業地帯、瀬戸内工業地域の製造品出荷《しゅっか》額等の統計です。中京工業地帯の統計を、表中の**ア～エ**から１つ選びなさい。

（単位　億円）

工業地帯・工業地域	1990年	2000年	2010年	2018年
ア	266,875	242,029	292,784	323,038
イ	445,033	427,472	481,440	602,425
ウ	515,908	402,530	257,710	264,195
エ	405,725	325,518	301,386	345,443

（『日本国勢図会　2021/22』より作成）

裏面につづきます。

問４　下線部②について、世界文化遺産または世界自然遺産と、それが所在する都県の組合せとして**誤っているもの**を次の**ア〜エ**から１つ選びなさい。

ア　白神山地－青森県・秋田県　　**イ**　ル・コルビュジエの建築作品・近代建築運動への顕著《けんちょ》な貢献《こうけん》－東京都

ウ　姫路城－兵庫県　　**エ**　「神宿る島」宗像・沖ノ島と関連遺産群－佐賀県

問５　下線部③に関連して、日本は資源やエネルギー供給のほとんどを輸入に頼《たよ》っています。下の表はある資源の輸入相手国上位第５位までを表したものです。この資源の名称《めいしょう》を答えなさい。

（輸入量の単位は千ｔ）

輸入相手国	輸入量	％
オーストラリア	57,608	57.9
ブラジル	26,736	26.9
カナダ	5,967	6.0
南アフリカ共和国	3,111	3.1
インド	1,865	1.9

（『日本国勢図会　2021/22』より作成）

２　次の小学６年生の学さんと先生の会話を読んで、あとの問いに答えなさい。

先　生：どうだい。歴史の勉強ははかどっているかい。

学さん：それがさっぱりです。①卑弥呼の時代は良かったのですが、平安時代から同じような名前の人が出てきて区別できません。

先　生：確かにそうだね。それは「通字（とおりじ）」や「系字」と言って、先祖の１字をつける風習があるからだよ。②皇室《こうしつ》では現代でも男性には「仁」の字をつけることが多いね。

学さん：でもそのせいで、とてもややこしくなります。源氏なんて同じ字ばかりで、嫌《いや》になります。

先　生：でも源氏にはとても整った法則があるのだよ。平安時代、③東北地方で起きた大きな２つの戦いで活躍《かつやく》した源義家のお父さんは誰《だれ》か、覚えているかな。

学さん：分かりません。

先　生：源（　１　）という人だよ。そして源（　１　）のお父さんは源頼信という人だよ。

学さん：なるほど、源（　１　）はお父さんの源頼信から１字受《う》け継《つ》ぎ、源義家はお父さんの源（　１　）から１字受け継いだということですね。

先　生：そうだよ。この「通字」は後の④北条氏や、⑤室町幕府を開いた足利氏、⑥江戸幕府を開いた徳川氏も使っている。これらの３つの氏族は、共通した１字を源氏よりもよく使っているから、より区別がしにくくなるね。

学さん：確かにそうですね。では、豊臣氏もそうですか。

先　生：豊臣氏は秀吉から始まって、次の⑦秀頼の代で滅《ほろ》んだから、何とも言えないね。

学さん：そうなんですね。

問１　下線部①について述べた文として正しいものを、次の**ア〜エ**から１つ選びなさい。

ア　卑弥呼の業績について、文字で残っている史料は現在１つも発見されていない。

イ　卑弥呼は中国につかいを送り、その礼として「漢委奴国王」の金印をもらった。

ウ　卑弥呼の時代にはすでに米作りが始まっており、食料などをめぐる争いもあった。

エ　卑弥呼が活躍した時代の土器は、黒褐色《くろかっしょく》で厚手のものが主流であった。

問２　下線部②に関連して、「天皇《てんのう》」という呼び名は７世紀頃《ころ》から使用されました。それまでは何と呼ばれていましたか、**漢字２字**で答えなさい。

問３　下線部③の東北地方で生涯《しょうがい》を終えたと考えられている人物として正しいものを、次の**ア〜エ**から１つ選びなさい。

ア　源義経　　**イ**　織田信長　　**ウ**　藤原道長　　**エ**　西郷隆盛

問４　文中の空欄（　**１**　）に入る人名として正しいものを、次の**ア**～**エ**から１つ選びなさい。

ア　朝義　　**イ**　家親　　**ウ**　信頼　　**エ**　頼義

問５　下線部④について、次の⑴・⑵の問いに答えなさい。

⑴ この一族が鎌倉幕府内で就任した、将軍を補佐《ほさ》する役職名を**漢字**で答えなさい。

⑵ この一族の「通字」として考えられる最も適当なものを、次の**ア**～**エ**から１つ選びなさい。

ア　宗　　**イ**　時　　**ウ**　泰　　**エ**　政

問６　下線部⑤に関連して、次の⑴～⑶の問いに答えなさい。

⑴ 室町幕府の歴代将軍のなかで、足利氏の「通字」と考えられる「義」の字が名前に含《ふく》まれていない人物が１人います。その人物の名前を**漢字**で答えなさい。

⑵ 室町幕府の８代将軍が建てた銀閣の内部には障子《しょうじ》やふすまがあり、現在の和室に似ています。このような建築様式を何といいますか、**漢字**で答えなさい。

⑶ 室町時代に大成した芸能で、能の合間に演じられた、民衆の生活などを題材にしたものを何といいますか、**漢字**で答えなさい。

問７　下線部⑥に関連して、次の⑴～⑶の問いに答えなさい。

⑴ 江戸幕府の15人の歴代将軍のなかで、徳川氏の「通字」と考えられる「家」の字が名前に含まれていない将軍は４人います。秀忠、綱吉、慶喜ともう１人は誰ですか、その名前を**漢字**で答えなさい。

⑵ 江戸幕府は人々をさまざまな身分に分けて、身分ごとに支配しました。これについて述べた文として正しいものを、次の**ア**～**エ**から１つ選びなさい。

ア　城下町では、武家地や寺社地、町人地など身分によって住む場所が決められていた。
イ　百姓《ひゃくしょう》は、足軽と呼ばれる有力者を中心に、ある程度自分たちで村を運営した。
ウ　百姓とは別に厳しく差別されてきた人々に対して、幕府は必ず毎年支援《しえん》金を出した。
エ　江戸時代の百姓とは、米を生産する農民のみを指した。

⑶ 江戸時代中期に、初めて寒暖計やエレキテルを製作したのは誰ですか、姓名《せいめい》ともに**漢字**で答えなさい。

問８　下線部⑦に直接関係する事件として正しいものを、次の**ア**～**エ**から１つ選びなさい。

ア　関ヶ原の戦い　　**イ**　桶狭間《おけはざま》の戦い　　**ウ**　本能寺の変　　**エ**　大阪の役

裏面につづきます。

3　次の【あ】～【お】の文章を読んで、あとの問いに答えなさい。

【あ】アメリカの（　1　）で開かれた講和会議には、日本から①吉田茂首相が参加して、日本と連合国との間に②平和条約が結ばれました。この条約の締結《ていけつ》によって、日本は独立国としての地位を回復しました。

【い】③日本の武士団は、火薬などの新兵器を携《たずさ》えて大陸から攻《せ》めてきた大軍に苦しめられました。しかし、大軍は御家人の活躍によって苦戦を強いられ、また暴風雨の被害《ひがい》にあったため、日本から引きあげました。

【う】④天皇の死後、あとつぎの座をめぐって天皇の子と弟が戦いました。そして、⑤この戦い（乱）に勝利して即位《そくい》した天武天皇は、律令政治の土台づくりをすすめました。

【え】アメリカの総領事から貿易の開始を求められた⑥幕府の重臣は、朝廷《ちょうてい》の許可を得ることなく⑦条約を結びました。このことで批判を受けたこの重臣は、反対派を弾圧《だんあつ》したため、さらに反対派の怒《いか》りをかい、暗殺されました。

【お】⑧幕府は大名や商人に海外貿易の許可状である（　2　）を与え、貿易の発展に力を入れました。貿易がさかんになると、貿易相手となった東南アジアでは、港の近くに日本人の住む町が建設されることもありました。

問１　空欄（　1　）にあてはまる都市名を、**カタカナ**で答えなさい。

問２　下線部①の人物が首相であった時期のできごととして正しいものを、次の**ア**～**エ**から１つ選びなさい。
ア　日本国憲法が公布された。
イ　所得倍増計画が発表された。
ウ　満20歳《さい》以上の男女に選挙権が与えられた。
エ　日本国有鉄道が民営化された。

問３　下線部②の条約について述べた文として**誤っているもの**を、次の**ア**～**エ**から１つ選びなさい。
ア　この条約と同時に日米安全保障条約が結ばれた。
イ　イギリスやフランスは、この条約に調印した。
ウ　日本は、この条約によって朝鮮の独立を承認《しょうにん》した。
エ　ソ連がこの条約に調印したため、日本は国際連合に加盟《かめい》することになった。

問４　下線部③について述べた文として正しいものを、次の**ア**～**エ**から１つ選びなさい。
ア　この時、中国を支配していたのはモンゴル人のチンギス・ハンであった。
イ　幕府は、大軍の上陸を阻止《そし》するため、博多湾《わん》沿岸に石塁《せきるい》をつくった。
ウ　このできごとを、文禄・慶長の役という。
エ　このできごとを描《えが》いた「蒙古襲来絵巻《もうこしゅうらいえまき》」は、2021年に世界遺産に登録された。

問５　**【い】**の文章で説明されているできごとと同じ世紀のできごととして**誤っているもの**を、次の**ア**～**エ**から１つ選びなさい。
ア　武士による法律が初めて制定された。
イ　後鳥羽上皇が隠岐《おき》に流された。
ウ　御家人を救済するために、初めて徳政令が出された。
エ　源頼朝が、全国に守護・地頭をおく権利を獲得した。

問６　下線部④の人物について述べた文として正しいものを、次の**ア**～**エ**から１つ選びなさい。
ア　新羅《しらぎ》に協力して百済《くだら》を滅ぼした。
イ　初めての全国的な戸籍《こせき》を作成した。
ウ　三世一身法を制定した。
エ　藤原京に都を移した。

問７　下線部⑤の戦い（乱）を何といいますか、**４字**で答えなさい。

問８　下線部⑥の重臣の名と、その重臣が暗殺された事件の名称の組合せとして正しいものを、次の**ア**～**エ**から１つ選びなさい。

ア　井伊直弼　―　桜田門外の変　　**イ**　井伊直弼　―　安政の大獄

ウ　阿部正弘　―　桜田門外の変　　**エ**　阿部正弘　―　安政の大獄

問９　下線部⑦の条約によって開かれた港として**誤っているもの**を、次の**ア**～**エ**から１つ選びなさい。

ア　函館（箱館）　**イ**　下田　**ウ**　神奈川（横浜）　**エ**　新潟

問10　下線部⑧の幕府におかれた官職名として正しいものを、次の**ア**～**エ**から１つ選びなさい。

ア　政所　**イ**　管領　**ウ**　寺社奉行　**エ**　六波羅探題

問11　空欄（　**2**　）にあてはまる語句を、**漢字**で答えなさい。

問12　**【あ】**～**【お】**の文を年代の古いものから順に並べかえたとき、**２番目**と**４番目**にくるものをそれぞれ答えなさい。

4　次の文章を読んで、あとの問いに答えなさい。

2020年の①ノーベル平和賞授賞式での②国連世界食糧《しょくりょう》計画（ＷＦＰ）事務局長デイビッド・ビーズリー氏のスピーチを読んだＡ子さんは、現在の世界の食料問題について興味を持ち、調べることにしました。そして、多くの③紛争《ふんそう》、④気候変動、⑤飢餓《きが》の広がり、そしてコロナウイルスのまん延により、およそ２億７千万人が餓死に向かっていることを知りました。

食料に関する問題は、世界だけでなく日本国内にもあることを授業で学んだＡ子さんは、日本の現状についても調べてみました。

日本の食料問題の１つとして挙げられるのが、⑥食品ロスの問題です。食品ロスとは、本来食べられるのに捨てられてしまう食品のことをいいます。日本では、１日１人、お茶碗《ちゃわん》１杯《ぱい》の食料を廃棄《はいき》している計算となります。食品ロスを解決するために、⑦国会は、2019年に食品ロス削減《さくげん》推進法という法律を制定しました。また、食品ロス削減に向けた各省庁のさまざまな取り組みをおこなうにあたって、⑧予算も割り当てられています。このような国の動きだけでなく、各都道府県での食品ロスの削減に向けた動きも見られることから、Ａ子さんは、自分の住んでいる町の食品ロス削減に向けた取り組みを調べてみる予定です。

問１　下線部①について、次の⑴・⑵の問いに答えなさい。

⑴ ノーベル平和賞を受賞したアウン・サン・スー・チー氏らを拘束《こうそく》し、軍部が政権を握《にぎ》ったことを2021年２月１日に宣言したアジアの国の名を答えなさい。

⑵ 次の文は、ノーベル平和賞を受賞したある人物について説明したものです。誰について説明したものですか、次の**ア**～**エ**から１つ選びなさい。

> アメリカの人種差別撤廃《てっぱい》を求めて活動し、次のような演説をおこないました。「私には夢がある。それはいつの日か私の４人の子どもたちが肌《はだ》の色によってではなく、人格そのものによって評価される国に生きられるようになることだ。」

ア　キング牧師　**イ**　オバマ元大統領　**ウ**　マザー・テレサ　**エ**　ガンディー

裏面につづきます。

問２　下線部②について、次の(1)・(2)の問いに答えなさい。

(1) 国連はたくさんの機関から成り立っています。機関名とその役割について述べた文の組合せとして正しいものを、次の**ア**～**エ**から１つ選びなさい。

ア　ＴＰＰ　―　世界遺産の認定や修復をおこなう。
イ　総会　―　国際平和を守るため、常任理事国を中心に紛争の解決をおこなう。
ウ　安全保障理事会　―　国連の全加盟国が参加し、大国も小国も１国１票の投票権をもつ。
エ　ＷＨＯ　―　すべての人々の健康を守り、増進することを目的として活動する。

(2) 国連のほかに、世界のさまざまな問題の解決に協力する組織や活動を調べたいと考えた場合、**最もふさわしくないもの**を、次の**ア**～**エ**から１つ選びなさい。

ア　ＯＤＡ　　**イ**　ＮＧＯ　　**ウ**　ＧＨＱ　　**エ**　ＪＩＣＡ

問３　下線部③について、紛争が続くアフガニスタンなどで医療《いりょう》活動をおこなうとともに、井戸・用水路を作って緑化活動をすすめた日本人は誰ですか、次の**ア**～**エ**から１つ選びなさい。

ア　市川房枝　　**イ**　中村哲　　**ウ**　緒方貞子　　**エ**　新渡戸稲造

問４　下線部④について、2020年、当時の菅内閣総理大臣は「2050年までに、温室効果ガスの排出《はいしゅつ》を全体としてゼロにする、すなわち脱《だつ》炭素社会の実現をめざす」ことを宣言しました。この脱炭素社会を実現させるための行動として**誤っているもの**を、次の**ア**～**エ**から１つ選びなさい。

ア　旬《しゅん》の食材の地産地消を推奨《すいしょう》する。
イ　職場から離《はな》れたところに居住し、自家用車で通勤する。
ウ　徒歩、または自転車や公共交通機関を使って移動する。
エ　宅配ボックスなどの活用によって、再配達の数を減らす。

問５　下線部⑤の状況《じょうきょう》を示す次の世界地図には、その国の全人口に占《し》める栄養不足人口の割合が５％未満の国と、５％以上の国が示されています（日本は除く）。この地図に示されている状況の説明として正しいものを、次の**ア**～**エ**から１つ選びなさい。

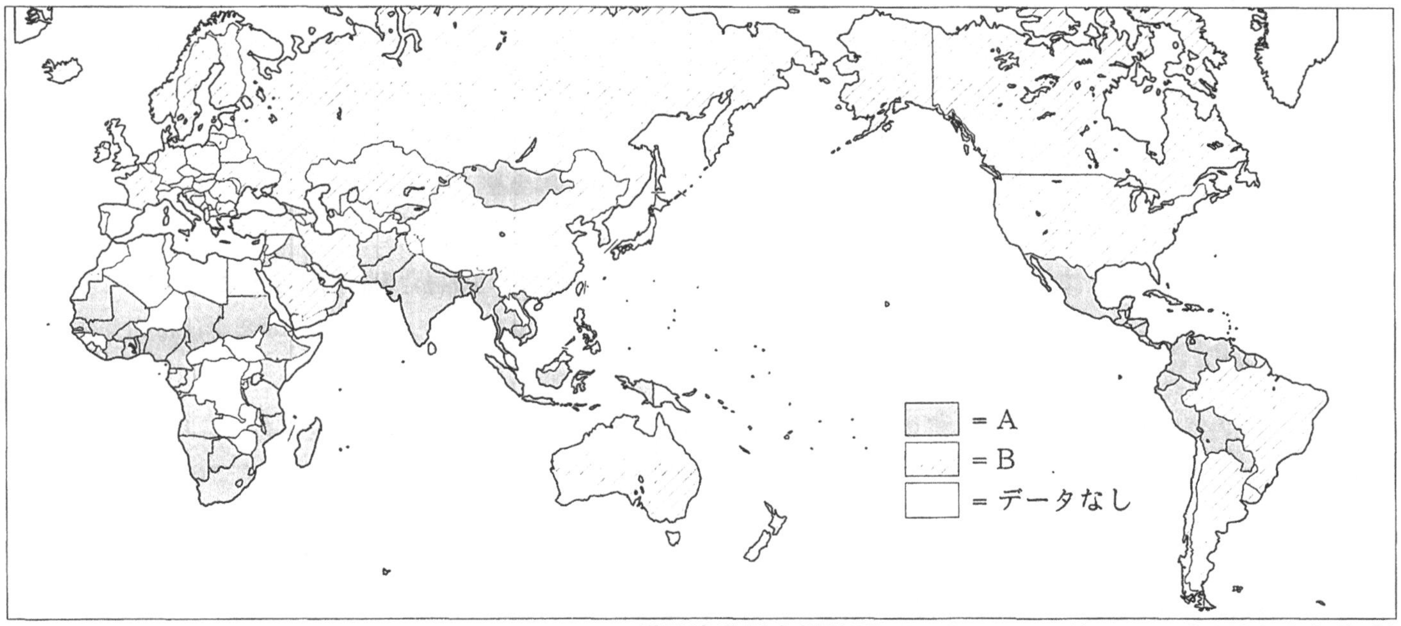

（「国連世界食糧計画(ＷＦＰ)　ハンガーマップ2020」より作成）

ア　Ａは、栄養不足人口の割合が５％未満の国を示し、ヨーロッパのほとんどの国が含まれる。
イ　Ａは、栄養不足人口の割合が５％以上の国を示し、アフリカの多くの国が含まれる。
ウ　Ｂは、栄養不足人口の割合が５％未満の国を示し、アフリカの多くの国が含まれる。
エ　Ｂは、栄養不足人口の割合が５％以上の国を示し、ヨーロッパのほとんどの国が含まれる。

問６　下線部⑥について、下のグラフは食品ロス問題の年代別の認知《にんち》度を示したものです。このグラフから読み取れることとして**誤っているもの**を、あとの**ア～エ**から１つ選びなさい。

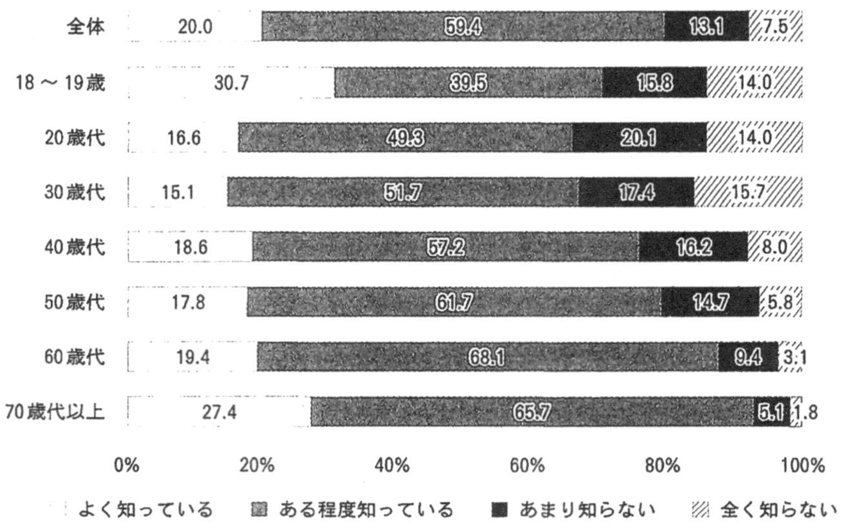

（「消費者庁　令和２年度　消費者の意識に関する調査　結果報告書」より抜粋《ばっすい》）

ア　70歳代以上の９割以上が、よく知っている、または、ある程度知っている、と回答している。
イ　ある程度知っている、と回答した人の割合が一番高いのは18～19歳である。
ウ　あまり知らない、と回答した人の割合が一番高いのは20歳代である。
エ　よく知っている、と回答した人の割合が全体を超《こ》えているのは、18～19歳と70歳代以上のみである。

問７　下線部⑦について、次の(1)・(2)の問いに答えなさい。

(1) 国会の召集《しょうしゅう》を決定する機関の名称を、**漢字**で答えなさい。

(2) 衆議院について述べた文として正しいものを、次の**ア～エ**から**すべて**選びなさい。
ア　議員の任期は４年であるが、解散によって短くなることもある。
イ　議員に立候補できるのは、満20歳からである。
ウ　議員選挙に投票できるのは、満20歳からである。
エ　議員の定数は465人である。

問８　下線部⑧に関連して、次の(1)・(2)の問いに答えなさい。

(1) 国の予算の多くは税金でまかなわれます。税金の公平な負担のために、一部の税金については所得の多い人ほど税率が高くなり、少ない人は税率が低くなる制度をとっています。この制度を何といいますか、**漢字**で答えなさい。

(2) 国の2020年度一般会計予算において、歳出の上位３つに含まれるものとして正しいものを、次の**ア～エ**から１つ選びなさい。

ア　公共事業　　**イ**　社会保障の費用　　**ウ**　教育・文化・科学の振興《しんこう》　　**エ**　国土の防衛

令和４年度　帝塚山中学校
１次Ａ入学試験問題・国　語　解答用紙

※150点満点
（配点非公表）

受験番号

ここにシールを貼ってください

221110

一

1
2
3
4
5
6
7 あ い う え お
8
9 ・
10
11
12
13
14 ア イ ウ エ オ

二

1 Ⅰ Ⅱ Ⅲ
2
3
4
5 〜 ということ。
6
7
8
9
10
11 A B C
12
13
14 ①　②
15 ア イ ウ エ オ

三

1 レッセキ
2 ハクランカイ
3 キョヘイ
4 テイリュウ
5 シリョウ
6 ボウハン
7 シキベツ
8 カンイ
9 エンジュク
10 アマダ　れ
11
12
13 がって
14
15 し

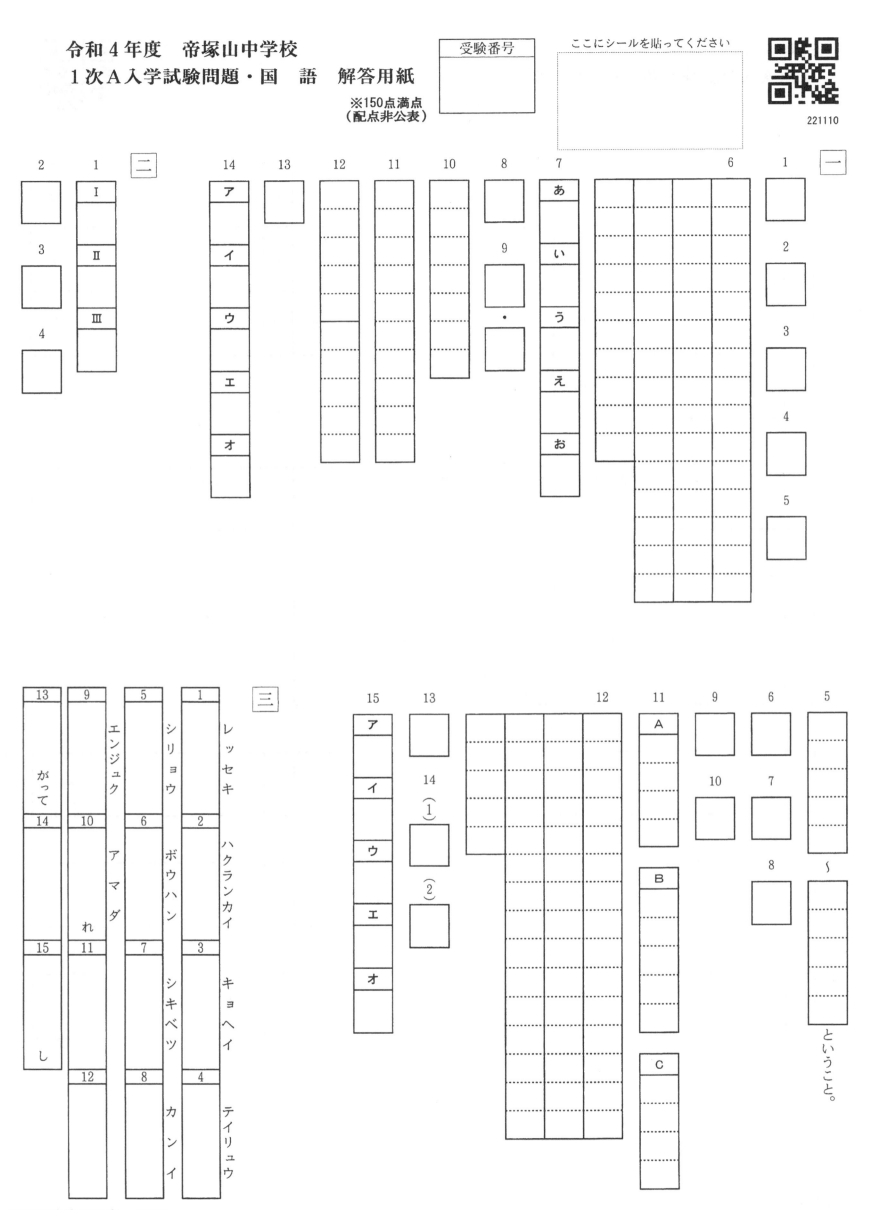

令和４年度　帝塚山中学校
１次Ａ入学試験問題・算　数　解答用紙

※150点満点
（配点非公表）

受験番号

ここにシールを貼ってください

221120

1

(1)		(2)		(3)	円
(4)	km	(5)	人	(6)	度
(7)	%	(8)	個	(9)	人
(10)	回				

2

(1)	Ｂの底面の１辺　Ｃの底面の半径 ：	(2)	Ａの底面積　Ｂの底面積 ：	(3)	Ｂの体積　Ｃの体積 ：

3

①	分	②	毎時　km
③	分	④	毎時　km

4

(1)	cm	(2)	cm^2	(3)	cm^2

5

(1)		(2)		(3)	番目の　個目

6

(1)	m	(2)	Ａの底面積　Ｂの底面積 ：	(3)	m

令和４年度　帝塚山中学校
１次Ａ入学試験問題・理　科　解答用紙

※75点満点
（配点非公表）

受験番号

ここにシールを貼ってください

221130

1

問１　座　　問２　　問３

問４　度　　問５　　問６

2

問１　(1)　(2)　(3)

問２　→　→　→　→　→

問３　　問４

問５　(1)　→　→　(2) ①　②

3

問１　　問２　　問３　(1)　℃　(2)　倍

問４　　問５　(1)　(2)　m　(3)　m

4

問１　ア　イ

問２　　問３　g

問４　炭酸カルシウム　g　気体　g

問５　g　問６　g

令和４年度　帝塚山中学校
１次Ａ入学試験問題・社　会　解答用紙

※75点満点
（配点非公表）

受験番号

ここにシールを貼ってください

221140

1

問１　A　B　C　D　E

問２　1　山　2　3　風
4　川　5

問３　問４　問５

2

問１　問２　問３　問４

問５　(1)　(2)

問６　(1)　足利　(2)　(3)

問７　(1)　徳川　(2)　(3)　問８

3

問１　問２　問３　問４

問５　問６　問７　問８　問９

問10　問11　問12　２番目　４番目

4

問１　(1)　(2)　問２　(1)　(2)

問３　問４　問５　問６

問７　(1)　(2)

問８　(1)　制度　(2)

令和四年度　帝塚山中学校　一次B入学試験問題・国　語（その一）

（60分）

※答えはすべて解答用紙に書きなさい。　※選んで答える問題は、記号で答えなさい。
※特にことわりのないかぎり、句読点《くとうてん》やかぎかっこはすべて字数にふくみます。
※設問の都合上、本文に一部省略があります。

受験番号

一　次の文章を読んで、後の問いに答えなさい。

現代社会の中での科学は、まず「役に立つ技術を生むための知識」とされているのではないでしょうか。この「役に立つ」という言葉に、科学者も社会も縛《しば》られているのです。もちろん「役に立つ」ことは大事ですが、その意味をていねいに考える必要があります。しかも、科学と科学技術は決して同じものではありません。科学、科学技術、役に立つというような言葉を一つ一つていねいに考えることが必要だと思うのです。

子どもたちの理科離《ばな》れを憂《うれ》い、大人の※科学リテラシーの欠如《けつじょ》を嘆《なげ》く声は、新しい科学技術開発とそれが生み出す新製品、そこから生まれる経済成長を求めてのものになっています。1その必要性を否定はしませんが、「自然科学」というように、科学の本来の姿は、自然と向き合うことであり、そこから自然観、人間観を生み出すことです。つまり、2科学は一つの文化なのです。近年日本では、科学という言葉を単純に科学技術に置《お》き換《か》えてしまい、文化として存在する科学そのものを忘れる傾向《けいこう》があります。

科学を文化とするなら、本を読み、絵を眺《なが》め、音楽を聴《き》くのと同じように、誰《だれ》もが科学と接することができて初めて、科学が社会の中に存在したことになるはずです。ここで、作家や画家や音楽家が自分の作品を世に出すときに、※コミュニケーターを求めたりするだろうかと考えてみると、今の科学のありようの不自然さが見えてきます。

私は、ここに科学の問題があると考えています。現在の制度では、科学が社会へと出ていく方法は論文と決められています。論文は、分野を同じくしている専門家に理解されればよいのであり、そのために必要で十分な事柄《ことがら》を書くための作法もきめられています。もちろん論文は重要な発信方法ですが、文化として科学が広く受けとめられることを考えた時には、あまりにも限定された対象への特殊《とくしゅ》な形での発信と言わざるを得ません。小説や絵や音楽とはまったく違《ちが》います。しかも最近は論文の数やどの専門誌に投稿《とうこう》するかなどによって評価されるので、ここでの競争に明け暮れることになります。震災《しんさい》後に、音楽家はすぐ被災地《ひさいち》で歌い人の心を明るくすることができるのに、基礎《きそ》科学の研究者は何もできないことを痛感したと述べましたが、まさにそうなのです。

どうしたらよいか。3ここで比較《ひかく》してみたいのが音楽です。小説や絵は作品がそのまま受けとめられますが、音楽は楽譜《がくふ》の状態で理解することは一般《いっぱん》の聞き手には難しく、演奏されることが必要です。ベートーヴェンがすばらしいと思えるのは、オーケストラ、ピアノなどさまざまな演奏家という「専門家」による表現があるからです。演奏家は楽譜を通して、音楽と同時に自分を表現します。私は、科学にもこの作業が必要なのではないかと思っています。コミュニケーターでなく表現者です。しかも、本来なら音楽も作曲家が演奏者でもある、シンガーソングライターが原点でしょう。モーツァルトもベートーヴェンも演奏をしていました。4科学者も本来は、そうあるべきなのではないでしょうか。

「科学の表現」、これは重要なテーマです。コミュニケーターと言ってしまうと科学の成果や社会でいかに役立つかを伝えることとなり、得てして広報となりがちです。論文という楽譜をいかに演奏するか、表現するか。私の属する※生命誌研究館では5この道を探《さぐ》っています。

では、文化としての科学の表現に対して、広く一般の人々が関心を持つようにするには、科学者はどうすればよいでしょうか。※概《がい》して、人の話を聞く場合、大切なのはその内容と同じくらい、またはそれ以上にその人への関心であり、さらには信頼《しんらい》です。それがあれば少々難しいことでも耳を傾《かたむ》け、学ぶ気持《きもち》になります。話上手でなくても惹《ひ》きつけられます。

ここで思い出すことがあります。私が学生の頃《ころ》は、湯川秀樹《ゆかわひでき》先生が日本で初めてノーベル賞を受賞され、朝永振一郎《ともながしんいちろう》先生もその候補としてあげられるなど、物理学が輝《かがや》いていた時代でした。ですから、朝永先生の講義をぜひ聞きたいと思い、憧《あこが》れの気持で教室に行きました。先生は文章がお上手ですし、みごとな講義をしてくださっているには違いないのですが、なにせお声が小さくボソボソっと6話されるのです。でも、先生の話を聞きたい一心で耳を傾けました。講義はわかりやすくなければならないという基準を作って学生に評価させるのが最近の風潮ですが、それとはまったく7別の魅力《みりょく》でした。

幸い朝永先生も湯川先生も生物学に強い関心を持っていらしたので、大学院生になってからは、物理の難しい話でなく※ＤＮＡや細胞《さいぼう》についてのお話をする機会がありました。そのような時先生方は、常に新しい学問を学ぶ楽しさを感じておられるのがわかりました。科学に限らず、さまざまなことに関心を向けられている幅《はば》の広さが印象的で、これが若者を惹きつける力なのだと感じたのを思い出します。

教育とはまさに、こういうものでしょう。先生への信頼が基本です。最も大事なのは人間として語っているかどうかということ

です。それを考慮《こうりょ》せずに、科学は難しい特別の分野とし、科学者・科学技術者は、普通《ふつう》の人と同じ考え方ができない、普通の言葉も話せない人としてしまうことには疑問を感じますし、それをしてはいけないと思います。【あ】

専門のことはそれを専門とする人が最もよくわかっているのですから、その人に聞くのが最もよいはずです。私は仕事の中で専門の異なる方たちと話す機会が多く、その場合、数学、情報科学、言語学など、なじみのない分野の話を聞くこともよくあります。それらをすべて理解することなど到底《とうてい》できません。正直、難しいと思います。【い】

あらためて強調しておきたいのですが、専門家への信頼がなくなっている理由は、8 現在の科学そして科学者のありようそのものが間違っているからなのです。その根本を直さずにコミュニケーターを置くことで解決しようとするのは間違いだと思います。【う】

9 専門家の言葉を受けとめる社会の側も、「言葉の意味をよく考えることの大切さ」を改めて認識《にんしき》しなければなりません。とくに、新たな技術を※標榜《ひょうぼう》する新しいキャッチフレーズが独り歩きしがちです。生物学の関連で言うなら一九八〇年代に「※バイオテクノロジー」という言葉が流行し、製造業だけでなく、出版社までその研究に参入するという事態になりました。しかし、どのような技術を用いて何を生み出すのかという明確な道筋もなく言葉だけが躍《おど》った感があり、その流れから確たる産業構造が生まれることにはなりませんでした。「よくわからないから無関心」でも「過剰《かじょう》な期待」でもない態度で、科学が明らかにした成果やそこから生まれた科学技術を、適切に利用できる社会を作っていくためには、社会を構成する一人一人が、自律的に、自分の感覚で、考えていかなくてはなりません。【え】

今回、原発事故を機に関心が高まった「自然・再生エネルギー」という言葉も、自然エネルギーとは、再生とはと考えてみると、実際にそのエネルギーで社会を動かしていくには、社会のしくみを変えていくほかないことが見えてきます。現在のような一極集中型で大型化をめざす社会には、太陽光・風・地熱の利用のどれも向きません。10 地産地消型の小さな地域を基本に置き、経済価値からだけの評価ではなく、生活すべてからの評価で事が動く社会に変わらなければ、自然エネルギーの活用は無理です。

こうした社会の方向転換《てんかん》が、専門家の力だけでなし得ないことは明らかです。けれども多くの人が、社会の変化の必要性には眼をつぶっているために、※メガソーラーという自然・再生とは合わない方向へと大勢は動いています。ていねいな検討が必要です。そこでまず専門家が言葉を大切にし、誰にも話が通じるようにしなければなりません。高度の専門的内容そのものを理解させるというより本質を語れなければなりません。それには、専門家が専門の中だけにあるのでなく、聞く側の人と人間としての共通基盤《きばん》がなければならないと思うのです。しかも人間としての魅力を持っていたとしたら、それはすばらしいことでしょう。

（中村桂子《なかむらけいこ》『科学者が人間であること』岩波新書）

※科学リテラシー…科学の知識を活用する能力。
※生命誌研究館…筆者の所属する研究機関。
※DNA…遺伝子の本体。
※バイオテクノロジー…生物を利用する技術。
※コミュニケーター…メッセージの伝達者。
※概して…おおむね。
※標榜する…公然と示すこと。
※メガソーラー…大規模太陽光発電。

1 ―――1「その必要性」とありますが、どのようなことの必要性ですか。最も適するものを次の中から選んで答えなさい。

ア　これまでの技術を振《ふ》り返り、新技術にいかそうとすること。
イ　「役に立つ」という言葉の意味をしっかりと考えること。
ウ　さまざまな人々が科学から離れていくのを心配すること。
エ　科学による新たな技術や製品から、経済成長を求めること。

2 ―――2「科学は一つの文化なのです」とありますが、なぜ科学は「文化」だと言えるのですか。「科学は」に続くように三十字以内で答えなさい。

3 ―――3「ここで比較してみたいのが音楽です」とありますが、「科学」と「音楽」を比較して次のように整理しました。次の表の空らんの条件に合うように、本文からそれぞれぬき出して答えなさい。

	科学	音楽
①新しい科学・音楽を生み出す人	科学者	作曲家
②新しい科学・音楽が社会に出ていく方法	ア（二字）	イ（二字）
③新しい科学・音楽を一般の人々に伝える人	ウ（八字）	エ（二字）家
④科学者・作曲家が理解してもらいたい対象者	オ（十三字）	すべての人たち

4　――4「科学者も本来は、そうあるべき」とありますが、科学者の現状はどうなってしまっていますか。最も適するものを、次の中から選んで答えなさい。

ア　モーツァルトやベートーヴェンのように、世界的に有名になることばかり考えてしまっている。
イ　研究に没頭《ぼっとう》して人への関心がうすれ、人の話を聞かずに自ら発信するだけになってしまっている。
ウ　本を執筆《しっぴつ》することで世の中に科学を広めていこうとして、作家のようになってしまっている。
エ　科学の成果や社会でいかに役立つかを伝える、伝達者としての役割を担《にな》ってしまっている。

5　――5「この道」とありますが、どのような「道」ですか。最も適するものを、次の中から選んで答えなさい。

ア　「科学の表現」という「道」
イ　コミュニケーターという「道」
ウ　広報という「道」
エ　楽譜をいかに演奏するかという「道」

6　――6「話される」とありますが、同じ意味の敬語表現を次の中から選んで答えなさい。

ア　うかがう　　イ　おっしゃる　　ウ　申し上げる　　エ　拝見する

7　――7「別の魅力」とありますが、どのようなものであったということですか。最も適するものを、次の中から選んで答えなさい。

ア　朝永先生の講義には物理学の難しい話だけでなく、わかりやすさを重視したものもあったということ。
イ　朝永先生の講義はなだらかな文章に基《もと》づいたよどみのない話術で、ひきつけられるものであったということ。
ウ　朝永先生の講義には先生自身の常に新しい学問を学ぶ楽しさが感じられ、印象的であったということ。
エ　朝永先生の講義は研究の成果が今後の社会でいかに役立つかが熱心に伝わるものであったということ。

8　――8「現在の科学そして科学者のありようそのものが間違っている」とありますが、「科学者のありよう」について、どうするべきだと筆者は考えていますか。「～べきだと考えている。」に続くように五十字以内で答えなさい。

9　――9「専門家の言葉を受けとめる社会の側も、『言葉の意味をよく考えることの大切さ』を改めて認識しなければなりません」とありますが、筆者はどういう態度を求めていますか。最も適するものを、次の中から選んで答えなさい。

ア　複雑になっていく社会において、それぞれの専門家の研究成果に着目し、社会にどう役立つかを議論しようとする態度。
イ　キャッチフレーズを人類の科学の前進ととらえ、多くの人々にその有益性を広め、さらなる科学の発展をうながそうとする態度。
ウ　科学が明らかにし、生み出した成果や技術に対して、社会を構成する一員として自律的に自ら考えようとする態度。
エ　専門家の研究をよりよく広報できるようコミュニケーターの質を向上し、時代を表すキャッチフレーズとして広めていこうとする態度。

10　――10「地産地消」とありますが、この「産」・「消」はそれぞれ熟語の一字を使っています。a「産」とb「消」を用いた熟語が対の意味になるようにそれぞれ答えなさい。

11　次の一文は【あ】～【え】のどこに入れるのが最も適していますか。記号で答えなさい。

でも、お話の中から自分にとって本当に大切なことを探し出すことはできますし、最も得るところが多いのはやはり専門家に直接話を伺《うかが》った時です。

12　次のア〜オについて、本文の内容に合うものにはA、合わないものにはBと答えなさい。

ア　科学が「役に立つ」ということを重視してしまう傾向のある日本は、自然エネルギーの活用も大型化をめざし、経済価値の評価に左右されてしまう社会である。

イ　湯川秀樹先生は物理学でノーベル賞を受賞したが、生物学を研究する朝永振一郎先生や「私」ともDNAや細胞についてのお話をする素晴《すば》らしい先生であった。

ウ　人々は科学に対して、「よくわからない」からと「無関心」になってしまったり、科学者を自分達と違う考え方の人だと認識してしまったりする。

エ　「自然・再生エネルギー」を社会に広めていくためには、余った土地を有効利用する大規模な太陽光発電をどんどん開発し、脱原発《だつげんぱつ》を目指すべきである。

オ　科学とは、人々の役に立つものでなくてはならないので、経済価値の低い太陽光・風・地熱の利用よりも原発を開発することを優先してしまう。

二　次の文章を読んで、後の問いに答えなさい。

灰田《ほのだ》りらは、その日のカラスの声の合計の数字を日記に書きつけている。友だちの絵《かい》くんは、幼稚園《ようちえん》の時にお母さんとお父さんが離婚《りこん》し、一か月に一回、お父さんに会うことになっている。

今日のいいカラスの鳴き声は、たす2。悪い鳴き声カラスは、ひく2。おきた時に、そう決めた。

1学校につく直前までは、とんとんびょうしだった。めずらしく、鳴き声をたしていった数字が10をこえたのだ。それなのに、おうだんほどうをわたったあたりから〈　A　〉があやしくなってきて、そこからは悪いカラスがずっと続いてしまった。けっきょく、校門のところで、0ひく4になった。

0よりひいた数字で始まる日は、ついていないことが多い。うわばきをひっぱり出しながら、あたしは校庭の方をうかがった。絵くんの姿は見つけられなかった。もし休みだったらどうしようかと、ちょっぴり不安になる。いやいや、そんなことじゃだめだめ。自分をしかる。

ちなみに、いいカラスは「アア」って鳴く。悪いカラスは「ガア」だ。ちがいがわからないよと、絵くんは言うけれど、ぜんぜんちがう。

「そんなふうにカラスの鳴き声をたしたりひいたりして、何になるの。2ただのおまじないじゃないの？」

絵くんはわらう。

「それに、もしぼくだったら、0より小さくなりそうな時は、悪い鳴き声が、ほんとは悪くなくて実はいい鳴き声だったっていうことにするけどな」

3そんなずるいことしちゃ、だめだから。あたしがふんがい※すると、絵くんはまた笑う。絵くんは、うそをつくことを、ぜんぜん悪いことだと思っていないと言う。

「だって、ほんとのことって、いったい何？」

絵くんは、にこにこしてあたしに聞き返す。そう言われると、あたしは何も答えられなくなる。

でもあたしはやっぱり、うそはつきたくない。

うそをついてはいけませんと教わったからではない。ただなんとなく、うそは、どうしてもという時のために、大事にとっておきたいような気がするのだ。

【中　略】

絵くんのお父さんは、ノートパソコンを開いてむずかしい顔をしていた。絵くんとあたしが近くまで行っても、顔をあげなかった。

「とうさん」

絵くんが声をかけて、はじめてお父さんは顔をあげた。4あたしを見て、絵くんのお父さんはちょっと首をかしげた。

「こんにちは」
あたしはあいさつをした。ひとまず大きな声であいさつしておけば、大人は安心する。というのは、お父さんにおそわったことだ。お父さんはあんまり家にいないけれど、生きていくうえで役に立つことを、たまにおしえてくれる。
「こんにちは」
絵くんのお父さんは、あたしをじろじろ見ながら、返した。
「友だちの、りら」
絵くんは、ぼそっと言った。
「りらちゃん。名字は？」
「仄田です」
絵くんのお父さんは、さっきよりもっと、あたしのことをじろじろ見た。5 ひく3。あたしは心の中で、かぞえた。人を数にあてはめることは、めったにない。人のどの部分がたすで、どの部分がひくなのか、考えるのはとてもむずかしいからだ。人は、言葉と同じで、きちんと決まっていない。
あたしはむっつりしていた。6 絵くんはかまわず、お父さんのむかいがわにすわった。あたしも絵くんのとなりにすわる。
「りらちゃんも、何か食べる？」
絵くんのお父さんは、少しやさしい声できいた。あたしがむっつりしたのが、わかったらしい。たす3。合計0。あたしは心の中でかぞえる。
お父さんはコーヒー、絵くんはチョコパフェをたのんだ。あたしは、いいです、と一回ことわったけれど、お店の人が「にんずうぶんたのんでください」と言ったので、ドリンクバーにしてもらった。
絵くんはすぐにチョコパフェを食べてしまった。お父さんはパソコンをにらみながら、あいまに、あたしと絵くんとコーヒーをかわりばんこにじろじろ見た。じろじろ見るのがくせの人なのかもしれない。
「りら、早くのめよ」
絵くんは、半分もへっていないあたしのオレンジジュースのコップを指でさわった。あげる。あたしが言うと、絵くんはすぐにのみほし、ドリンクバーの方へ歩いていった。
「絵の友だちなんですか」
お父さんがきいた。さっき絵くんが、友だちだってしょうかいしたのに、きいてなかったのかな。思いながら、あたしは、
「7 はい。すごく友だちです」
とこたえた。
「絵は、なんにもしゃべってくれなくて」
お父さんは言った。
「めざしが、すきなんですか」
あたしはきいてみた。お父さんは、びっくりしたような顔であたしをまた（　a　）見た。
「めざし？」
「絵くんと一緒《いっしょ》に食べたってききました」
そうだったかな、そういえば、ずいぶん前に食べたかもしれないな。お父さんはつぶやいた。メロンソーダを持った絵くんがかえってきた。（　b　）音をたてて、絵くんはソーダをのんだ。
「学校は、どう？」
お父さんがきいた。絵くんは、うん、たのしいよ、とこたえた。かあさんは、元気か。うん、元気だよ。※怜子《れいこ》さんは。うん、元気だよ。成績は。うん、いいよ。何かほしいものはあるか。うん、カードがほしいよ。
絵くんは（　c　）こたえた。8 そうか、こうやってうそをつくんだ。あたしは感心した。絵くんはカードにはきょうみないって、前に言っていた。せいせきだって、「いい」っていうのとはちがう。「ふつう」だ。あたしは絵くんの通知表をいつも見せてもらうから、知っている。通知表の数字を、絵くんはぜんぜん気にしていない。5も2も、どっちもいいじゃん。そんなふうに言って、二年生の時あたしが5ばっかりのことをじまんしたら、わらったのだ。その時から、あたしも通知表の数字はまあ、5でも4でも3でも2でも1でもなんでもいいのかなと思うようになった。それから、学校が「楽しい」っていうのも、きっとうそだ。楽しくない、というんじゃないけど、楽しい、という言葉はちがう。学校は、楽しいと楽しくないが、（　d　）になってまざっている場所だ。

「お父さんは、お金もちなんですか」

お父さんの絵くんへのしつもんが終わったので、こんどはあたしがしつもんした。お父さんは、またあたしをじろじろ見た。

「どうしてそんなことを聞くの」

「お金もちって、どんなきもちなのか、知りたいからです」

「わたしはお金持ちじゃないですよ」

お父さんは、少しふきげんな声でこたえた。あっ、今あたし、お父さんの心の中で、ひく5くらいだった。9 びんびんに感じた。時計を見ると、ファミレスに来てから、いつのまにか二時間たっていた。かえります。あたしは言い、席を立った。

今日のいいカラスは、たす5。悪いカラスは、ひく5。朝、そう決めた。たまに、こういう少し大きめの数字を使いたくなることがある。きのう絵くんのお父さんに会ったからかもしれない。でも、10 そのことは日記には書いていない。めずらしく、朝お父さんがいた。

「りら、こっちおいで」

お父さんは言った。あたしはちゃぶ台のお父さんのとなりにすわった。ひいおばあちゃんがお父さんに、

「鷹彦《たかひこ》や、ちゃんとカーディガン着てるかい」

ときいた。ひいおばあちゃんは、あちらの世界に近くなってからも、いつもお父さんのことをしんぱいしている。お父さんは、うんうん、とうなずいて、目玉焼きをごはんの上にのせた。

「久しぶりだな、りらの顔を見るのは」

「あたしもお父さんの顔見るの、ひさしぶり」

「お父さんは、大きくなったか？」

「なっていない。あたしは？」

「前会った時の3倍くらいになったな」

「ううん、たぶん、1・1倍にもなってない」

あたしは、小数点のわりざんはもうできるのだ。三年生になったばかりの時に、お父さんがおしえてくれたから。

「このごろのカラスは、どうだ」

「きのうは、7だった」

「今日は、どうだろうね」

「50くらいかもしれない」

ふうん、とお父さんは言った。11 じゃあ、今日のカラスのひと声は、大きい数字なんだね、5とか、10とか。うんそうなの、お父さんはよくわかるのね。あたしはうれしくなった。

12 お母さんが、またこまったような顔をしている。あたしとお父さんがしゃべっていることが、わけのわからない妙《みょう》なことだとしんぱいしているにちがいない。

「りらは、生きてるのは、楽しい？」

お父さんがきいた。なんだか、絵くんのお父さんみたいなしつもんをするなと、あたしは思った。しばらく、あたしは考えた。

「楽しいことじゃないけど、楽しいことがたす4で楽しくないことがひく4だとすると、0ひくには、ならないと思う」

「じゃあ、いくつくらいになるの？」

またあたしはしばらく、考えた。

「16くらいかな」

「13 16か。なかなかいい数字だな」

「お父さんは」

「ときどき、0ひくになるけど、まあ、このごろは12くらいかな」

（川上弘美《かわかみひろみ》「20」『20の短編小説』所収　朝日新聞出版より）

※ふんがい…ひどく腹を立てること。

※怜子さん…絵くんのおばあさん。

令和四年度　帝塚山中学校　一次B入学試験問題・国　語　（その七）

1　――1「学校につく直前までは、とんとんびょうしだった」とありますが、どういうことですか。最も適するものを、次の中から選んで答えなさい。

ア　悪いカラスのいる道を避《さ》けつつ進んだということ。

イ　「ひく2」もあったが、「たす2」の方が多かったということ。

ウ　調子よく「たす2」が続いたということ。

エ　めずらしくいいカラスの鳴き声に出会ったということ。

2　〈　A　〉に入る語として最も適するものを、次の中から選んで答えなさい。

ア　風むき　　イ　日当たり　　ウ　雲ゆき　　エ　雨もよう

3　――2「ただのおまじないじゃないの」とありますが、絵くんがりらの行動を「おまじない」だと判断しているのはなぜですか。次の空らんの条件に合うように、本文からぬき出して答えなさい。

（　　二十六字　　）と、りらが考えていることを絵くんは知っているから。

4　――3「そんなずるいことしちゃ、だめだから」とありますが、なぜですか。最も適するものを、次の中から選んで答えなさい。

ア　カラスの鳴き声は確かに、いいカラスと悪いカラスに聞き分けられるのに、聞き分けられなくなってしまうから。

イ　カラスの鳴き声はその日のりらの運勢にかかわるかもしれないのに、ねじ曲げるようなことをしてはいけないから。

ウ　カラスの鳴き声については、お父さんとの共通の話題であるので、うそをつくのはお父さんに悪いから。

エ　カラスの鳴き声については、毎日記録しているので、うそをつくのはこれまでを台無しにしてしまうから。

5　――4「あたしを見て、絵くんのお父さんはちょっと首をかしげた」とありますが、どういうことですか。最も適するものを、次の中から選んで答えなさい。

ア　お父さんは一か月に一回の、息子《むすこ》の絵と会う日に、絵とともに現れた初めて会う女の子をどこかで見た気がしたということ。

イ　お父さんは一か月に一回の、息子の絵と会う日に、絵が連れてきた見慣れない女の子の思惑《おもわく》をはかりかねているということ。

ウ　お父さんは一か月に一回の、息子の絵と会う日に、女の子を連れてきた絵の浅はかさにやがっかりしているということ。

エ　お父さんは一か月に一回の、息子の絵と会う日に、絵が見慣れない女の子を連れてきたことを不思議に思ったということ。

6　――5「ひく3」とありますが、どういうことですか。最も適するものを、次の中から選んで答えなさい。

ア　絵くんのお父さんの視線が、子どもながらに不快であったということ。

イ　絵くんのお父さんが根掘《ねほ》り葉掘《はほ》り尋《たず》ねるのに嫌気《いやけ》がさしたということ。

ウ　絵くんのお父さんに対し、むっつりしているのは失礼だと反省したということ。

エ　絵くんのお父さんに元気にあいさつしたのに、効果がなかったことにがっかりしたということ。

7　――6「絵くんはかまわず、お父さんのむかいがわにすわった」とありますが、「かまわず」とはどういうことですか。最も適するものを、次の中から選んで答えなさい。

ア　お父さんと初対面のりらが、緊張《きんちょう》して言葉数が少なくなっていることを気にも止めないということ。

イ　りらがむっつりしている原因に思い当たらず、もやもやしている自分の気持ちをふりはらおうとしたということ。

ウ　一か月に一回絵と会うこの場にりらがいることに、お父さんが不審《ふしん》そうにしていることを気にかけないということ。

エ　りらと遊ぶ約束をした日にわざとお父さんと会う日を重ねたことで、りらがむっつりしていることに気づきもしないということ。

8　――7「はい。すごく友だちです」とありますが、りらはなぜこう答えたと考えられますか。最も適するものを、次の中から選んで答えなさい。

ア　お父さんに、絵くんの友だちの中でも自分が一番の存在だということをわかってもらおうと考えたから。

イ　友だちの話をしない絵くんにもちゃんと友だちがいると、お父さんに安心してもらおうと考えたから。

ウ　絵くんが席を立ったことで、お父さんと話をするいい機会だと考えたから。

エ　絵くんの友だちであることを、お父さんにしっかりと認識してもらおうと考えたから。

9　（ a ）～（ d ）に入る最も適するものを次からそれぞれ選びなさい。

ア　すらすら　　イ　ずるずる　　ウ　とろとろ　　エ　じろじろ

10　――8「そうか、こうやってうそをつくんだ」とありますが、

（1）「絵くん」は「うそ」をつくことをどう考えていますか。本文中から十六字でぬき出して答えなさい。

（2）「りら」が「うそ」をつきたくないと考えている理由を述べた一文をさがし、はじめの七字を答えなさい。

（3）「絵くん」の「うそ」について正しく書かれたものとして最も適するものを、次の中から選んで答えなさい。

ア　お父さんがほしいものを尋ねた時、絵くんは実は別のものをほしがっているのに、「カード」と答えている。

イ　絵くんの成績は、2ばかりで決してよくはないはずなのに、お父さんに「いいよ」と言っている。

ウ　学校は楽しいことも、楽しくないことも、それなりにある場所なのに、絵くんははっきり「たのしいよ」と答えている。

エ　お父さんを心配させないように、お母さんやおばあさんのことを「元気だよ」と絵くんは言っている。

11　――9「びんびんに感じた」とありますが、どういうことですか。最も適するものを、次の中から選んで答えなさい。

ア　絵くんのお父さんへの質問が、あまりに失礼な内容であったことで、お父さんを不快にさせたことを察知したということ。

イ　絵くんのお父さんの返答には「早く帰れ」というメッセージがこめられており、二人の時間を邪魔《じゃま》してしまっていたことを察知したということ。

ウ　絵くんのお父さんへの質問が、あまりに突飛《とっぴ》なものが続いてしまったことで、お父さんをうんざりさせてしまったことを察知したということ。

エ　絵くんのお父さんは絵くんと話がしたいのに、りらばかりが話しかけてしまい、絵くんとの仲を気まずくさせてしまったことを察知したということ。

12　――10「そのことは日記には書いていない」とありますが、「そのこと」とは何ですか。次の空らんの条件に合うように、本文からぬき出して答えなさい。

（ア　十五字　）せいで、今日は（　イ　八字　）を使うことにしたということ。

13　――11「じゃあ、今日のカラスのひと声は、大きい数字なんだね」とありますが、「お父さん」はなぜ、大きい数字だと言い当てたと考えられますか。最も適するものを、次の中から選んで答えなさい。

ア　たす2、ひく2ではとうてい50にはならないだろうから、大きい数字を話題にして、ひさしぶりに自分と会話をしたいのだと推測したから。

イ　たす2、ひく2ではとうてい50にはならないだろうから、カラスの数字を通して、りらが本当に言いたいことは別にあると推測したから。

ウ　たす2、ひく2ではとうてい50にはならないだろうから、りらに何かあって、今日は大きい数字を使うことにしたと推測したから。

エ　たす2、ひく2ではとうてい50にはならないだろうから、とんでもない数字を言うことでお父さんを驚《おどろ》かそうとしていると推測したから。

14 ――12「お母さんが、またこまったような顔をしている」とありますが、お母さんはなぜこまっていると考えられますか。最も適するものを、次の中から選んで答えなさい。

ア　りらとお父さんの会話は、カラスの鳴き声についてのものであり、ひさしぶりに顔を合わせた親子の会話としては、ふさわしくないものであったから。

イ　りらとお父さんの会話は、カラスの鳴き声についてのものであり、数字を聞くだけで、お互《たが》いのことを理解し合っている独特の雰囲気《ふんいき》に気味悪さを感じたから。

ウ　りらとお父さんの会話は、カラスの鳴き声についてのものであり、いつ聞いてもしっくりこないものであり、二人の意図がわからないから。

エ　りらとお父さんの会話は、カラスの鳴き声についてのものであり、自分が割りこめない話題をすることで、二人が自分をのけ者にしているような気がしたから。

15 ――13「16か。なかなかいい数字だな」とありますが、どういうことですか。最も適するものを、次の中から選んで答えなさい。

ア　生きていることは、楽しいことじゃないと言ったりらが、自分を心配させないように0ひくではなく、16と言ったところに、りらのけなげさを感じたということ。

イ　生きていることは、そこそこ楽しいと答えることが恥《は》ずかしくなったりらの心境を察知して、どんな数字をりらが言ったとしても認めようと考えていたということ。

ウ　生きていることは、楽しいことばかりではないことを小学生でありながらりらは理解しており、自分の日常を冷静に見つめた返答に対して心配をしているということ。

エ　生きていることは、楽しいことばかりではないけれども、楽しくないことよりも、楽しいことが4つほど多いというところがちょうどよく感じたということ。

16 次のア～オについて、本文の内容に合うものにはA、合わないものにはBと答えなさい。

ア　りらは、うそをつくことや成績を気にしようとしない絵くんが、学校を休むと不安になってしまう。

イ　絵くんのお父さんは、ノートパソコンを開いてむずかしい顔をしていたが、それはりらをきらう気持ちが顔に出てしまったということである。

ウ　絵くんのお父さんはりらがたずねたことで、「めざし」の話を思い出し、ぎくしゃくしていた絵くんと打ち解けることができた。

エ　絵くんのお父さんと会ってから、りらはしばらくもやもやしていたが、ある日自分のお父さんとひさしぶりに話をして少し心が軽くなった。

オ　ひさしぶりに話した自分のお父さんは、りらに対して生きていることについて、絵くんのお父さんと同じような質問をした。

令和四年度　帝塚山中学校　一次B入学試験問題・国　語　（その一〇）

三　次の1〜10の――部のカタカナを漢字に、11〜15の――部の漢字をひらがなに直しなさい。

1　イギリスでは労働者と資本家のカイキュウが違《ちが》った歴史がある。
2　アルプス登頂というかねてからのシュクガンを果たす。
3　最終戦で負けたので、一部から二部へのコウカクが決まった。
4　ケンバイ機で東京行きの新幹線のチケットを購入《こうにゅう》した。
5　秋から冬になると、アサバンが冷《ひ》え込《こ》むようになる。
6　地中から水がわき出るゲンセンをつき止めるため山中に行く。
7　ここまで来たからもう大丈夫《だいじょうぶ》という油断はキンモツである。
8　ほうれん草は栄養がホウフで体に良いと言われる。
9　ヨットで単独太平洋横断のコウカイに出る。
10　今年の夏は例年よりザンショが厳しい。
11　私の兄は高校生にもなって、まだ考え方が幼い。
12　母が、来週の行事予定をカレンダーに記す。
13　この商品が開発されるまでは険しい道のりであった。
14　和室の畳《たたみ》を作るために、まずイグサを編む。
15　健康のために、夕食では雑穀入りのごはんを食べている。

令和４年度　帝塚山中学校 １次Ｂ入学試験問題　算　数　（その１）

受験番号

※答えはすべて解答用紙に書きなさい。

※円周率は3．14とします。また，答えが分数になるときは，仮分数で答えてもよろしい。

（60分）

1　次の［　　　］に，あてはまる数を答えなさい。

(1)　$\frac{2}{5}\div\left\{\frac{4}{5}-\left(\frac{3}{4}-0.5\right)\times\boxed{}\right\}=8$

(2)　202.2 ÷ 3.5を小数第２位まで計算すると，商は［　　　］で余りは［　　　］です。

(3)　ある中学校の昨年度の生徒数は400人で，今年度は男子の生徒数が12％増え，女子の生徒数が８％減ったため，全体で13人の増加となりました。今年度の男子の生徒数は［　　　］人です。

(4)　全部で［　　　］ページある本を読むのに，１日目は全体の$\frac{1}{3}$より８ページ多く，２日目は残りの$\frac{2}{5}$より６ページ多く読んだところ，全体の$\frac{3}{8}$のページ数が残りました。

(5)　314人の生徒全員が１人１票の投票をして，得票数の多い順に生徒会役員４人を選びます。立候補者が５人のとき，必ず当選するには［　　　］票の得票が必要です。

(6)　２％の食塩水を300ｇと８％の食塩水を200ｇ混ぜ合わせると，［　　　］％の食塩水になります。

(7)　10円玉，50円玉，100円玉が合わせて52枚あります。合計金額は2920円で，10円玉と50円玉の枚数の比は１：２です。100円玉は［　　　］枚あります。

(8)　$\frac{68}{41}=1+\cfrac{1}{1+\cfrac{1}{1+\cfrac{1}{1+\cfrac{1}{\boxed{}}}}}$

(9)　図のように，正方形と半円が重なっています。色のついた部分の面積は［　　　］cm^2です。

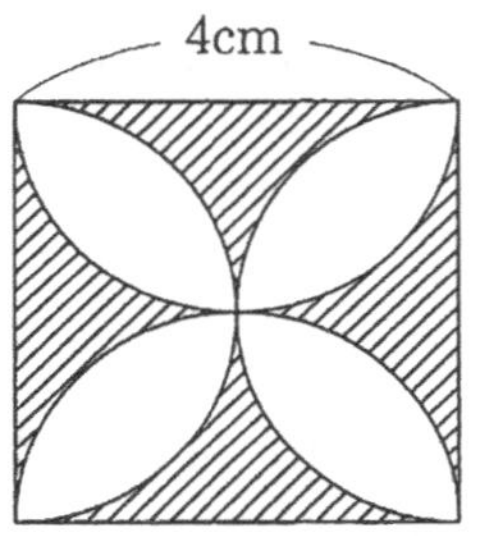

(10)　図のように，ＡＤ＝ＢＤ＝ＢＣ，ＡＢ＝ＡＣです。このとき，角Ａの大きさは［　　　］度です。

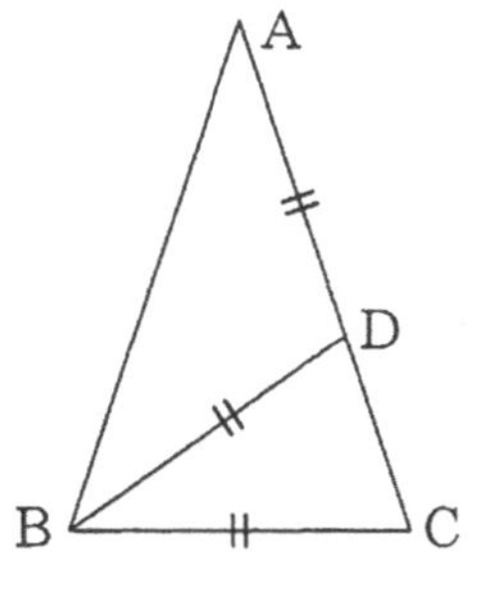

(11)　図のように円周を８等分する点Ａ，Ｂ，Ｃ，Ｄ，Ｅ，Ｆ，Ｇ，Ｈがあります。この中から点を３つ選んで三角形を作るとき，二等辺三角形は［　　　］個できます。

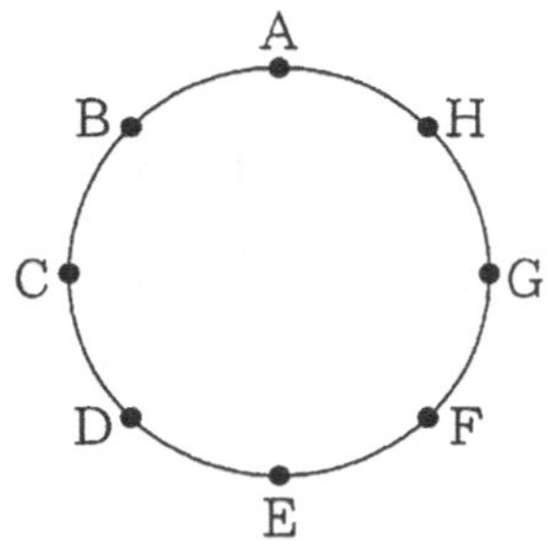

2　図のように，１辺６cmの立方体があります。辺ＡＢ上にＡＰ＝４cm，辺ＣＤ上にＤＱ＝５cm，辺ＣＧ上にＣＲ＝３cmになるように，点Ｐ，Ｑ，Ｒをとります。平面ＰＱＲＦで立体を２つに切ると，切り口は台形ＰＱＲＦになりました。ただし，三角すいの体積は底面積と高さが同じ三角柱の体積の$\frac{1}{3}$となります。

(1)　頂点Ｃを含む方の立体の体積は何cm^{3}となりますか。

(2)　頂点Ｄを含む方の立体の表面積と，頂点Ｂを含む方の立体の表面積の差は何cm^{2}となりますか。

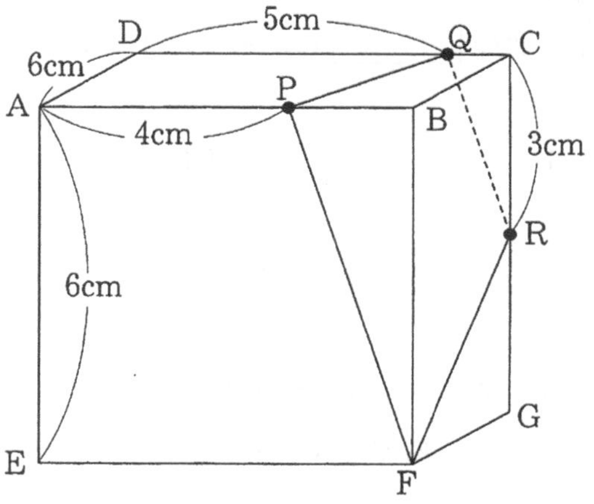

3　図のように，石を並べていきます。

(1)　上から10段目まで並べたときに，使った石の数は何個ですか。

(2)　上から35段目まで並べたときに，使った石の数は何個ですか。

(3)　使った石の合計が初めて2022個以上になるのは上から何段目ですか。

4　図のように，縦４cm，横６cmの長方形ＡＢＣＤの頂点Ａから玉を発射すると，玉は各辺で同じ角度で折り返して，いずれかの頂点に達したとき止まります。

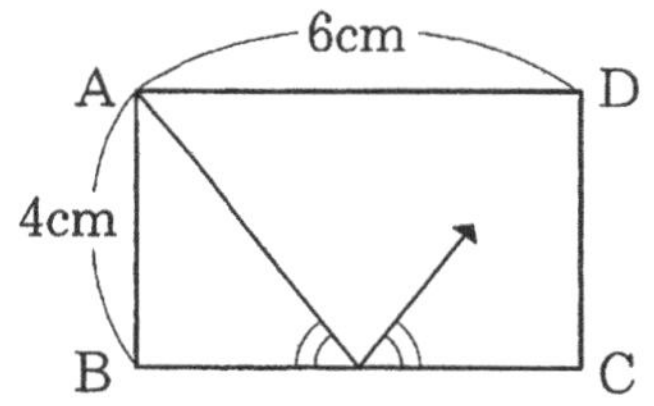

(1)　ＢＥ＝４cmとなる辺ＢＣ上の点Ｅに向けて玉を発射すると，何回折り返してどの頂点に達しますか。

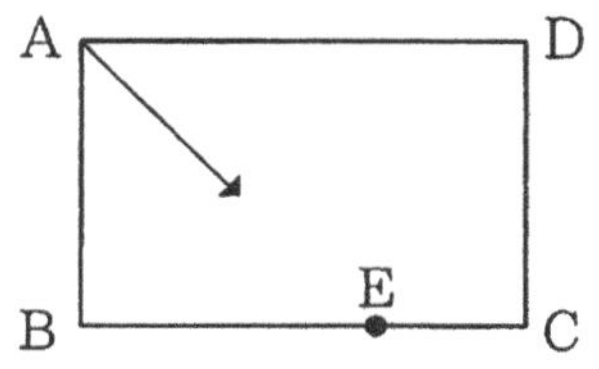

(2)　ＢＦ＝５cmとなる辺ＢＣ上の点Ｆに向けて玉を発射すると，何回折り返してどの頂点に達しますか。

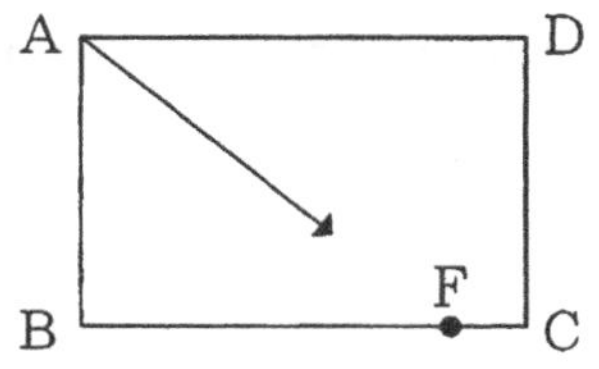

(3)　辺ＢＣ上のある点Ｇに向けて玉を発射すると，(2)と同じ回数折り返してある頂点に達しました。そのうち１回ずつは縦の辺ＡＢ，ＣＤでそれぞれ折り返し，残りは他の辺で折り返しています。ＢＧの長さは何cmですか。

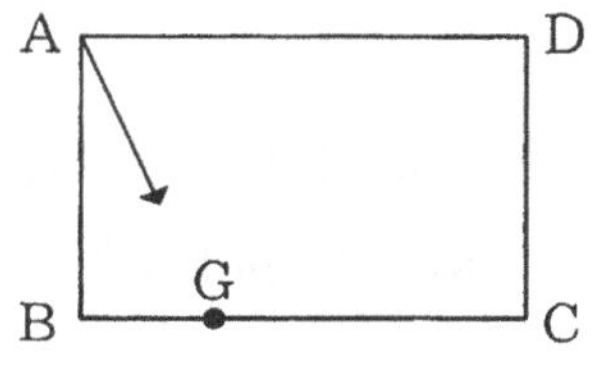

5 図のように，三角形ＡＢＣがあります。辺ＡＣを２：１に分ける点をＥとし，辺ＡＢ上には点Ｄをとります。ＢＥとＣＤの交点をＦとすると，三角形ＡＢＦの面積は三角形ＡＢＣの面積の$\frac{5}{12}$倍となりました。

⑴　ＢＦ：ＦＥ，ＡＦ：ＦＧをそれぞれ最も簡単な整数の比で表しなさい。

⑵　三角形ＣＧＦの面積は三角形ＡＢＣの面積の何倍ですか。

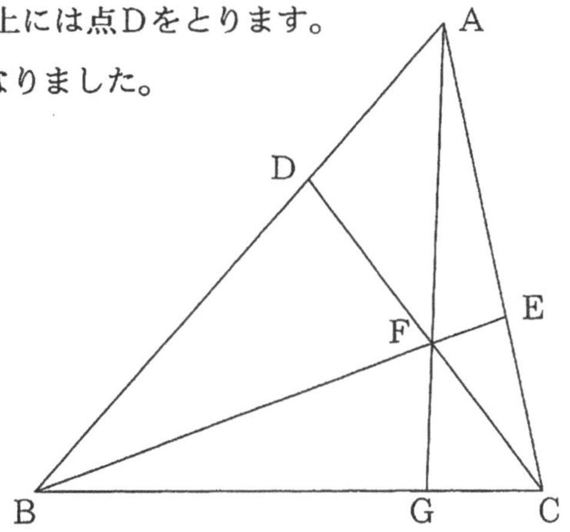

6 横70cm，縦30cm，高さ60cmの空の水そうに２つの蛇口《じゃぐち》から水を入れます。蛇口Ａからは毎秒24cm^3の水が水そうに入り，蛇口Ｂからは毎秒18cm^3の水が水そうに入ります。また，水そうの底には排水弁《はいすいべん》が二つ付いていて，排水弁Ｃからは毎秒21cm^3の水が排水され，排水弁Ｄからは毎秒14cm^3の水が排水されます。まず，蛇口Ａから水を入れ始め，水そう内に水が半分入ると，自動的に排水弁Ｃが開きずっと排水し続けます。さらに，水そう内に水が全体の$\frac{3}{4}$入ると，自動的に蛇口Ｂから蛇口Ａと一緒《いっしょ》に水がずっと入り続けます。水位が満水まであと10cmとなると自動的に排水弁Ｄも開き，排水弁Ｃと一緒にずっと排水し続けます。

⑴　排水弁Ｃが排水し始めるのは，蛇口Ａから水が入り始めてから何分何秒後ですか。

⑵　蛇口Ｂから水が入り始めるのは，蛇口Ａから水が入り始めてから何分何秒後ですか。

⑶　水そうが満水になるのは，蛇口Ａから水が入り始めてから何分何秒後ですか。

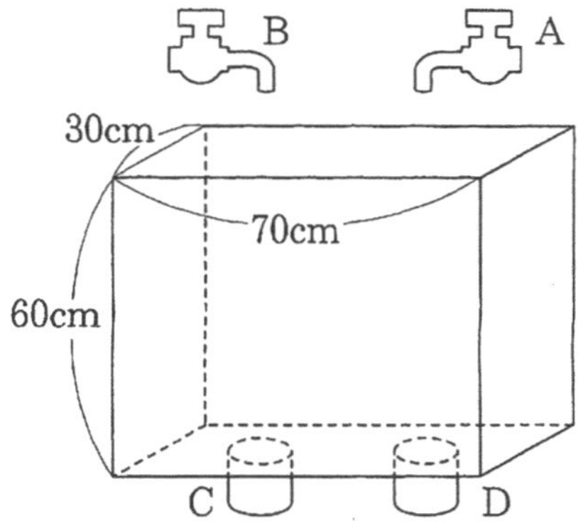

7 上流のＡ地点から下流のＤ地点まで，図のような川が流れています。川の流れの様子は図のとおりです。船「五郎丸」でＡＤ間をルート①を通って往復する場合，上りと下りでかかる時間の比は４：３です。

⑴　船「五郎丸」の静水時の速さは時速何kmですか。

⑵　船「五郎丸」で，ＡＤ間をルート②を通って往復する場合，上りと下りでかかる時間の差は何分ですか。

⑶　Ａ地点からＤ地点に向かって船「五郎丸」が出発するのと同時に，Ｄ地点からもＡ地点に向かって別の速さで動ける船「太郎丸」が出発します。このとき，同じ水路内ですれ違わないような，船「太郎丸」の静水時の速さの範囲《はんい》を求めなさい。ただし，船「五郎丸」はルート②を利用し，船「太郎丸」はルート①を利用するものとします。

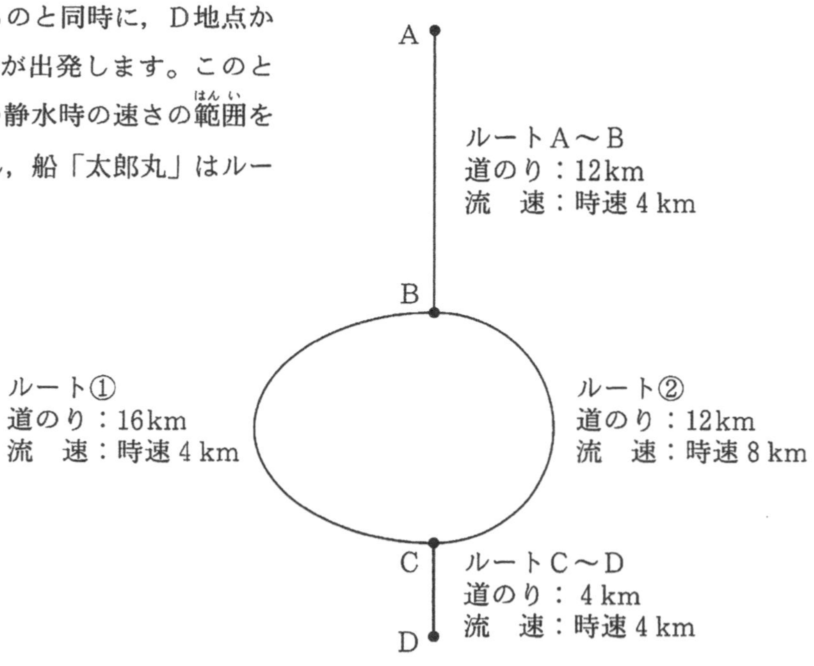

令和４年度　帝塚山中学校
１次Ｂ入学試験問題・国　語　解答用紙

※150点満点
（配点非公表）

受験番号

ここにシールを貼ってください

221210

一

1

2 科学は

3 ア　イ　ウ　エ 家　オ

4

5

6

7

8 べきだと考えている。

9

10 a　b

11

12 ア　イ　ウ　エ　オ

二

1

2

3 と、りらが考えていることを絵くんは知っているから。

4

5

6

7

8

9 a　b　c　d

10 (1)　(2)　(3)

11

12 ア　イ

13

14

15

16 ア　イ　ウ　エ　オ

三

1 カイキュウ

2 シュクガン

3 コウカク

4 ケンバイ

5 アサバン

6 ゲンセン

7 キンモツ

8 ホウフ

9 コウカイ

10 ザンショ

11 い

12 す

13 しい

14 む

15

令和４年度　帝塚山中学校
１次Ｂ入学試験問題・算　数　解答用紙

※150点満点
（配点非公表）

受験番号

ここにシールを貼ってください

221220

1

(1)		(2)	商		余り
(3)	人	(4)	ページ	(5)	票
(6)	%	(7)	枚	(8)	
(9)	cm^2	(10)	度	(11)	個

2

(1)	cm^3	(2)	cm^2

3

(1)	個	(2)	個	(3)	段目

4

(1)	回折り返して	頂点　　に達する	(2)	回折り返して	頂点　　に達する
(3)	cm				

5

(1)	BF：FE ＝　　：	AF：FG ＝　　：
(2)	倍	

6

(1)	分　　秒後	(2)	分　　秒後	(3)	分　　秒後

7

(1)	時速　　km	(2)	分	(3)	時速　　km	～	時速　　km

令和五年度　帝塚山中学校　一次A入学試験問題・国　語（その一）

（60分）

受験番号

※答えはすべて解答用紙に書きなさい。　※選んで答える問題は記号で答えなさい。
※特にことわりのないかぎり、句読点《くとうてん》やかぎかっこはすべて字数にふくみます。
※設問の都合上、本文に一部省略があります。

一　次の文章を読んで、後の問いに答えなさい。

一個人の意思が、その所属集団の意思と対立するような場合、私たちは、その間にいて、個人の意思と集団の意思を※勘案《かんあん》して最終決定を下します。

1いささか難しい言い回しをしましたが、もう少し具体的な例を挙げましょう。「食糧《しょくりょう》が乏《とぼ》しい状況《じょうきょう》にある。いま自分が目の前にある食糧をすべて食べてしまえば、自分の空腹は満たされる。けれども、家族や仲間たちの分はなくなってしまい、全員が餓死《がし》してしまうかもしれない。だから、皆《みな》が食べられるように食糧は分け合うことにして、自分の分は制限することにしよう」というような場合は、結論として自分の意見よりも集団の利益に寄せた判断をしているわけです。

①

もちろん自分を優先する選択肢《せんたくし》を選ぶ人もいます。なぜなら、個人の意思は、所属する集団の意思とは別に存在するものであり、そもそも我々の社会は原則的に意思決定は個人が行うことができるというシステムが存在するからです。

これが真社会性の生き物（スズメバチ、ミツバチ、アリ）との2大きな違《ちが》いです。

真社会性をもつ生き物は、集団の社会を保つために、集団と個の意思決定をすり合わせる必要はありません。真社会性の集団では、常に集団の意思が優先されます。

個の意思はなく、役割は固定化していて、ハチは女王バチの向かう方向に疑問をもたず皆ついていきます。女王は、集団の構成員を動かすために※化城《けじょう》のウソを用いることはありません。

そういう意味で、人間のもっているという社会性は非常に中途半端《ちゅうとはんぱ》で、個人と社会とのつながりは緩《ゆる》やかです。

もちろん全体主義的国家や、※旧弊《きゅうへい》の残る閉鎖《へいさ》された集団であれば、国家や集団からの圧力で真社会性のような共同体を強要されることもあるかもしれませんが、多くの場合は、個人の意思は尊重されることを前提に社会がつくられています。

では、3なぜ人間は真社会性ではないのか？　個の意思決定を重視しているのか？　それは真社会性集団のように、集団の意思決定が絶対だとすると、その決定が失敗したときには、直ちに集団が滅《ほろ》びてしまうからだとも考えられるのです。

人間の長い歴史の中で、集団ごと滅びてしまわないための、恐《おそ》らく※リスクヘッジとして、個の決定が尊重されるようになったと推測できるのです。

人間が集団をつくり、集団の意思をもつというのは、とりも直さずそれが生存戦略として最適だったからでしょう。一方で、個人の意思を尊重するという特殊《とくしゅ》な二重の意思決定システムを選択しているのが私たち人間なのです。

この※冗長《じょうちょう》な意思決定システムをもっているからこそ、環境《かんきょう》適応能力、リスクヘッジの能力も進歩し、生存してこられたのかもしれません。

進化の系統樹を見ると、ヒト属の中で生き延びているのはヒト族だけです。これほどたくさんの災害に見舞《みま》われ、定期的に大規模な伝染病《でんせんびょう》がはやるような歴史を辿《たど》っているにもかかわらず、しぶとく生き延び、人口も増えているということが起こるのは、この冗長な二重の意思決定システムがあるからだと言えるのです。

集団と個の二重の意思決定システムにより、冗長ではあるけれど、リスクヘッジしながら生き延びてきた人類の集団ですが、4必ずしも2つのシステムの出す解が一致《いっち》するとは限らないために生じる問題もあります。

個人間もしくは集団間において対立が起きること。そして、集団の意見に絶対に従わない人が出てくるということなどです。

5一つめの問題は、つまりは個相互《そうご》の対立が生まれやすく、それが集団として問題になるということです。

何とも難しい※性《さが》とも言えるのですが、対立が必ず起こるような構造になってしまうにもかかわらず、我々の脳はなぜか多様性を選び、均一化しようとしないのです。

特に生殖《せいしょく》の場面では、自分と一番離《はな》れた遺伝子を好みます。家族という小さな集団においてさえも有性生殖をするときには、わざわざ多様性が保持されるように行動しているわけです。

しかし、自分とは違う意思決定システムをもっているもの同士が集団をつくらなければならないとなると、どうしても対立が起こります。

そしてその対立を解消するためには、お互《たが》いに、【　A　】どちらかが妥協《だきょう》しなければなりません。

妥協とは、互いに自ら決定した意思を一部、あるいは全部を相手と折り合わせることです。このとき、自分の意思の一部、あるいは全部を無視する、【　B　】自分の意思に対してウソをつく必要があります。

組織や集団の中で、違う戦略をもっている個体同士が上手に共存していくには妥協が必要となり、それを導く※虚構《きょこう》が必要なのです。自分にとって首尾一貫《しゅびいっかん》している状態はウソがなく正しい状態であると思うでしょう。【　C　】、双方《そうほう》がそこに※固執《こしつ》していては、6互いの線が交わることはありません。

人間関係にとどまらず、自然界の生き物として、【　D　】人類がウソをつけないのであれば、とっくに滅びていたでしょう。

ア

人類は、環境に合わせて適応し進化することで生き残ってきました。

イ

そしてその進化の行程は自分の一貫性に対する妥協の繰《く》り返しだったと思います。妥協するということは、他人に対しても、環境に対しても、その落としどころを見つけることです。

ウ

人と人、人と環境、そのどちらもが、自らの一貫性を優先したら、論理的に対立は解消されない状態となるでしょう。

エ

しかし※フェイクをうまく利用し妥協することによって、我々は対立を回避《かいひ》し、互いの生存範囲《はんい》に立ち入ることができるようになり、環境に適応してきました。

一方的にウソを切り捨てるのではなく、うまく使ってきた歴史があるというのは学ぶべきことではないかと思うのです。

ウソという※概念《がいねん》を完全に否定し排除《はいじょ》するのではなく、有益なウソと悪意のウソがあるということを知り、ウソに対する目利《めき》きができるようになると、人生はより生きやすいはずです。そしてそれこそが社会性を身に付けることでもあるのではないでしょうか。

そして7社会性としてのウソを身に付けることで、ウソの手口を理解し、ウソに騙《だま》されるリスクヘッジができるようになると思います。

そして、絶対にウソを許容したくない。集団の決定にも従いたくないという人もいます。

これはとても生きづらい生き方でもあるのですが、8こうした人がある一定数いることにも意味があるのです。

脳は騙されやすいということは前述しました。しかし、騙されるということは、何がしかの不利益、例えば金銭的、物質的、あるいは生命の損失を被《こうむ》ることにもつながります。

得をするかもしれないけれども、そう思わせているだけで、実は不利益を被っているのではないか、騙されているのではないかという猜疑心《さいぎしん》や懐疑心《かいぎしん》をもつことは、生き延びる上で重要なスキルです。

多くの人は省エネの脳に騙され、人の意見を取り入れます。

集団で生きることを望み、人の意見を取り入れるということは、一方で、騙されることのリスクも高まります。

そのリスクを嫌悪《けんお》する脳をもっている人がいることもまた、種を存続するために必要なのです。

なぜあまのじゃくが存在するのかと言えば、そもそも意思決定に対する、個、自分自身の存在が意外に重いのだということの※証左《しょうさ》かもしれません。

大体の人は、騙されるのが嫌《きら》いです。それでも騙されてしまうメカニズムがある。そして絶対に騙されない、もしくは集団に従わないあまのじゃく層がいることによって保たれるバランスが存在するとも考えられるのです。

（中野信子《なかののぶこ》『フェイク』より）

※勘案…考え合わせること。
※リスクヘッジ…損害を避けようとすること。
※虚構…作りごと。
※概念…考え。

※化城…仏教用語。実在しないものを意味する。
※冗長…しつこく長いこと。
※固執…こだわって考えを変えないこと。
※証左…証拠《しょうこ》。

※旧弊…古い習慣からくる害となるもの。
※性…持って生まれた性質。
※フェイク…にせもの。うそ。

1　――1「いささか」と同じ意味の言葉を、次の中から選んで答えなさい。

ア　いかにも　　イ　いきなり　　ウ　いっけん　　エ　いくらか

令和五年度　帝塚山中学校　一次A入学試験問題・国語　（その三）

2　[①] には、次のア～エの文が入ります。正しく並べかえなさい。ただし、2番めにはイが入ります。

ア　そして、集団の利益に寄せた判断をするとき、空腹である自分に「まだ大丈夫《だいじょうぶ》」「自分は皆のために『いいこと』をしている」と自分の意思を上書きするウソの情報を発信します。

イ　もし仮に、私たちが自己の利益を優先する仕組みだけしかもっていなかったとしたら、あっという間に食糧が枯渇《こかつ》するか、奪《うば》い合うための争いが激化するかして、私たちは滅《ほろ》んでいたでしょう。

ウ　自分は空腹である。お腹《なか》いっぱい食べたい。でも、皆を死なせるわけにはいかないと、自分の意思と集団の意思との間ですり合わせ、判断します。

エ　奪い合い、争う代わりに、それがウソであったとしても互いを大事にし、活路を見つける知恵《ちえ》を生み出すことで、生き延びてきた者の子孫が、私たちなのではないでしょうか。

3　――2「大きな違い」とはどのような違いのことですか。――2より後ろの本文から、次の空らんの条件に合うように、それぞれぬき出して答えなさい。

真社会性集団では、（　a　十字　）であるが、人間の社会には、（　b　十六字　）があるという違い。

4　――3「なぜ人間は真社会性ではないのか?」とありますが、この問いに対する答えを本文から十五字以内でぬき出して答えなさい。

5　――4「必ずしも」は、どこにかかりますか。最も適するものを、次の中から選んで答えなさい。

必ずしも　2つのシステムの出す　ア解が　イ一致するとは　ウ限らないために　エ生じる問題も　オあります。

6　――5「一つめの問題」とありますが、

（1）「一つめの問題」とはどのような問題ですか。最も適するものを、次の中から選んで答えなさい。

ア　人類は無意識に多様性を求めてしまう生き物であるので、命の危険にさらされても自然と人口が増え続けていくことになるという問題。

イ　人類は均一化をさけながら、考え方の違うものが共に生活しようとするため、どうしても意見が衝突《しょうとつ》してしまうことになるという問題。

ウ　人類は集団における個人の役割が固定化しているので、集団のためを思っても自分の意思を主張することができなくなってしまうという問題。

エ　人類は、基本的には個人の思いや判断を大切にする生き物であるため、集団の意見に従わない人も一定数存在することになるという問題。

（2）「二つめ」の問題について本文で述べているのはどこからですか。――5より後ろの本文から探し、初めの五字をぬき出して答えなさい。

7　【 A 】～【 D 】に入る語として最も適するものを、それぞれ次の中から選んで答えなさい。

ア　しかし　　イ　もちろん　　ウ　もし　　エ　もしくは　　オ　すなわち

8　～～「共存」と異なる成り立ちの熟語を、次の中から選んで答えなさい。

ア　圧力　　イ　二重　　ウ　重視　　エ　意思　　オ　最終

9　――6「互いの線が交わる」を言いかえた言葉を、本文から十一字でぬき出して答えなさい。

10　次の一文はどこに入れるのが適当ですか。文中の[ア]～[エ]から選んで答えなさい。

そしてその妥協点は、白か黒ではないグレーゾーンであり、そのグレーにもグラデーションがあったはずなのです。

令和五年度　帝塚山中学校　一次A入学試験問題・国語（その四）

11　――7「社会性としてのウソを身に付ける」とは、どういうことですか。本文の言葉を使って五十字以内で答えなさい。

12　――8「こうした人」を表している言葉を、本文から六字でぬき出して答えなさい。

13　本文の内容に合うものを、次の中から二つ選んで答えなさい。

ア　真社会性を持っているか持っていないかということが、人間とその他の生き物との違いの一つである。

イ　ハチと違って人間はウソをつくので、その社会性はどうしても中途半端なものになってしまう。

ウ　個人と集団の意思を考え合わせる集団であったことが、人間が絶滅《ぜつめつ》を回避できてきた理由の一つである。

エ　世の中には良いウソと悪いウソの対立があるが、互いに妥協することで対立の解消を目指す必要がある。

オ　人の意見を取り入れることは必要だが、騙されている可能性があることも承知しておかねばならない。

二

次の文章を読んで、後の問いに答えなさい。

中学に入り、顔のホクロをからかわれて教室に行けなくなってしまったソラは、保健室で風変わりな同級生ハセオに会い、ナゾクという俳句遊びに誘《さそ》われる。ハセオの熱意に巻《ま》き込《こ》まれ、養護の北村先生と三人で句会をやってみよう、ということになったが、ソラはその句会を途中でとび出したきり学校を休んでいる。

「ちょっと、外行こ」

ソラは、ハセオをうながして、階段を下りていった。うしろで母が、不思議そうな表情で見送っているのが、目に浮《う》かぶようだった。ソラに来客があることなど、もう一年以上はなかったのだから。

すでに日が暮れかけていた。夕焼けの上には、コーヒー色の夜空が迫《せま》っている。駅前まで行けば、バーガーやドーナッツのお店もあったが、ハセオとそうした店で向かい合っているところを想像すると、なんだか違和感《いわかん》があったので、選択肢《せんたくし》から外れた。

おのずから足が向いたのは、1いつもふらっと行く陸橋の方角。後ろをついてくるハセオは、いつになく物静かで、おなかをすかした犬のように素直《すなお》だった。

道の両脇《りょうわき》の畠《はたけ》の作物は、あおあおと葉を茂《しげ》らせている。道ばたの土に根付いている細い雑草は、さらにはつらつとしている。

道が急に盛り上がったところに、陸橋がかかっている。ほとんど人の通らないこの橋で、通り過ぎる電車を眺《なが》めていると、心がおちつくのだ。学校で臣野《おみの》シゲルたちのいじめの対象になっていたときも、放課後ここへ来て、※欄干《らんかん》にもたれて、時間を過ごしたものだった。

電車が、長い体をくねらせながらやってきて、けたたましい音とともに、橋の下を過ぎていく。二、三分おきに繰《く》り返される、単調な映像が、いやな記憶《きおく》がわきあがってくるのを、防いでくれるのだ。

ソラが、いつものとおりに欄干にもたれると、ハセオも、となりで同じポーズをとる。

しばらく、しんみりとした沈黙《ちんもく》が流れるのかなと思っていたが、

「2ソラ、あのな、悪かったよ」

ためらいもなく、頭を下げてくるあたりが、ハセオらしいと思いつつ、ソラは反応を示さなかった。

「あのな、あの句なんだけどな……いや、まず、これ見て」

ハセオは、さっと手を出す。どこからか取り出した様子はなかったから、ずっと手に握《にぎ》っていたようだ。

てのひらを、ひらく。薄暗《うすぐら》がりの中でも、あきらかなそれは、ヒマワリの種だった。

ソラの顔がくもったのを察したのか、3ハセオは早口になって、

「これ、北村センセの花壇《かだん》のやつを、一個もらってきたんだけど……おれにとってはな、ヒマワリって、こう、噴水《ふんすい》みたいというか、花火みたいというか……」

ハセオは、両手をけんめいに上下させた。たぶん、噴水のかたちを示したかったのだろう。でも、だれかを応援《おうえん》しているような、場違《ばちが》いなジェスチャーになってしまっていた。

「……こんな感じでな、地面の中のパワーが、あの茎《くき》を通って、噴《ふ》き出しているように見えんの。それで、ヒマワリの種は、そのおおもとっていうか」

指先に挟《はさ》んだ種を、【　a　】眺めつつ、

「それで、あのときな、ソラの顔にホクロあるなー、ヒマワリの種みたいだなー、ソラの顔からヒマワリ、ぶわーっと生えたらおもしろいなーとか……ぜんぜん、そんな、バカにするつもりは、なかったんだよ。あのあとも、どうしてソラが怒《おこ》ってんのかわからなくて、北村センセに言われて、ようやく気づいたんだ。でも、どうしたらいいのかわからなくて」

こぶしを握《にぎ》りしめて、種を再びてのひらにおさめてから、ハセオは、さっきと同じ、欄干でソラと並ぶポーズに戻《もど》る。

【　b　】話すハセオの声は、ときどきやってくる電車の轟音《ごうおん》にかき消されながら、続いていく。

「でもな、おれ、下手くそなんだよな。まだまだ、俳句、下手くそでさ。あの句もさ、挨拶《あいさつ》のつもりだったんだ。あのとき言っただろ？　挨拶だって……そんで、おれも、ソラに何か挨拶の俳句が作れんかなと思って、それで出てきたのが、あの句でさ……でも、下手くそだよな、ぜんぜん伝わってないんだもんな、まだまだだよな……」

ハセオは、話しているうちに、ソラに謝《あやま》っているというよりも、自分の4俳句の下手さにしょげているようになった。

「挨拶句ってさ、うまくいくと、すげー句になるんだよな、たとえばさ、昔の人の句で、

5※たとふれば独楽《こま》のはじける如《ごと》くなり

っていうのがあって、これ、死んじゃった友だちっていうか、ライバルに贈《おく》った、まあ、一種の挨拶句なんだけどさ、コマがばちばちーって戦うような二人だって言っててさ、こういうたとえができるのって、カッコいいと思うんだよな。おれの句、ぜんぜんだめだよな」

聞いているうちに、ソラは、怒《いか》りや不快感よりも、［　A　］が強くなってきた。

コイツ、どれだけ、俳句好きなんだよ。

ソラに謝っているのか、自分の力量不足を嘆《なげ》いているのか。

だいたい、友だちが死んだときに詠《よ》まれた句を例にあげるなんて、不吉《ふきつ》じゃないか。友だちの前で──

そこまで思って、ソラははっとした。

そうか、僕《ぼく》にとっては、ハセオはもう友だちなんだ。

「もう、いいよ」

その言葉が素直に出てきた。いま浮《う》かんだというよりも、すでにソラの中にあって、出るのを待っていた、という感じの言葉だった。

ハセオが、悪意で、ああいう句を作るやつじゃないことは、わかっていた。こんなに俳句が好きなハセオが、俳句を、揶揄《からか》うためや、馬鹿にするために使うはずはない、ということ。

「そっか、ありがとう！」

その言葉が聞きたかった！　とばかりにハセオの顔が輝《かがや》いたのは、夕闇《ゆうやみ》の中でも、はっきりわかった。

ソラの手を、【　c　】つかんで、あらあらしく上下に振《ふ》る。

「おれ、ずっと俳句をやってきたけど、ソラだけなんだ、『俳句なんて』って言わなかったやつ。オヤジもさ、友だちもさ、みんな、『俳句なんて、古臭《ふるくさ》い』とか『将来のために何の役にも立たない』とかって……」

ソラははっとして、ハセオの顔を、正面から見た。

6こういうふうに見えて、ハセオも、いろいろな言葉に傷ついてきたのかもしれない。

オヤジ──ハセオのお父さんって、どんな人なんだろう。

同年代の友だちに否定されるのは、わかる。俳句は、スポーツとかゲームとか、ふつうの中学生が好きこのんでするものじゃない。だけど、親にも否定されるというのは、どんな理由なんだろう？ソラの場合は、父も母も、ソラの好きなことや、言いたいことを、否定はしなかった。たとえ〝保健室登校〟になったとしても、〝行きたくない〟という意志を、尊重してくれた。

ハセオの家では、そうした関係が、成り立っていなかったのだろうか。

気になったが、聞くことはためらわれた。いつか、ハセオが、話したいときに、話を聞いてやれる関係でいたい──いま、ソラが願っているのは、それだけだった。

ぶんぶんぶん。

激しく手を振られて、ようやく解放されたソラの手には、何か違和感があった。

手を開くと、7そこにはヒマワリの種がひとつ。

「なに、これ」

「いや、やるよ」

「こんなんもらっても……さっき、うち見たでしょ？　植える庭、ないよ」

「じゃあ、こっから投げるか？」
ちょうど、鎖《くさり》をひきずるような音を立てて、陸橋の下を、電車が通過したところだった。
「線路のわきに、いつかヒマワリが咲《さ》くかもな。それはそれで、俳句に詠《よ》んでみたい」
ソラは、その言葉にうなずくと、ぱっと欄干の向こうへ、こぶしを振った。
ハセオは、フェンスに阻《はば》まれる恰好《かっこう》になりながらも、投げられたもののゆくさきを追おうと、身を乗り出した。
しかし――線路へまっさかさまに落ちていくヒマワリの種は、いくら［　B　］、見えなかった。
ハセオはすぐさま、ソラのほうに視線を移した。待ちかまえていたように、ソラはてのひらをさしだしてみせる。そこにはさっきと変わらず、大地のパワーのおおもとが、ひとつ。
「捨ててもいいって！」と、ちょっと照れくさそうなハセオ。
「いいや」ソラはかぶりをふって、ぐっと手の内の種を握りしめた。
「取っておく」

〈中略〉

北村先生の頭のお団子と、相性《あいしょう》が悪いのだろうか。
麦わら帽子《ぼうし》は、花壇の草取りをする先生の頭の上で、【　d　】不安定だ。
ソラはちらちら視界に入るその帽子に気を取られながら、草をむしっていた。
保健室前の花壇は、日当たりの良いところに拓《ひら》かれている。ということは、夏の日ざしを、さえぎるものはないということだ。北村先生に貸してもらった、おおぶりの麦わら帽子をかぶっているとはいえ、暑いものは暑い。
「ヒマワリはさすがの生命力ねえ」
北村先生の声に顔を上げると、ヒマワリが植えてある一角の、地面を指さしていた。
「ほら、ヒマワリの株元には、雑草が生えないのよね」
そのとおりだった。となりのペチュニアのところには、ペチュニアの丈《たけ》を越《こ》すくらいの雑草が伸《の》びているのに、ヒマワリの植えられている地面は、こびとたちが運動会を開けるくらい平坦《へいたん》だ。
「春になったら、あなたの種、ここに植えましょうね」
麦わら帽子のつばの下で、北村先生が、にっこりとほほえむ。
そうだった。今日、北村先生に会いにきたのは、この間の句会を中座※してしまったことを謝りたかったのと、ヒマワリの種を花壇に蒔《ま》いてもよいかどうか、聞こうと思ったからだった。
ハセオにもらったヒマワリの種は、やはり、ここの花壇に蒔いて、自分で育てるのがいちばんだと思ったのだ。
でも、北村先生によれば、種蒔《たねま》きの時期は、今ではないらしい。
「ヒマワリの種は、春に蒔くといいわね。それまでは、保存しておきましょう」
「種って、とっておくとダメにならないんですか？」
「ヒマワリの種はね、とくに長もちするのよ。二、三年はもつんじゃないかな。私も、収穫《しゅうかく》した種を、いくつか取っておいているの」
北村先生がラックから取りだしてきたのは、ジャムの瓶《びん》。いまはジャムではなく、ヒマワリの種が、ぎっしりと詰《つ》まっている。天日干しにしてから保存するともちがよいらしく、8からりと日焼けした色の種が、瓶の中で息をひそめていた。
ハセオが、［　C　］や、［　D　］にたとえていた、ヒマワリ。雑草を寄せつけないで、種は何年も生き続ける。
先生の言うとおり、すごい生命力だ。
こんな、［　E　］の生命力が、自分にあれば。
ハセオがソラのホクロを詠んだ句は、正直、いまも好きにはなれないけれど、ヒマワリの種にたとえられるのは、悪いことではないんだな、とあらためて思う。
「保存しておきたい種があるなら、私が干しておいてもいいわよ」
北村先生はそう言ってくれたが、これは自分でやろうと思う。ハセオにも言わないで、こっそり、9一本のヒマワリを育てよう。特別な、たったひとつの種だから。

（髙柳克弘《たかやなぎかつひろ》『そらのことばが降ってくる　保健室の俳句会』より）

※欄干…手すり。
※たとえれば～如くなり…たとえると～ようなものだ。
※中座…途中《とちゅう》で席をはずすこと。

令和五年度　帝塚山中学校　一次Ａ入学試験問題・国　語　（その七）

1　――1「いつもふらっと行く陸橋」とありますが、なぜソラはいつも陸橋に行くのですか。次の空らんの条件に合うように、本文からそれぞれぬき出して答えなさい。

陸橋の下を通る電車を見ていると、その（　a　五字　）が、（　b　二十三字　）ので、（　c　六字　）から。

2　――2「ソラ、あのな、悪かったよ」とありますが、ハセオはどのようなことを「悪かった」と言っていますか。具体的に三十字以内で説明しなさい。

3　――3「ハセオは早口になって」とありますが、それはなぜですか。最も適するものを、次の中から選んで答えなさい。

ア　ソラが何も言ってくれないままで沈黙が続くのは耐《た》えられないと思い、とにかく何かしゃべり続けようと考えたから。
イ　ソラが何も反応してくれないので「あの句」のことを忘れているのではないかと思い、早く思い出してもらいたかったから。
ウ　ソラの反応がないことに対してじれったく感じ、どのような思いで「あの句」を作ったのか早く説明したかったから。
エ　ソラにまた嫌《いや》な思いをさせたかもしれないと思い、ヒマワリの種についての考えをできるだけ早くソラに伝えたかったから。

4　【 a 】～【 d 】に入る語として最も適するものを、それぞれ次の中から選んで答えなさい。

ア　ぽつぽつと　　イ　だらだらと　　ウ　ぐらぐらと　　エ　ぐっと　　オ　じっと

5　――4「俳句の下手さ」を言いかえた言葉を、本文から四字でぬき出して答えなさい。

6　――5「たとふれば独楽のはじける如くなり」とありますが、

（1）この句の中から季語をぬき出して答えなさい。
（2）この句にはどのような意味がこめられていますか。最も適するものを、次の中から選んで答えなさい。

ア　けんかばかりで分かり合えない友人が一人くらいいるのは仕方がないことだという意味。
イ　亡《な》くなった友人は独楽がぶつかり合うように競《きそ》い合える良きライバルだったという意味。
ウ　ライバル関係にある友人とはどちらかが亡くなるまで競い続けるべきだという意味。
エ　幼いころから独楽で遊んでいたような旧友が亡くなるのはつらいことだという意味。

7　［ A ］に入る言葉として最も適するものを、次の中から選んで答えなさい。

ア　後悔《こうかい》する気持ち　　イ　敵対する気持ち　　ウ　呆《あき》れる気持ち　　エ　恥《は》じる気持ち

8　――6「こういうふうに見えて」とありますが、ソラはハセオをどのような人だと思っていますか。最も適するものを、次の中から選んで答えなさい。

ア　単純な性格で、自分が思ったことをその場で素直に表現する人。
イ　自分が悩《なや》みを抱《かか》えていても、相手の気持ちに寄りそうことができる人。
ウ　俳句に熱中するあまり、いつも自分の世界に入りこむ物静かな人。
エ　俳句のためなら、人を傷つけてしまっても仕方がないと思っている人。

9　――7「そこにはヒマワリの種がひとつ」とありますが、この「ヒマワリの種」を言いかえた言葉を、本文から十字程度でぬき出して答えなさい。

10　［ B ］に入る言葉として最も適するものを、次の中から選んで答えなさい。

ア　目を三角にしても　　イ　目を白黒させても　　ウ　目を疑っても　　エ　目をこらしても

令和五年度　帝塚山中学校　一次A入学試験問題・国　語　（その八）

11　――8「からりと日焼けした色の種が、瓶の中で息をひそめていた」とありますが、これと同じ表現技法を用いた文を、次の中から選んで答えなさい。

ア　あなたは、まるでヒマワリのように明るく素敵《すてき》な人だ。
イ　雲一つない青い空の下、ヒマワリが晴れやかに笑っている。
ウ　私たちは目を奪《うば》われてしまった、一面黄色のヒマワリ畑に。
エ　心をこめてヒマワリを育てている先生は、私たちの太陽だ。

12　［C］・［D］に入る言葉を、本文からそれぞれ二字でぬき出して答えなさい。

13　［E］に入る「議論するまでもないほどだ」という意味の四字熟語を、次の漢字を組み合わせて答えなさい。

非　不　未　無　用　要　問　解　答

14　――9「一本のヒマワリを育てよう」とありますが、ヒマワリを育てていくことは、ソラにとってどういうことを意味していますか。「生命力」という言葉を**使わずに**五十字以内で説明しなさい。

15　本文の内容に合うものを、次の中から一つ選んで答えなさい。

ア　ソラはハセオが作った俳句について謝ってもらおうと思い、ハセオの家まで行ったが、ハセオの母親に聞かれないように外に連れ出した。
イ　ハセオは自分が作った俳句についてソラに謝ろうと思ったが、うまく話せなかったので、謝罪の気持ちを題材にした俳句を作って伝えた。
ウ　ハセオはこれまで俳句に親しんできたが、ソラに出会うまでは、同年代の友だちだけでなく親からも俳句のことを認めてもらえていなかった。
エ　ハセオが持っていたヒマワリの種は、陸橋から線路へ落ちてしまったが、ハセオもソラも線路のわきにヒマワリが咲くことを大いに期待した。

三

次の1〜10の――部のカタカナを漢字に、11〜15の――部の漢字をひらがなに直しなさい。

1　新サービスをフカして他社と差をつけたことで、売り上げを伸《の》ばすことが出来た。
2　この作家のショハンは部数が少ないため、オークションで高値がつくだろう。
3　周辺諸国とメイヤクを結び、良好な関係を築いている。
4　日本のシュフは東京だが、その周辺の地域も発展している。
5　新入社員は、緊張《きんちょう》した様子で、社長のクンジをきいている。
6　一人でゆっくり映画を観《み》ることが、私にとってのシフクの時間だ。
7　巻末のサクインや注を工夫《くふう》し、より使いやすい本に仕上げた。
8　私の夢は、シショになって、本と人の出会いの場を広げることだ。
9　用件は必ずメモを取り、確認《かくにん》のためにフクショウするように心がけている。
10　彼《かれ》の作る椅子《いす》は、丸みをオびたデザインに特徴《とくちょう》がある。
11　何日もかけて準備をしてきたのに、発表会は中止となり徒労に終わった。
12　駅で幼なじみだと思って声をかけた人は、他人の空似で別人だった。
13　水にぬれると、本の表紙は反ることがある。
14　的を射た発言によって、会議の混乱がおさまった。
15　奈良時代には、美しい金銅の仏像が何体も生み出された。

令和５年度　帝塚山中学校 １次Ａ入学試験問題　算　数　（その１）

受験番号

※答えはすべて解答用紙に書きなさい。

※円周率は3.14とします。また，答えが分数になるときは，仮分数で答えてもよろしい。

（60分）

1 次の □ に，あてはまる数を答えなさい。

(1) $\left\{\left(\frac{3}{4}+\frac{1}{2}\right)-\frac{5}{12}\right\}\times\frac{1}{2}-\frac{1}{12}=$ □

(2) $0.9+0.625\times2.4-0.6\div$ □ $=2$

(3) 濃度《のうど》が 10％の食塩水 360 g に，濃度が 8％の食塩水を □ g 加えたので，食塩水の濃度は 9.2％になりました。

(4) 3けたの整数の内，3または4で割り切れない整数は □ 個あります。

(5) ノート５冊とペン 24 本を買うと値段は 5550 円です。ペン３本の値段はノート２冊の値段よりも 300 円高いです。ペン１本の値段は □ 円です。

(6) ２つの円柱ＡとＢがあり，体積は等しいものとします。この円柱の高さの比が 16：９であるとき，側面積の比を最も簡単な整数の比で表すと， □ です。

(7) ミカンとリンゴが全部で 168 個あります。この中から，生徒 36 人にそれぞれミカンを２個ずつ，リンゴを１個ずつ配ったところ，残ったミカンとリンゴの個数の比が３：２になりました。このとき，はじめにあったミカンの個数は □ 個です。

(8) 長さ 360 m の道に，両端《りょうたん》を含《ふく》めて等しい間かくで 61 本のくいを打つはずでしたが，まちがえて 46 本のくいを打ってしまいました。最初の予定通りに 61 本打つために，両端を含めて正しい場所に打ってある □ 本はそのままにして，残りを抜《ぬ》き，作業を再開しました。

(9) 図は，半径が 10 cm の円を右に 15 cm ずらした図です。斜線《しゃせん》部分の面積は □ cm^2 です。

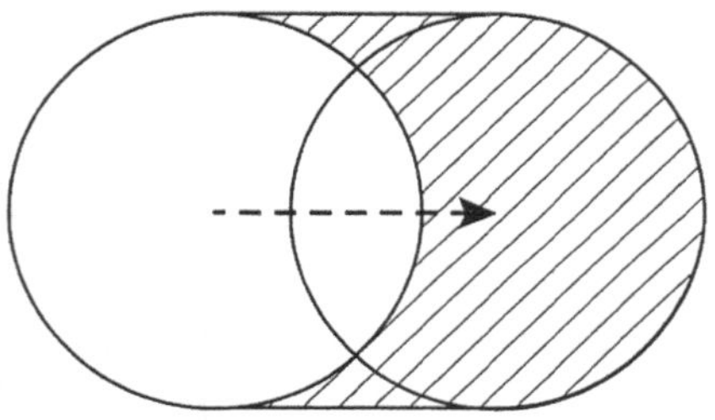

(10) 右の図は，三角形ＡＢＣを頂点Ａが辺ＢＣ上に重なるように折った図です。x と y の大きさの比が５：６のとき，x の大きさは □ °です。

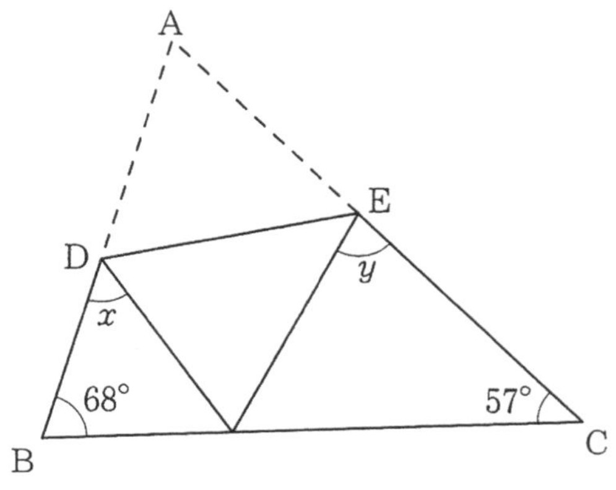

令和５年度　帝塚山中学校 １次Ａ入学試験問題　算　数　（その２）

2　図のような１辺の長さが 100 m の大きな正方形の道路と，１辺の長さが 50 m の小さな正方形の道路があります。この道路を，歩く速さの異なる３人 P，Q，R が次のように歩きます。ただし，道路の幅《はば》は考えないものとします。
P と Q は，「Ａ→Ｂ→Ｃ→Ｄ→Ａ→…」と，大きな正方形の周りを左回りに，R は，「Ａ→Ｇ→Ｆ→Ｅ→Ａ→…」と小さな正方形の周りを右回りに，それぞれ一定の速さで歩きます。P は毎分 100 m で歩きます。

３人が地点Ａから同時に出発したのち，次のことがおこりました。
① P と R が初めて出会った場所は地点Ａで，このとき P は２周，R は３周していた。
② Q は，出発してから 16 分後に，はじめて P を後ろから追い抜《ぬ》いた。

(1)　Q と R の歩く速さは，それぞれ毎分何 m ですか。
(2)　出発してから 12 分の間に，Q と R は何回出会いますか。

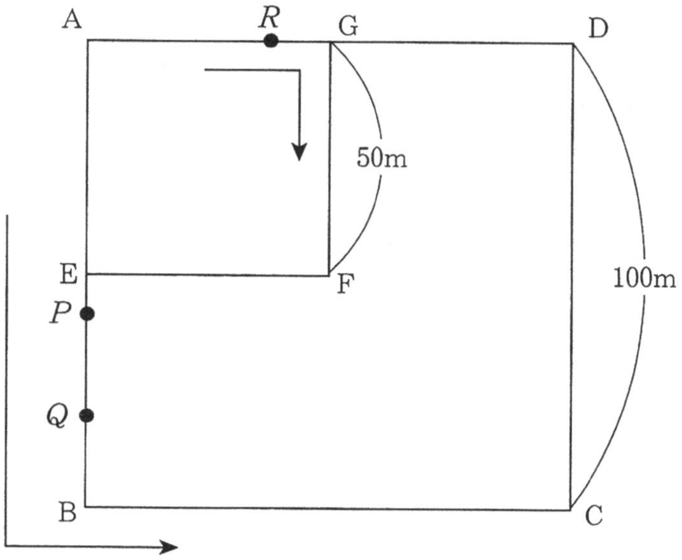

3　１辺６㎝の正三角形が，１辺 12 ㎝の正方形をすべらないように１周して元の位置に戻《もど》ります。
(1)　右の図のように，外側を１周して元の位置に戻ったとき，
① ●は，図のＡ～Ｃのどの点と重なるか答えなさい。
② ●が動いた後にできる線の長さは何 cm ですか。

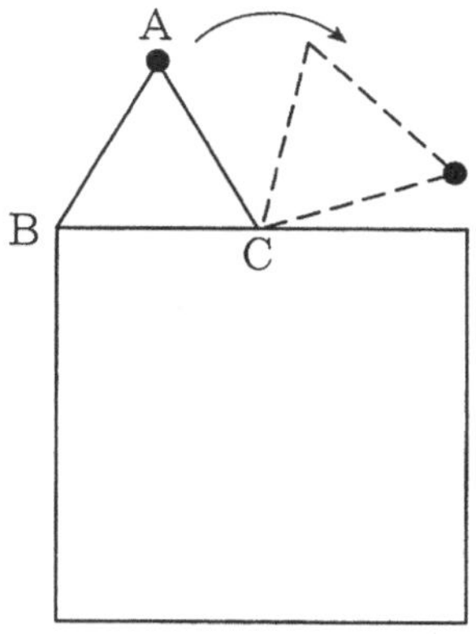

(2)　右の図のように，内側を１周して元の位置に戻ったとき，
① ●は，図のＤ～Ｆのどの点と重なるか答えなさい。
② ●が動いた後にできる線の長さは何 cm ですか。

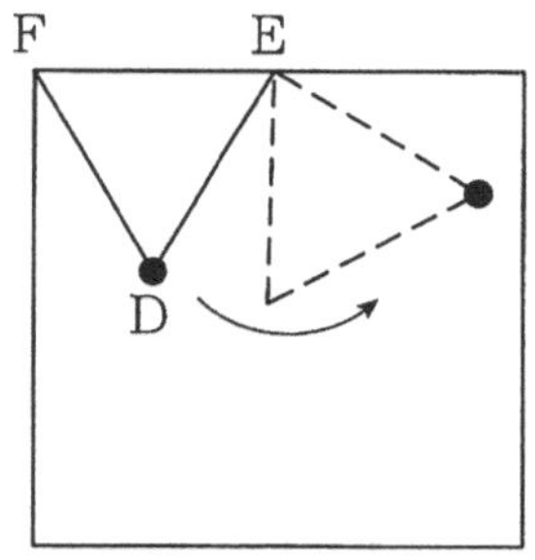

４　図のような直方体ＡＢＣＤＥＦＧＨがあります。

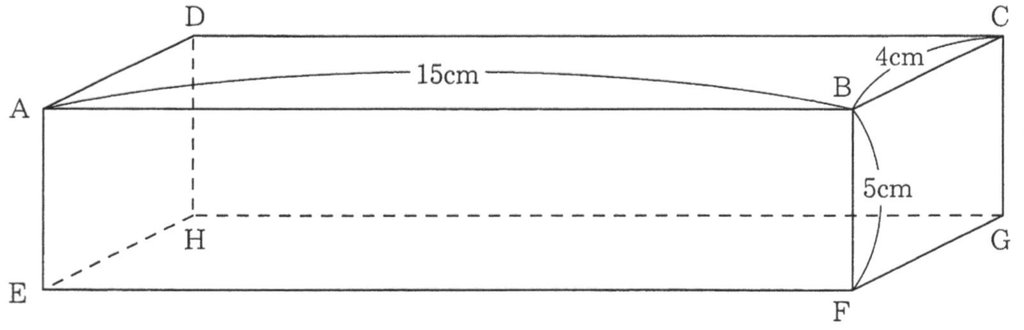

⑴　この直方体の表面積は何 cm^2 ですか。

⑵　この直方体を四角形ＡＥＦＢに平行な平面で２回切断し，さらに四角形ＡＢＣＤに平行な平面で１回切断すると，６個の直方体に分かれます。この６個の直方体の表面積の和は何 cm^2 ですか。

⑶　この直方体を四角形ＡＢＣＤに平行な平面で x 回切断し，さらに四角形ＢＦＧＣに平行な平面で y 回切断して，いくつかの直方体に分けました。そのすべての直方体の表面積の和が $950\,cm^2$ になりました。このとき，x と y の組合せは何通りありますか。ただし，x，y のどちらも１以上の整数とします。

５　図１のような直方体の空の水そうに底面と垂直になるように長方形の仕切り板を２枚入れ，底面をア，イ，ウの３つの長方形に分けました。アの部分に水を入れる蛇口《じゃぐち》からは毎分 $90\,cm^3$ の水が出ます。イの部分には排水口《はいすいこう》があり，毎分 $30\,cm^3$ の水が出ていきます。
水を入れ始めてからしばらくして排水を始めました。図２のグラフは水を入れはじめてからの時間と，ＡＢの部分で測った水面の高さの関係を表したものです。仕切り板の厚さは考えないものとして，次の問いに答えなさい。

⑴　アとイの間にある仕切り板の高さは何㎝ですか。

⑵　排水をはじめたのは，水を入れはじめてから何分何秒後ですか。

⑶　水そうが満水になるのは，水を入れはじめてから何分何秒後ですか。

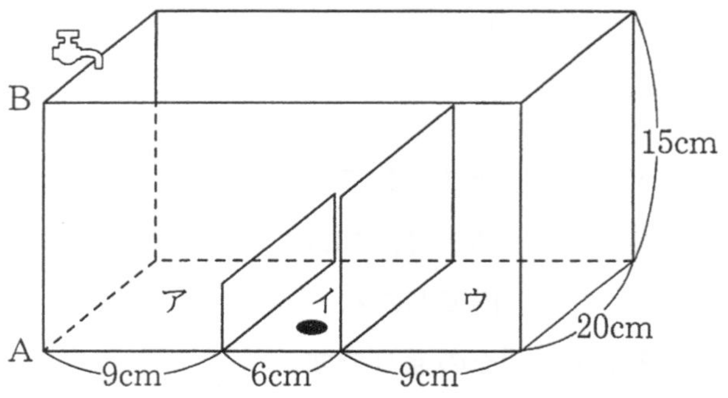

【図１】

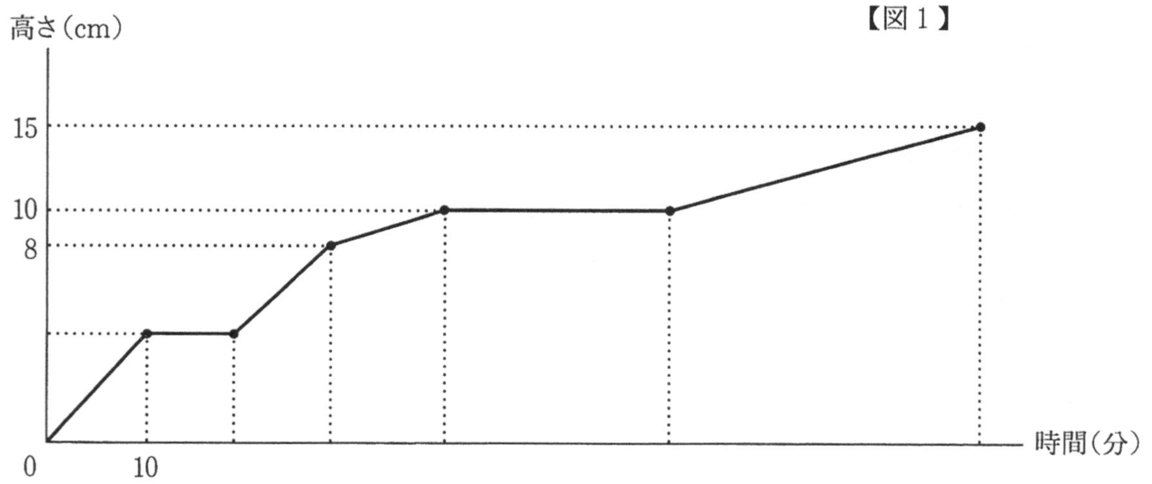

【図２】

6　次の会話は，メイさんと，携帯《けいたい》会社の社員ジョンさんとの会話で，図は月の通信料金の旧料金プランと，４月からスタートする新料金プランの案内をしているプリントです。ギガとは，通信量を表す単位のことです。

ジョン　「こんにちは，メイさん。」
メイ　「こんにちは，ジョンさん。今日はどうされたのですか？」
ジョン　「来月からスタートする新料金プランの案内に来たんです。」
メイ　「新プラン？どんなプランなんですか？」
ジョン　「こちらのプリントをご覧《らん》ください。」　（ジョンさんが下のプリントをみせる。）

４月１日よりスタート！
新料金プラン！

旧プランの特徴《とくちょう》
・通信量 2.5 ギガまでは，定額 2,400 円！！
※ 2.5 ギガ以降は 0.1 ギガあたり 150 円になります。
※ 1 回の契約《けいやく》で，６か月間の契約をすることになります。

新プランの特徴
・通信量 2 ギガまでは，0.1 ギガあたり ［ア］ 円
※ 2 ギガ以降は 0.1 ギガあたりの値段が 15％増しになります。
※ 1 回の契約で，６か月間の契約をすることになります。

ジョン　「新プランでは旧プランから料金形態がガラッと変わるんです。」
メイ　「私が今，加入しているのは旧プランで，先月の通信量は 2.7 ギガ使用したので，先月の通信料金は ［イ］ 円でしたね。」
ジョン　「その通りです。」
メイ　「新プランと旧プランを比較《ひかく》してみると，使用する通信料金が 3 ギガだと同じ値段になりますね。」
ジョン　「その通りです！メイさんは計算がお速いですね。」
メイ　「ありがとうございます。普段《ふだん》は月に 2.7 ギガ使用するのですが，８月と９月は旅行によくでかけるので，通信量が $\frac{13}{9}$ 倍になってしまいます。」
ジョン　「では，来月から新プランに契約すると，６か月間の合計の通信料金は，旧プランと比べて…」
メイ　「［ウ］ プランの方が ［エ］ 円安いですね！」
ジョン　「さすが！やはりメイさんは計算がお速い！」

（問）　空欄《くうらん》ア，イ，エに当てはまる数値を答え，ウには「新」か「旧」のどちらが入るか答えなさい。

令和５年度　帝塚山中学校 １次Ａ入学試験問題　理　科　（その１）

受験番号

※答えはすべて解答用紙に書きなさい。
※選んで答える問題はすべて記号で答えなさい。

（30分）

[1] **図１**はある場所の地層の断面図です。この地層は**Ａ～Ｅ**の層および火山の噴火《ふんか》によってできた**Ｆ**からなり、**Ｘ―Ｘ′**は断層を示しています。この地層について、以下の問いに答えなさい。

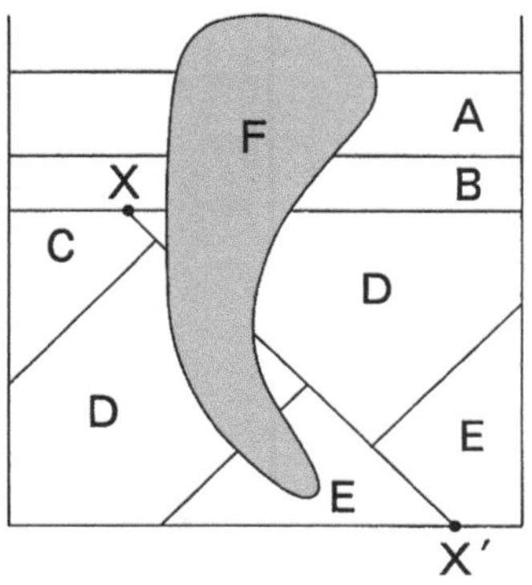

図１

問１　この地層ができた順に、**Ａ～Ｆ**をならべなさい。

問２　**Ｄ**の層では、サンゴの化石が見つかりました。この層ができた当時の環境《かんきょう》として、最も適当なものを選びなさい。

ア　やや寒く、乾燥《かんそう》した土地
イ　浅い湖や池
ウ　冷たくて深い海
エ　あたたかくて浅い海

問３　**Ｂ**の層は、火山の噴火でふき出た火山灰でできていました。火山灰にふくまれるつぶの特徴《とくちょう》として、最も適当なものを選びなさい。

ア　丸みを帯びた小さなつぶ
イ　丸みを帯びた大きなつぶ
ウ　角ばった小さなつぶ
エ　角ばった大きなつぶ

問４　断層**Ｘ―Ｘ′**ができるときに起こる現象を何といいますか。

問５　断層**Ｘ―Ｘ′**ができたのはどの層がたい積した後ですか。最も適当なものを**Ａ～Ｆ**から選びなさい。

問６　**表１**は**図１**の**Ａ～Ｅ**の層にふくまれていた化石（**あ**）～（**か**）について、**表２**は**図１**の地層からあまりはなれていない場所にある地層の層**Ｐ**、**Ｑ**にふくまれる化石について、それぞれまとめたものです。表中の○は、化石がふくまれていたことを示しています。

表１

層＼化石	（あ）	（い）	（う）	（え）	（お）	（か）
A	○		○	○		○
B	○	○		○		○
C	○		○	○	○	
D	○	○	○		○	○
E	○	○	○			○

表２

層＼化石	（あ）	（い）	（う）	（え）	（お）	（か）
P	○		○	○		○
Q	○	○	○		○	○

⑴　**表２**の層**Ｐ**、**Ｑ**と同じ層と考えられるものを、**表１**の層**Ａ～Ｅ**からそれぞれ選びなさい。
⑵　**図１**の地層がたい積したときの環境を知る手がかりとなる化石として、最も適当なものを（**あ**）～（**か**）から選びなさい。

裏面につづきます。

２　私たちの生活は電気を利用することで成り立っています。電気の流れや発電機について、以下の問いに答えなさい。

問１　**図１**で豆電球の明かりがついているとき、電流が流れている場所を**ア～ク**から**すべて**選び、解答らんに○をつけなさい。

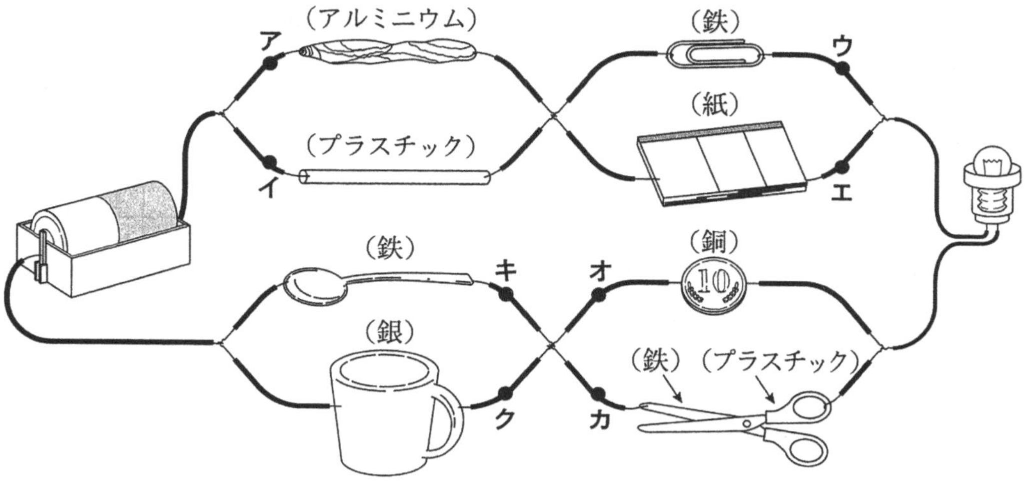

図１

問２　同じかん電池とプロペラ付きモーターをいくつか用意して、以下のようにつなぎました（これを電気回路という）。モーター**Ｘ**と同じ速さで回転しているモーターがある電気回路として、最も適当なものを選びなさい。

モーター**Ｘ**

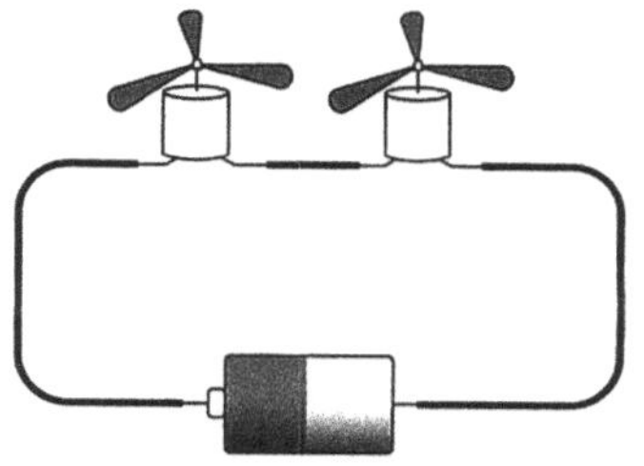

ア

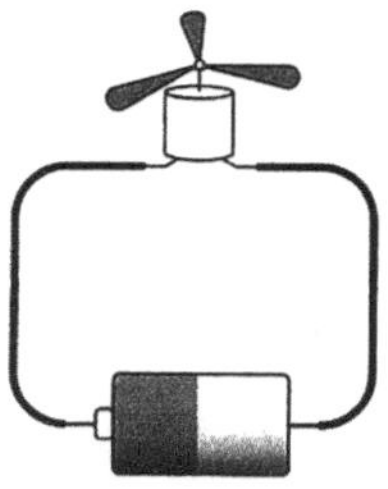

イ

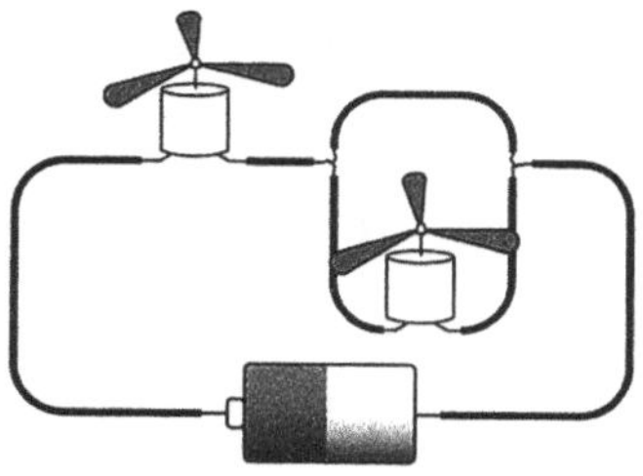

ウ

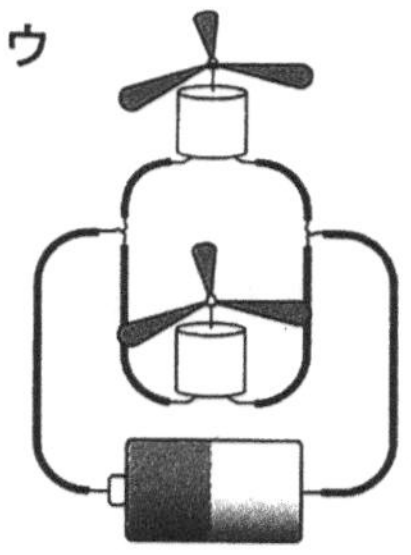

エ

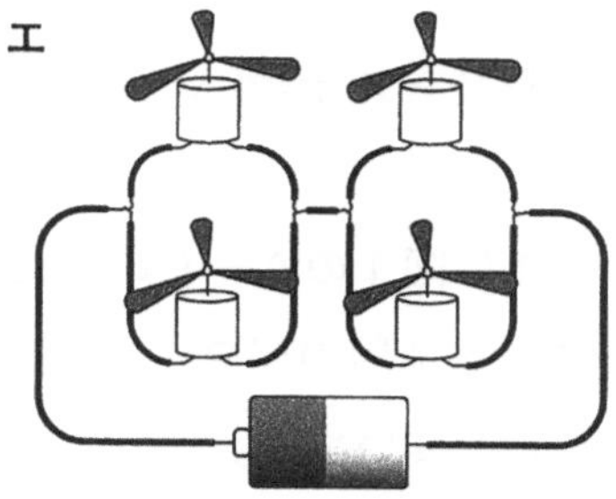

問３　手回し発電機と発光ダイオード（赤色、緑色）を**図２**のようにつなぎました。手回し発電機のハンドルを図の矢印の向きに回すと、赤色の発光ダイオードの明かりがつき、反対向きに回すと緑色の発光ダイオードの明かりがつきました。このことからわかることとして、最も適当なものを選びなさい。

ア　発光ダイオードは、豆電球より流れる電流が小さくても明かりがつく。
イ　発光ダイオードの明かりがつくときの電流の流れる向きは決まっている。
ウ　片方の発光ダイオードの明かりがつかないときは、電気回路に不備がある。
エ　ハンドルを回す速さによって、発光ダイオードの明るさが変わる。

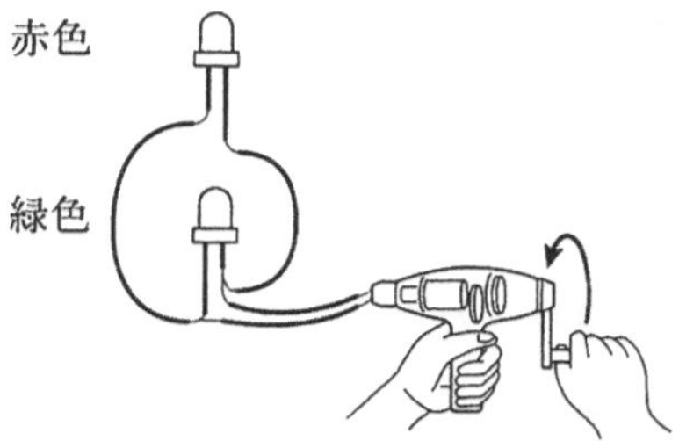

図２

問４　**図３**のように、問３の発光ダイオードを豆電球に変えて、問３と同じようにハンドルの回す向きを変えながら実験を行いました。実験の結果として、適当なものを**２つ**選びなさい。

ア　問３と同じ矢印の向きに回した時のみ明かりがつく。
イ　どちらに回しても明かりがつく。
ウ　どちらに回しても明かりがつかない。
エ　手回しの手ごたえが大きくなる。
オ　手回しの手ごたえが小さくなる。
カ　手回しの手ごたえは変わらない。

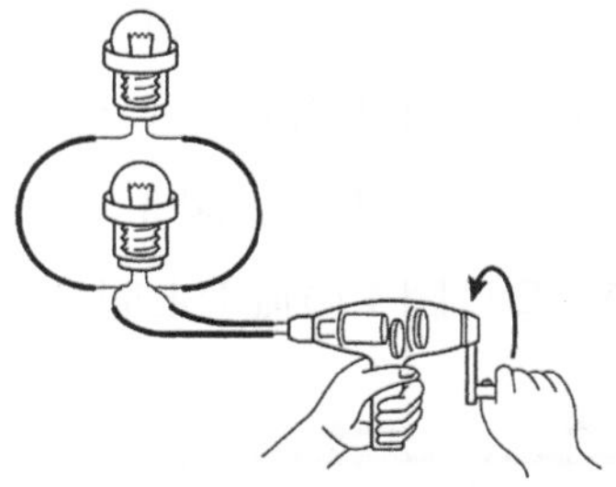

図３

問５　**図４**のように、問４からさらに２つの豆電球をつなぎ、ハンドルを回しました。問４と比べて回す手ごたえはどのようになりますか。またその理由は何ですか。最も適当なものをそれぞれ選びなさい。

【手ごたえ】
ア　大きくなる
イ　小さくなる
ウ　変わらない

【理由】
ア　発電機に流れる電流が大きくなるから。
イ　発電機に流れる電流が小さくなるから。
ウ　発電機に流れる電流は変わらないから。
エ　発電機に電流が流れないから。

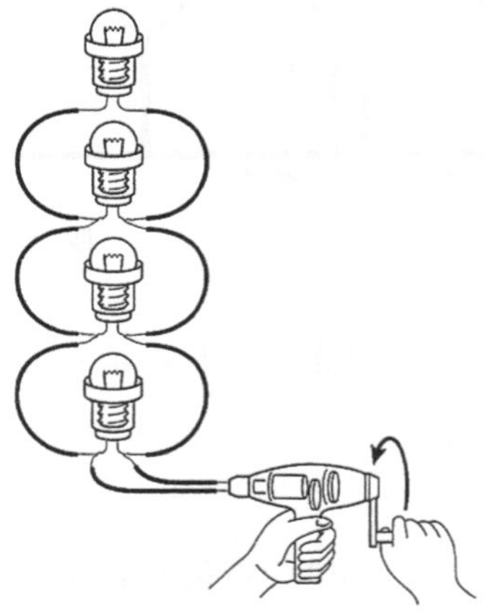

図４

問６　**図４**の豆電球をソケットからすべて外して、ハンドルを回しました。問５と比べて回す手ごたえはどのようになりますか。またその理由は何ですか。最も適当なものをそれぞれ選びなさい。

【手ごたえ】
ア　大きくなる
イ　小さくなる
ウ　変わらない

【理由】
ア　発電機に流れる電流が大きくなるから。
イ　発電機に流れる電流が小さくなるから。
ウ　発電機に流れる電流は変わらないから。
エ　発電機に電流が流れないから。

裏面につづきます。

３　ヒトの心臓から送り出された血液は血管を通って全身へ送られ、さまざまなものを運んでいます。ヒトの血管のうち、そのほとんどが太さ 0.01mm ほどの毛細血管です。メダカもヒトと同じように血液によってさまざまなものを運んでいます。**図１**はヒトの体の血管のようすを、**図２**はメダカの血管のようすを表しており、それぞれの図の中の矢印は血液の流れる向きを示しています。**図３**はヒトの体の血圧（心臓の動きによって送り出されるときに血液にかかる力）の変化を表し、血管Ａ、Ｅは**図１**の血管と同じものを示しています。以下の問いに答えなさい。

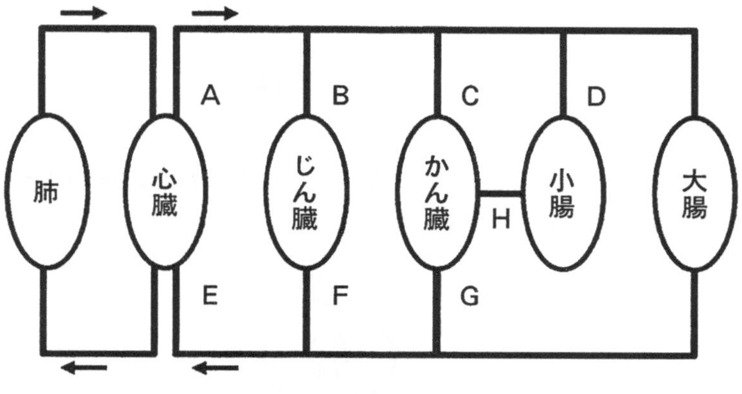

図１

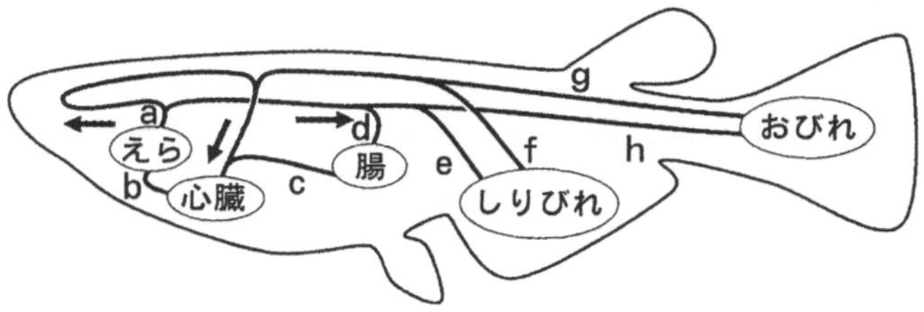

図２

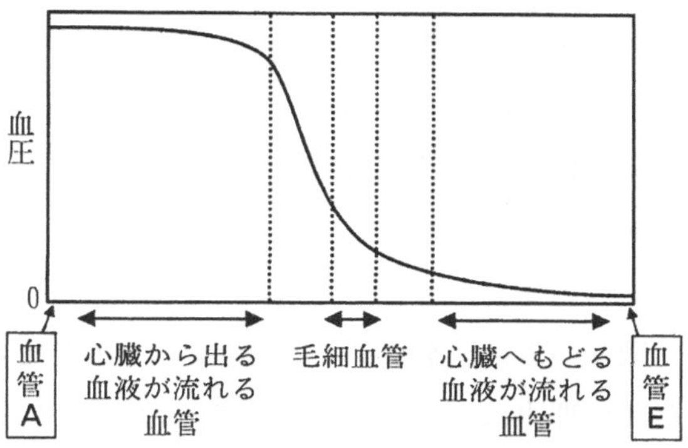

図３

問１　心臓の動きとそれによって生じる血管の動きをそれぞれ何といいますか。

問２　ヒトの心臓の特徴《とくちょう》を説明した文として、最も適当なものを選びなさい。

ア　自分の意思で動かすことができ、動かしたり止めたりできる。
イ　自分の意思で動かすことができ、連続して動き続けている。
ウ　自分の意思で動かすことはできず、動き続けたり止まり続けたりしている。
エ　自分の意思で動かすことはできず、連続して動き続けている。

問３　**図１**の中で血液中にふくまれる養分が最も多い血管をＡ～Ｈから選びなさい。

問４　**図２**の中で血液中にふくまれる酸素が最も少ない血管をａ～ｈから選びなさい。

問５　メダカの血圧の変化をヒトと同じように考えたとき、**図２**の中で最も血圧が高いと考えられる血管をａ～ｈから選びなさい。

問６　ヒトのおとなの血液は全部でおよそ５Ｌです。運動をしていないとき、心臓が動く回数は１分間あたり70回、１回の心臓の動きで70mLの血液を送り出すとします。

⑴　心臓から出た血液が全身を一周して心臓へもどるのに必要な時間として、最も適当なものを選びなさい。

ア　１秒　　**イ**　10秒　　**ウ**　１分　　**エ**　10分　　**オ**　１時間　　**カ**　10時間

⑵　**図１**の血管Ａにある成分Ｘを１mg注射しました。成分Ｘは体内で使われることなく、じん臓でこし出されます。じん臓を流れる血液の量は体全体の20%であり、流れてきた血液中にふくまれる成分Ｘはじん臓ですべてこし出されます。成分Ｘのおよそ半分がじん臓でこし出されるまでにかかる時間として、最も適当なものを選びなさい。

ア　３秒　　**イ**　30秒　　**ウ**　３分　　**エ**　30分　　**オ**　３時間　　**カ**　30時間

4 次の会話文を読んで、以下の問いに答えなさい。

先生：水にとけるものの量には、どのような性質がありましたか。
生徒：水にものがとける量には、限界があることを学習しました。
先生：そうですね。ふつうは、水100ｇにとけるものの限界の重さのことを溶解度《ようかいど》といい、限界までとけている水溶液《すいようえき》のことを飽和《ほうわ》水溶液といいます。では、水の温度が上がると、溶解度はどうなりますか。
生徒：溶解度は大きくなります。
先生：よく覚えていますね。ただし、温度が上がると溶解度が小さくなるものや、食塩のように温度が変わっても溶解度が変化しにくいものもあります。**表１**は温度による食塩の溶解度の変化を示しています。**表１**から、80℃の飽和食塩水35.0ｇには水（　Ａ　）ｇに食塩（　Ｂ　）ｇがとけていることになりますが､これを30℃に冷やしても､食塩は（　Ｃ　）ｇしか得られません。つまり、飽和食塩水を冷やしていっても、とけた食塩をたくさん取り出すことは難しいことがわかります。それでは、とけた食塩をたくさん取り出すにはどうすればよいでしょうか。
生徒：食塩水から水を蒸発させればいいと思います。
先生：そうですね。たとえば、先ほどの80℃の飽和食塩水35.0ｇを、温度を変えずに水を半分蒸発させると（　Ｄ　）ｇの食塩が得られます。確かに、食塩水から食塩をたくさん取り出すには、温度を下げるより、水を蒸発させるほうがよいですね。

表１

水の温度（℃）	10	20	30	40	60	80
食塩の溶解度（g）	37.7	37.8	38.0	38.3	39.0	40.0

生徒：食塩を水にとかすとき、水の体積と食塩の体積の和が、食塩水の体積になるのでしょうか。
先生：ものを混ぜる前後での、体積の変化については教科書に書かれていませんので、実際に実験してみましょう。
まずは、水を50.0 cm^3 はかりとり、食塩3.0 cm^3 を加えてよくかき混ぜた後、食塩水の体積をはかってみましょう。
生徒：食塩は固体なので、体積がはかりにくいです。どのようにすればよいでしょうか。
先生：１ cm^3 あたりのものの重さのことを密度といい、「g/cm^3」という単位を使います。食塩の密度は2.2 g/cm^3 ですので、（　Ｅ　）ｇをはかりとれば、食塩3.0 cm^3 をはかりとったことになりますよ。
生徒：わかりました。食塩（　Ｅ　）ｇをはかりとって、水50.0 cm^3 にとかしてみます。
生徒：先生、食塩水の体積が52.0 cm^3 になりました。
先生：そうですか。それでは､さらにその食塩水に食塩3.0 cm^3 ずつ加えてよくかき混ぜ､全体の体積をはかっていきましょう。
生徒：はい。やってみます。
生徒：先生、実験の結果をまとめると**表２**のようになりました。ただし、実験の途中から食塩のとけ残りが観察されました。
先生：そうでしょうね。それでは、このような結果になった理由を考えてみましょう。

表２

水の体積（cm^3）	50.0	50.0	50.0	50.0	50.0	50.0
加えた食塩の体積（cm^3）	3.0	6.0	9.0	12.0	15.0	18.0
全体の体積（cm^3）	52.0	54.0	56.4	59.4	62.4	65.4

問１　文中の下線部のように、液体の体積を正確にはかる器具として、最も適当なものを選びなさい。
ア　ろうと　　**イ**　試験管　　**ウ**　メスシリンダー　　**エ**　スポイト　　**オ**　上皿てんびん

問２　水にとけにくいものとして、適当なものを**すべて**選びなさい。
ア　アルミニウム　　**イ**　さとう　　**ウ**　でんぷん　　**エ**　ミョウバン　　**オ**　ろう

問３　文中の（　Ａ　）～（　Ｅ　）にあてはまる適当な数字をそれぞれ答えなさい。

裏面につづきます。

問４　生徒の行った実験で、食塩のとけ残りがはじめて観察されたのは、食塩を何 cm^3 加えたときですか。最も適当なものを選びなさい。

ア　3.0 cm^3　　**イ**　6.0 cm^3　　**ウ**　9.0 cm^3　　**エ**　12.0 cm^3　　**オ**　15.0 cm^3　　**カ**　18.0 cm^3

問５　**表２**から考えると、食塩のとけ残りがはじめて生じるのは、食塩を何 cm^3 加えたときですか。ただし、食塩のとけ残りが生じる前後では、体積の増える変化の割合はそれぞれ一定であるとします。

問６　生徒が今回の実験の結果について考察した文の空らん（　Ｆ　）～（　Ｈ　）の語句の組み合わせとして、最も適当なものを選びなさい。

今回の実験では、食塩を加えた後の全体の体積は、食塩の体積と水の体積の和よりも常に（　Ｆ　）なった。

水は分子《ぶんし》、食塩はイオンという目に見えないとても小さいつぶがたくさん集まってできている。また、水の分子どうしはすき間の（　Ｇ　）構造をしている。食塩が水にとけると、食塩のイオンの一部が水の分子のすき間に入りこむため体積が（　Ｆ　）なると考えられる。また、食塩のイオンと水の分子は強く（　Ｈ　）性質があることも体積が（　Ｆ　）なる理由であると考えられる。

	F	G	H
ア	大きく	多い	引きつけあう
イ	大きく	多い	しりぞけあう
ウ	大きく	少ない	引きつけあう
エ	大きく	少ない	しりぞけあう
オ	小さく	多い	引きつけあう
カ	小さく	多い	しりぞけあう
キ	小さく	少ない	引きつけあう
ク	小さく	少ない	しりぞけあう

令和５年度　帝塚山中学校 １次Ａ入学試験問題　社　会 （その１）

受験番号

※答えはすべて解答用紙に書きなさい。

(30分)　※選んで答える問題はすべて記号で答えなさい。

1　次の地図**ア～カ**は、日本のある県を示しており、地図中央のイラストは、その県を代表するマーク（都道府県章）です。これらの地図を見て、文章を読み、あとの問いに答えなさい。ただし、地図は同じ縮尺ではなく、湖などは省略しています。また、都道府県章はすべて白黒で表示しています。

ア

イ

ウ

エ

オ

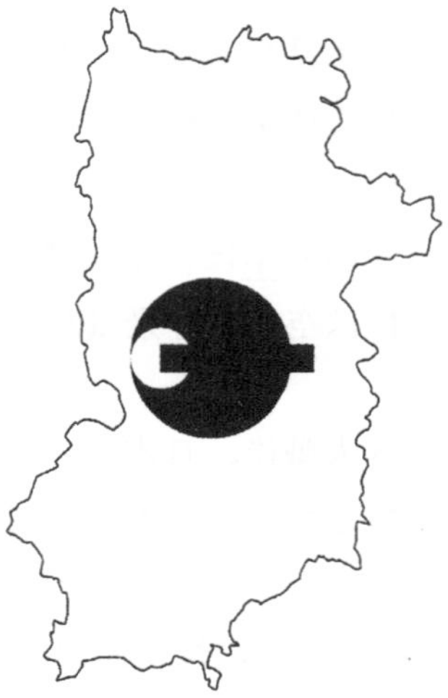

カ

〔Ａ〕 くだものの（　１　）やもも、すももの生産量が全国１位であるこの県の県章には、富士山をはじめとする山々が図案化されています。

〔Ｂ〕 日本最大の湖である（　２　）湖で知られるこの県の県章は、カタカナで書いた県名を図案化したものです。

〔Ｃ〕 いちごの生産量が全国１位で、世界遺産である（　３　）の社寺があることで知られるこの県の県章は、漢字で書いた県名を図案化したものです。

〔Ｄ〕（　４　）の生産量が青森県についで全国２位であるこの県の県章は、カタカナで書いた県名を図案化したものです。

〔Ｅ〕（　５　）の養殖《ようしょく》業で有名な大和郡山市が位置するこの県の県章は、カタカナで書いた県名を図案化したものです。

〔Ｆ〕 東には3000メートル級の山々が連なる飛騨山脈があり、越前と土佐にならぶ日本三大（　６　）の１つが生産される美濃市が位置するこの県の県章は、漢字で書いた県名を図案化したものです。

裏面につづきます。

問１　〔Ａ〕～〔Ｆ〕の文は、地図**ア～カ**のうち、どの県について述べたものですか。最もふさわしいものを、地図**ア～カ**からそれぞれ選びなさい。

問２　文中の空欄《くうらん》（　１　）～（　６　）に入る語句を答えなさい。ただし、（　２　）・（　３　）・（　５　）・（　６　）は**漢字２字**で答えなさい。

問３　次の①～④の文章のうち、**ア～カ**の県の共通点について述べたものとして、最もふさわしいものを１つ選びなさい。

①　新幹線が通過、または停車する駅がある。
②　標高2000ｍ以上の山がある。
③　県の名と県庁がある市の名が同じである。
④　外海がなく、周囲を陸地で囲まれている。

２　次の〔Ａ〕～〔Ｄ〕の文章を読んで、あとの問いに答えなさい。

〔Ａ〕　幕府をたおした①長州藩《はん》と薩摩藩の武士たちは、明治政府の中心になりました。特に長州藩出身の（　１　）は初代内閣総理大臣をつとめたほか、②憲法の作成にも関わり、政治の近代化を実現しようとしました。

〔Ｂ〕　大化の改新で活躍《かつやく》した（　２　）の子孫である③藤原氏は、天皇家との関係を深めて政治の実権をにぎりました。その勢いが最盛期《さいせいき》をむかえていた頃《ころ》、都では④唐の影響《えいきょう》がうすれた新しい貴族文化が栄えていました。

〔Ｃ〕　⑤近代日本の産業は、まず繊維《せんい》工業を中心に発展しました。日露戦争前後からは重工業も成長しはじめ、⑥第一次世界大戦中には空前の好景気がおとずれましたが、大戦が終わると、⑦不景気が続くようになりました。

〔Ｄ〕　第二次世界大戦後、日本はアジアの国々との関係改善につとめ、韓国とは1965年に（　３　）条約を結んで、国交を正常化しました。中華人民共和国とも国交を正常化し、1978年には⑧平和条約を結びました。

問１　下線部①について、長州藩出身の人物と、薩摩藩出身の人物の組合せとして正しいものを、次の**ア～エ**から１つ選びなさい。

ア　長州藩 ― 坂本龍馬　　薩摩藩 ― 岩倉具視
イ　長州藩 ― 勝海舟　　薩摩藩 ― 大隈重信
ウ　長州藩 ― 西郷隆盛　　薩摩藩 ― 高杉晋作
エ　長州藩 ― 木戸孝允　　薩摩藩 ― 大久保利通

問２　文中の空欄（　１　）に入る人名を姓名《せいめい》ともに**漢字**で答えなさい。

問３　下線部②について、この憲法の説明として正しいものを、次の**ア～エ**から１つ選びなさい。

ア　国民の言論や出版の自由はまったく認められなかった。
イ　国の主権者は国民であると定められた。
ウ　陸海軍を率いる権限は天皇がもつと定められた。
エ　内閣総理大臣は国会で指名されると定められた。

問４　文中の空欄（　２　）に入る人名を姓名ともに**漢字**で答えなさい。

問5　下線部③について、次の(1)・(2)の問いに答えなさい。

(1)　藤原氏のうち、問4の人物の息子《むすこ》で、大宝律令の制定や平城京遷都《せんと》に関わった人物は誰《だれ》ですか、姓名ともに**漢字**で答えなさい。

(2)　藤原氏や、その政治の特徴《とくちょう》として**誤っているもの**を、次の**ア～エ**から1つ選びなさい。

ア　対立する貴族を処罰《しょばつ》したり、失脚《しっきゃく》させたりすることで、政治から排除《はいじょ》した。
イ　天皇の幼少期には関白として、成人後には摂政《せっしょう》として、政治を補佐《ほさ》した。
ウ　自分の娘《むすめ》と天皇の間に生まれた皇子を次の天皇とし、外戚《がいせき》として実権をにぎった。
エ　地方の豪族《ごうぞく》や役人から献上《けんじょう》された土地や貢《みつ》ぎ物を、経済基盤《きばん》とした。

問6　下線部④について、この文化の説明として**誤っているもの**を、次の**ア～エ**から1つ選びなさい。

ア　賀茂《かも》祭（葵《あおい》祭）をはじめとする年中行事がさかんにおこなわれた。
イ　かな文字を用いた女性による文学作品が生まれた。
ウ　『平家物語』など、武士の活躍や生きざまをえがいた作品が流行した。
エ　貴族の生活や風景を題材とした大和絵が描《えが》かれた。

問7　下線部⑤について、19世紀の終わり頃には産業が発展する一方で、環境《かんきょう》の悪化も問題となりはじめました。このうち、渡良瀬《わたらせ》川に鉱毒が流れたことで、周辺地域に被害《ひがい》を与《あた》えた栃木県の鉱山の名前を**漢字**で答えなさい。

問8　下線部⑥について、第一次世界大戦の説明として正しいものを、次の**ア～エ**から1つ選びなさい。

ア　この大戦中、中国は日本が提示した二十一か条の要求の大部分を受け入れた。
イ　この大戦は、ヒトラーの率いるドイツがポーランドに侵攻《しんこう》したことではじまった。
ウ　この大戦の結果、日本はリャオトン（遼東）半島を獲得《かくとく》した。
エ　この大戦がはじまる前、日本各地で米の値段が急に高くなり、米騒動《そうどう》がおこった。

問9　下線部⑦について、この不景気が続いていた時期のできごとを示した次の**ア～エ**を古いものから順に並べかえたとき、**3番目**にくるものはどれですか、記号で答えなさい。

ア　差別に苦しんでいた人々が、全国水平社をつくった。
イ　アメリカ合衆国の景気が急速に悪化し、世界恐慌《きょうこう》がおこった。
ウ　満州にいた日本軍が、満州事変をおこした。
エ　普通《ふつう》選挙法と治安維持《いじ》法が制定された。

問10　文中の空欄（　**3**　）に入る条約名を**漢字4字**で答えなさい。

問11　下線部⑧について、この条約名を**漢字6字**で答えなさい。

3　次の〔**A**〕～〔**C**〕の文章を読んで、あとの問いに答えなさい。

〔**A**〕　平治の乱に勝利した①平清盛は、武士として初めて（　**1**　）に任じられ、政治の実権をにぎりました。さらに、平氏一族は朝廷《ちょうてい》の重要な役職を独占《どくせん》し、西日本を中心に広大な領土を支配しました。しかし、こうした平氏の横暴に対する貴族や武士たちからの反発が強くなったため、各地で平氏をたおそうとする動きがおこり、②6年間の戦いののち、平氏は（　**2**　）の戦いで滅亡《めつぼう》しました。

問1　下線部①がおこなったこととして**誤っているもの**を、次の**ア～エ**から1つ選びなさい。

ア　現在の神戸港の一部に相当する港を整備して、中国と貿易をおこなった。
イ　保元の乱では、白河上皇に味方した。
ウ　平氏の氏神《うじがみ》として厳島神社の社殿《しゃでん》を造営した。
エ　平治の乱で源義朝をたおし、平氏の勢力を拡大した。

裏面につづきます。

問２　文中の空欄（　１　）にあてはまる役職名を**漢字**で答えなさい。

問３　下線部②について、この６年間におこった次の**あ**～**う**の戦いがあった場所を東から順に並べたものを、あとの**ア**～**エ**から１つ選びなさい。

あ　富士川の戦い　　**い**　屋島の戦い　　**う**　一の谷の戦い

ア　**あ** → **う** → **い**　　**イ**　**い** → **あ** → **う**

ウ　**あ** → **い** → **う**　　**エ**　**う** → **い** → **あ**

問４　文中の空欄（　２　）に入る地名を**３字**で答えなさい。

〔Ｂ〕　室町時代には③農業や商工業が発達し、堺や博多などの都市では、（　３　）と呼ばれる有力商人による自治がおこなわれるようになりました。農村でも有力者を中心に団結し、村の規則を定めたり、領主に対して年貢《ねんぐ》の軽減を要求するようになりました。現在の石川県の一部では、（　４　）の信者である農民が村の武士と組んで大名をたおし、④約100年間にわたって自治をおこないました。

問５　下線部③について、この時期の農業・商工業の発達について述べた文として**誤っているもの**を、次の**ア**～**エ**から１つ選びなさい。

ア　月に６回、定期市がおこなわれるようになった。

イ　多くの物資を運ぶ必要から、運送業者の土倉が活躍した。

ウ　中国から輸入された銅銭が取引につかわれた。

エ　灘の酒、瀬戸の陶器《とうき》などの特産物が各地で生産された。

問６　文中の空欄（　３　）に入る語句を**漢字２字**で答えなさい。

問７　文中の（　４　）に入る語句**あ**・**い**と、その教えを説明した文**Ｘ**・**Ｙ**の組合せとして正しいものを、あとの**ア**～**エ**から１つ選びなさい。

（　４　）に入る語句

あ　浄土真宗（一向宗）　　**い**　日蓮宗

（　４　）の教えを説明した文

Ｘ　「南無妙法蓮華経《なむみょうほうれんげきょう》」の題目をとなえれば救われる。

Ｙ　阿弥陀《あみだ》仏にすがり、「南無阿弥陀仏」をとなえれば救われる。

ア　**あ**－**Ｘ**　　**イ**　**あ**－**Ｙ**　　**ウ**　**い**－**Ｘ**　　**エ**　**い**－**Ｙ**

問８　下線部④の時期におこったできごととして**誤っているもの**を、次の**ア**～**エ**から１つ選びなさい。

ア　室町幕府が滅亡した。

イ　日本にキリスト教が伝来した。

ウ　桶狭間で織田信長が今川義元を破った。

エ　足利義満によって北山に金閣が建てられた。

〔C〕　幕府が⑤外国との交易を積極的におこなったことで、⑥キリスト教信者が増加しました。彼《かれ》らの中には幕府の支配に反発する者が多かったため、幕府はキリスト教の布教を禁止し、外国船の来航を大幅《おおはば》に規制しました。ヨーロッパ諸国のうち、オランダとの交易は唯一《ゆいいつ》許可されましたが、⑦その商館は長崎の（　**5**　）に移され、⑧幕府の統制下におかれることとなりました。

問９　下線部⑤について、この時期における外国との交易について述べた次の文**あ・い**の正誤の組合せとして正しいものを、あとの**ア～エ**から１つ選びなさい。

あ　幕府の貿易許可状をもった船が、東南アジアに進出して貿易をおこなった。
い　銀・銅などが輸入され、生糸や綿織物が輸出された。

ア　あ－正　い－正　　　**イ　あ－正　い－誤**
ウ　あ－誤　い－正　　　**エ　あ－誤　い－誤**

問10　下線部⑥について、日本におけるキリスト教の布教について述べた文として**誤っているもの**を、次の**ア～エ**から１つ選びなさい。

ア　織田信長は、キリスト教宣教師《せんきょうし》を国外追放する命令を出した。
イ　キリスト教の信者になった大名らによって、４名の少年がローマ教皇（法王）のもとに派遣《はけん》された。
ウ　島原・天草地方で、キリスト教徒弾圧《だんあつ》と厳しい年貢の取り立てに反発する一揆《いっき》がおこった。
エ　キリスト教宣教師たちが各地に建てた教会は南蛮《なんばん》寺と呼ばれた。

問11　文中の空欄（　**5**　）に入る地名を**漢字**で答えなさい。

問12　下線部⑦にいたるまでの過程を示した次の**ア～エ**を古いものから順に並べかえたとき、**４番目**にくるものはどれですか、記号で答えなさい。

ア　全国にキリスト教の布教禁止が布告される。
イ　ポルトガル船の来航が禁止される。
ウ　スペイン船の来航が禁止される。
エ　日本人の海外渡航《とこう》が禁止される。

問13　下線部⑧の幕府は、大名を１年おきに幕府所在地と領地に住まわせました。この制度を何といいますか、**漢字４字**で答えなさい。

裏面につづきます。

4　Ａ子さんは日本の祝日について調べ、次のようなレポートにまとめました。これを見て、あとの問いに答えなさい。

祝日の名前	法律で説明されていること
元日	年のはじめを祝う
①成人の日	おとなになった青年を祝いはげます
建国記念の日	国がつくられた昔を思い、国を愛する心を養う
天皇誕生《たんじょう》日	天皇の誕生日を祝う
春分の日	自然をたたえ、生物を大切にする
昭和の日	激動の日々をへて、復興をとげた②昭和の時代をふり返り、国の将来を思う
憲法記念日	③日本国憲法の施行《しこう》を記念し、国の成長を願う
みどりの日	自然に親しむとともに、そのめぐみに感謝し、豊かな心をはぐくむ
こどもの日	こどもの人格を重んじ、その幸福をはかるとともに、母に感謝する
海の日	海のめぐみに感謝するとともに、④海洋国日本の繁栄《はんえい》を願う
山の日	山に親しむ機会をもち、山のめぐみに感謝する
敬老の日	⑤高齢《こうれい》者を敬い、長寿《ちょうじゅ》を祝う
秋分の日	祖先を敬い、亡くなった人をしのぶ
スポーツの日	スポーツを楽しみ、他者を尊重する精神をつちかうとともに、健康で活力ある社会の実現を願う
文化の日	自由と平和を愛し、文化をよりよいものにする
勤労感謝の日	勤労をたっとび、生産を祝い、国民が互《たが》いに感謝し合う

★　日本の祝日は「国民の祝日に関する⑥法律」によって定められている。この法律で「国民の祝日」は休日とすると定められている。

★　日本の祝日の数は、世界的にみて多い方である。一方、⑦ヨーロッパの国々では、日本に比べて祝日の数は少ないが、有給休暇《きゅうか》を利用して休む人が多い。

問１　下線部①について、次の(1)・(2)の問いに答えなさい。

(1)　2022年４月１日、成人年齢《ねんれい》が20歳《さい》から18歳へと引き下げられました。このことを明記した法を、次の**ア**～**エ**から１つ選びなさい。

ア　日本国憲法　　**イ**　民法　　**ウ**　公職選挙法　　**エ**　刑法《けいほう》

(2)　(1)の法改正による成人年齢の引き下げにともなう変更《へんこう》として**誤っているもの**を、次の**ア**～**エ**から１つ選びなさい。

ア　国会議員の選挙に投票することが、18歳でできるようになった。
イ　保護者の同意がなくても、携帯《けいたい》電話などを契約《けいやく》することが18歳でできるようになった。
ウ　結婚《けっこん》できる年齢が、男女とも18歳以上となった。
エ　飲酒・喫煙《きつえん》の年齢制限は、これまで通り20歳以上である。

問２　下線部②の時代のできごととして**誤っているもの**を、次の**ア**～**エ**から１つ選びなさい。

ア　日本が国際連合に加盟する。　　**イ**　沖縄が日本に復帰する。
ウ　阪神・淡路大震災《しんさい》がおこる。　　**エ**　公害対策基本法が制定される。

問３　下線部③について、次の(1)・(2)の問いに答えなさい。

(1)　日本国憲法において「国権の最高機関」と明記されている国家機関は何ですか、**漢字**で答えなさい。

(2)　日本国憲法の原則の1つに「国民主権」があります。主権者である国民に認められている行為《こうい》として**誤っているもの**を、次の**ア～エ**から１つ選びなさい。

ア　国会議員を選ぶ。
イ　知事や市町村長、地方議会議員を選ぶ。
ウ　条例の改正を請求《せいきゅう》する。
エ　地方裁判所の裁判官を審査《しんさ》する。

問４　下線部④に関連して、領海を除く海岸から200海里（約370km）までの範囲《はんい》で、資源の管理などが沿岸国に認められている水域を何といいますか、**漢字７字**で答えなさい。

問５　下線部⑤について、次の(1)・(2)の問いに答えなさい。

(1)　次のグラフと表は、各国の60歳以上の男女に生きがいについてたずねたアンケートの結果です。この結果から読み取れることとして正しいものを、あとの**ア～エ**から１つ選びなさい。

グラフ　生きがいを感じることの有無（性別）

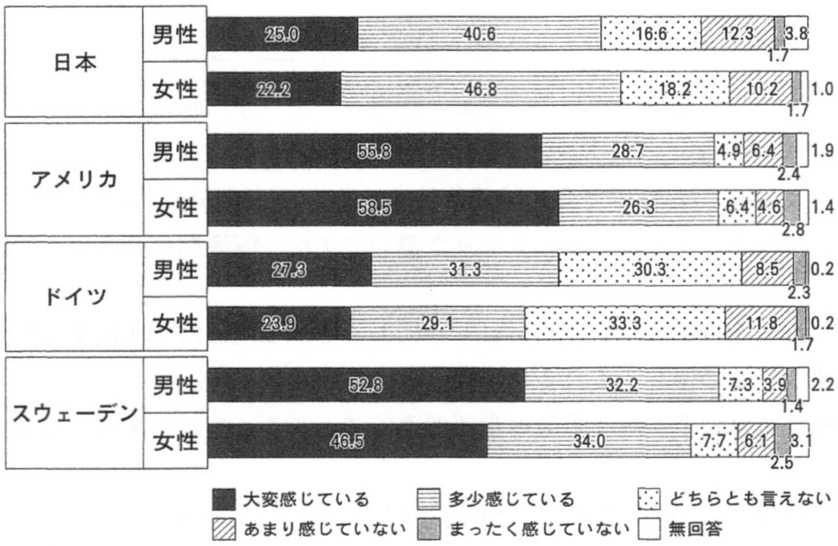

表　生きがいを感じる時（性別）

		仕事にうちこんでいる時	勉強や教養などに身をいれている時	趣味に熱中している時	スポーツに熱中している時	夫婦団らんの時	子供や孫など家族との団らんの時	友人や知人と食事、雑談している時	テレビを見たり、ラジオを聞いている時	社会奉仕や地域活動をしている時	旅行に行っている時	他人から感謝された時	収入があった時	おいしい物を食べている時	若い世代と交流している時	おしゃれをする時	犬やネコなどのペットと過ごす時	その他	わからない	無回答
日本	男性	26.9	12.0	48.2	20.0	40.7	51.8	35.3	45.3	8.9	33.0	23.2	24.9	49.5	7.2	5.4	14.3	1.7	2.8	2.5
	女性	17.6	10.6	42.6	13.1	24.2	58.5	54.7	51.4	7.8	36.3	32.7	20.9	57.8	10.8	26.8	15.4	3.2	2.4	1.1
アメリカ	男性	51.3	46.8	72.0	33.4	61.6	73.6	76.5	56.0	50.6	61.2	79.5	49.6	74.4	66.8	40.2	46.4	5.2	2.4	-
	女性	45.1	46.3	70.9	21.7	44.9	78.3	83.5	61.1	57.7	62.1	83.6	39.1	75.4	71.4	54.2	51.8	6.5	0.9	-
ドイツ	男性	24.3	15.6	55.9	24.7	57.8	63.3	60.8	41.6	16.0	57.1	43.9	31.1	65.5	23.5	15.1	17.3	3.0	1.3	0.4
	女性	13.6	13.2	46.7	19.0	34.1	75.8	65.7	48.1	15.7	49.7	46.2	22.5	59.2	24.2	36.2	19.9	1.7	1.4	0.3
スウェーデン	男性	26.9	3.5	42.3	32.0	70.5	74.3	61.3	58.5	29.1	53.6	57.5	27.8	64.7	31.6	18.5	21.5	3.9	1.3	1.7
	女性	20.3	1.8	40.0	20.7	52.2	81.8	73.5	62.9	36.5	51.5	68.9	20.1	61.6	37.1	33.9	22.7	4.2	2.0	1.4

（「内閣府　令和２年度　第９回高齢者の生活と意識に関する国際比較《ひかく》調査結果」より抜粋《ばっすい》）

裏面につづきます。

ア　ヨーロッパの国々は、同じような傾向《けいこう》を示しており、生きがいを「大変感じている」、「多少感じている」と答えた割合の合計が80％を上回っている。

イ　男性、女性それぞれで比較すると、ドイツは４か国の中で生きがいを「大変感じている」と答えた割合が男女ともに最も低い。

ウ　「生きがいを感じる時」について、４か国とも、「夫婦団らんの時」の割合は女性より男性が、「おしゃれをする時」の割合は男性より女性が高い。

エ　アメリカでは、男女ともに多くの人々がさまざまな生きがいを感じているが、なかでも「友人や知人と食事、雑談している時」に生きがいを感じる人の割合が最も高い。

(2)　高齢者の増加にともなって、日本の社会保障費は増加しています。日本の社会保障の４つの柱のうち、疾病《しっぺい》の予防、新型コロナウイルスなどの感染症《かんせんしょう》対策、地域保健などを担《にな》う分野を何といいますか、**漢字**で答えなさい。

問６　下線部⑥について、次の(1)・(2)の問いに答えなさい。

(1)　法律について述べた次の文章中の空欄（　**あ**　）・（　**い**　）にあてはまる語句を、あとの**ア**～**オ**からそれぞれ１つずつ選びなさい。

法律は国会で成立し、その後天皇によって（　**あ**　）されます。多くの場合、国民への周知がおこなわれた後に、法律が（　**い**　）されます。

ア　承認　　**イ**　施行　　**ウ**　修正　　**エ**　公布　　**オ**　審議

(2)　法律などが憲法に違反《いはん》していないかを審査する違憲立法審査権は、三権分立に基づく抑制《よくせい》・均衡《きんこう》のしくみの１つです。これは三権のうち、何権から何権に対するチェック機能ですか、解答欄に合うように**漢字**で答えなさい。

問７　下線部⑦について、日本は第二次世界大戦中、ヨーロッパにある２つの国と同盟関係を結びました。その２つの国について説明した文を次の**ア**～**オ**から**２つ**選び、それぞれ国名とともに答えなさい。

ア　核《かく》保有国であり、国際連合では安全保障理事会の常任理事国でもある。また、次回の夏季オリンピック開催《かいさい》地のある国である。

イ　国際連合の本部があり、国際連合の活動費用の負担割合が最も高い国である。

ウ　戦後、連合国に分割占領《せんりょう》されたのち、東西に分断されたまま独立した。ベルリンの壁《かべ》が崩壊《ほうかい》した翌年、国家統合が実現した。

エ　地中海に面し、古代ローマ帝国の中心地として繁栄した。首都の中に、バチカン市国が存在している。

オ　国王は「君臨すれども統治せず」といわれる象徴《しょうちょう》的存在である。2020年にはＥＵを離脱《りだつ》した。

令和５年度　帝塚山中学校
１次Ａ入学試験問題・国　語　解答用紙

受験番号

ここにシールを貼ってください

231110

※150点満点
（配点非公表）

一

1

2　□ → イ → □ → □

3　a　b

4

5

6　①　②

7　A　B　C　D

8

9

10

11

12

13　□・□

二

1　a　b　c

三

1　フカ
2　ショハン
3　メイヤク
4　シュフ
5　クンジ
6　シフク
7　サクイン
8　シショ
9　フクショウ
10　オ（　）びた
11
12
13　（　）る
14　（　）た
15

2

3

4　a　b　c　d

5

6　①　②

7

8

9

10

11

12　C　D

13

14

15

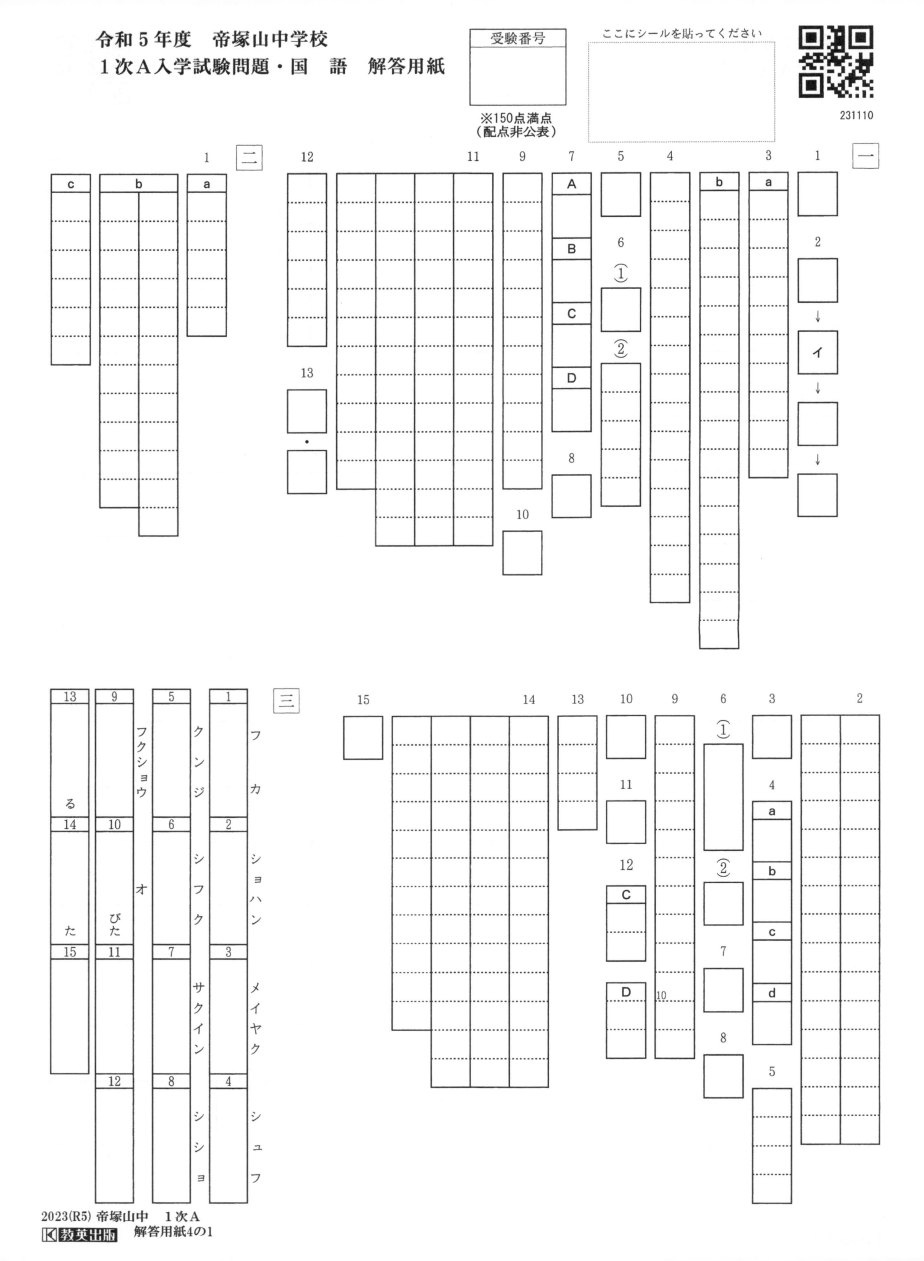

令和５年度　帝塚山中学校
１次Ａ入学試験問題・算　数　解答用紙

受験番号

※150点満点
（配点非公表）

ここにシールを貼ってください

231120

1

(1)		(2)		(3)	g
(4)	個	(5)	円	(6)	Ａの側面積　：　Ｂの側面積
(7)	個	(8)	本	(9)	cm^2
(10)	度				

2

(1)	Q	毎分　　　m	R	毎分　　　m
(2)	回			

3

(1)	①		②	cm
(2)	①		②	cm

4

(1)	cm^2	(2)	cm^2	(3)	通り

5

(1)	cm	(2)	分　　　秒後	(3)	分　　　秒後

6

(ア)	円	(イ)	円	(ウ)		(エ)	円

令和５年度　帝塚山中学校
１次Ａ入学試験問題・理　科　解答用紙

受験番号

※75点満点
（配点非公表）

ここにシールを貼ってください

231130

1

問１　→　→　→　→　→

問２

問３

問４

問５

問６　(1)　P　Q　(2)

2

問１　ア　イ　ウ　エ　オ　カ　キ　ク

問２

問３

問４

問５　手ごたえ　理由

問６　手ごたえ　理由

3

問１　心臓の動き　血管の動き

問２

問３

問４

問５

問６　(1)　(2)

4

問１

問２

問３　A　B　C　D　E

問４

問５　cm^3

問６

令和５年度　帝塚山中学校
１次Ａ入学試験問題・社　会　解答用紙

受験番号

※75点満点
（配点非公表）

ここにシールを貼ってください

231140

1

問１　A　B　C　D　E　F

問２　1　2　湖　3　4　5　6

問３

2

問１　問２　問３　問４

問５　(1)　(2)　問６

問７　問８　問９

問10　条約　問11　条約

3

問１　問２　問３　問４

問５　問６　問７　問８

問９　問10　問11

問12　問13

4

問１　(1)　(2)　問２　問３　(1)　(2)

問４　問５　(1)　(2)

問６　(1)　あ　い　(2)　権から　権に対するチェック機能

問７　記号　国名　記号　国名

令和五年度　帝塚山中学校　一次B入学試験問題・国　語（その一）

（60分）

受験番号

※答えはすべて解答用紙に書きなさい。　　※選んで答える問題は、記号で答えなさい。
※特にことわりのないかぎり、句読点やかぎかっこはすべて字数にふくみます。
※設問の都合上、本文に一部省略があります。

［一］　次の文章を読んで、後の問いに答えなさい。

　クラスメイトの陰口《かげぐち》を言う友だちをたしなめたら、別の友だちに「正義感あるよね」とほめられた。そうそう、私（以下、「僕《ぼく》」や「俺《おれ》」などにも置きかえて読んでみてください）ってけっこう正義感があるんです。床《ゆか》に落ちた掲示物《けいじぶつ》を拾って貼《は》りなおすときにホコリを払《はら》ったら、担任に「丁寧《ていねい》なんだね」とほめられた。そうそう、私ってけっこう丁寧なんです。ばっちりおしゃれして友だちとの待ち合わせ場所に行ったら、ひと目見てA「見た目はすてきだね」と言われた。……見た目「は」ってなに？　私そのものはすてきじゃないってこと？　どうして「見た目」と私を区別するの……と言い返しそうになってふと気づく。私の正義感や性格がほめられたら私がほめられたことになる気がするけれど、「見た目」の場合も1同じだと考えてよいのだろうか。私の「見た目」も、私と言ってよいのだろうか。

　この短い文章では、「私の『見た目』も私なのか」について考えてみたい。そのために、「見た目」をめぐって私たちに投げかけられる失礼な言葉をふたつ取りあげてみよう。うまく行けば、これらの失礼な言葉に立ち向かうためのアイディアもつかむことができるはずだ。

B「美人／*イケメンだと得だね」

　成績が上がったのを担任からほめられた生徒が、ほかの生徒から「美人／イケメンだと得だね」と言われた場合について考えてみよう。2たしかに、担任の評価が*内申書《ないしんしょ》に盛《も》り込《こ》まれれば、進路選択《せんたく》において「得」なのかもしれない。けれども、「見た目」がよいから教師に気に入られて成績が上がった、と決めつけるかのような3この発言は、ただのやっかみじゃないだろうか（実際には、「見た目」で騙《だま》されるほど、教員はいい加減ではありません）。その生徒の成績が上がったのは、やっぱり「熱心に勉強に取り組んだから」なはずだ。

　ここでちょっと立ち止まって考えてみたい。実は、「見た目」がよいから成績が上がってずるいとやっかむ側も、「見た目」ではなく熱心さを評価してほしい側も、「見た目」でほめないでほしい、と思っている点では同じ。［Ⅰ］、「見た目」はある人自身がほめられる理由になっていない、と考えられているのだ。

　［Ⅱ］、「ある人の正義感や性格をほめてはいるが、その人自身のことは全くほめていない」ということはありそうにない（どんな場合でも部分的にはほめているはずだ）。けれども、「見た目はすてきだね」のように、「ある人の見た目をほめてはいるが、その人自身のことは全くほめていない」ということ、少なくともこの発言を聞いてそう感じることはありうる。正義感や性格のように「見た目」もその人自身から切《き》り離《はな》せないのならば、「見た目」をほめればその人本人をほめたことになるはずだ。［Ⅲ］、どうも私たちはそうは思っていないらしい。だからここでは、私の「見た目」は私ではないのだ。

C「こんなに太って、なんてだらしない奴《やつ》なんだ」

　4テレビ番組に登場した体つきのふっくらした体型の芸能人に対し、いっしょにテレビを観《み》ていた家族が「こんなに太って、なんてだらしない奴なんだ」と言った場合について考えてみよう。ある人の体型には体質や*ライフスタイル、病気や自身の体型に関する理想の違《ちが》いなど、さまざまな要因がかかわっている。だから、ふっくらしていることをだらしなさと結びつけて勝手に批判するのはもちろん間違っているし、失礼だ。「見た目」をその人自身と結びつけてはならない場合はある。

★　※日本社会においては、「見た目」に関して、男性よりも女性に対して高いハードルが設けられている。女性だけが課される化粧《けしょう》や身だしなみのルールは多い。「見た目」の問題は、女性の生きづらさの問題、もっと言えば女性差別の問題ともつながっているのだ。あなたの性別にかかわらず、女性と接する時はとくに、「見た目」をその人自身と結びつけてその人を傷つけていないか気をつけてほしい。

逆に、他人の「見た目」をその人自身、あるいはその生《い》き様《ざま》と結びつけても問題がない場合を考えてみよう。周囲の視線を気にせず、自分の着たい服を着て自分らしく活躍《かつやく》している人を見れば、私たちも幸せな気分になる。この場合、その個性的な「見た目」は、その人の生き様をまさにあらわしていると思うべきではないだろうか。その人自身の生き様とは切り離された「単なる見た目」と考えるのは、うわべだけ【　X　】いると批判するようで、［Ⅳ］失礼な気がする。

「見た目はすてきだね」と言われて私たちが（　あ　）を覚えるのも、性格や（　い　）などと同じように、「見た目」もまた私たち自身から切り離すことができない重要な要素だと考えているからにほかならない。ここでは私の「見た目」は私そのものなのだ。

ということは、私の「見た目」は、私と切り離して考えたい（考えるべき）別物だったり、私と切り離せない（切り離すべきでない）ものだったりするのだ。だから、私の「見た目」も私ですか、という問いに対する答えは「はいでもあり、いいえでもある」になる。はっきりどっちかに統一してしまえばすっきりするけれど、そのためには私たちの（　う　）の半分くらいを捨てなければならない。その中には、むしろ他者を大切に思う気持ちも含《ふく》まれているだろう。だから、ばっさりと半分を捨てるのではなく、両者のあいだを揺《ゆ》れながら、場合に応じて適切に使い分けていくのでいいんじゃないだろうか。

とはいえ、どうやって適切に使い分けていったらいいんだろう。さきほどとりあげたふたつの失礼な言葉をもう一度思い返してみるのが役に立つ。「美人／イケメンだと得だね」は、他人が「見た目こそ自分自身だ」と思っていると決めつけたうえで、「見た目はお前ではない」と責めている。「こんなに太って、なんてだらしない奴なんだ」は、「見た目」だけでその人の内面を決めつけて、「見た目もお前だ」とその人を責めている。どちらの場合も、私の「見た目」も私なのか、という問いに対する「はいでもあり、いいえでもある」という答えのあいまいさを都合よく利用して、誰《だれ》かをおとしめたり、傷つけたりしている。

そう、失礼な言葉の中には、他人の「見た目」を自分の思い通りに意味づけてしまおうとする思惑《おもわく》があるのだ。他人の「見た目」をいかさま呼ばわりしたい人が「美人／イケメンだと得だね」と言い、性格を批判する道具に使いたい人が「こんなに太って、なんてだらしない奴なんだ」と言う。

だから、「私であり、そして私でない」という「見た目」のあいまいな性質を適切に使い分けていくための大事な方針は、このあいまいな性質を利用して他人の「見た目」を勝手に意味づけ、思い通りにコントロールしないことだろう。

それが私であれ私でないのであれ、どちらにせよ私の「見た目」は他人のものではない。私たちは、自分の「見た目」は自分自身だと感じて喜んだり悲しんだりするし、自分の「見た目」は自分そのものではないと感じて、諦《あきら》めて無視したり割り切って楽しんだりする。それは私だけに許された私の「見た目」との付き合い方だし、それでいいのだ。

もし、「見た目」がもつこのあいまいな性質を利用してあなたをコントロールしようとする人がいたら？　そのときは「あいまいだからと言って、5あなたの好きにはさせない！」とちゃんと言おう。私の「見た目」が、私以外の誰かのための「見た目」でないことは、絶対に間違いないのだから。

（『見た目が気になる「からだ」の悩《なや》みを解きほぐす26のヒント』所収　森山至貴《もりやまのりたか》「私の『見た目』も私ですか？」より）

＊イケメン…容姿が整っていて格好《かっこう》の良い、魅力的《みりょくてき》な男性。
＊内申書…成績や生活について書かれた調査書。
＊ライフスタイル…生活の様式、営み方。また、人生観・価値観・習慣などを含めた個人の生き方。

1　――1「同じだ」とありますが、それはどのようなことですか。最も適するものを、次の中から選んで答えなさい。

ア　私の「見た目」をほめるときには、私自身と切り離してもらいたいということ。
イ　内面をほめられるとうれしいように、「見た目」をほめられてもうれしいということ。
ウ　私自身をほめているようでも、実際には「見た目」をほめているだけだということ。
エ　私の「見た目」がほめられると、私自身もほめられたことになるということ。

令和五年度　帝塚山中学校　一次B入学試験問題・国　語　（その三）

2　――2「たしかに」はどこにかかりますか。最も適するものを、次の中から選んで答えなさい。

たしかに、　ア 担任の評価が　イ 内申書に盛り込まれれば、　ウ 進路選択において　エ「得」なのかもしれない。

3　――3「この発言は、ただのやっかみじゃないだろうか」とありますが、筆者が「この発言」を「ただのやっかみ」と考えるのはなぜですか。適するものを、次の中から**二つ**選んで答えなさい。

ア 生徒の「見た目」次第《しだい》で評価がゆらぐような教師は、実際には存在しないから。
イ 他人を責める行いには、努力できない自分への劣等感《れっとうかん》が反映されているから。
ウ 本人の努力によって変えられない「見た目」をからかうのはひきょうだから。
エ 自分にはない見た目のよさをうらやんで、いやみを言っているにすぎないから。
オ 多くの場合、成績が上がるのは本人が熱心に勉強したおかげであるはずだから。

4　［Ⅰ］～［Ⅳ］に入る言葉として最も適するものを、それぞれ次の中から選んで答えなさい。ただし、同じ記号は二度使えません。

ア かえって　イ たしかに　ウ つまり　エ だから　オ しかし

5　――4「テレビ番組に…と言った場合」とありますが、ここでの「見た目」はどのようなものとしてあつかわれていますか。本文から九字でぬき出して答えなさい。

6　【　X　】に入る言葉として最も適するものを、次の中から選んで答えなさい。

ア はばかって　イ 補って　ウ 装《よそお》って　エ 競って

7　（　あ　）～（　う　）に入る言葉として最も適するものを、それぞれ次の中から選んで答えなさい。

ア 実感　イ 反感　ウ 共感　エ 正義感　オ 存在感

8　――5「あなたの好きにはさせない！」とありますが、この場合の「好きにする」とはどのようなことですか。次の空らんの条件に合うように、本文からそれぞれぬき出して答えなさい。

相手を（　1　十二字　）する目的を持った相手が、もともと（　2　七字　）を持つ「見た目」を、自分の（　3　九字　）ようとすること。

9　（1）～～B「美人／イケメンだと得だね」、～～C「こんなに太って、なんてだらしない奴なんだ」とありますが、筆者は、どのようなことを伝えようとしてこれらの表現を挙げているのだと考えられますか。本文の★よりも前の内容から考えて、最も適するものを、それぞれ次の中から選んで答えなさい。

ア「見た目」のせいで人からうらやましがられること。
イ「見た目」がその人自身を実物以上に悪く見せること。
ウ「見た目」をその人と切り離して考えること。
エ「見た目」のせいで人から軽《かろ》んじられること。
オ「見た目」がその人自身を実物以上に良く見せること。
カ「見た目」をその人自身を表すものだと考えること。

（2）（1）を踏《ふ》まえると、波線部A「見た目はすてきだね」はB「美人／イケメンだと得だね」、C「こんなに太って、なんてだらしない奴なんだ」のどちらに近い例といえますか。BまたはCの記号で答えなさい。

10　次の一文は文中のどこに入れるのが適当ですか。直前の一文の終わりの五字をぬき出して答えなさい。

だから、こんな失礼な言葉をぶつけられてしまったら、「私はちゃんと努力している！」と言い返したくもなるだろう。

11　次のア〜オについて、本文の内容に合うものにはA、合わないものにはBと答えなさい。

ア　同じ「見た目」に関する発言であっても、顔よりも体型について触《ふ》れたもののほうがより失礼であるといえる。

イ　ある人の体型には体質やライフスタイルなどが関わっているため、本人のだらしなさはいっさい無関係である。

ウ　「見た目」を都合のいいように解釈《かいしゃく》することは、他人に対しては許されないが、自分自身に対しては許される。

エ　日本では女性の「見た目」に対してさまざまなルールがあるので、批判的な意見を述べることが難しい。

オ　着たい服を自由に着ている人の外見を、その人らしい生き方の反映だと考えることは問題ない。

二　次の文章を読んで、後の問いに答えなさい。

「かわいそう」

呟《つぶや》くと、航介《こうすけ》も頷《うなず》いた。

「そうだな。1当のお母さんも家族も、かわいそうだ。だけどね、雪乃《ゆきの》。これは間違《まちが》えないでほしいんだけど、気持ちを寄《よ》り添《そ》わせて、きっとどんなにか辛《つら》いだろうな、何とか力になってあげられたらな、って思うのはかまわない。でも、2自分のほうが一段高いところに立って同情するのは、俺《おれ》はちょっと違うと思う」

雪乃は、目をこらすようにして、父親の言葉に心をこらした。難しい、けれど大事なことを言われている気がする。

「こういう心の病気に対しては、偏見《へんけん》を持つ人が多いんだけど……ええと雪乃、偏見ってわかる？」

聞いたことのある言葉だけれど、正直、よくわからない。曖昧《あいまい》に首をかしげてみせると、航介は少し考えてから言った。

「つまり、確かな根拠《こんきょ》もないのに、偏《かたよ》った考えで相手のことを悪く思ったり、下に見たりすること、って言えばいいかな」

胸がずきりと痛んだ。

「それって、いじめとは違うの？」

父親の顔がこちらを向く。

「うん、少し違う。でも重なるところはありそうだな。偏見っていうのは、自分とはどこか違っている人と出会った時に、自分のほうが普通《ふつう》で正しいんだって思《おも》い込《こ》んで、相手のことをヘンだとか間違ってるとかって決めつけてしまうことなんだ。自分は間違ってないんだからその人を攻撃《こうげき》してもかまわないって思い込んだり、自分がどうしても感覚的に受《う》け容《い》れられない相手だから嫌《きら》ったっていいんだっていうふうに自分を正当化したり、ね。……そうか、3こうして考えてみると、たしかに雪乃の言うとおりだな。もとになってる考え方みたいなのは、いじめとも似てるかもしれないね」

父親の言葉を聞いているだけで、雪乃は胃袋《いぶくろ》をじわじわ締《し》めつけられるような感じがした。耳の奥《おく》でキィーンと金属音がして、口の中も錆臭《さびくさ》くなる。

何をしても、いや、何もしていなくても、ただそこにいるだけで、ヘンだとかブスだとか頭がおかしいとか言われた。そんなことないのにと思っても、あんまり何度も言われ続けるうちには自信がなくなってきて、自分はもしかして本当にヘンでブスで頭がおかしいのかもしれないと思えてきた。何を言われても、どんな表情をしていいのかわからなくなり、息をしているのも申し訳ないみたいな気持ちになって、実際に呼吸ができなくなったりもした。――つらかった。

「思い出させてごめんな」

航介が言う。お父さんはわかってくれているのだと思うと、少しだけ気持ちが落ちつく。4雪乃は、黙《だま》って首を横にふって見せた。

「大輝《だいき》のお母さんと、同じようなことで悩《なや》んだり困ったりしてる人たちは、じつはたくさんいるんだ。俺らが思ってる以上にいっぱいいる」

「そうなの？　でもあたし、これまで会ったことないよ。お父さんは？」

「俺は、ある」

雪乃は5目を瞠《みは》った。

「どういう人？」

「会社の先輩《せんぱい》」

「その人も、お父さんみたいな仕事してたの？」

「そうだよ。この商品のいいところを、世の中にどう知らせていったらいいのか、そのためにはどんな広告を展開すればいいのか、そういうふうな仕事の基本を最初に教えてくれたのはその先輩だった」

「いくつくらい上の先輩？」

「三つ上だったかな。いやあもう、ものすごく頭のいい、仕事のバリバリできる人で、俺、めちゃくちゃ尊敬してたんだよ。偉《えら》くなっていくのもいちばん早くて……。だけど、そのぶん、周りからの［ A ］当たりみたいなものもきつかったみたいでね。つらい中で、独りで頑張《がんば》りすぎちゃったのかもしれない。ある時から、どうしても会社へ来られなくなっちゃって、しばらく休んでたけど結局、辞《や》めるしかなくなった」

雪乃は、黙っていた。6身につまされる、とはこういうことを言うのだろうか。

もしかして、と思った。学校を休みがちになって、とうとうどんなに頑張っても行けなくなってしまった時、父親が【 Ⅰ 】何でもないことのように、行きたくないところへなんか行かなくていい、と7言い切ってくれたのは……。

「8雪乃だったら、理解できるんじゃないかと思うんだ」航介は続けた。「何かをしなきゃいけないと思ってるのに、心と身体《からだ》が言うことを聞いてくれない。自分のことなのに、自分ではコントロールできない。そういう時ってあるだろ？」

こくん、と頷《うなず》く。

「それに気づいても、たぶん多くの人はまず周りに隠《かく》そうとする。会社でも家でもね。そのせいで、よけいに治療《ちりょう》に取りかかるのが遅《おく》れて、どんどん症状《しょうじょう》が重くなったりするんだ。大輝のお母さんはそうだった」

航介は、ぽつりぽつりと話した。勤めていた役場でも、仕事が終わって家に帰ってからも、大輝のお母さんは不調を隠し、無理を重ねて、その末に――日常生活さえもふつうには送れなくなってしまった。ある時を境に、自分の殻《から》に閉じこもって出てこなくなり、家族の誰《だれ》の顔も見ようとせず、誰の声も届かなくなった。入院していた間は、夫や息子《むすこ》とも会える状態ではなかったという。

雪乃は、唾《つば》を飲み下した。（　X　）を飲んだように喉《のど》が痛む。

大輝の真っ黒な瞳《ひとみ》が頭に浮《う》かぶ。話したり遊んだりしている時はもちろん、興奮した時や、誰かの言葉にむっとなって怒《おこ》った時にはなおさら強く光る目。あの目の奥に、まさかそんな複雑な事情が隠されていたなんて思ってみたこともなかった。ふだんの大輝からそういう雰囲気《ふんいき》を感じたことさえなかったのだ。

自分が【 Ⅱ 】同じ境遇《きょうぐう》におかれたらどんな思いがするだろう。この世でいちばん大好きで大事なひとに、お母さん、と呼びかけても返事をしてもらえなくなったとしたら。

「なあ、雪乃」

父親の声が【 Ⅲ 】優《やさ》しく深く耳に響《ひび》いて、じわっと涙《なみだ》がにじむ。

「俺はさ。雪乃が学校で経験したつらさを、精いっぱい想像してみることはできるよ。でも、本当のところはやっぱり、雪乃自身にしかわからないんだろうとも思うんだ。みんなそうだよ。人にはわかってもらえないようなしんどさや悲しさを、それぞれ胸に抱《かか》えたまんま、なんとか頑張って立ってる」

だから（　Y　）、というふうに、父親の言葉は続くのだろうか。

「だからね、」

雪乃は身構えた。

「きみは、何にもおかしくなんかない」

「……え」

「みんなと［ B ］並《な》み揃《そろ》えて学校へ行けないからって、自分のことを責めたりする必要はない。まったくない。だってさ、考えてもごらんよ。熱を出して寝《ね》こんでる人に、熱なんか出してるお前がおかしいんだ、何が何でも起きろって、誰も言わないだろ？　言う人がいたら、そりゃその人のほうがどうかしてる。ふつうは、ちゃんと快復するまではまず身体のほうを心配して労《いたわ》るし、それでも良くならなかったら、医者を変えるとか病院を移るとかするよな。それと同じだよ」

9弱った。鼻の奥のほうがジンジンときな臭《くさ》く痺《しび》れてきた。これは、涙の前触《まえぶ》れだ。

「学校も、会社も、もっと言えば家庭だってそうだけど、その場所でもうすでに充分《じゅうぶん》過ぎるほど頑張って、それでもどうしようもなく気持ちが折れちゃってる人に、それ以上の無理をさせちゃいけない。それほど残酷《ざんこく》なことはないよ、そうだろ？　ヒロくんは、奥さんを結果的に追いこんでしまった自分を今も責めてるし、俺は、あれだけ世話になった先輩のために何もできなかった自分が今でも悔《くや》しい。もう二度と、そういう思いはしたくないんだよ。【 Ⅳ 】、きみの心は守りたい」

喉がぎゅうっと狭《せま》くなり、目の奥が熱く煮《に》える。もう駄目《だめ》だ、と思うより先に溢《あふ》れてしまった。こらえる暇《ひま》もなかった。

うつむいてしゃくりあげる雪乃の両目から、涙がぼとぼと落ちては、ジーンズの腿《もも》のあたりに濃《こ》いしみを作る。

「だからね」

航介がゆっくり続ける。

「学校なんて、無理して通わなくていい。学校でしか学べないこともあるにはあるだろうけど、いっぽうで、学校では逆立ちしたって学べないことが外の世界にはたくさんある。この世界の全部が、人生をかけて学ぶための学校なんだ。子どものための学校じゃなくて、人間の学校なんだよ。ただ、よく聞いて、雪乃」

雪乃は、涙でいっぱいの目をあげた。昔のガラスのようにゆらゆら歪《ゆが》んだ視界に、父親の真剣《しんけん》な顔が映る。

「**10**約束してほしいんだ。**11**俺はこれから、きみを連れてどこへでも行く。大人が集まる場所にも、役場や寄り合いにも、どこへでもだ。冬休みの間なら【　V　】、学校が始まってからもそうだとしたら、中には不思議に思って訊《き》く人もいるかもしれない。学校はどうしたの、ってね。俺は、隠さないよ。『学校へは行かない、というのが娘《むすめ》の意思なので、父親としてそれを尊重しています』と言う。はっきり言う。きみも、堂々と顔を上げていてほしい。その人が理解してくれても、くれなくてもね。いい？」

雪乃は、涙と唾を飲み下し、うなずいた。

（村山由佳《むらやまゆか》『雪のなまえ』徳間書店より）

1　――**1**「当のお母さんも家族も、かわいそうだ」とありますが、誰のお母さんがどうなったことに対して言っていますか。二十五字以内で答えなさい。

2　――**2**「自分のほうが一段高いところに立って」とありますが、どのような態度を取ることを言っているのですか。最も適するものを、次の中から選んで答えなさい。

ア　自分はすぐれていて、相手はおとっていると馬鹿にした態度。

イ　自分は普通で、相手は不幸でかわいそうだとあわれむ態度。

ウ　自分は正しくて、相手は間違っているという批判的な態度。

エ　自分は強くて、相手は弱く守ってやるべきだという傲慢《ごうまん》な態度。

3　――**3**「こうして考えてみると、たしかに雪乃の言うとおりだな」とありますが、どういうことですか。次の空らんの条件に合うように、本文からそれぞれぬき出して答えなさい。

（　a　五字　）もなく相手をヘンだ、間違っていると決めつけて（　b　二字　）したり嫌《きら》ったりする点では、（　c　二字　）といじめは似ているということ。

4　――**4**「雪乃は、黙って首を横にふって見せた」とありますが、これはどのような気持ちを表していますか。最も適するものを、次の中から選んで答えなさい。

ア　いじめられたのは過去のことなのだから、今はもう大丈夫《だいじょうぶ》だという気持ち。

イ　いじめられたことを気づかってくれる父親に、大丈夫だと伝えたい気持ち。

ウ　いじめられたことはつらい思い出なので、もう聞きたくないという気持ち。

エ　いじめられたことが忘れられず、決して許すことはできないという気持ち。

5　――**5**「目を瞠った」の意味として最も適するものを、次の中から選んで答えなさい。

ア　驚《おどろ》きのあまり目を見開いたということ。　**イ**　するどい目つきで相手を見たということ。

ウ　気まずそうに目をそらしたということ。　**エ**　疑いのまなざしを向けたということ。

6　［　A　］・［　B　］に入る漢字一字をそれぞれ答えなさい。

7　――6「身につまされる」を使った例文として正しいものを、次の中から一つ選んで答えなさい。

ア　人前で失敗して身につまされてしまった気持ちなんて、君にはわかるまい。
イ　これまでの自分を振《ふ》り返《かえ》ってみて、努力が足りなかったのだと身につまされた。
ウ　国王に直接お会いすることを許され、身につまされるほど光栄な気持ちだ。
エ　A社は人手不足らしいが、同業の我《わ》が社《しゃ》にとっても身につまされる話だ。

8　【Ⅰ】～【Ⅴ】に入る語として最も適するものを、それぞれ次の中から選んで答えなさい。ただし、同じ記号は二度使えません。

ア　ひときわ　　イ　まるで　　ウ　もしも　　エ　ともかく　　オ　せめて

9　――7「言い切ってくれたのは……」とありますが、「……」の後にはどのような言葉が省略されていると考えられますか。次の空らんの条件に合うように、本文からそれぞれぬき出して答えなさい。

お父さんには（　d　五字　）が（　e　四字　）で（　f　十字　）という経験があったからじゃないか。

10　――8「雪乃だったら、理解できるんじゃないかと思うんだ」とありますが、どのようなことを理解できると思っているのですか。最も適するものを、次の中から選んで答えなさい。

ア　自分が行きたくないところへなんか無理して行かなくていいということ。
イ　自分のことなのに、自分ではコントロールできないことがあるということ。
ウ　自分の不調に気づいても、多くの人はまず周りに隠そうとするということ。
エ　治療に取りかかるのが遅れると、どんどん症状が重くなるということ。

11　（　X　）・（　Y　）に入る表現として最も適するものを、それぞれ次の中から選んで答えなさい。

（　X　）
ア　堅《かた》い石ころ　　イ　苦い薬　　ウ　丸いあめ玉　　エ　温かいスープ

（　Y　）
ア　自分一人で悩みを抱《かか》え込《こ》むな　　イ　いつでも俺を頼《たよ》ってほしい
ウ　自分だけが辛いなんて思うな　　エ　俺だけはきみを信じている

12　――9「弱った」とありますが、それはなぜですか。最も適するものを、次の中から選んで答えなさい。

ア　学校に行けと言われると思っていたのに、心から心配し労《いたわ》ってくれる父親の優《やさ》しさに心を動かされ泣きそうになったから。
イ　自分のつらさは自分にしかわからないものなのに、必死にわかろうとしてくれる父親の熱心さに驚《おどろ》きをかくせなかったから。
ウ　学校に行かないことを責められるのではないかと心配していたのに、行かなくて良いと言われ、拍子抜《ひょうしぬ》けしてしまったから。
エ　自分のつらさを周りに隠そうとしていたのに、父親には全てお見通しだったのだということがわかり、困ってしまったから。

13　――10「約束してほしいんだ」とありますが、どのようなことを約束してほしいのですか。どのような人であるのかが分かるよう、次の空らんの条件に合うように本文の言葉を用いて答えなさい。

（　二十字以内　）人の前でも、堂々と顔を上げていてほしいということ。

14　――11「俺はこれから、きみを連れてどこへでも行く」とありますが、そのように言うのは、航介がどのように考えたからですか。五十五字以内で説明しなさい。

令和五年度　帝塚山中学校　一次Ｂ入学試験問題・国　語　（その八）

三　次の1～10の――部のカタカナを漢字に、11～15の――部の漢字をひらがなに直しなさい。

1　山間部と平野部とでは、生産力にレキゼンとした差があった。

2　きれいな線を引くために、筆箱からジョウギを取り出す。

3　負けたくやしさを心にキザみ、練習に打ちこむ。

4　となり町に新しいチョウシャが建設される予定だ。

5　知らないふりをして、順番をぬかすようなアツかましいことはしない。

6　大学病院でゾウキ移植手術を受けるかどうか検討している。

7　交通量の多い交差点には、安全のためリッキョウをかけてほしい。

8　その絵をはじめて見たときの強烈《きょうれつ》なインショウが忘れられない。

9　学びたいという意志のあるすべての人に向けてモンコを開く。

10　ユメをかなえるため、情熱を傾《かたむ》けて、日々努力をおこたらない。

11　計画を実行するにあたって、上役の意見にも耳を傾ける。

12　高い石壁《いしかべ》と深い堀《ほり》に守られた領主の館。

13　五百年ほど前にあったという大きな合戦の跡地《あとち》に足を運ぶ。

14　各大名家には剣術《けんじゅつ》の指南を務める武士がいたそうだ。

15　家族みんなで手分けをして、今後の台風の接近に備える。

令和５年度　帝塚山中学校　１次Ｂ入学試験問題　算　数　（その１）

受験番号

※答えはすべて解答用紙に書きなさい。

※円周率は3. 14とします。また，答えが分数になるときは，仮分数で答えてもよろしい。

(60分)

1 次の □ に，あてはまる数を答えなさい。

(1) $\square \times \left(1\frac{1}{3} - \frac{2}{9}\right) \div 0.25 = \frac{20}{3}$

(2) $\frac{1}{1}\times\frac{1}{3}+\frac{1}{3}\times\frac{1}{5}+\frac{1}{5}\times\frac{1}{7}+\frac{1}{7}\times\frac{1}{9}+\frac{1}{9}\times\frac{1}{11}=\square$

(3) 縦37 cm，横203 cmの長方形の木わくがあります。この木わくをいろいろな大きさの正方形のタイルで，はみ出さないように，重ならないように並べて埋め尽くします。正方形のタイルの枚数をなるべく少なくするとき，正方形のタイルは最低 □ 枚必要です。

(4) 花子さんはある本を読んでいます。１日目は全体の $\frac{3}{7}$ を読み，２日目は58ページ読み，３日目は１日目の $\frac{5}{6}$ より10ページ少なく読んで，３日目で全てのページを読み終えました。この本は □ ページあります。

(5) 昨日の博物館と美術館の入場者数は合わせて4000人でした。今日の博物館の入場者数は昨日の博物館の入場者数の $\frac{1}{16}$ 減り，今日の美術館の入場者数は昨日の美術館の入場者数の $\frac{1}{12}$ 増えたため，全体で40人減りました。今日の美術館の入場者数は □ 人です。

(6) 列車Ａと列車Ｂがあり，列車Ａは時速63 km，列車Ｂは時速45 kmで走ります。また，この２つの列車の長さは同じです。列車Ａと列車Ｂがすれ違《ちが》い始めてから終わるまで，５秒かかります。列車Ａが列車Ｂに追いついてから完全に追いこすまでにかかる時間は □ 秒です。

(7) １，２，３，４，５，６の数字を１回ずつ使って３けたの整数を作ります。奇数《きすう》は全部で □ 個できます。

(8) 図のように正方形ＡＢＣＤを，辺ＣＤが対角線ＡＣに重なるように折り，点Ｄが移った点をＤ′とします。さらに辺ＡＢがＤ′を通るように折ります。点Ａが移った点をＡ′とします。このとき，図の角 x の大きさは □ 度です。

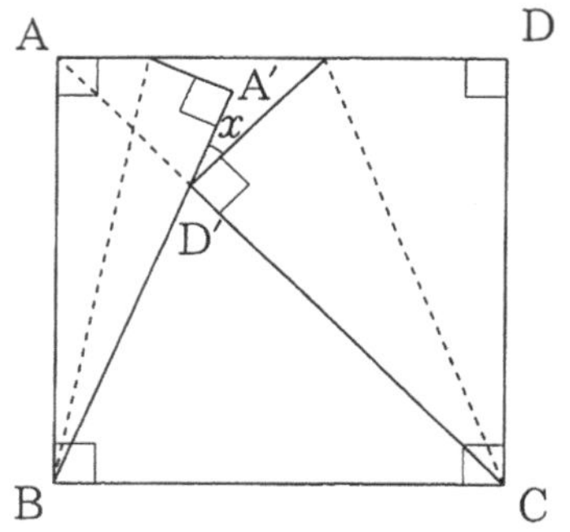

(9) 辺ＡＢの長さが5 cm，辺ＢＣの長さが6 cm，辺ＣＤの長さが3 cm，辺ＤＡの長さが2 cm，角Ｃと角Ｄが直角である四角形ＡＢＣＤがあります。このとき，次の問いに答えなさい。必要ならば，円すいの体積が，底面積×高さ× $\frac{1}{3}$ で求められることを使ってよろしい。

①四角形ＡＢＣＤの面積は □ cm^2 です。

②辺ＢＣを軸《じく》として，四角形ＡＢＣＤを１回転したとき，四角形ＡＢＣＤが通過してできる立体の体積は □ cm^3 です。

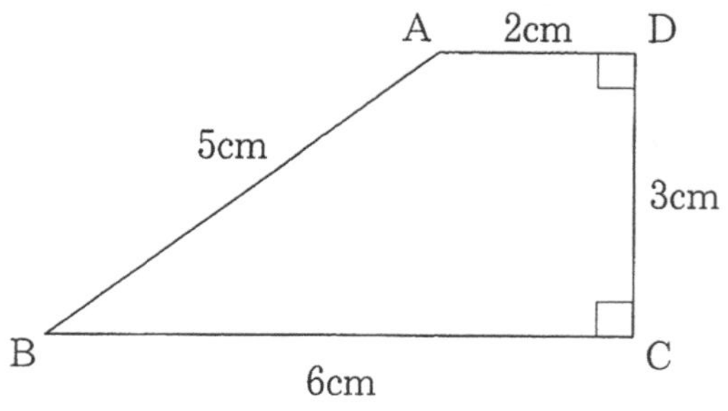

2　ある商品を１個あたり 500 円で仕入れ，３割の利益を見《み》込《こ》んで定価を決めています。この商品は１日あたり 14 個売れます。１ヶ月間（30 日間）の利益について考えます。次の問いに答えなさい。

⑴　１ヶ月間に何個売れますか。

⑵　１ヶ月間の利益は何円ですか。

⑶　定価を 50 円上げると販売《はんばい》個数が 10％減少します。定価を 700 円にすると１か月間の利益は⑵より何％増加しますか。

3　１辺の長さが 4 cm の正方形ＰＱＲＳがあります。図のように各辺を４等分する点をＡ，Ｂ，Ｃ，Ｄ，Ｅ，Ｆ，Ｇ，Ｈ，Ｉ，Ｊ，Ｋ，Ｌとします。直線ＣＦと直線ＤＧの交点をＴとします。次の問いに答えなさい。

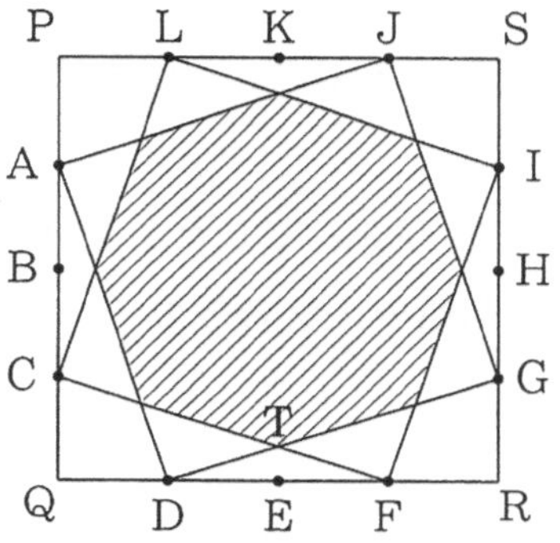

⑴　四角形ＡＤＧＪの面積は何 cm^2 ですか。

⑵　三角形ＴＤＦの面積は何 cm^2 ですか。

⑶　四角形ＡＤＧＪと四角形ＣＦＩＬが重なった部分（図の斜線《しゃせん》部分）の面積は何 cm^2 ですか。

4　ある池のまわりを兄と弟がジョギングをしています。午前 10 時に兄と弟は同じ場所から同じ向きに走り始めました。兄は６分間走ったら１分間歩き，弟は４分間走ったら３分間歩く，ということを何度もくり返します。兄弟の歩く速さは同じですが，兄の走る速さは弟の走る速さの 1.5 倍です。なお，兄弟の走る速さ，歩く速さは一定です。兄は午前 10 時 10 分に初めてスタート地点を通過し，兄が通過してから８分後に弟が初めてスタート地点を通過しました。次の問いに答えなさい。

⑴　兄の走る速さは，歩く速さの何倍ですか。

⑵　弟がスタート地点を２回目に通過するのは午前何時何分何秒ですか。

⑶　兄が初めて弟を追い抜《ぬ》くのは午前何時何分何秒ですか。

$\boxed{5}$ 次のような規則でつくることのできる数の列について，太郎《たろう》さんと花子さんが話しています。
太郎さんと花子さんの会話を読んで次の問いに答えなさい。

＜規則＞
偶数《ぐうすう》を２から順番《じゅんばん》に６個並べた「２，４，６，８，10，12」に現れる数字を順番に並べた

２，４，６，８，１，０，１，２

という数の列を，$\boxed{6}$ という記号で表すこととします。

太郎：上の＜規則＞によると，例えば，記号 $\boxed{7}$ は，偶数を２から順番に７個並べた「２，４，６，８，10，12，14」に現れる数字を順番に並べた「２，４，６，８，１，０，１，２，１，４」という数の列を表しているから，$\boxed{7}$ に含《ふく》まれる数の個数は10個，その和は，２＋４＋６＋８＋１＋０＋１＋２＋１＋４＝29だね。
でも，$\boxed{50}$ や $\boxed{100}$ のように数が大きくなったら，個数や和の計算は大変だなあ。

花子：そうかしら。$\boxed{7}$ に含まれる数の個数は，７個の偶数の内訳《うちわけ》が，１桁《けた》の偶数が４個，２桁の偶数が３個だから，合計10個になるんじゃないかな。

太郎：そっか。じゃあ，$\boxed{50}$ や $\boxed{100}$ に含まれる数の個数も求められるね。和はどう考えるのかなあ。

花子：そうね。それぞれの数字が何回ずつ現れるのか調べて計算すると，$\boxed{50}$ に含まれる数の和は426になることが分かるわ。

(1)　$\boxed{50}$ に含まれる数の個数は全部で何個ですか。

(2)　$\boxed{50}$ に含まれる数の中に，数字２は何個ありますか。

(3)　$\boxed{100}$ に含まれる数の和を求めなさい。

6　右の図のようなタンクＡがあります。Ａの容量は1200Ｌです。Ａには給水管１本と排水《はいすい》管２本がついており，一定の割合で給水と排水を行います。給水管から入る水の量と排水管から出る水の量は異なりますが，２本の排水管から出る水の量は同じです。今，Ａには全容量の37.5％の水が入っています。

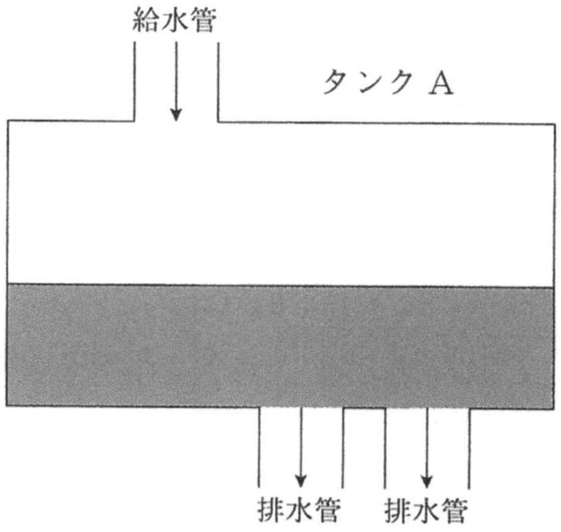

(1)　Ａの給水管を開いて水を入れます。それと同時に，もし排水管を１本開くと25分で満水になり，２本開くと50分で満水になります。１本の排水管から出る水の量は毎分何Ｌですか。

次に，下の図のように，全容量の37.5％の水が入ったタンクＡに空のタンクＢをつなげます。タンクＢの容量は1200Ｌで，タンクＡと全く同じ給水管１本と排水管２本がついています。

また，ＡとＢの間には管があり，ＡからＢに一定の割合で水を移します。ＡとＢの間の管ははじめは閉じていますが，Ａが満水になると同時に開けます。今，タンクＡとタンクＢの給水管と排水管をすべて同時に開けます。

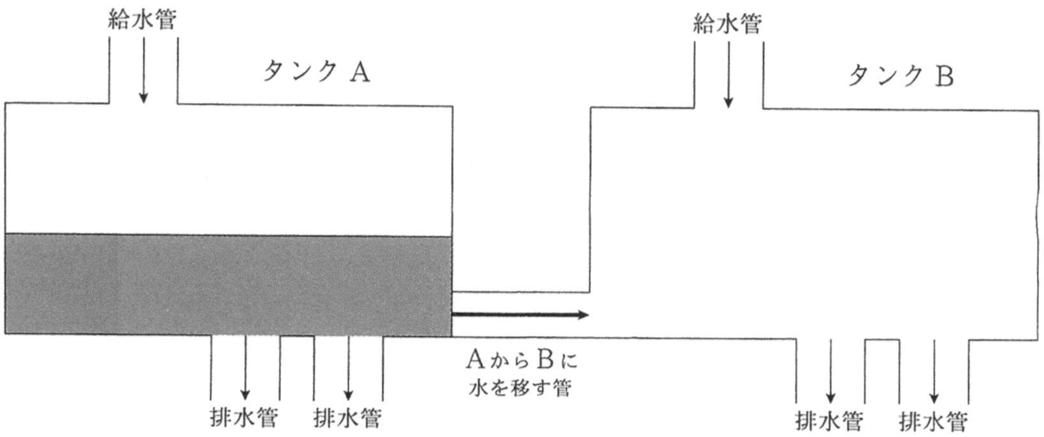

一度開けた管は途中で閉めないものとします。タンクＡの水の量と時間の関係を表したグラフは下の図のようになります。

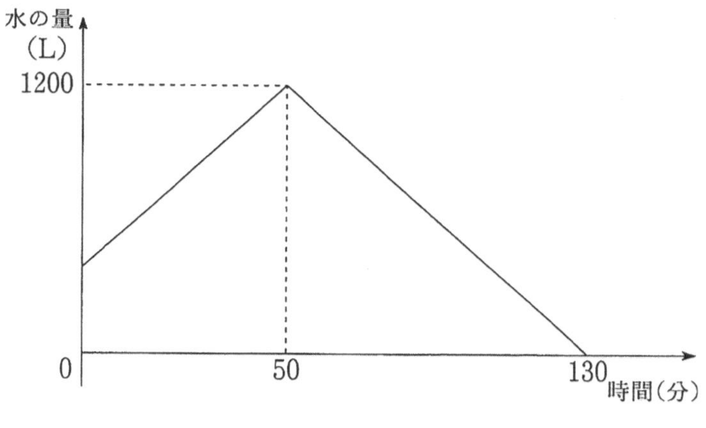

(2)　ＡからＢに移される水の量は毎分何Ｌですか。

(3)　ＡとＢの水の量が等しくなるときの水の量は何Ｌですか。

令和５年度　帝塚山中学校
１次Ｂ入学試験問題・国　語　解答用紙

受験番号

ここにシールを貼ってください

231210

※150点満点
（配点非公表）

一

1

2

3 ・

4 Ⅰ Ⅱ Ⅲ Ⅳ

5

6

7 あ い う

8 1 2 3

9 ① B C ②

10

11 ア イ ウ エ オ

二

1

2

3 a b c

4

5

6 A B

7

三

1 レキゼン

2 ジョウギ

3 キザ（み）

4 チョウシャ

5 アツ（かましい）

6 ゾウキ

7 リッキョウ

8 インショウ

9 モンコ

10 ユメ

11

12

13

14

15 （える）

8 Ⅰ Ⅱ Ⅲ Ⅳ Ⅴ

9 d e f

10

11 X Y

12

13 人

14

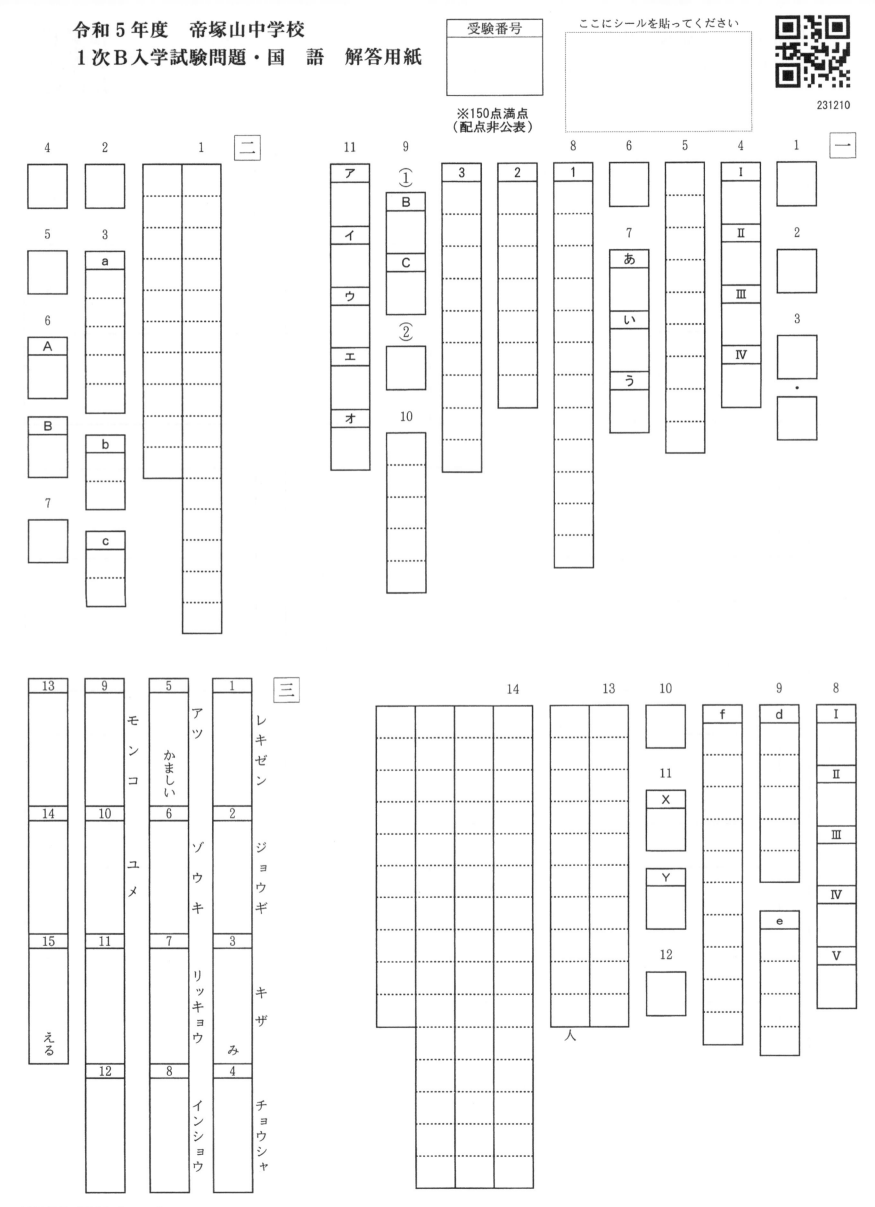

令和５年度　帝塚山中学校
１次Ｂ入学試験問題・算　数　解答用紙

受験番号

※150点満点
（配点非公表）

ここにシールを貼ってください

231220

1

(1)		(2)		(3)	枚
(4)	ページ	(5)	人	(6)	秒

(7)	個	(8)	度	(9)	① cm^2	② cm^3

2

(1)	個	(2)	円	(3)	%

3

(1)	cm^2	(2)	cm^2	(3)	cm^2

4

(1)	倍	(2)	時　分　秒	(3)	時　分　秒

5

(1)	個	(2)	個	(3)	

6

(1)	毎分　L	(2)	毎分　L	(3)	L

令和六年度　帝塚山中学校　一次A入学試験問題・国　語（その一）

（60分）

受験番号

※答えはすべて解答用紙に書きなさい。
※特にことわりのないかぎり、句読点やかぎかっこはすべて字数にふくみます。
※設問の都合上、本文に一部省略があります。
※選んで答える問題は記号で答えなさい。

［一］次の文章を読んで、後の問いに答えなさい。

　現在の人間たちの協力の最たるものは「職業」です。多くの人は職を持っていて、特定の仕事をするだけで生きていけるようになっています。私の場合であれば大学教員ですので、大学で講義をしたり、研究をしているだけで給料をもらって、［　Ⅰ　］を※賄《まかな》うことができます。私が身に着けている衣服も毎日食べている食料も、住んでいる家も、自分で作ったものではありません。作ろうと思っても質の高いものは作ることができません。その代わりに他の1もっと技術のある人間が仕事として作ってくれたものを買っています。

　現代人には当たり前すぎて普段《ふだん》は【　a　】意識しないかもしれませんが、これは大きな協力関係です。皆《みな》が自分以外の誰《だれ》かのために質の高い仕事をすることで、全員が安全で快適な生活を送ることができています。

　職業という協力関係の重要さは、誰かが仕事を辞《や》めたらどうなるかを考えるとすぐにわかります。たとえば、衣服を作る仕事の人が全員辞めてしまったら、みんな自分の服は自分で作らないといけなくなります。【　b　】粗末《そまつ》な衣服しか作れないことでしょう。忙《いそが》しい人は全く作れないかもしれません。着替《きが》えを用意しておくのも大変ですし、洗っているうちにぼろになるでしょうから、洗濯《せんたく》もあまりしなくなるでしょう。衣服は汚《よご》れ、感染症《かんせんしょう》も広まりやすくなるかもしれません。現代人が安く品質の高い衣服を手に入れることができているのは、作ることに特化した人が専門に作ってくれるおかげです。

　そしてそれは一方的な関係ではありません。衣服を作る人も食料や住居は別の専門家に作ってもらっています。私たち人間は、現在、社会という大きな協力関係の網《あみ》の目の中に組み込《こ》まれています。

　「社会の中に組み込まれる」ということは「社会の歯車になる」ということです。この言葉にはあまりいい印象はないかもしれません。しかし2それは誤解だと私は思います。むしろ3社会の歯車になることでほとんどの人は個性を発揮して、みんなの役に立てるのだと思います。

　［　Ⅱ　］植物や果物を採集したり、調理したりするのは、狩《か》りに不向きな女性や子どもの仕事になるでしょう。【　c　】、狩りなんて荒《あら》っぽいことが嫌《きら》いな男性や、採集よりも狩りの方が好きな女性だったとしても、餓《う》えないためには身体的に向いている方を4やらざるをえません。狩りに失敗したり、食べ物を見つけることに失敗したりすれば、すぐに命の危機が訪《おとず》れます。また、この世界では、勉強が得意とか、絵をかくのが得意とか、コミュニケーション能力が高いとか低いなどの個性が役に立つことはありません。5なにより必要なのは、獲物《えもの》をしとめたり、食料を確保する能力です。力や体力が何よりも重要です。強く丈夫《じょうぶ》で健康な人間だけが生き残る世界です。それ以外の個性には出番はありません。

　一方で私たちの社会は違《ちが》います。力や体力が必要な職業もあれば、勉強や絵を描《か》くことやコミュニケーション能力が必要な職業もあります。どれか1つの能力が優《すぐ》れていれば、十分に活躍《かつやく》の場が見つかります。少なくとも狩猟《しゅりょう》採集社会よりは、今の社会の方が自分に合った役割（歯車）が見つかる可能性が高いように思います。

　こうした6他人との協力からなる社会を形成するようになると、人間という生物が増える単位も変わってきます。人間以前の生き物は自分の力で自分だけを増やしていました。細菌《さいきん》も※線虫もカエルも虫もサルも、増えることができるかどうかは自分の能力や運によって決まっていました。優れた能力を持っていれば生殖《せいしょく》に成功し、子孫を作ることができますし、そうでなければ血統は途絶《とだ》えてしまいます。

　ところが7協力関係の網の目の中にいる人間は違います。自分が生き残って増えるためには他の人の能力も重要です。また自分の能力もほかの人が生き残って増えることに貢献《こうけん》しています。自分の命が大事なのと同じように、他の人の命も大事になっていきます。増える単位が自分の体を超《こ》えて広がっているといってもいいかもしれません。

　このような大規模な協力関係は人間ならではの特徴《とくちょう》です。人間以外の生物が非血縁個体と協力することは、特殊《とくしゅ》なケースを除いてほとんどありません。なぜ人間のみでこのような特殊な能力が生まれたのかについてはいろいろな説があります。人間の持つ高度な言語能力や認知《にんち》能力や寿命《じゅみょう》の長さが大事だったと言われています。また、それらの能力が生まれた背景には、狩猟採集生活の中で協力する必要性があったことや、子どもが成長するまでに時間がかかることから子育てに他の個体の協力が必要だったことなどが指摘《してき》されています。

　このような性質のどれが直接的な原因だったのかはわかりませんが、いずれにせよ、このような他の個体との協力を可能とする人間

令和六年度　帝塚山中学校　一次A入学試験問題・国　語　（その二）

の性質は、元をたどれば少産少死の戦略によってもたらされたものです。命を大事にして長く生きるようになり、他個体と付き合うことが可能になったために協力することが8有利になりました。

しかも、人間には他者を認識《にんしき》する知能や、他者の気持ちを察することのできる共感能力も備わっています。結果として協力関係がどんどん発展していきました。私たち人間は地球上の他のどんな生物よりも協力的な、いわば「やさしい」生物です。9このようなやさしさの進化は少産少死の戦略を極《きわ》めてきた生物にとって必然だったように思えます。

（市橋伯一《いちはしのりかず》『増えるものたちの進化生物学』ちくまプリマー新書より）

※賄う…整えること。　※アイデンティティ…自分が自分であること。自分が他者や社会から認められているという感覚。

※線虫…線形動物。細長い糸状で、動植物に寄生したり、水中・土中で生活したりする。

1　［Ⅰ］に入る三字の熟語を答えなさい。

2　———1「もっと技術のある人間」を言いかえた言葉を、本文から三字でぬき出して答えなさい。

3　【ａ】～【ｃ】に入る語として最も適するものを、それぞれ次の中から選んで答えなさい。

ア　さも　**イ**　たとえ　**ウ**　あまり　**エ**　きっと　**オ**　どうして

4　———2「それ」の指し示すものは何ですか。「こと。」に続くように、本文から三十字以内でさがし、はじめと終わりの五字をぬき出して答えなさい。

5　———3「社会の歯車になることでほとんどの人は個性を発揮して、みんなの役に立てる」とありますが、それはなぜですか。最も適するものを、次の中から選んで答えなさい。

ア　現代の人間の社会では、「職業」によって自分の能力を発揮するとともに、他の人と接することでさらに多くの能力が身に着くから。

イ　現代の人間の社会では、コミュニケーション能力が最も求められており、それは多くの人が生まれつきもっている能力だから。

ウ　現代の人間の社会では、男性は力や体力、女性は勉強や絵を描くことに優れているので、それぞれの特性で活躍できる場があるから。

エ　現代の人間の社会では、それぞれの優れた能力をいかし、自分に合った役割を見つけることによって、社会に貢献できるから。

6　［Ⅱ］には次の**ア**～エの文が入ります。正しく並べかえなさい。

ア　この場合、生きていくために必要な仕事はすべて3人だけで分担しないといけません。

イ　父親、母親、小さい子どもの3人家族だけで無人島で暮らしているような状況《じょうきょう》です。

ウ　狩りをするのは、生物的に力の強い大人の男性である父親になるでしょう。

エ　たとえば、社会が全く存在しない状況を考えてみましょう。

7　———4「やらざるをえません」とありますが、「やらざるをえない」と同じ意味を表す言葉として最も適するものを、次の中から選んで答えなさい。

ア　やらなければならない　**イ**　やるほうがよい　**ウ**　やってもよい　**エ**　やってほしい

8　———5「なにより」は、どこにかかりますか。最も適するものを、次の中から選んで答えなさい。

なにより　**ア**必要なのは、　**イ**獲物をしとめたり、　**ウ**食料を確保する　**エ**能力です。

9　――6「他人との協力からなる社会を形成するようになる」とありますが、そうなった原因として本文で述べられていないものを、次の中から一つ選んで答えなさい。

ア　人間が、単独で狩りや採集をして、生活することは難しい。
イ　人間の子どもが成長するためには、長い時間がかかる。
ウ　人間は、少産少死の戦略により長く生きられない。
エ　人間は、言語によって相手と意思の疎通《そつう》ができる。

10　――7「協力関係の網の目の中にいる人間は違います」とはどういうことですか。六十字以内で説明しなさい。

11　――8「有利」と反対の意味を表す言葉を、漢字二字で答えなさい。

12　――9「このようなやさしさの進化」とありますが、

（1）「このようなやさしさ」を言いかえた言葉を、本文から四字でぬき出して答えなさい。

（2）「このようなやさしさ」が「進化」したのはなぜですか。次の空らんの条件に合うように本文からさがし、はじめと終わりの五字をぬき出して答えなさい。

（　三十五字　）があるから。

13　本文の内容に従って生徒たちが話し合いをしました。次の会話を読んで、後の問いに答えなさい。

先生　では今から、［Ｘ］について考えてみましょう。話し合いを始めてください。

青木さん　筆者が述べているように、服を作る仕事の人がみんな辞めてしまったら、私も自分の服は自分で作らないといけなくなるよね。私、デザインも裁縫《さいほう》も苦手だから、今みたいに［Ｙ］を着ることができなくなっちゃう。

石川さん　僕《ぼく》、おしゃれが好きだから、それは困るなぁ。でも、服を作る仕事の人だけじゃなくて、他の仕事の人たちがみんな辞めても、僕たちに影響《えいきょう》があるよね。(ア)一番影響があるのは、食べ物を作る人がいなくなったときじゃないかな。

村上さん　たしかに、私たちは食べ物がないと生きていけないもんね。たとえば、(イ)農家の人たちがみんないなくなってしまったら、お米も野菜も果物も、私たちが自分で作らないといけなくなるよね。

山田さん　僕は、帝塚山中学校の「田んぼプロジェクト」でお米作りを少しだけ体験したことがあるけど、農家さんのように農薬とか肥料とかの知識があるわけじゃないし、(ウ)害虫からお米を守れなくなって、おいしいお米を作ることができなくなるかもしれないよね。

石川さん　それは大変だ。食べ物でいうと、レストランで働く人たちがみんないなくなっても困るよね。僕の家は母が仕事で忙しくてご飯を作れないときに、よく外食に行くから…。僕、自分でご飯作れるかなぁ。

青木さん　でも、(エ)家族のみんながご飯を作るようになったら、お母さんの家事の負担が減ることになるんじゃない？それに、石川さんの料理の腕《うで》が上がって、おいしい料理を作れるようになるかもしれないよ。

山田さん　僕は料理が苦手だから、レストランで働く人たちがみんないなくなって自分でご飯を作るようになっても、おいしいご飯を作れる自信はないなぁ。やっぱり、服を作る仕事の人も、食べ物を作る仕事の人も、もちろんそれ以外の仕事の人も、誰かが仕事をやめたら、社会のみんなが［Ｚ］を送れなくなってしまうよ。

（1）［Ｘ］・［Ｙ］・［Ｚ］に入る言葉を、Ｘは十五字、Ｙ・Ｚはそれぞれ十字以内で本文からぬき出して答えなさい。

（2）会話文中の――(ア)～(エ)について、本文の内容に合うものにはＡ、合わないものにはＢと答えなさい。

二　次の文章を読んで、後の問いに答えなさい。

レイとリョウタは、いなくなったレイのおばあちゃんをあちこち探していた。

ベンチのひとかげは、くらい流れのほうをむいてすわったまま、ぴくりともうごかなかった。リョウタはすこし手まえで立ちどまった。よこ顔がみえるところまでまわりこんだ。もう表情がよくわからないくらい夕やみにつつまれていたが、うす紫《むらさき》の肩《かた》かけと、両手でつえによりかかるポーズにみおぼえがあった。

「タヅさん」

そっと、声をかけてみた。タヅさんはゆっくりとリョウタのほうをむき、身を乗りだし、首をのばしてじっとみつめた。

「リョウタ。家にしらせてくる。おばあちゃんどここにいて」

広場のまんなかで、レイが土音《つちおと》をたてて自転車をターンさせた。

「ぼくが行きます。レイさんがいっしょにいてあげるほうがいいでしょう」

「わたしじゃだめなの」

1なぞのことばをのこして、レイは、車輪の音とともにとおざかっていった。

リョウタは、タヅさんとふたりだけになった。河川敷《かせんしき》は、ふかいすりばちのそこによこたわる、ほそながい、うすやみの世界だった。むかし、この広場でも※原爆《げんばく》で死んだひとをやいたのだろうか。シゲルじいちゃんは、骨はべつの場所に埋《う》めなおして慰霊碑《いれいひ》をつくったといっていたけれど、ひろいわすれた骨がのこっているかもしれない。リョウタは、足がすくんでうごけなくなった。

「ショウタか」

のばした首のさきで目をまんまるにして、タヅさんがいった。リョウタは、じぶんの名前をよばれたと思ってへんじをした。

「はい」

タヅさんはつえをほうりだしてリョウタにかけより、いきなりぎゅっとだきしめた。リョウタはびっくりして手をつっぱった。はずみでタヅさんは、しりもちをついた。くらがりでもわかるくらいに、なきだしそうに顔がゆがんだ。それでもかまわず、タヅさんはひざをついてリョウタの手をとった。

「ごめんね。おそうなって。かあちゃんがなかなかみつけられんかったけえ」

あやまったのはタヅさんだった。

ショウタは死んでしまったと、リョウタは、いえなかった。

「ショ、ショウタです」

2リョウタはうそをついた。声がふるえた。タヅさんはリョウタのうでや足をやさしくなで、体をみまわした。

「3やけどは。けがは。いたいところはないか」

「ありません」

リョウタが［A］とこたえると、タヅさんはうれしそうに、なんども、なんどもだきしめた。

「無事じゃったか。ようかえったねえ。えらかったねえ」

つめたかったタヅさんの手が、しだいにあたたかくなっていった。リョウタは、タヅさんをたすけて立ちあがらせた。

「ごめんなさい。4つきとばして」

「ええんよ、ええんよ」

タヅさんは、やせているけれど骨ぶとのうでで、リョウタにつかまってベンチまで歩いた。ふたりはならんですわった。タヅさんは、リョウタのかたほうの手をにぎったままはなさず、自分のひざに乗せた。いつのまにか、5対岸の土手道《どてみち》をはしる車のヘッドライトが明るくかんじられるようになっていた。

ベンチにすわってから、タヅさんはきゅうにだまりこんでしまった。リョウタは、なにを話してよいかわからず、足もとにころがっているつえを気にしていた。タヅさんのようすをよこ目でうかがうと、肩かけがひじのところまでずれている。さむくないかな、つえをひろってあげたほうがいいのかなと、思うだけでなかなか手がのびなかった。気まずい沈黙《ちんもく》をやぶるために、リョウタは勇気をふりしぼっていった。

「さむくないですか」

かたほうの手はタヅさんとつないでいたので、リョウタは立ちあがって、あいたほうの手で肩かけをなおしてあげた。タヅさんは、エッエッと声をつまらせて、ちいさなきごえをもらした。こまったリョウタは、じぶんのマフラーをはずしてタヅさんの首にまいてあげた。

「あったかくなった?」

リョウタは、タヅさんのよこにすわった。ぴったりとくっついたうでや足から体温がつたわってくる。

「やさしい子じゃ」

タヅさんは、にぎる手にちからをこめた。

「6ミノルさんとは、なかよくやっとるか」

「えっ?」

リョウタはききかえした。

「いっしょに中学へかようとったじゃろう」

そうだった。ショウタとミノルは、同級生なのだ。

「はい、いつもいっしょにあそんでいます」

うそがひとつふえた。リョウタは胸がどきどきした。

「つらいことはないか?」

「ありません」

「そうか。友だちがおるならあんしんじゃ」

タヅさんは、つないだ手の上から、もうかたほうの手をかさねてにぎった。リョウタの足さきがこつんとつえにふれた。リョウタはあいた手でつえをひろい、タヅさんに手わたそうとした。

「7もういってしまうんか」

タヅさんは、［B］としたようすで、うでにしがみついてきた。リョウタは、タヅさんのことばの意味がよくわからなかった。

「しんじとうなかった」

タヅさんはいった。

「勤労奉仕《ほうし》先にゃ遺体はなかった。全身にやけどを負うて死んだと、ひとづてにきかされたが、かあちゃんはぜったいしんじんかった。ショウタは、どこかの救護所でかならず生きとると、しんじてさがしたんよ」

8リョウタは、なにかこたえてあげたかったが、なにもいえなかった。タヅさんは、やけどを負ったショウタにもあえず、遺体もみつけられず、遺品さえも手にすることができなかったのだ。タヅさんはつづけた。

「あいにきてくれて、ありがとうね。ショウタがくるしんでないならそれでええ。9いっしょにいってあげたいけど、まだいかしてもらえん。ゆるしてください」

タヅさんは、てのひらをあわせておがんだ。そして、リョウタの手からつえをうけとると、ゆっくりと立ちあがった。

「タヅさん」

リョウタは、あわててとめようとした。タヅさんは、ふりかえって笑った。

「そうよばれたのは、むかしのこと。おばあちゃんでええですよ」

タヅさんは、つえにすがりながら、広場をよこぎって歩きだした。リョウタは、すこしうしろをついて歩いた。まえを行くタヅさんの足もとが、やっとみえるくらいの明るさしかのこっていなかった。

しゃめんのスロープを、白い乗用車がくだってきた。河川敷までおりると、くるりとむきをかえてとまった。まぶしいひかりが目にとびこんでくる。

「リョウタ」

助手席からおりてきたレイがさけんだ。

ヘッドライトのなかにタヅさんとふたりならんで立ち、リョウタは自分でも思いがけないことばを口にしていた。

「かあちゃん、さがしてくれてありがとう」

10タヅさんは、しあわせそうなほほえみをむけた。広場のむこうから、レイが、ゆっくりと歩いてきていた。

「車のむかえがきた。かあちゃんはあれに乗ってかえるから、ミノルさんといっしょに行きんさい」

そして、タヅさんはヘッドライトにむかって歩きはじめた。

運転席からおりてきたひとが、タヅさんを11いざなうように、後部座席のドアをひらいた。すれちがいざま、レイは、立ちどまってタヅさんをみまもる。ひらいたドアにタヅさんがむかうのをみとどけると、リョウタのほうへ歩いてきた。

「レイさん、はしってかえろう」

リョウタは、土手のながい階段をめざして広場をかけた。軽《かろ》やかなレイの足音があとを追ってくる。リョウタは、そのまま階段をか

けのぼった。
　なかほどでふりかえると、ちょうど、タヅさんを乗せた車がスロープをのぼるために階段のほうへむかってターンした。リョウタは、とっさに、しゃがみこんだ。スロープから階段がみえるかもしれない。タヅさんにみられてはいけないような気がしたのだ。追いついたレイが、おなじように、となりにしゃがみこんでいた。
　ふたりは階段にならんですわり、車が土手道へあがるのをまった。車が行って、しずかになるとレイはいった。
「どうして車に乗らなかったの」
　12リョウタは、タヅさんののぞみをかなえてあげたかったのだ。でも、それが車に乗らないことかと問われると、よくわからなかった。ただ、レイを車に乗せてはいけないような気がしたのだった。
「タヅさんはぼくのことを、ショウタさんだと思っていて、レイさんをみていったんです。ミノルさんといっしょに行けって」
　レイは、はじかれたようにリョウタの顔をみた。
「ミノルさんって、原爆で亡《な》くなったひと」
「ぼくのおじいちゃんのおにいさんです。ショウタさんの友だちでした」
　リョウタは、河川敷でのタヅさんを思った。「ミノルさんといっしょに行きんさい」と、いったときのタヅさんの顔は満足そうで、とてもおだやかだった。
　むこう岸の土手道をはしる車のヘッドライトが、川の瀬《せ》に反射して星空のようにみえた。つめたい風がほほをなでていく。
「リョウタのおかげね。ありがとう」
　レイがぽつりといった。くらくて表情はわからなかったけれど、やさしい声だった。
「でも、ぼく、うそをつきました。ショウタかってきかれて、ショウタさんのふりをしました」
　タヅさんは、リョウタのうそに気づいていただろうか。
　タヅさんは、すぐにわすれてしまうかもしれないけれど、リョウタは、きょうのことをおぼえていてあげようと思った。あのとき、かわしたタヅさんとのやりとりは、タヅさんとリョウタだけのひみつだった。
「うそつきは、わたしも共犯ね。ミノルさんのふり、しちゃったもの」
「あ。そうか、共犯者か。ごめんなさい」
　そうこたえながらも、13リョウタは心が軽くなっていくのをかんじた。

（西村すぐり『ぼくはうそをついた』より）

※原爆…第二次世界大戦末期の一九四五年八月六日、アメリカによって広島市に投下された原子爆弾のこと。

1　――1「なぞのことば」とありますが、リョウタはなぜレイの言葉を「なぞのことば」と感じているのですか。最も適するものを、次の中から選んで答えなさい。

ア　自転車をこいで家に知らせに行くなら、レイよりも自分の方が早いと考えたから。
イ　タヅさんの心をとらえているショウタのふりをすることは、レイには無理だと考えたから。
ウ　タヅさんはレイのおばあちゃんなのだから、身内がそばにいるべきだと考えたから。
エ　ようやく見つかったタヅさんに、レイがひどいことを言ってしまいそうだと考えたから。

2　――2「リョウタはうそをついた」とありますが、「うそ」の内容を具体的に説明した部分を、本文から二十六字でさがし、はじめの七字をぬき出して答えなさい。

3　――3「やけどは。けがは。いたいところはないか」とありますが、タヅさんはなぜ真っ先に「やけどは。」とたずねたと考えられますか。最も適するものを、次の中から選んで答えなさい。

ア　原爆が投下されて、ほとんどの人がやけどを負ったから。
イ　全身にやけどを負って死んでしまった、と他人を通して聞いていたから。
ウ　原爆が投下されたとき、ショウタはやけどを負うような場所にいたから。
エ　ショウタのほかの兄弟もみな、やけどを負っていたから。

4　[A]・[B]に入る語として最も適するものを、それぞれ次の中から選んで答えなさい。

ア　しぶしぶ　　イ　おずおず　　ウ　くらくら　　エ　おろおろ

5　――4「つきとばして」とありますが、この動作を説明した部分を、本文から連続する二文でさがし、はじめの七字をぬき出して答えなさい。

6　――5「対岸の土手道をはしる車のヘッドライトが明るくかんじられるようになっていた」とありますが、どういうことですか。最も適するものを、次の中から選んで答えなさい。

ア　日が暮れて周囲がすっかり暗くなってきたということ。

イ　周囲の暗さにだんだんと目が慣れてきたということ。

ウ　タヅさんが見つかって、うれしくなったということ。

エ　タヅさんと二人でいることが気まずくなったということ。

7　――6「ミノルさんとは、なかよくやっとるか」とありますが、リョウタにとって「ミノルさん」とはどういう人物ですか。本文から十五字でさがし、はじめの六字をぬき出して答えなさい。

8　――7「もういってしまうんか」とありますが、どういうことですか。最も適するものを、次の中から選んで答えなさい。

ア　ショウタのふりをしていたリョウタが、タヅさんをむかえの車に引きわたすこと。

イ　ショウタのふりを続けることにたえられないリョウタが、タヅさんから離《はな》れようとすること。

ウ　あの世からタヅさんにあいにきてくれたショウタが、再びあの世に帰っていくこと。

エ　あの世に戻《もど》ろうとするショウタに、タヅさんがいっしょに行きたいという思いを示すこと。

9　――8「リョウタは、なにかこたえてあげたかったが、なにもいえなかった」とありますが、なぜですか。最も適するものを、次の中から選んで答えなさい。

ア　タヅさんの真剣《しんけん》な口調に圧倒《あっとう》されて、言おうと思っていたことばを飲みこんでしまったから。

イ　タヅさんが、ショウタの死を受け入れようにもそれがむずかしい状況《じょうきょう》であると理解したから。

ウ　ショウタのふりをしているリョウタが、自らの生死のことをこたえるわけにはいかなかったから。

エ　タヅさんに対して、リョウタだとわかるように答えようとしたが、ことばがでてこなかったから。

10　――9「いっしょにいってあげたいけど、まだいかしてもらえん」とありますが、どういうことですか。最も適するものを、次の中から選んで答えなさい。

ア　やっと会えたショウタと一緒《いっしょ》にいたいが、タヅさんは家族に止められているので、一緒に生活できないということ。

イ　ショウタの今後が心配ではあるが、タヅさんはリョウタのことも心配なので、まだ死ぬわけにはいかないということ。

ウ　元気なショウタについていきたいが、歩行が困難なタヅさんには、とてもついていくことができないということ。

エ　今はもう亡くなってしまったショウタと、今生きているタヅさんは一緒にはいられないということ。

11　――10「タヅさんは、しあわせそうなほほえみをむけた」とありますが、それはなぜですか。最も適するものを、次の中から選んで答えなさい。

ア　長い間見つけられなかったショウタに「かあちゃん」と呼びかけられて、昔の日常がよみがえってきたとタヅさんは感じているから。

イ　ショウタのふりをしているリョウタのやさしさに感謝し、たくさんの人が自分を気づかってくれているとタヅさんは感じているから。

ウ　ショウタに会えて長年の思いがかない、「ショウタのかあちゃん」としての立場を取《と》り戻《もど》すことができたとタヅさんは感じているから。

エ　ずっとさがしてきたショウタからそのことへの感謝を告げられて、心が救われたとタヅさんは感じているから。

12　――11「いざなう」とありますが、本文においてどういう意味で用いられていますか。最も適するものを、次の中から選んで答えなさい。

ア　せかす　　イ　てなずける　　ウ　みちびく　　エ　ひきとめる

13　――12「リョウタは、タヅさんののぞみをかなえてあげたかったのだ」とありますが、どういうことですか。最も適するものを、次の中から選んで答えなさい。

ア　自分に会いにきたショウタが、友だちといっしょに帰っていったということにしてあげたかったということ。

イ　自分に会いにきたショウタが、やけどもケガもなく無事だったということにしてあげたかったということ。

ウ　自分に会いにきたショウタが、タヅさんのことをうらんではいないということにしてあげたかったということ。

エ　自分に会いにきたショウタが、タヅさんによって見つけだされたということにしてあげたかったということ。

14　――13「リョウタは心が軽くなっていくのをかんじた」とありますが、なぜですか。六十字以内で説明しなさい。

15　次のア〜エについて、本文の内容に合うものにはA、合わないものにはBと答えなさい。

ア　タヅさんを見つけたあと、レイと話し合った結果、リョウタがショウタのふりをすることになった。

イ　リョウタはタヅさんに自分のマフラーを巻いてあげたあと、タヅさんとくっついてすわった。

ウ　タヅさんはレイをミノルさんだと思っており、レイに友だちのショウタと一緒に行けと言った。

エ　車に乗ったタヅさんに見られないように、リョウタとレイはしゃがんで車が行き過ぎるのを待った。

三　次の1〜10の――部のカタカナを漢字に、11〜15の――部の漢字をひらがなに直しなさい。

1　長い時間をかけて完成させた作品なので、世間のヒョウカが気になるところだ。

2　あたりが暗くなると、歩道に並んだガイトウが一斉《いっせい》にぱっとついた。

3　祖母はよく、「風邪《かぜ》はマンビョウのもとだから気をつけて。」と言ってくれた。

4　大きな災害が起こったときには、事実ムコンの風説が流れることがある。

5　海外出張が決まったので、飛行機の空席状況《じょうきょう》を旅行社にショウカイした。

6　私はいつも、京都をケイユして奈良に帰っている。

7　雨が降り出したが、傘《かさ》をサすほどではない。

8　追いこまれたときにこそ、その人のホンリョウが発揮されるものだ。

9　私たちはその校則を廃止《はいし》することを望んで、ショメイを集める活動をしている。

10　アメリカがこの問題にどう対応するのか、世界中がチュウシしている。

11　紙芝居《しばい》を読み聞かせることも、子どもの想像力を育むことに役立つ。

12　喉《のど》が痛いので、風邪のひきはじめによく効く薬を飲んで休むことにした。

13　彼《かれ》はそのトラブルを逆手にとって、好感度を上げようとした。

14　私たちは、砂漠《さばく》を緑化するための技術を開発することに成功した。

15　企業《きぎょう》が立ち行かなくなると、多くの従業員が路頭に迷うことになるだろう。

令和６年度　帝塚山中学校 １次Ａ入学試験問題　算　数　（その１）

受験番号

※答えはすべて解答用紙に書きなさい。

※円周率は3.14とします。また，答えが分数になるときは，仮分数で答えてもよろしい。

（60分）

1 次の □ に，当てはまる数を答えなさい。

(1) $17.5 \div 2.5 - 13.8 \div 4.6 = \square$

(2) $11 \times 13 \div 17 \div 19 \div 22 \div 39 \times 57 \times 68 = \square$

(3) $\frac{3}{2} \times \left(1\frac{1}{3} - \square\right) \div 0.25 = \frac{20}{3}$

(4) 工場Ａでは，古紙を材料の一部として使用した２種類の紙の製品ＰとＱを作っています。製品Ｐには 45％，製品Ｑには 75％の割合で，それぞれ古紙を使用しています。

製品ＰとＱを合わせて 200 kg 作ったとき，その 200 kg に使用される古紙の量が 105 kg でした。このとき，製品Ｐの重さは □ kg です。

(5) 一定の速さで走っている列車が，長さ 160 m の駅のホームを列車の先頭が通過し始めてから最後尾《び》が通過し終わるまでに 12 秒かかりました。また，この列車が同じ速さで長さ 5 km のトンネルを通るとき，列車全体がトンネル内に入っていたのは２分 40 秒でした。この列車の長さは □ m です。

(6) 算数のテストを 20 回受けました。□ 回目までの平均点は 80 点でしたが，残りのテストがすべて 100 点だったので 20 回のテストの平均点は 83 点になりました。

(7) たて 24 cm，横 40 cm，高さ 48 cm のレンガを同じ向きにすきまなく並べて，できるだけ小さい立方体を作りました。このとき立方体の１辺の長さは □ cm で，使ったレンガは □ 個です。

(8) [1]，[2]，[3]，[4]，[5] の５枚のカードを全て並べて５けたの整数を作ります。このような整数を小さい順に並べたとき，24 番目にくる数は □ です。

(9) 図１のアの角の大きさは □ 度です。

図１

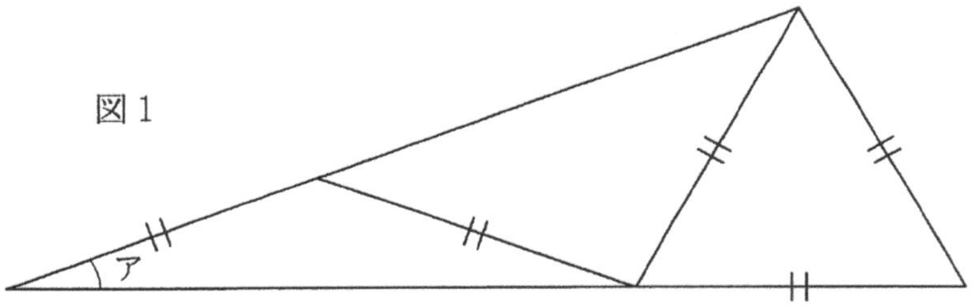

(10) 右の図２は，１辺の長さが 10 cm の正方形と，半径 10 cm で中心角 90° のおうぎ形を組み合わせた図です。辺ＡＤ上にある点ＥとＣを結ぶと，アとイの部分の面積が等しくなりました。ＡＥの長さは □ cm です。

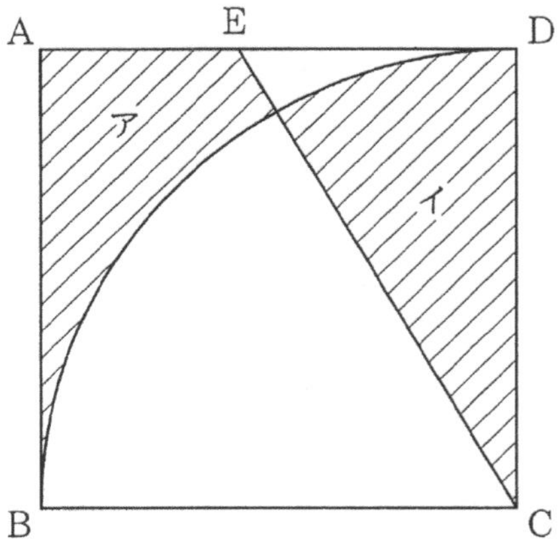

図２

2　容器Ａ，Ｂの中に，異なる濃度《のうど》の食塩水が500ｇずつ入っています。容器Ａから300ｇをとり，容器Ｂに加えると容器Ｂには5％の食塩水ができました。そのあと，容器Ｂから200ｇをとり，容器Ａに加えると容器Ａには7.5％の食塩水ができました。このとき，次の問いに答えなさい。

(1)　この作業で容器Ｂから容器Ａに移した食塩水に含《ふく》まれる食塩の量は何ｇですか。

(2)　初めに容器Ａに入っていた食塩水の濃度は何％ですか。

(3)　初めに容器Ｂに入っていた食塩水の濃度は何％ですか。

3　右の図のように棒を並べて正方形と正三角形を作っていき，上から順に１段目，２段目……と呼ぶことにします。

例えば，２段目には正三角形が３個並んでおり，２段目までを作るのに必要な棒の本数は10本です。また３段目には正方形が２個並んでおり，３段目までを作るのに必要な棒の本数は15本です。

このとき，次の問いに答えなさい。

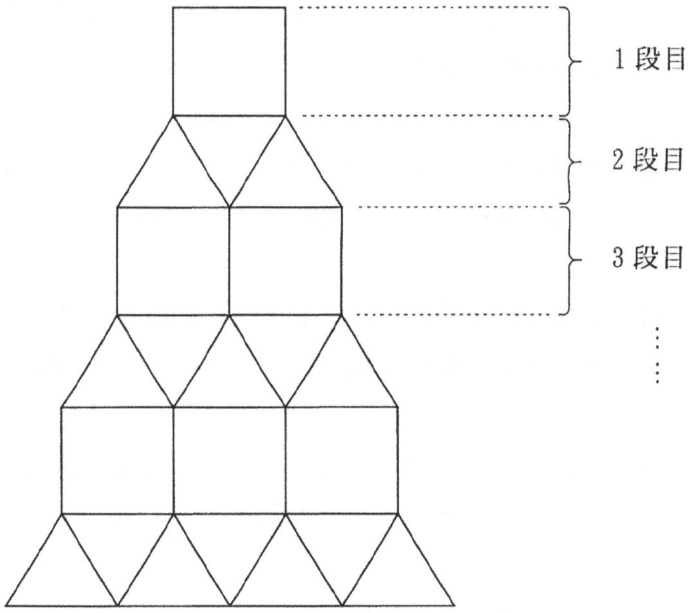

(1)　９段目には正方形が何個並びますか。

(2)　2024段目には正三角形が何個並びますか。

(3)　20段目までを作るのに必要な棒の本数は何本ですか。

4　辺ＡＢの長さが 6 cm，辺ＢＣの長さが 3 cm，辺ＣＤの長さが 2 cm，辺ＡＤの長さが 5 cm で角Ｂと角Ｃが直角である四角形ＡＢＣＤがあります。また，点ＥはＤＥと辺ＡＢが垂直になるように辺ＡＢ上にとった点です。このとき，次の問いに答えなさい。ただし，円すいの体積の求め方は（底面積）×（高さ）÷ 3 です。

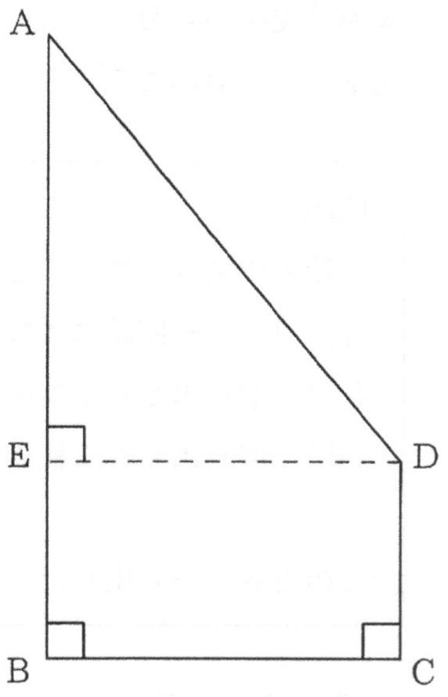

(1)　辺ＣＤを軸《じく》として四角形ＡＢＣＤを１回転したときに四角形ＡＢＣＤが通過してできる立体の体積と，辺ＡＢを軸として四角形ＡＢＣＤを１回転したときに四角形ＡＢＣＤが通過してできる立体の体積の和は何 cm^3 ですか。

(2)　辺ＣＤを軸として四角形ＡＢＣＤを１回転したときに四角形ＡＢＣＤが通過してできる立体の表面積と，辺ＡＢを軸として四角形ＡＢＣＤを１回転したときに四角形ＡＢＣＤが通過してできる立体の表面積の差は何 cm^2 ですか。

(3)　直線ＤＥを軸として四角形ＡＢＣＤを１回転したときに四角形ＡＢＣＤが通過してできる立体の体積は何 cm^3 ですか。

5　図１のように底面積が 600 cm^2 で高さが 10 cm の直方体と，高さが 29 cm の直方体を組み合わせた容器があります。はじめに，毎秒 10 cm^3 の割合で給水できる給水管Ａだけを使って水を入れ，水面の高さが 3 cm になったところで２つの給水管Ａ，Ｂを使って満水になるまで給水しようとしましたが，途中《とちゅう》で給水管Ａが故障したので最後は給水管Ｂだけで水を入れることになりました。満水になるまでにかかった時間は 411 秒でした。図２は容器に水を入れはじめてからの時間と水面の高さの関係を示したグラフです。このとき，次の問いに答えなさい。

(1)　水面の高さが 3 cm になるのは水を入れはじめてから何秒後ですか。
(2)　給水管Ａと給水管Ｂの給水量の比を最も簡単な整数の比で表しなさい。
(3)　高さが 29 cm の直方体の底面積は何 cm^2 ですか。

図１

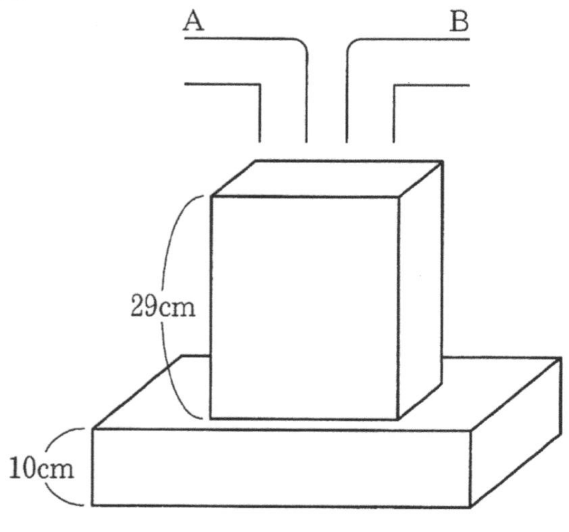

図２

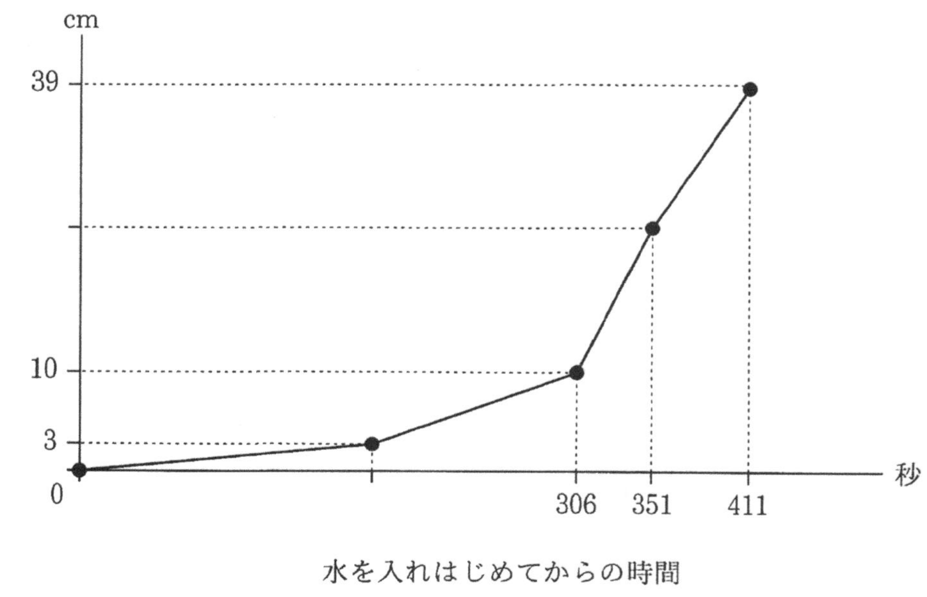

6 太郎《たろう》君と花子さんは，学校の先生から出された問題を，２人で一緒《いっしょ》に解くことにしました。

以下の，２人の＜会話＞を読み＜問い＞に答えなさい。

＜会話＞

太郎「先生からおもしろそうな問題を出されたね。」

花子「早速《さっそく》解いてみよう！」

問題 　箱の中に入っている10枚のカードに，１から10までの数が１つずつ書かれています。 今，カードを同時に４枚取り出したところ，以下のことが分かりました。 （ｉ）　取り出した４枚のカードの数の和は，箱の中に残った６枚のカードの数の和より大きい。 （ii）　取り出した４枚のカードから３枚を選び，書かれた数の積を求めると140以上150以下となった。 このとき，取り出した４枚のカードに書かれた数として，考えられるものを全て答えなさい。

太郎「（ｉ）を考えると取り出した４枚のカードの数の和は，１から10までの和の半分より大きくなればいいから [ア] 以上であると分かるね。」

花子「本当だね。次に（ii）を考えてみよう。例えば選んだ３枚のカードの数の積が150のときを考えると，積が150になるのは３枚のカードがそれぞれ小さい順に [イ]，[ウ]，[エ] のときだね。」

太郎「そうだね。ただ，この場合だと４枚のカードの数の和を考えると（ｉ）を満たさないよ。」

花子「本当だね！このように順番に考えていけばよさそうだね。」

＜問い＞

(1)　空欄《らん》 [ア] から [エ] に当てはまる数を答えなさい。ただし，[ア] には考えられる数のうち，１番小さい数を答えること。

(2)　取り出した４枚のカードに書かれた数の組み合わせとして，考えられるものを全て答えなさい。ただし，下の＜例＞のように答えを書くこと。

＜例＞　１，２，３，４と書かれたカードを取り出すと答えたいときは，(１，２，３，４)と（　）をつけて答えを書きなさい。
また，（　）の中は数を小さい順に書くこと。

令和６年度　帝塚山中学校 １次Ａ入学試験問題　理　科　（その１）

受験番号

※答えはすべて解答用紙に書きなさい。
※選んで答える問題はすべて記号で答えなさい。

(30分)

［１］ 次の文を読んで、以下の問いに答えなさい。

図１のように、天井《てんじょう》からひもをつるしておもりをつけてふりこを作り、ふりこが往復する時間を調べました。ふりこは一番低い**Ｂ**の位置から、**Ａ**の位置までかたむけてから静かにふらせました。

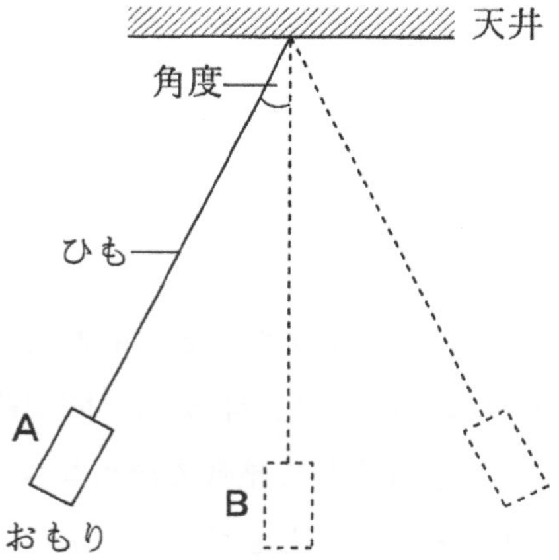

図１

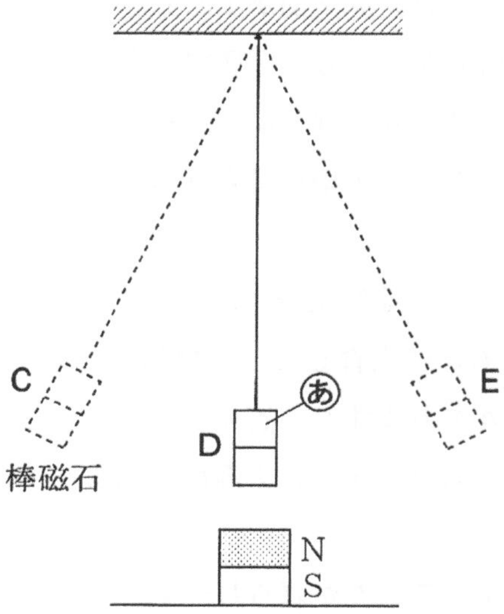

図２

問１　ふりこが１往復する時間を正確に測る方法として、最も適当なものを選びなさい。

ア　おもりが**図１**の**Ｂ**の位置を右に通過した時から、次に**Ｂ**の位置を左に通過するまでの時間を測る。
イ　**図１**の**Ａ**の位置でおもりを放してから、次に**Ａ**の位置にもどってくるまでの時間を測る。
ウ　**図１**の**Ａ**の位置でおもりを放してから、**Ａ**にもどってくる回数とそれまでの時間を測り、回数をその時間で割る。
エ　**図１**の**Ａ**の位置でおもりを放してから、**Ａ**にもどってくる回数とそれまでの時間を測り、時間をその回数で割る。

問２　**図１**の角度を小さくするとき、ふりこが１往復する時間として、最も適当なものを選びなさい。

ア　長くなる　　**イ**　変わらない　　**ウ**　短くなる

問３　**図１**の角度は変えずに、ひもの長さだけを短くしました。このとき、ふりこが１往復する時間として、最も適当なものを問２の選択肢《せんたくし》から選びなさい。

問４　**図２**のように、おもりを重さも形も同じ棒磁石に換《か》えて、磁石の極が上下になるように取りつけました。さらに一番低い**Ｄ**の位置の真下に、別の磁石を用意しＮ極を上にして床《ゆか》に固定しました。それ以外の条件は変えずに**Ｃ**の位置で棒磁石を放したところ、**Ｅ**の位置までふれて、なめらかに往復を続けましたが、おもりをふらせたときに比べて１往復する時間が、わずかに長くなりました。この結果について考えた文の空らんにあてはまる言葉として、最も適当なものをそれぞれ選びなさい。

くわしく調べると、棒磁石が**Ｃ**から**Ｄ**へと動く時間と**Ｄ**から**Ｅ**へと動く時間は等しくなっていた。このことと、棒磁石が１往復する時間が、おもりをふらせたときよりも長くなったことを合わせて考えると、磁石どうしは（　①　）合っていることがわかる。また、わずかに長くなった１往復する時間を元にもどすには（　②　）すればいい。

次に、棒磁石のＮ極とＳ極を反対にして同じようにふらせたとすると、おもりをふらせたときに比べて１往復する時間は、（　③　）と考えられる。よって、反対にしたときの**図２**の㋐にあたる磁石の極は（　④　）極である。

ア　引き	**イ**　しりぞけ	**ウ**　棒磁石を強い磁石に	**エ**　棒磁石を弱い磁石に
オ　角度を大きく	**カ**　角度を小さく	**キ**　ひもの長さを長く	**ク**　ひもの長さを短く
ケ　わずかに長くなる	**コ**　変わらない	**サ**　わずかに短くなる	**シ**　Ｎ　　**ス**　Ｓ

裏面につづきます。

2　環境《かんきょう》問題について、以下の問いに答えなさい。

問１　化石燃料を燃やすことで発生する、地球温暖化の主な原因の一つと考えられている気体の名前を**漢字**で答えなさい。

問２　地球温暖化が原因となり、引き起こされる可能性があるものとして、**誤っているもの**を一つ選びなさい。

ア　陸地の氷がとけ、海水面が上がる。

イ　雨水の酸性が強くなり、金属でできたものがとける。

ウ　動物たちのすみかがなくなり、絶滅《ぜつめつ》する。

エ　台風が強くなり、大雨を降らせる。

問３　気象庁によると、地球温暖化によって、今後100年間で地球の平均気温が約４℃上がるといわれています。この予測のとき、山のふもとに生育している植物が、同じ気温の生育場所へ移動するためには、今後10年間で約何ｍ高いところに移動する必要がありますか。答えが割り切れないときは、小数第１位を四捨五入して整数で求めなさい。ただし、地球の気温が上がる割合は一定で、気温は標高が100ｍ上がるごとに、0.6℃下がるものとします。

問４　将来生まれてくる人々が暮らしやすい環境を残しながら、今を生きる人々も豊かに暮らす社会のことを何といいますか。解答らんに続く形で、**漢字四字**で答えなさい。

問５　川の水質（水のきれいさ）は、そこにすむ生き物の数や種類を調べることで知ることができます。**表１**は水質を４つに区分し、そこにすむ生き物をまとめたものです。ある川のある地点で見つかった**表１**にふくまれる生き物の種類の数を、水質ごとの点数とします。例えば、アミカ、ウズムシ、カワゲラが見つかれば、その地点でのきれいな水としての点数は３点となります。また、生き物の数が多かった上位２種が属する水質には、さらにそれぞれ１点ずつをつけ加え、点数が最も大きい水質をその地点の水質とします。

表１

水質	生き物の名前	水質	生き物の名前
きれいな水	1 アミカ	きたない水	19 イソコツブムシ
	2 ウズムシ		20 タイコウチ
	3 カワゲラ		21 タニシ
	4 サワガニ		22 ニホンドロソコエビ
	5 ナガレトビケラ		23 ヒル
	6 ヒラタカゲロウ		24 ミズカマキリ
	7 ブユ		25 ミズムシ
	8 ヘビトンボ		
	9 ヤマトビケラ		
少しきたない水	10 イシマキガイ	大変きたない水	26 アメリカザリガニ
	11 オオシマトビケラ		27 エラミミズ
	12 カワニナ		28 サカマキガイ
	13 ゲンジボタル		29 セスジユスリカ
	14 コオニヤンマ		30 チョウバエ
	15 コガタシマトビケラ		
	16 スジエビ		
	17 ヒラタドロムシ		
	18 ヤマトシジミ		

(1)　ある川のA地点とB地点の生き物を調べると、**表2**のようになりました。A地点とB地点の水質として、最も適当なものをそれぞれ選びなさい。ただし、**表2**の生き物の左にある数字は、**表1**の数字と同じものを表しています。

ア　きれいな水　　**イ**　少しきたない水　　**ウ**　きたない水　　**エ**　大変きたない水

表2

生き物の名前		A地点	B地点
12	カワニナ		●
17	ヒラタドロムシ	○	
23	ヒル	●	○
25	ミズムシ	●	○
27	エラミミズ	○	
28	サカマキガイ	○	●
29	セスジユスリカ		○

○は見つかった生物、●は数が多い2種

ある川のC地点では、**表3**のような生き物を見つけることができました。ただし、**表1**にない生き物もふくまれています。

表3

生き物の名前	数(匹)
カワトンボ	2
カワニナ	26
コオニヤンマ	2
コシボソヤンマ	1
コヤマトンボ	2
ナガレトビケラ	12
ヘビトンボ	6
ミズカマキリ	1
ヤマトビケラ	8

(2)　C地点の少しきたない水としての点数は何点ですか。

(3)　C地点の水質として、最も適当なものを答えなさい。

ア　きれいな水　　**イ**　少しきたない水　　**ウ**　きたない水　　**エ**　大変きたない水

裏面につづきます。

3 次の文を読んで、以下の問いに答えなさい。

金星は月と同じように、太陽の光を反射して光って見える球体の星です。地球や金星などの星が太陽のまわりを回転することを公転といいます。

図１は、太陽と金星および地球を、地球の北極側から見たもので、太陽と金星と地球の位置および金星と地球の公転の道すじを表しています。いずれの道すじも太陽を中心とした同心円状であり、同一平面上にあるとします。また、**図１**の矢印は金星と地球の公転の向きを表しており、**図２**は**図１**の地球を拡大したもので、黒くぬられた部分は太陽の光が当たっていない部分を表し、矢印は地球自身の回転（自転）の向きを示しています。

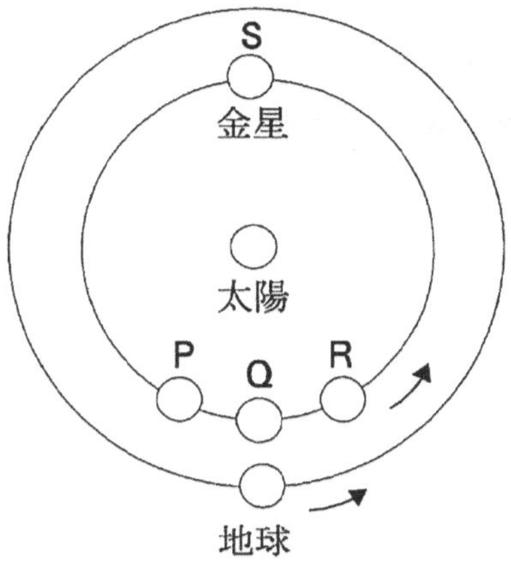

図１

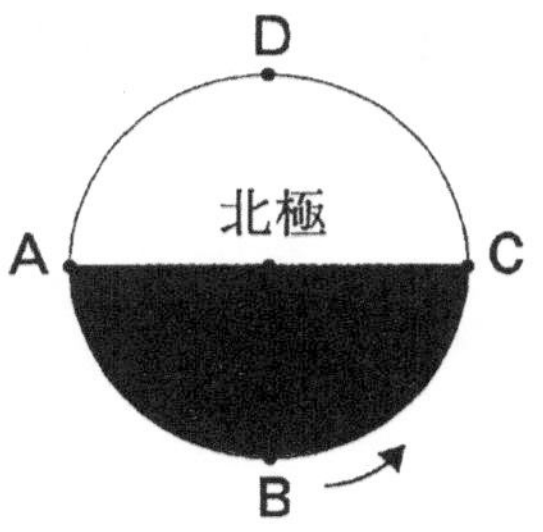

図２

問１　**図２**において、明け方の地点は**Ａ～Ｄ**のどの地点ですか。

問２　問１で答えた地点で金星が見えるとき、金星の位置は**Ｐ～Ｓ**のどれですか。

問３　問１で答えた地点で金星が見える方位として、最も適当なものを選びなさい。

ア　東　　**イ**　西　　**ウ**　南　　**エ**　北

問４　地球から金星を観察できない時間として、最も適当なものを選びなさい。

ア　明け方　　**イ**　正午　　**ウ**　夕方　　**エ**　真夜中

右の表は、金星、地球および木星の、太陽のまわりを一回転するのにかかる日数、重さ、密度について、およその数値をまとめたものです。ただし、重さは、地球を１としたときの値であり、密度とは星を構成するものの $1cm^3$ あたりの重さを示しています。

	太陽のまわりを一回転するのにかかる日数[日]	重さ	密度
金星	225	0.82	5.2
地球	360	1	5.5
木星	4320	312	1.3

問５　密度と重さから、木星の体積は地球の体積のおよそ何倍ですか。最も適当なものを選びなさい。

ア　4倍　　**イ**　75倍　　**ウ**　312倍　　**エ**　1320倍

問６　太陽、金星、地球の順に一直線上にならんだ状態から、次に同じ順で一直線上にならぶまでにかかる最短の時間のことを、地球と金星の会合周期といいます。地球と金星の会合周期について考えた文の空らんに、あてはまる数字を答えなさい。

太陽、金星、地球の順に一直線上にならんだ状態から公転がスタートすると、太陽の周りを金星は一日に（　ア　）度、地球は一日に（　イ　）度回転し、金星のほうが先行していく。その差が一周になったとき、同じ順に一直線上にならぶことから、会合周期は（　ウ　）日と考えられる。

4　次のⅠおよびⅡについて，それぞれの問いに答えなさい。

Ⅰ　薬品びんＡ～Ｅの中には、塩酸、アンモニア水、食塩水、石灰《かい》水、水酸化ナトリウム水よう液のいずれかが入っています。それらのびんに入っている液体が何であるかを調べるために、**表１**のように①～⑥の実験を行い、その結果をまとめました。ただし、⑤の実験の結果と、⑥の実験の内容は空らんになっています。

表１

実験の内容	A	B	C	D	E
① アルミニウムを入れる。（気体が発生すれば○、発生しなければ×）	×	○	○	×	×
② 卵のからを入れる。（気体が発生すれば○、発生しなければ×）	×	×	○	×	×
③ 息をふきこむ。（白くにごれば○、にごらなければ×）	○	×	×	×	×
④ においをかぐ。（においがあれば○、なければ×）	×	×	○	×	○
⑤ スチールウールを入れる。（気体が発生すれば○、発生しなければ×）					
⑥	○	○	×	○	×

問１　塩酸が入っているびんはＡ～Ｅのどれですか。

問２　水酸化ナトリウム水よう液が入っているびんはＡ～Ｅのどれですか。

問３　②の実験でＣから発生した気体を選びなさい。

ア　水素　　**イ**　酸素　　**ウ**　二酸化炭素　　**エ**　窒素《ちっそ》

問４　⑤の実験の結果（表の○と×）は、①～④の結果のどれと同じになりますか。

問５　⑥の実験として、最も適当なものを選びなさい。

ア　温めて水を蒸発させる（固体が残れば○、何も残らなければ×）

イ　青色のリトマス紙につける（色が変われば○、色が変わらなければ×）

ウ　二酸化マンガンを入れる（気体が発生すれば○、発生しなければ×）

Ⅱ　表面が黒くぬられており、見た目では区別できない金属球Ａ、Ｂ、Ｃがあります。それぞれの重さをはかると、**表２**のようになりました。これらの金属球は、アルミニウム，鉄，銅のいずれかの金属であり、同じ重さでくらべたとき、銅の温度が一番上がりやすく、アルミニウムの温度が一番上がりにくいことがわかっています。

表２

金属球	重さ
A	200g
B	300g
C	100g

また、図のように、ビーカーに水500gと金属球Ａを入れ、ゆっくりとよく混ぜながら一定の割合で加熱し、10℃から40℃になるまでの時間をはかりました。金属球ＢとＣでも同様の実験を行い、結果をまとめると、**表３**の①～③のようになりました。ただし、④は、ビーカーに水のみを入れて行った実験の結果を示しており、この実験で加えた熱は、すべて水や金属球のみに伝わったものとします。

裏面につづきます。

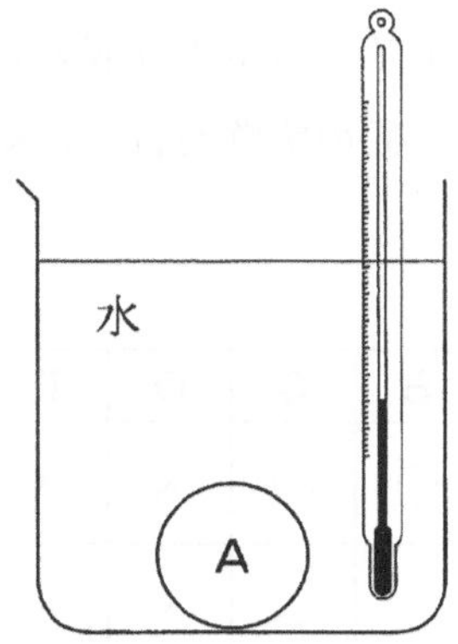

表3

	ビーカーに入れたもの	加熱した時間
①	Aと水500g	15分36秒
②	Bと水500g	15分48秒
③	Cと水500g	15分36秒
④	水500gのみ	15分0秒

問6　銅でできた金属球を選びなさい。

ア　金属球A　　**イ**　金属球B　　**ウ**　金属球C

問7　金属Aと、金属Cの特ちょうとして、最も適当なものをそれぞれ選びなさい。

ア　軽くてやわらかく、紙のようにうすくのばすことができるため、箔《はく》として利用されている。

イ　電気を通さない。

ウ　赤みがかった色で、電気をよく通す。

エ　磁石につく。

問8　ビーカーの中に水500gと金属球BとCを入れて、上の実験と同じ割合で加熱し、10℃から70℃になるまでの時間をはかると、何分何秒になりますか。ただし、加熱した時間は、水の温度上昇《しょう》に比例するものとします。

令和６年度　帝塚山中学校 １次Ａ入学試験問題　社　会　（その１）

受験番号

※答えはすべて解答用紙に書きなさい。
（30分）※選んで答える問題はすべて記号で答えなさい。

1　次の会話文を読んで、あとの問いに答えなさい。

弟　：すごく、いいにおいだ。
兄　：今日の夕飯はカレーライスだね。
弟　：カレーライスは①インド発祥《はっしょう》の料理なの？
兄　：日本のカレーライスの元になったのはイギリスのシチューだよ。
弟　：そうなんだ。うちのカレーに入っているのは…②お肉、③ニンジン、ジャガイモ、④タマネギかな。ほかには何が入っているのかな？
兄　：隠《かく》し味に⑤牛乳が入っているみたい。あと、カレーのとろみを出すために⑥小麦粉も。
弟　：日本のカレーライスは全国どこへ行ってもだいたい同じなのかな？
兄　：そうだね。でも日本ではカレーライスのお肉といえば豚《ぶた》肉が一般《いっぱん》的だけど、関西では牛肉が主流だし、北海道ではお肉の代わりに魚介《ぎょかい》類を入れたり、⑦沖縄ではピーマンが入っている。海上自衛隊では金曜日にカレーを食べることが多く、レトルトカレーも販売《はんばい》しているんだって。
弟　：今度、⑧神奈川県横須賀《よこすか》市でおこなわれる海上自衛隊のイベントに行ってみよう。

問１　下線部①について、次の(1)・(2)の問いに答えなさい。

(1)　インドは地球上にある６つの大陸のうち、どの大陸に位置しますか、次の**ア**～**エ**から１つ選びなさい。

ア　北アメリカ大陸　　**イ**　南アメリカ大陸　　**ウ**　アフリカ大陸　　**エ**　ユーラシア大陸

(2)　インドで最も多くの人々が信仰している宗教を、次の**ア**～**エ**から１つ選びなさい。

ア　仏教　　**イ**　イスラム教　　**ウ**　ヒンドゥー教　　**エ**　キリスト教

問２　下線部②について、次の表は、肉用牛と肉用若鶏《わかどり》の飼育数が上位５位までの都道府県と、その飼育数を示したものです。表中の**イ**・**ウ**の都道府県名を答えなさい。

肉用牛

順位		飼育数（万頭）
1	**ア**	55.3
2	**イ**	33.8
3	**ウ**	25.5
4	熊本県	13.4
5	岩手県	8.9

肉用若鶏

順位		飼育数（万羽）
1	**イ**	2,809
2	**ウ**	2,760
3	岩手県	2,110
4	青森県	806
5	**ア**	518

（『日本国勢図会　2023/24』より作成）

問３　下線部③について、次の文章は2021年のニンジンの国内生産量第２位の県について説明したものです。この県名として正しいものを、あとの**ア**～**エ**から１つ選びなさい。

温暖な気候と豊かな大地に恵《めぐ》まれたこの県は、全国有数の農業県であり、2021年の農業総生産額は3,471億円で全国第６位となっています。また、日本なし・落花生・ダイコンなど農業生産量全国第１位の品目も多数あり、さらに、米・花・畜産《ちくさん》についても全国上位にあります。

ア　徳島県　　**イ**　千葉県　　**ウ**　兵庫県　　**エ**　鳥取県

裏面につづきます。

問４　下線部④について、次の文章は2021年のタマネギの国内生産量第２位の県について説明したものです。この県名として正しいものを、あとの**ア**～**エ**から１つ選びなさい。

> 温暖な気候と肥沃《ひよく》な土壌《どじょう》など、恵まれた自然条件を活《い》かしながら、県南東部に広がる平野で米・麦・大豆を中心に、いちご、タマネギ、アスパラガスなどの野菜も栽培《さいばい》し、県南西部ではみかん、日本なしなどの果樹栽培をおこなっています。また、県西部では伝統工芸の有田焼（伊万里《いまり》焼）などの陶磁器《とうじき》生産もさかんです。

ア　愛知県　　**イ**　静岡県　　**ウ**　和歌山県　　**エ**　佐賀県

問５　下線部⑤について、次の表は、牛乳（生乳）生産量が上位５位までの都道府県と、その生産量を示したものです。表中の**ア**の都道府県名を答えなさい。問２の**ア**にも同じ都道府県が入ります。

順位		生産量（万ｔ）
1	**ア**	426.6
2	栃木県	34.8
3	熊本県	26.7
4	岩手県	21.2
5	群馬県	20.8

（『日本国勢図会　2023/24』より作成）

問６　下線部⑥について、日本では小麦の生産量が少ないため、外国からの輸入に頼《たよ》っています。次の表は、日本の小麦の輸入先上位３位までの国とその輸入量、世界の小麦生産量上位５位までの国とその生産量を示したものです。表中の**エ**の国名を答えなさい。

日本の小麦輸入先

順位	国名	輸入量（万ｔ）
1	**エ**	215.4
2	カナダ	188.1
3	オーストラリア	130.6

世界の小麦生産量

順位	国名	生産量（万ｔ）
1	中華人民共和国	13,695
2	インド	10,959
3	ロシア	7,606
4	**エ**	4,479
5	フランス	3,656

（『日本国勢図会　2023/24』より作成）

問７　下線部⑦について、次の(1)～(3)の問いに答えなさい。

(1)　右下の模式図は沖縄県の伝統的な家屋を上空から見たものです。この家屋について説明した文として**誤っているもの**を、次の**ア**～**エ**から１つ選びなさい。

ア　洪水《こうずい》から家屋を守るため、高床《たかゆか》式家屋にして石垣《いしがき》を築いている。
イ　台風の風から家屋を守るため、背の高い木が植えられている。
ウ　水不足対策として、井戸が掘《ほ》られている。
エ　夏の気温が高いため、風通しをよくする工夫がなされている。

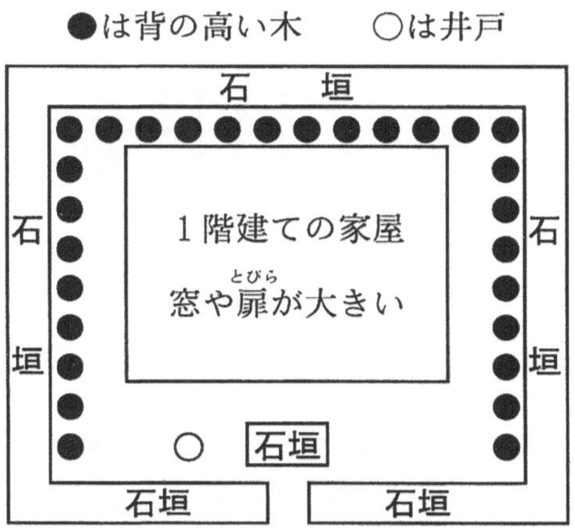

(2)　沖縄県の食品や食文化について説明した文として**誤っているもの**を、次の**ア**～**エ**から１つ選びなさい。
ア　豚肉文化で、テビチ（豚の足）を甘辛《あまから》く炊《た》いた郷土料理がある。
イ　海産物が豊富で、オジサンという名前の魚の唐揚《からあ》げがある。
ウ　ゴーヤ（にがうり）、卵、豆腐《とうふ》、豚肉を炒《いた》めたゴーヤチャンプルがある。
エ　沖縄県中央の山間部で採れるウミブドウは、東京や大阪などの大都市圏《けん》に空輸されている。

(3)　下の地図は、沖縄県とその周辺の地図です。地図中Aの海洋名を答えなさい。

問8　下線部⑧について、次の(1)・(2)の問いに答えなさい。

(1)　神奈川県の地図の形として正しいものを、次の**ア**～**エ**から1つ選びなさい。ただし、すべての地図は同じ縮尺ではなく、必ずしも上側が北ではありません。

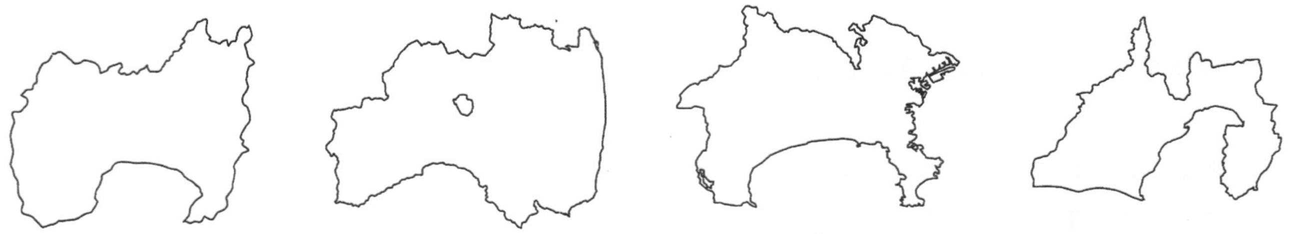

ア　**イ**　**ウ**　**エ**

(2)　神奈川県と東京都の東京湾《わん》岸沿いから埼玉県にかけて位置する工業地帯の名称《めいしょう》を**漢字**で答えなさい。

2　次の〔A〕～〔D〕は、かつて中国に存在した王朝（国）と日本との関係について述べた文章です。これらを読んで、あとの問いに答えなさい。

〔A〕　この王朝の商人たちは、外国との交流を制限する当時の幕府から（　1　）で貿易することを許されていました。のちに朝鮮の独立をめぐって日本と対立するようになり、この王朝と日本のあいだに①戦争がおこりました。

〔B〕　この王朝は、中国を征服《せいふく》した（　2　）人によってたてられました。この王朝は、②朝鮮を支配し、さらに日本にも従うよう要求しましたが、③当時の幕府の執権《しっけん》が拒否《きょひ》すると、九州北部に攻《せ》めこんできました。

〔C〕　この王朝の歴史書には、④当時の日本について記した部分があります。そこには、日本にあった⑤「くに」の女王に、当時の皇帝《こうてい》が「倭王」の称号や銅鏡などを贈《おく》ったことが記されています。

〔D〕　この王朝に対し、⑥当時の幕府の3代将軍であった人物は使節を送って国交を開き、⑦貿易をはじめました。のちに⑧豊臣秀吉が朝鮮に出兵をした際、この王朝は朝鮮を助けるために援軍《えんぐん》を送りました。

問1　文中の空欄《くうらん》（　1　）に入る日本の都市の名を**漢字**で答えなさい。

裏面につづきます。

問２　下線部①の戦争について述べた文として正しいものを、次の**ア**～**エ**から１つ選びなさい。

ア　この戦争は、南満州鉄道の爆破《ばくは》をきっかけにはじまった。

イ　この戦争で資源不足になった日本は、東南アジアに進出した。

ウ　この戦争中の日本海海戦で、日本はこの王朝の海軍を破った。

エ　この戦争の結果、日本は台湾を獲得《かくとく》した。

問３　文中の空欄（　**２**　）に入る民族の名を**カタカナ４字**で答えなさい。

問４　下線部②について、このときの朝鮮の国名として正しいものを、次の**ア**～**エ**から１つ選びなさい。

ア　高麗　　**イ**　朝鮮（李氏朝鮮）　　**ウ**　新羅　　**エ**　高句麗

問５　下線部③の執権とは誰《だれ》ですか、姓名《せいめい》ともに**漢字**で答えなさい。

問６　下線部④は何と呼ばれていますか、次の**ア**～**エ**から１つ選びなさい。

ア　『漢書』地理志　　**イ**　『後漢書』東夷《とうい》伝　　**ウ**　「魏《ぎ》志」倭人伝　　**エ**　『隋《ずい》書』倭国伝

問７　下線部⑤の「くに」の名を**漢字**で答えなさい。

問８　下線部⑥について、次の⑴・⑵の問いに答えなさい。

⑴　この人物は誰ですか、姓名ともに**漢字**で答えなさい。

⑵　この人物について述べた文として正しいものを、次の**ア**～**エ**から１つ選びなさい。

ア　京都の東山に銀閣を建てた。

イ　平氏を滅《ほろ》ぼし、鎌倉で幕府を開いた。

ウ　武家出身者として初めて太政大臣に就任した。

エ　能楽を大成した観阿弥・世阿弥の父子を保護した。

問９　下線部⑦の貿易で、日本の使節は、みずからが正式な使節であることを証明するために、中国から与《あた》えられた札を用いていました。その札の名を、**漢字**で答えなさい。

問10　下線部⑧の政策として**誤っているもの**を、次の**ア**～**エ**から１つ選びなさい。

ア　検地によって土地の耕作者を明らかにし、年貢《ねんぐ》を納めさせた。

イ　全国統一後、ヨーロッパとの貿易のため、積極的にキリスト教の布教を公認した。

ウ　刀狩を実施《じっし》して百姓《ひゃくしょう》から武器を取り上げ、一揆《いっき》をおこすことを禁じた。

エ　百姓が勝手に田畑を捨てることや、商売に出ることを禁じた。

問11　〔**Ａ**〕～〔**Ｄ**〕の王朝（国）を、存在した時期が古いものから順に並べかえたとき、**２番目**と**３番目**にくるものを、〔**Ａ**〕～〔**Ｄ**〕からそれぞれ選びなさい。

３　次の〔Ａ〕～〔Ｃ〕の文章を読んで、あとの問いに答えなさい。

〔Ａ〕　（　１　）天皇が即位《そくい》した時期は、ききんや伝染病で多くの人々が亡《な》くなり、貴族の争いがおこるなど、世の中が混乱していました。こうした時代に、諸国をめぐりながら仏教の教えを人々に説いていた①私は、橋や道路の建設や治水工事などをおこなって人々から支持を集めました。（　１　）天皇が建てた東大寺の②大仏づくりへの協力を求められた私は、寄付をつのるなどして、これに応じました。

問１　文中の空欄（　１　）に入る天皇の名**あ・い**と、この天皇がおこなったことを述べた文**Ｘ・Ｙ**の組合せとして正しいものを、あとの**ア～エ**から１つ選びなさい。

（　１　）に入る天皇の名

あ　持統　　　　　**い**　聖武

（　１　）天皇がおこなったことを述べた文

Ｘ　仏教の力で国を治めようと考え、全国に国分寺と国分尼《に》寺を建てるよう命じた。

Ｙ　新しく耕地を開墾《かいこん》した者には三世代にわたり、その土地の私有を認める法を出した。

ア　あ－Ｘ　　　**イ**　あ－Ｙ　　　**ウ**　い－Ｘ　　　**エ**　い－Ｙ

問２　下線部①の「私」とは誰ですか、**漢字**で答えなさい。

問３　下線部②について、次の⑴・⑵の問いに答えなさい。

⑴　「大仏」の完成より前におこったできごとについて述べた文として**誤っているもの**を、次の**ア～エ**から１つ選びなさい。

ア　開墾した土地の私有を永久に認める法が制定された。

イ　桓武天皇によって都が平安京に移された。

ウ　和同開珎が鋳造《ちゅうぞう》された。

エ　大宝律令が制定された。

⑵　「大仏」の完成の翌年、日本からのまねきに応じて中国から一人の僧《そう》が来日しました。この僧は東大寺で多くの僧に戒律《かいりつ》（仏教徒が守るべき教え）を説き、奈良に寺を建立したことで知られています。この寺の名を**漢字**で答えなさい。

〔Ｂ〕　老中となった③私は、④それまでの老中がおこなっていた商業中心の財政改革をあらため、農業中心の財政改革をおこないました。農民の出かせぎを禁止し、江戸に出てきていた農民を農村に返し、⑤ききんに備えて米を貯蔵させました。また、学問所で（　２　）以外の学問を教えることを禁止するなど、文化にも厳しい規制をかけました。

問４　下線部③の「私」とは誰ですか、姓名ともに**漢字**で答えなさい。

問５　下線部④について述べた文として正しいものを、次の**ア～エ**から１つ選びなさい。

ア　商人に座の結成をすすめ、特権を与える代わりに税を納めさせた。

イ　朱印《しゅいん》船貿易を積極的におこない、金銀の流入をはかった。

ウ　商人の力を利用して印旛《いんば》沼などの干拓《かんたく》を計画した。

エ　天保のききんなどの天災が相次ぎ、百姓一揆が各地でおこったため、失敗した。

問６　下線部⑤を何といいますか、**３字以内**で答えなさい。

裏面につづきます。

問７　文中の空欄（　２　）に入る学問の名として正しいものを、次の**ア**～**エ**から１つ選びなさい。

ア　陽明学　　**イ**　蘭学　　**ウ**　朱子学　　**エ**　国学

〔**Ｃ**〕　明治初期に高知県に生まれた⑥私は、社会主義思想に関心を持ち、労働者の権利を守るための運動を進めました。このころの日本は、⑦ロシアとの戦争に向けての気運が高まっていましたが、⑧私は開戦に反対しました。その後、⑨天皇暗殺を企《くわだ》てたという罪で処刑《しょけい》されました。

問８　下線部⑥の「私」とは誰ですか、姓名ともに**漢字**で答えなさい。

問９　下線部⑦とその講和条約について述べた文として正しいものを、次の**ア**～**エ**から１つ選びなさい。

ア　日本は開戦前に、ロシアと対立関係にあったフランスと同盟を結んだ。

イ　この戦争中に、日本は韓国を併合《へいごう》した。

ウ　講和条約でロシアは日本に樺太（サハリン）全域をゆずった。

エ　賠償《ばいしょう》金が得られなかったため、日本では暴動がおこった。

問10　下線部⑧に関連して、キリスト教の立場からこの「開戦」に反対した人物を、次の**ア**～**エ**から１つ選びなさい。

ア　平塚らいてう　　**イ**　宮沢賢治　　**ウ**　樋口一葉　　**エ**　内村鑑三

問11　下線部⑨について、この事件を何といいますか、**漢字**で答えなさい。

４　2023年の上半期におこったできごとについて述べた次のⅠ～Ⅶの文章を読んで、あとの問いに答えなさい。

Ⅰ　１月４日におこなわれた記者会見で、岸田首相は、今年の優先課題として「異次元の①少子化対策」と「インフレ（物価上昇《じょうしょう》）率を超《こ》える賃上げ」の実現に取り組む考えを表明しました。

Ⅱ　２月１日でミャンマー国軍がクーデターを強行してから２年がたちました。また、２月24日でロシア軍のウクライナ侵《しん》攻《こう》開始から１年がたちました。②国際連合の主要機関であり、国際の平和と安全の維持を主な職務とする（　Ａ　）は、これらの事態に対応しようと話し合っていますが、各国の利害が対立したままです。

Ⅲ　３月13日、袴田《はかまだ》事件の（　Ｂ　）開始が決定しました。（　Ｂ　）とは、確定した判決について重大な誤りが発覚したときに、当事者の請求《せいきゅう》によっておこなわれるやり直しの③裁判のことです。これによって無罪が確定すると、国に対して補償《ほしょう》を求めることができる（　Ｃ　）を国に主張することができます。

Ⅳ　４月１日、政府のこども政策の司令塔《とう》となる（　Ｄ　）庁が、内閣府に設置されました。子育てや少子化、児童虐待《ぎゃくたい》など、こどもを取りまくさまざまな課題に対して本質的な対策をすすめ、解決することを目的としています。

Ⅴ　４月９日、④日本銀行では新体制が始動し、植田和男氏が総裁に就任しました。物価安定目標の実現や、10年にわたる大規模な金融緩和にともなう副作用への対応などが今後の課題となります。

Ⅵ　５月19日、広島で⑤Ｇ７サミットが開幕しました。法を守って平和を実現することの大切さを確認し、核《かく》なき世界を実現していく決意を全員で表明しました。

Ⅶ　６月15日に、岸田首相は通常国会中の衆議院解散の見送りを表明しました。翌16日には、衆議院の⑥本会議で、立憲民主党によって提出された内閣不信任決議案が自民党、公明党などの反対多数で否決されました。

問1　下線部①について、下の表から読み取れることとして**誤っているもの**を、あとの**ア～エ**から1つ選びなさい。

諸外国における年齢《ねんれい》（3区分）別人口の割合

国　名	年齢（3区分）別割合（%）		
	0～14歳	15～64歳	65歳以上
世界平均値	**25.4**	**65.2**	**9.3**
日本	11.9	59.5	28.6
シンガポール	12.3	74.3	13.4
韓国	12.5	71.7	15.8
イタリア	13.0	63.7	23.3
ドイツ	14.0	64.4	21.7
スペイン	14.4	65.6	20.0
ポーランド	15.2	66.0	18.7
カナダ	15.8	66.1	18.1
スウェーデン	17.6	62.0	20.3
フランス	17.7	61.6	20.8
イギリス	17.7	63.7	18.7
中国	17.7	70.3	12.0
ロシア	18.4	66.1	15.5
アメリカ合衆国	18.4	65.0	16.6
アルゼンチン	24.4	64.2	11.4
インド	26.2	67.3	6.6
南アフリカ共和国	28.8	65.7	5.5

（令和4年版　「少子化社会対策白書」より作成）

ア　南アメリカ大陸に位置している国の15～64歳《さい》人口の割合は、世界平均値より低い。

イ　65歳以上の人口の割合が世界平均値より低い国は、すべてアフリカ大陸に位置している。

ウ　北アメリカ大陸に位置している国では、0～14歳人口の割合が15%以上あり、65歳以上の人口の割合が20%以下である。

エ　65歳以上の人口の割合が0～14歳人口の割合の2倍を超えているのは、日本だけである。

問2　下線部②について述べた文として正しいものを、次の**ア～エ**から1つ選びなさい。

ア　加盟国のうち、ヨーロッパに位置している国の数が過半数を超えている。

イ　分担金の負担額は、各国の人口に応じて決められている。

ウ　総会は毎年9月に開かれ、すべての加盟国は1国につき1票の投票権をもつ。

エ　武力制裁は認められておらず、経済制裁のみが認められている。

問3　文中の空欄（　**A**　）に入る語句を**漢字**で答えなさい。

問4　文中の空欄（　**B**　）に入る語句を**漢字**で答えなさい。

問5　下線部③について、次の(1)・(2)の問いに答えなさい。

(1)　次の文は、裁判に関わる仕事を説明したものです。（　　　　）に入る語句を、次の**ア～エ**から1つ選びなさい。

刑事《けいじ》事件がおこると、（　　　　）は捜査《そうさ》活動をおこない、被《ひ》疑《ぎ》者を被告《ひこく》人として裁判所に起訴《きそ》するかどうかを決定する。

ア　裁判官　　**イ**　検察官　　**ウ**　弁護士　　**エ**　警察官

(2)　裁判について述べた文として正しいものを、次の**ア～エ**から1つ選びなさい。

ア　裁判は原則として非公開でおこなわれ、傍聴《ぼうちょう》は事件関係者に限られる。

イ　法律などの内容が憲法に違反《いはん》していないかを審査《しんさ》する権限をもつ憲法裁判所は、東京に設置されている。

ウ　民事裁判、刑事裁判ともに裁判員制度が導入されており、裁判員は裁判官とともに有罪か無罪かの判断をおこなう。

エ　三権分立により裁判所は独立を保っているが、国会や国民によって裁判官がやめさせられることがある。

裏面につづきます。

問６　文中の空欄（　Ｃ　）に入る語句を、次の**ア～エ**から１つ選びなさい。

ア　刑事補償請求権　　**イ**　団体交渉《こうしょう》権　　**ウ**　生存権　　**エ**　請願権

問７　文中の空欄（　Ｄ　）に入る語句を答えなさい。

問８　下線部④は、貨幣《かへい》の流通量を決定して物価を安定させる役割を担《にな》っています。物価について述べた文として**誤っているもの**を、次の**ア～エ**から１つ選びなさい。

ア　購入《こうにゅう》したい人が多い人気のある商品の価格は上がる。

イ　流通している量が少ない商品の価格は下がる。

ウ　物価が上がる原因の一つに、原材料費の値上がりがある。

エ　物価が上がると、同じ金額で購入できるものの量が減る。

問９　下線部⑤には、ＥＵの関係者のほかに、以下の国が参加しました。これを見て、あとの(1)・(2)の問いに答えなさい。

日本	イタリア	カナダ	フランス	アメリカ合衆国	イギリス	ドイツ

(1)　2013年までは上記の７か国に、ある１か国を加えた８か国の首脳によるＧ８サミットがおこなわれていましたが、その１か国は資格停止となりました。その国とはどこですか、国名を答えなさい。

(2)　上記の国のうち、ＥＵ加盟国は何か国ありますか、**数字**で答えなさい。

問10　下線部⑥について、本会議場を示す写真を、次の**ア～エ**から１つ選びなさい。

ア

イ

ウ

エ

令和６年度　帝塚山中学校
１次Ａ入学試験問題・国　語　解答用紙

受験番号

※150点満点
（配点非公表）

ここにシールを貼ってください

241110

一

1

2

3
a
b
c

4
〜
こと。

5

6
↓
↓
↓

7

8

9

10

11

12
①
②
〜
があるから。

13
①
X
Y
Z

②
ア
イ
ウ
エ

二

1

2

3

4
A
B

5

6

7

8

9

10

11

12

13

14

15
ア
イ
ウ
エ

三

1 ヒョウカ

2 ガイトウ

3 マンビョウ

4 ムコン

5 ショウカイ

6 ケイユ

7 サ　す

8 ホンリョウ

9 ショメイ

10 チュウシ

11 む

12 く

13

14

15

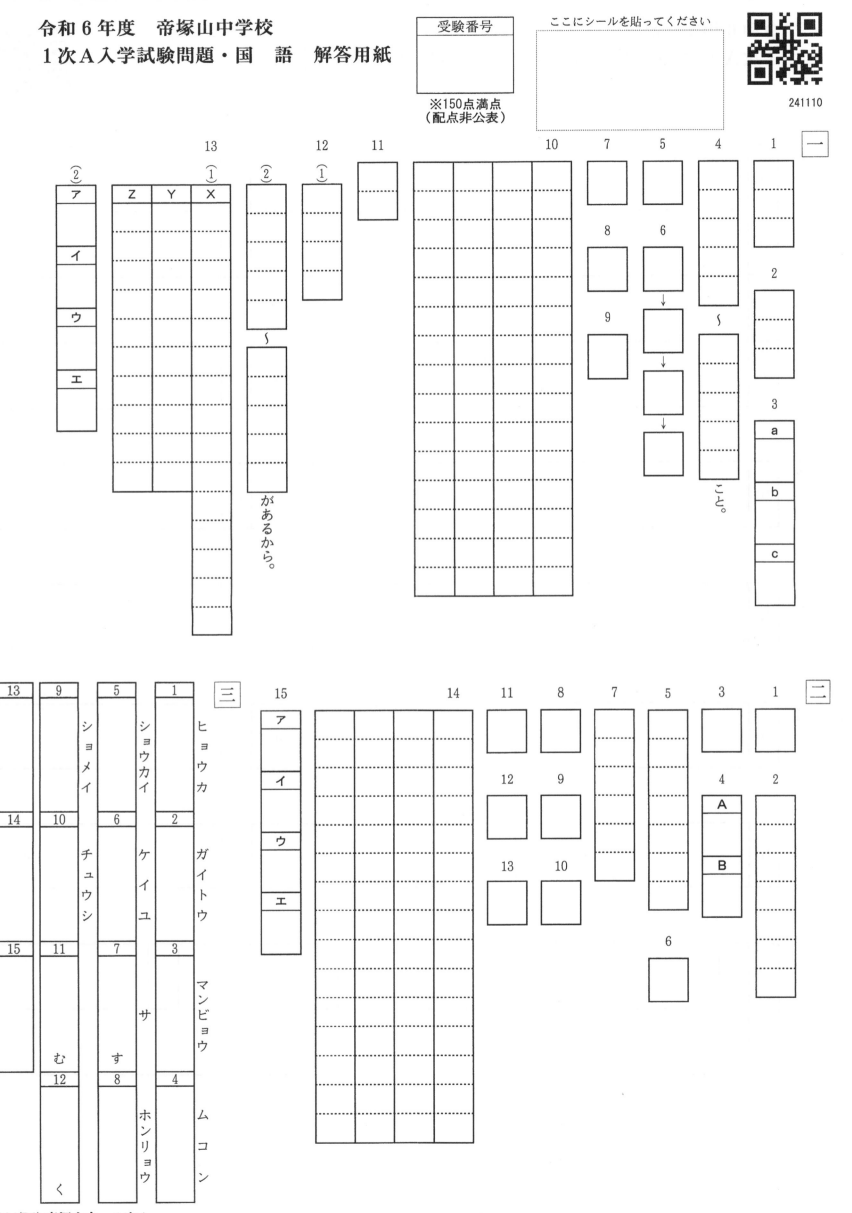

令和６年度　帝塚山中学校
１次Ａ入学試験問題・算　数　解答用紙

受験番号

※150点満点
（配点非公表）

ここにシールを貼ってください

241120

1

(1)		(2)		(3)	
(4)	kg	(5)	m	(6)	回目
(7)	１辺の長さ　cm		レンガの個数　個		
(8)		(9)	度	(10)	cm

2

(1)	g	(2)	%	(3)	%

3

(1)	個	(2)	個	(3)	本

4

(1)	cm^3	(2)	cm^2	(3)	cm^3

5

(1)	秒後	(2)	:	(3)	cm^2

6

(1)	ア		イ		ウ		エ	
(2)								

令和６年度　帝塚山中学校
１次Ａ入学試験問題・理　科　解答用紙

受験番号

※75点満点
（配点非公表）

ここにシールを貼ってください

241130

1

問１　問２　問３

問４　①　②　③　④

2

問１　問２　問３　m

問４　な　社　会

問５　(1)　A 地点　B 地点　(2)　点　(3)

3

問１　問２　問３　問４　問５

問６　ア　イ　ウ

4

Ⅰ　問１　問２　問３　問４　問５

Ⅱ　問６　問７　金属 A　金属 C　問８　分　秒

令和６年度　帝塚山中学校
１次Ａ入学試験問題・社　会　解答用紙

受験番号

※75点満点
（配点非公表）

ここにシールを貼ってください

241140

1

問１　(1)　(2)
問２　イ　ウ
問３
問４
問５
問６
問７　(1)　(2)　(3)
問８　(1)　(2)　工業地帯

2

問１
問２
問３　人
問４
問５
問６
問７
問８　(1)　(2)
問９
問10
問11　２番目　３番目

3

問１
問２
問３　(1)　(2)　寺
問４
問５
問６
問７
問８
問９
問10
問11

4

問１
問２
問３
問４
問５　(1)　(2)
問６
問７　庁
問８
問９　(1)　(2)　か国
問10

令和六年度　帝塚山中学校　一次Ｂ入学試験問題・国　語　（その一）

（60分）

※答えはすべて解答用紙に書きなさい。　※選んで答える問題は記号で答えなさい。

※特にことわりのないかぎり、句読点やかぎかっこはすべて字数にふくみます。

※設問の都合上、本文に一部省略があります。

受験番号

一　次の文章を読んで、後の問いに答えなさい。

お詫び

著作権上の都合により、文章は掲載しておりません。
ご不便をおかけし、誠に申し訳ございません。

教英出版

お詫び

著作権上の都合により、文章は掲載しておりません。
ご不便をおかけし、誠に申し訳ございません。

教英出版

令和六年度　帝塚山中学校　一次Ｂ入学試験問題・国　語（その二）

お詫び
著作権上の都合により、文章は掲載しておりません。
ご不便をおかけし、誠に申し訳ございません。
教英出版

お詫び
著作権上の都合により、文章は掲載しておりません。
ご不便をおかけし、誠に申し訳ございません。
教英出版

（岡根谷実里《おかねやみさと》『世界の食卓から社会が見える』より）

※そばがき……そば粉を熱湯でこねて、モチのようにしたもの。
※キスラ……ソルガムで作るクレープ
※灌漑……田畑に水を引いて、土地をうるおすこと。

※バリエーション……変化。変種。ここでは種類という意味。
※ステップ気候……砂漠のあたりに分布する乾燥した気候。

令和六年度　帝塚山中学校　一次B入学試験問題・国　語　（その三）

※低金利……資金を一定期間貸したことに対して支払われる報酬《ほうしゅう》の割合が低いこと。
※既存……すでに存在すること。
※猶予……実行の期日を延ばすこと。また、期日の延期を認めること。
※内訳……総額・総量の内容を項目《こうもく》別に細かく分けたもの。
※資する……たすけとする。役立てる。
※遜色ない……他と比べても劣《おと》らない。
※脆弱……もろくて弱いこと。

1　――1「いつも戸惑う」とありますが、それはなぜですか。最も適するものを、次の中から選んで答えなさい。
ア　日本にはない食べ物なので、何度見てもその見た目に慣れることができないから。
イ　食べなれないうえにお腹にもたまるため食が進まず、どうしていいか分からないから。
ウ　まずいわけではないが、日本の豊かな食文化に比べるとどうしても見劣《みおと》りするから。
エ　お腹に溜まるので食べても食べても少しも減らず、うんざりした気持ちになるから。

2　――2「幅をきかせる」とありますが、この語を使った例文として正しいものを、次の中から一つ選んで答えなさい。
ア　どんな状況にも対応できるように、ルールには幅をきかせておきたい。
イ　寒そうにしている友達に、幅をきかせて温かい飲み物を手渡《てわた》した。
ウ　もともとあったアイデアに幅をきかせて新しい商品を生み出した。
エ　金持ちや権力者ばかりが幅をきかせる世の中であってはならない。

3　――3「この土地の日常食としてパンが浸透しているのは、ちょっと不思議だ」とありますが、筆者がそのように感じるのはなぜですか。その理由として適さないものを次の中から一つ選んで答えなさい。
ア　経済水準が低く長年の紛争にも悩まされてきたスーダンでは、水を引くことができる地域が限られているから。
イ　スーダンの雨量は小麦の栽培限界を下回り、灌漑《かんがい》設備も未整備であるため、国内では小麦を栽培できないから。
ウ　スーダンの土地は小麦の栽培に適さないので、スーダン国内の消費量を支えるだけの収穫量《しゅうかくりょう》は見込めないから。
エ　アスィダの原料となるソルガムの方が小麦よりもスーダンの気候に適しており、安定的に供給が可能だから。

4　――4「やせた土地」とありますが、ここでの「やせた」という語の反対の意味を表す語として最も適するものを、次の中から選んで答えなさい。
ア　肥えた　　イ　太った　　ウ　広げた　　エ　伸びた

5　――5「どうして小麦粉のパンがここまでもてはやされるのか」とありますが、その問いに対する答えとして適さないものを次の中から一つ選んで答えなさい。
ア　練り粥やクレープを作ることにともなう様々な重労働から解放されるから。
イ　アメリカ産小麦で焼いたパンには補助金が出るので安い値段で手に入るから。
ウ　小麦はソルガムなどの雑穀に比べてストレートなおいしさを持っているから。
エ　元々の主食であるアスィダは小さいころから食べているので味にあきているから。

6　［A］～［C］には、生産、輸入、消費のいずれかが入ります。それぞれ適するものを答えなさい。

7　――6「ぐんぐん」は、同じ音をくり返して状態を表現する言葉です。同様の語で、次の文の空らんに入る語として最も適するものを、後のア～オの中からそれぞれ選んで答えなさい。ただし、同じ記号は二度使えません。
(1)　子どもが（　　　）と成長するのを見るのはうれしいものだ。
(2)　練習の仕方を変えてから、彼《かれ》は（　　　）と頭角を現した。
(3)　母は久しぶりに友達に会えると（　　　）と出かけていった。
(4)　授業中に突然《とつぜん》発言を求められると、（　　　）としてしまう。
ア　いそいそ　　イ　おろおろ　　ウ　すくすく　　エ　おめおめ　　オ　めきめき

8　――7「一体なぜ、アメリカからの小麦輸入が増え始めたのだろうか」とありますが、その理由を説明した次の文の空らんの条件に合うように、本文からそれぞれぬき出して答えなさい。

アメリカでは、（ あ 四字 ）としての必要がなくなった上に（ い 九字 ）の影響《えいきょう》で（ う 七字 ）である小麦が余るようになった。その小麦をなんとか売りさばくために、（ え 九字 ）という口実で（ お 八字 ）を設定したから。

9　――8「稼ぎ頭」と同じ意味で「頭」の字を使っている言葉を、次の中から一つ選んで答えなさい。

ア　頭脳　イ　念頭　ウ　先頭　エ　街頭

10　――9「なんとも素晴らしいように聞こえる」とありますが、ここには筆者のどのような気持ちが込められていますか。最も適するものを、次の中から選んで答えなさい。

ア　素晴らしい部分もあるが、そうでない部分もあるので、一言では表せない複雑な気持ち。
イ　アメリカにとっても途上国にとっても素晴らしい法律で、よくできていると感心する気持ち。
ウ　一見素晴らしいように感じられるが、実際は途上国の人を苦しめていると批判する気持ち。
エ　途上国にとっては素晴らしいが、日本人である自分にはどうでもよいと無関心な気持ち。

11　――10「アメリカの小麦を長期的に輸入させるための戦略」とありますが、その結果スーダンではどのようなことが起こりましたか。最も適するものを、次の中から選んで答えなさい。

ア　小麦のパンがまたたく間に普及し、伝統的な主食であるアスィダをだれも食べることがなくなった。
イ　内戦により国内経済が停滞し、石油資源の豊富な地域が独立したこともあいまって国力がおとろえた。
ウ　アメリカから大量の小麦を長期間にわたって買い取ったことで、国内の小麦の生産量が減少した。
エ　アメリカと交わした長期のローン契約は政府の財政を圧迫し、国民生活にまでその影響が及《およ》んだ。

12　【　X　】に入れるのにふさわしい数字を、考えて答えなさい。

13　――11「4年間で50倍にもなったというのだから凄まじい」とありますが、「凄まじい」ほどの値上げが行われたのはなぜですか。最も適するものを、次の中から選んで答えなさい。

ア　国にお金がないため燃油やパンへの補助金は打ち切られ、さらには輸入の約80%を占めていたロシアやウクライナから小麦の輸入が思うようにできなくなったから。
イ　アメリカとの契約が切れそうになり急いで他国からの輸入に切り替えたものの、ロシアのウクライナ侵攻によって小麦の輸入が滞るようになってしまったから。
ウ　２０１０年頃《ころ》からロシアやウクライナから小麦を輸入するようになったが、原料と加工賃がかさんでいた上に、小麦の輸入も全く出来なくなってしまったから。
エ　ロシアのウクライナ侵攻によりウクライナ国内での小麦の消費量が増えたことで、輸入量が大きく減り小麦を手に入れることに困難が生じてしまったから。

14　――12「目先のメリット」とありますが、その内容を具体的に述べた部分を、本文から二十七字でさがし、はじめの三字をぬき出して答えなさい。

15　――13「日本にとっても他人事ではない」とありますが、どのようなことを心配しているのですか。「〜ということ。」に続くように、本文から四十字でさがし、はじめの五字をぬき出して答えなさい。

二　次の文章を読んで、後の問いに答えなさい。

三年前に妻の初恵《はつえ》を、半年前に猟犬《りょうけん》のマサカドを亡《な》くした弥一《やいち》のもとに一匹《ぴき》の迷い犬がやってくる。弥一はその犬をノリツネと名付け保護することにした。そんな弥一の元に同じ※猟友会《りょうゆうかい》に所属する田村がやってくる。

お詫び
著作権上の都合により、文章は掲載しておりません。
ご不便をおかけし、誠に申し訳ございません。
教英出版

令和六年度　帝塚山中学校　一次Ｂ入学試験問題・国　語　（その六）

お詫び
著作権上の都合により、文章は掲載しておりません。
ご不便をおかけし、誠に申し訳ございません。
教英出版

お詫び
著作権上の都合により、文章は掲載しておりません。
ご不便をおかけし、誠に申し訳ございません。
教英出版

お詫び

著作権上の都合により、文章は掲載しておりません。
ご不便をおかけし、誠に申し訳ございません。

教英出版

お詫び

著作権上の都合により、文章は掲載しておりません。
ご不便をおかけし、誠に申し訳ございません。

教英出版

（馳星周《はせせいしゅう》『少年と犬』より）

令和六年度　帝塚山中学校　一次B入学試験問題・国語　（その八）

※猟友会…狩りをする人たちが所属する団体。
※哲平さん…弥一や田村が所属する猟友会の会長。猟師としての技量は低いにもかかわらず町議会議員であるという理由で猟友会の会長になるなど、弥一は哲平をよく思っていない。
※親切ごかして…親切なふりをして。
※おこぼれに与って…ここでは他人の利益の余りを自分の利益としていただくという意味。
※車上狙い…車の中などに置かれている金品をぬすもうとすること、またそうする人。
※芳しくありません…あまりよくありません、ということ。
※ステージⅣ…癌の進行を表す度合いの中で最も悪いもの。

1　――1「なんでわざわざ弥一さんのところにまで上がってきたんかね」とありますが、弥一はノリツネが自分の家に来た理由をなぜだと考えていますか。本文から十八字でさがし、はじめの三字をぬき出して答えなさい。

2　――2「田村が唇を噛んだ」とありますが、このときの田村の気持ちとして最も適するものを、次の中から選んで答えなさい。
ア　弥一の強い口調に恐怖《きょうふ》を覚えたが、相手に伝えないよう隠《かく》そうという気持ち。
イ　弥一の的外れな言葉に笑い出しそうになったが、こらえようという気持ち。
ウ　弥一の言葉に怒りやくやしさを抱いたが、我慢《がまん》しようという気持ち。
エ　弥一の指摘《してき》は事実であるが、口を滑《すべ》らさないようにしようとたえる気持ち。

3　［a］～［c］にはそれぞれ体の一部を表す漢字が入ります。それぞれ漢字一字で答えなさい。

4　――3「自分勝手か……」とありますが、このときの弥一の様子を説明したものとして最も適するものを、次の中から選んで答えなさい。
ア　田村の怒りに任せた言葉に驚《おどろ》きながらも、自身の生き方を振《ふ》り返《かえ》る良い機会にしようとしている。
イ　初恵から言われていた自身の欠点を改めて指摘され怒りながらも、冷静になろうとしている。
ウ　他人に言うべきでない言葉を発する田村にあきれながらも、そう言わせた自身の言動を反省している。
エ　自身の生き方をまさに言い当てた言葉を投げかけられ苦々しく思いつつも、それを受け止めている。

5　――4「（　　）汗」は、激しい痛みに耐えている際に出てくる汗を表しています。（　　）に入る言葉をひらがな三字で答えなさい。

6　――5「自立」とありますが、ここで使われている「自」とは異なる意味を持つ「自」を含む熟語として最も適するものを、次の中から選んで答えなさい。
ア　自然　　イ　自分　　ウ　自主　　エ　自信

7　――6「今の自分には温もりが必要だ」とありますが、「今の自分」とはどのような自分ですか。「～と感じる自分。」に続くように、本文から二十五字以内でさがし、はじめと終わりの三字をぬき出して答えなさい。

8　――7「ノリツネが現れてから瞬く間に一月が過ぎた」とありますが、この作品で描《えが》かれている季節はいつごろですか。本文から漢字二字でぬき出して答えなさい。

9　――8「人の手を借りることに決めたのだ」とありますが、弥一はノリツネがそう決めたのはなぜだと考えていますか。最も適するものを、次の中から選んで答えなさい。

ア　長距離《ちょうきょり》を移動した疲《つか》れで満足に動けないため群れで狩りをすることもできず、秋になり食料が激減して餌を見つけられなくなったから。

イ　日本の山は春から夏にかけては食料がたくさんあるが、秋になると様子が変わり果物や小動物たちがすっかり姿を消してしまうから。

ウ　犬はオオカミの子孫であり群れで狩りをするため、すばらしい体や頭脳を持っていたとしても一頭だけでは狩れる獲物に限界があるから。

エ　秋になり豊富にあった食料が激減し一頭だけでは充分《じゅうぶん》な食べ物を得ることが出来ず、ひどい空腹に襲《おそ》われてどうしようもなかったから。

10　――9「家の中で一緒に寝るのと同じように、軽トラでの移動も荷台から助手席に格上げさせたのだ」とありますが、それはなぜですか。最も適するものを、次の中から選んで答えなさい。

ア　弥一にはノリツネを猟犬にするつもりはないので、距離を置き猟犬に必要な自立心を育てる必要がないから。

イ　弥一は愛情を持ってノリツネを育てており、ノリツネが乗り慣れた席に座らせることが当然だと考えたから。

ウ　弥一はノリツネを迷い犬として保護したため猟犬にするつもりはなく、飼い犬として接していくつもりだから。

エ　弥一にとって娘たちとは違ってゆるしを与えてくれる犬は、少しでも自分の近くに置いておきたいものだから。

11　――10「弥一の胸の奥で冷たい木枯らしが吹く」とありますが、このときの弥一はどのような気持ちだと考えられますか。最も適するものを、次の中から選んで答えなさい。

ア　ノリツネに愛情を持って接しており打ち解けてきたように思っていたものの、ノリツネが元の飼い主を思うような素《そ》振《ぶ》りに改めて自分が飼い主ではないことを突《つ》き付《つ》けられたと感じて寂《さび》しさを覚えている。

イ　家の中にあげるなど今までの犬とは別格の扱《あつか》いをしているにもかかわらず、元の飼い主を求めるようなノリツネの様子を見て、自身の気持ちが伝わっていないと感じて寂しさを覚えている。

ウ　何カ月もの期間をかけて少しずつノリツネとの距離を縮めてきたと思っていたものの、ノリツネが一定の方向を見続けることから元の飼い主のことばかり思っていることを感じて寂しさを覚えている。

エ　ノリツネを自身に温もりを与えてくれる存在として特別視していたにもかかわらず、元の飼い主を探すような素振りを見せたことでノリツネは自分のことなど思っていないと感じて寂しさを覚えている。

12　――11「□用心」とありますが、□と同じ漢字一字が入るものを、次の中から一つ選んで答えなさい。

ア　□確認　　**イ**　□常識　　**ウ**　□作法　　**エ**　□日常

13　【　あ　】～【　う　】に入る言葉をそれぞれひらがな三字で答えなさい。ただし、【　あ　】には「十分ではないが。やむを得なければこれだけでも。」という意味の、【　い　】には「ほとんど同じ様であるさま。」【　う　】には「案の定。予想通り。」という意味の言葉が入ります。

14　――12「嫌というほど議論を交わしてきた」とありますが、どういうことですか。最も適するものを、次の中から選んで答えなさい。

ア　治療を病院で行うか家で行うかを美佐子と弥一がくり返しくり返し話し合ってきたということ。

イ　化学治療を受けるべきか入院するべきかを美佐子と弥一が何度も何度も話し合ってきたということ。

ウ　治療をするか痛み止めのみにするかついて柴山と弥一が十分すぎるほど話し合ってきたということ。

エ　柴山と弥一は治療の進め方について娘に伝えるべきかどうか議論に議論を尽《つ》くしてきたということ。

令和六年度　帝塚山中学校　一次B入学試験問題・国　語　（その一〇）

15　――13「そういう問題じゃありませんよ」とありますが、柴山がこのように言ったのはなぜですか。最も適するものを、次の中から選んで答えなさい。

ア　弥一は医者である柴山を困らせていることを心配しているが、柴山は弥一が病気について家族と一緒にもっと考えるべきだと感じているから。

イ　弥一は柴山をわがままにつきあわせていることを心配しているが、柴山は弥一が化学治療を受けるか入院するかもっと考えるべきだと感じているから。

ウ　弥一は柴山を家庭の問題に巻き込んでしまったことを心配しているが、柴山は弥一が他人の意見を取り入れる方法をもっと考えるべきだと感じているから。

エ　弥一はこだわりを曲げられず柴山に迷惑《めいわく》をかけることを心配しているが、柴山は弥一が目の前に迫る死についてもっと真剣《しんけん》に考えるべきだと感じているから。

16　――14「よくよく考えてこうすると決めた」とありますが、弥一はどのようなことを決めたのですか。三文続きで説明されている部分を本文からさがし、はじめの三字をぬき出して答えなさい。

17　――15「夫らしいこと」とありますが、「夫らしいこと」とはどのようなことをすることですか。五十五字以内で説明しなさい。

18　――16「徹頭徹尾」とありますが、これと同じ構造をした四字熟語で「良い面もあれば悪い面もある」という意味の語を、次の空らんに適する漢字を入れて完成させなさい。

一□一□

19　――17「初恵も美佐子も弥一をゆるしてはくれない」とありますが、それはなぜですか。次の空らんに合うように、本文から二十字でさがし、はじめの三字をぬき出して答えなさい。

弥一は［　二十字　］から。

三

次の1～10の――部のカタカナを漢字に、11～15の――部の漢字をひらがなに直しなさい。

1　遠く離《はな》れたヘンキョウの地に、貴重な金属が埋まっているらしい。

2　四年に一度行われるオリンピックは、平和のサイテンとも呼ばれる。

3　度重《たびかさ》なる物価の値上げに、多くの家庭がヒメイを上げている。

4　才能があるかないかよりも、キンベンさに勝《まさ》るものはない。

5　エネルギー源を石油に頼るようになった結果、多くのタンコウが閉山に追い込まれた。

6　原油からは石油やガソリン、灯油、ジェット燃料などがセイセイされる。

7　新たな内閣の前途《ぜんと》には早くもアンウンが立ち込めている。

8　この国ではある家系が国王としてクンリンし続けている。

9　試合に負けても最後まであきらめずに戦った選手たちにサンジを送る。

10　ユウビン切手には様々なデザインがあり、見ているだけでも楽しい。

11　私の祖父は生前、近所の梅林に散歩に出かけるのが好きだった。

12　彼はよく考えてから、筋道を立てた提案をした。

13　樹齢《じゅれい》が数百年を超《こ》える大木は幹の周りの長さも相当なものだ。

14　教師として、生徒たちが自分の夢を達成する手助けをするのが私の務めだ。

15　あまりにも物が少ないので殺風景な部屋に見えてしまう。

令和６年度　帝塚山中学校 １次Ｂ入学試験問題　算　数　（その１）

受験番号

※答えはすべて解答用紙に書きなさい。

※円周率は3．14とします。また，答えが分数になるときは，仮分数で答えてもよろしい。

(60分)

1 次の □ に，あてはまる数を答えなさい。

(1) $7.75 - 24 \times 1\frac{1}{4} \div 5 + 3\frac{2}{3} = \square$

(2) $\frac{7}{12} - \left(0.75 - \frac{1}{2}\right) \times \square = \frac{1}{2}$

(3) ３けたの整数のうち，７の倍数は □ 個あります。

(4) Ａ組 30 人，Ｂ組 25 人に算数のテストを行ったところ，Ａ組の平均点はＢ組の平均点より 11 点高く，全体の平均点は 62 点でした。このとき，Ｂ組の平均点は □ 点です。

(5) ある仕事をするのにＡさんだけでは 10 日，Ｂさんだけでは 15 日かかります。この仕事をＡさん１人で４日間したあと，残りの仕事は全部Ａさん，Ｂさんの２人でしました。このとき，Ｂさんがした仕事は，仕事全体の □ ％です。

(6) １本のロールケーキをＡ，Ｂ，Ｃ，Ｄの４人で分けるのに，まずＡは全体の $\frac{1}{5}$ をとり，次にＢは残りの $\frac{1}{3}$ をとり，次にＣは残りの $\frac{2}{3}$ をとり，最後に残りの全部をＤがとりました。このとき，とったロールケーキの大きい順に４人を並べると，□，□，□，□ となります。

(7) Ａさんは家から図書館に時速４km で向かい，予定の時刻に着くはずでしたが，出発が 12 分遅《おく》れてしまったので時速５km で向かうと，予定の時刻よりも３分早く着きました。家から図書館までの道のりは □ km です。

(8) 右の図のように，半径が 10 cm のおうぎ形と，１辺の長さが 10 cm の正方形が重なっています。このとき，斜線《しゃせん》部分の面積は □ cm^2 です。

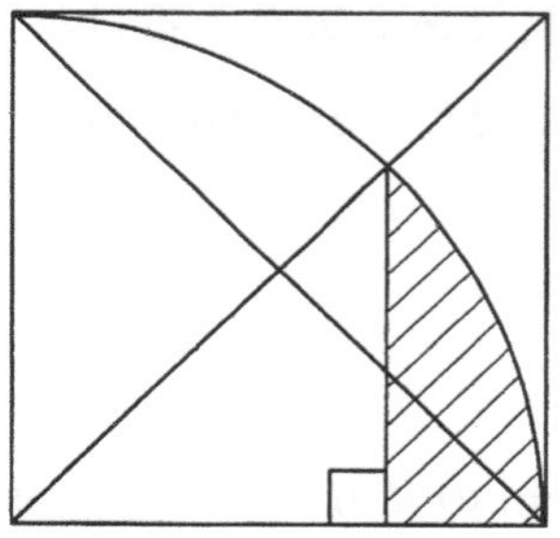

(9) 右の図のように，長方形の紙を折り返しました。このとき，あ の角の大きさは □ 度です。

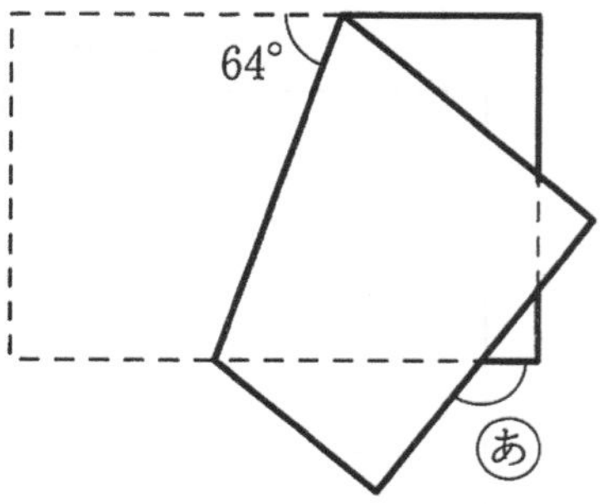

(10) 右の図は，正方形を４つの三角形Ａ，Ｂ，Ｃ，Ｄに分けたものです。Ａの面積が $5\ cm^2$，Ｂの面積が $11\ cm^2$，Ｃの面積が $13\ cm^2$ です。このとき，Ｄの面積は □ cm^2 です。

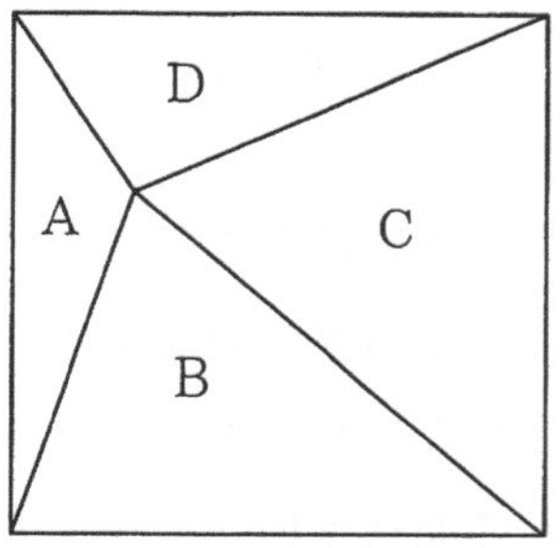

2 右の図は，１辺が 10 m の正八角形と１辺が 10 m の正方形を２つ組み合わせた形の建物を真上から見たものです。
次の問いに答えなさい。

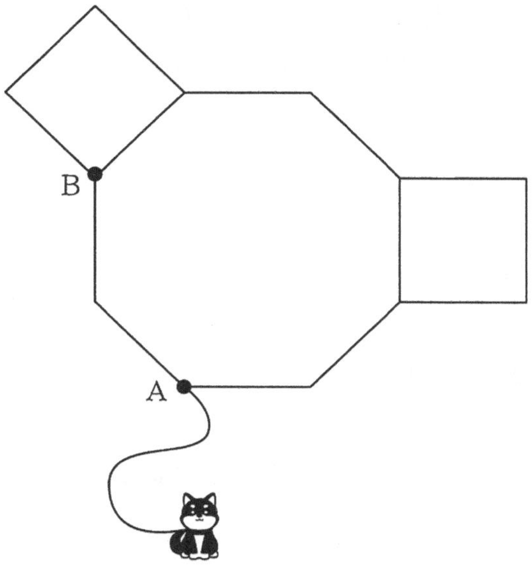

(1) 点Ａに 20 m のなわで犬をつなげていて，この犬は建物には入ることができません。このとき，この犬が動くことができる範囲《はんい》の面積は何 m^2 ですか。

(2) 次に，この犬のなわの長さを 30 m にして，点Ｂにつなぎ直しました。この犬は建物には入ることができません。このとき，この犬が動くことができる範囲の面積は何 m^2 ですか。

3 ある規則に従って１段目に数を並べました。２段目の数は１段目の数を９で割ったときの商，３段目の数は１段目の数を９で割ったときのあまりです。

	1番目	2番目	3番目	4番目	5番目	6番目	…	100番目	…			…	C番目
1段目	12	16	20	24	28	32	…		…	B		…	
2段目	1	1	2	2	3	3	…		…	100	101	…	
3段目	3	7	2	6	1	5	…	A	…			…	

次の問いに答えなさい。
(1) Ａにあてはまる数を答えなさい。
(2) Ｂにあてはまる数を答えなさい。
(3) ３段目にある数を１番目から３番目までたすと 12，５番目までたすと 19 になります。３段目にある数を１番目からＣ番目までたすと 1000 になりました。このとき，Ｃにあてはまる数を答えなさい。

4 １辺 4 cm の立方体をある平面で２つの立体に切断しました。そのうち，大きい方の立体を真正面，真上，真横から見たところ，下の図のようになりました。

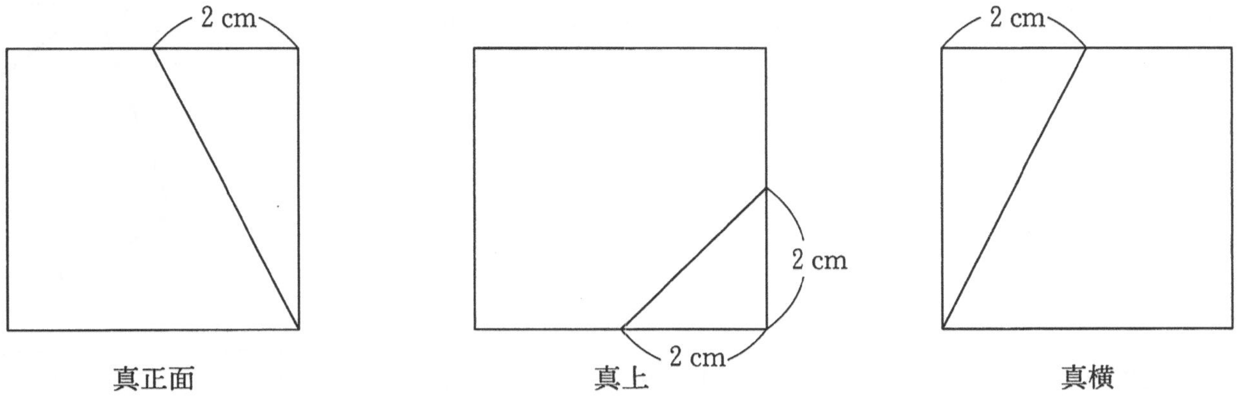

真正面　　真上　　真横

このとき次の問いに答えなさい。
必要ならば，三角すいの体積の求め方「(底面積)×(高さ)÷３」を使ってもかまいません。
(1) 切断されてできた２つの立体のうち，小さい方の立体の体積は何 cm^3 ですか。
(2) 切断面の面積は何 cm^2 ですか。

5 先生が考えた３けたの数を，生徒が当てるゲームを行います。ただし，先生が考える３けたの数は，各位の数が全て異なっていて，百の位は０ではありません。生徒は３けたの数を予想し，先生に質問し，先生は以下のルールで得点を答えます。

【ルール】それぞれの位の数について，当たった場合は10点，当たらなかったが他の位で使うときは１点

例えば，先生が考えた数が「５ ６ ２」だったとき，
生徒が予想した数が「３ ６ ５」であれば，十の位は当たっているから10点，５は位がちがっているが他の位で使っているから１点。合わせて「11点」と先生は返答します。
つまり，生徒が予想した数が「２ ６ ５」であれば，先生は「 あ 点」と返答することになります。

(1)　 あ 　にあてはまる数を答えなさい。

ではゲームを開始します。
　生徒Ａが「８ ７ ６」と予想すると，先生の返答は「10点」でした。
　生徒Ｂが「５ ４ ３」と予想すると，先生の返答は「１点」でした。
　生徒Ｃが「２ １ ０」と予想すると，先生の返答は「０点」でした。

(2)　この３人の予想した数により，必ず使われている数字がわかります。その数字を答えなさい。
(3)　この３人の予想した数により，考えられる３けたの数は何通りありますか。

さらに生徒が予想を続けます。
生徒Ｄが「９ ５ ４」と予想すると，先生の返答は「１点」でした。
生徒Ｅが「６ １ ２」と予想すると，先生の返答は「１点」でした。

ここまでの生徒５人の予想と先生の返答を聞いていた生徒Ｆが「 い 」と予想したら，先生の返答は「30点」でした。

(4)　 い 　にあてはまる数を答えなさい。

6　図は，直方体の２つの容器を，２つの同じ「流水ポンプ」でつないだものを真正面から見たものです。

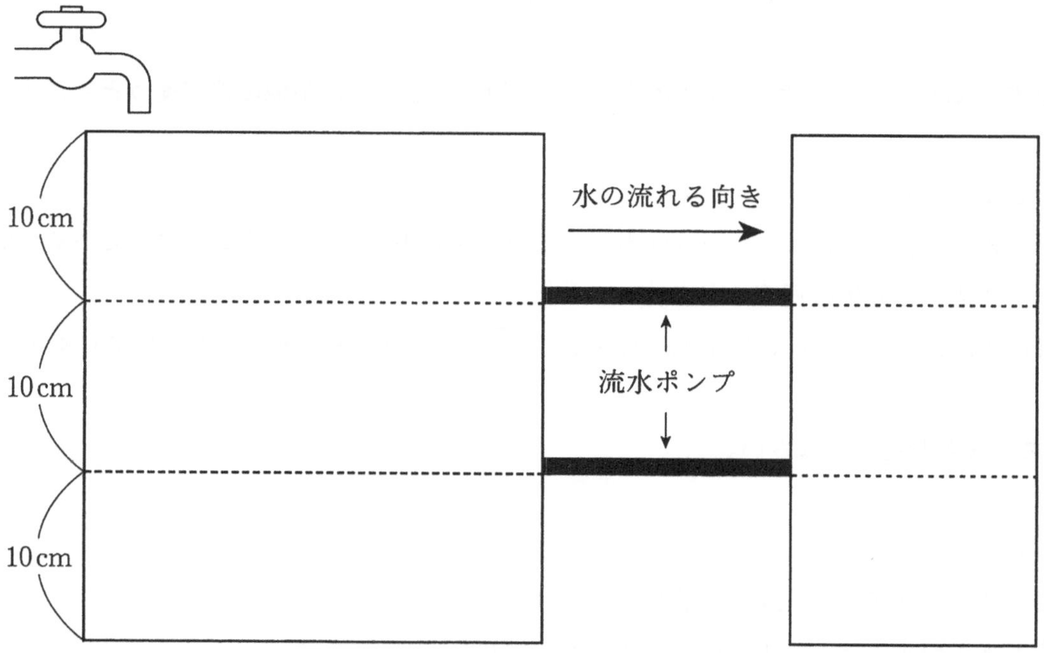

＜容器A＞　＜容器B＞

容器Ａの底面積は 30 cm^2，容器Ｂの底面積は 15 cm^2 で，容器の高さはどちらも 30 cm です。
また，２つの「流水ポンプ」は容器の底から 10 cm，20 cm のところにつながっていて，容器Ａにその高さまで水がたまると，容器Ａから容器Ｂに向けて１つのポンプにつき毎秒１cm^3 の割合で水を流し始めます。「流水ポンプ」は，一度作動したら止まることはありません。
初めは，容器はどちらも空《から》です。容器Ａに毎秒３cm^3 で水を入れていくとき，次の問いに答えなさい。
※ポンプの太さは考えないものとします。
※時間を答えるときは，「３分」の場合は「３分０秒」と答えなさい。

(1)　１つ目の流水ポンプが作動するのは，水を入れ始めてから何分何秒後ですか。

(2)　２つ目の流水ポンプが作動したとき，容器Ｂの水面の高さは何 cm ですか。

(3)　２つの容器の水面の高さが同じになるのは，水を入れ始めてから何分何秒後ですか。また，そのときの水面の高さは何 cm ですか。